Die Problematik der Ehe als Vertrag und Sakrament in der Entwicklung des kirchlichen Eherechts

Europäische Hochschulschriften
Publications Universitaires Européennes
European University Studies

Reihe II
Rechtswissenschaft

Série II Series II
Droit
Law

Bd./Vol. 3594

PETER LANG
Frankfurt am Main · Berlin · Bern · Bruxelles · New York · Oxford · Wien

Georg Fischer

Die Problematik der Ehe als Vertrag und Sakrament in der Entwicklung des kirchlichen Eherechts

PETER LANG
Europäischer Verlag der Wissenschaften

Bibliografische Information Der Deutschen Bibliothek
Die Deutsche Bibliothek verzeichnet diese Publikation in der Deutschen Nationalbibliografie; detaillierte bibliografische Daten sind im Internet über <http://dnb.ddb.de> abrufbar.

Zugl.: Marburg, Univ., Diss., 2002

D 4
ISSN 0531-7312
ISBN 3-631-50331-8

www.peterlang.de

Inhaltsverzeichnis

Einleitung

Die Ehe ist in allen historischen Epochen eine universale gesellschaftliche Realität. Gleichwohl hat die geschichtliche Entwicklung im Abendland[1] dazu geführt, daß wir heute eine Situation vorfinden, in der diese Wirklichkeit aufgespalten zu sein scheint in zwei grundlegend verschiedene Erscheinungsformen: eine staatliche und eine kirchliche Ehe. Besonders in Staaten, in denen wie in der Bundesrepublik Deutschland die Eheschließung vor der staatlichen Autorität vorgeschrieben ist und zudem nachhaltige und tiefgreifende Rechtsfolgen auslöst, ist seit langem ein wachsendes Bewusstsein - und aus kirchlicher Sicht eine zunehmende Gefahr - zu beobachten, dass das kirchliche Verständnis von der Ehe nicht mehr geteilt, bisweilen sogar offen abgelehnt, meistens jedoch nicht verstanden wird.[2] Deshalb seien dieser Untersuchung einige Gedanken zur Erläuterung der kirchlichen und der staatlichen Rechtsfigur Ehe vorangestellt.

Im Gegensatz zur bürgerlichen Ehe, die durch Erklärung gem. § 1310 Abs. 1 BGB zustandekommt, kommt die kirchliche Ehe durch den inneren Ehewillen der Partner zustande, der allerdings in rechtlich fassbarer Weise geäußert sein muss (cc. 1108, 1127 § 2, 1158 § 1, 1158 § 3, 1160).[3] Diese Lehre, die auf den noch zu

---

[1] Vgl. als Überblick Goody, J., Die Entwicklung von Ehe und Familie in Europa, Berlin 1986; Ph. Ariès, , Hrsg., Die Masken des Begehrens und die Metamorphose der Sinnlichkeit. Zur Geschichte der Sexualität im Abendland, Frankfurt 1984; Joyce, G. H., Die christliche Ehe. Eine geschichtliche und dogmatische Studie, Leipzig 1934; sowie Mikat, P., Ehe, in: Mikat, P., Religionsrechtliche Schriften. Abhandlungen zum Staatskirchenrecht und Eherecht, hrsg. v. J. Listl, 2. Halbband, Berlin 1974, S. 874-886.

[2] Vgl. näher Pirson, D., Das Auseinandertreten von kirchlichem und staatlichem Eheverständnis, in: R. Puza; A. P. Kustermann, Hrsg., Beginn und Ende der Ehe. Aktuelle Tendenzen in Kirchen- und Zivilrecht, Heidelberg 1994, S. 99-110.

[3] Vgl. Schmidt-Wiegand, R., Hochzeit, Vertragsehe und Ehevertrag in Mitteleuropa, in: G. Völger; K. v. Welck, Hrsg., Geliebt, verkauft, getauscht, geraubt. Zur Rolle der Frau im Kulturvergleich, Köln 1985, S. 264-

erörternden römischen Ursprung unseres Eherechts zurückzuführen ist, hat sich in der Kirche durchgesetzt mit der Folge, dass nicht mehr die Bestimmung der Eltern über die Kinder, ebenso nicht mehr die Verabredung der Sippen untereinander, folglich nicht mehr Dritte über eine Ehe beschließen konnten, sondern nur noch die Betroffenen selbst. Weitere Folge der Lehre vom inneren Willen ist es, dass das innere Nichtwollen (anders als im staatlichen Recht, welches ohne weitere strenge Voraussetzungen die Auflösungsmechanismen der Scheidung und Aufhebung bereithält) keineswegs belanglos ist.

Als in der Konsequenz der Reformation und später der Pluralisierung der Gesellschaften und Weltanschauungen der Staat für sich das Recht beanspruchte, ein für alle Bürger gleiches Recht zu garantieren und dabei andere, indifferente bzw. wertneutrale Maßstäbe anzulegen, war der Bruch zwischen deckungsgleicher kirchlicher und staatlicher Ehe perfekt und fortan nicht mehr rückgängig zu machen. Darüber hinaus ist der Staatsbürger heute nicht selbstverständlich Mitglied einer Kirche oder Religionsgemeinschaft. Die Auffassung, derzufolge die Ehe nicht mehr als eine von Gott eingesetzte Institution verstanden wird, hat darin ihre Ursache. Gleichwohl hat die Kirche dem religiös neutralen Staat die rechtliche Regelung von Ehen, die insbesondere aus katholischer Sicht sakramentalen Charakter haben, nicht allein überlassen.

Das aus dem Mittelalter stammende kanonische Recht und das erst später entstandene, dem weltanschaulichen Pluralismus Rechnung tragende staatliche Eherecht stehen bis heute nebeneinander; beide sind für Christen Tatsache, d.h. Rechts- und Lebenswirklichkeit. Weder kann der Christ als Staatsbürger die Gesetze des Staates ignorieren, noch als (katholischer) Christ die Normen seiner Kirche.[4] Die Schwierigkeit, in einer solchen Situation die Ehe als eine

---

273.

[4] Müller weist darauf hin, dass auch das Kirchenrecht Recht im eigentlichen Sinn des Wortes darstellt (Müller, L., Der Rechtscharakter der kirchlichen Rechtsordnung. Überlegungen zur These vom analogen Wesen

gültige Realität zu praktizieren, welche zweifellos verschiedene Dimensionen aufweist, mag die Probleme der Identifizierung mit der kirchlichen Lehre verständlich machen.

Dennoch sind staatliche Ehe und kirchliche Ehe nicht verschiedene Dinge. Für den (katholischen) Christen ist eine Ehe staatlichen Rechts, die zwar auf Lebenszeit angelegt, aber bei Zerrüttung geschieden werden kann, keine wirkliche Ehe.[5] Demgegenüber kann auch die kirchliche Ehe allein für ihn nicht Ehe sein und bleibt ohne Rechtsfolgen für seine bürgerliche Existenz, insbesondere bezüglich der Ehelichkeit der Kinder, für Versorgungsansprüche, Sorgerechte, Erbrecht u.v.a.m. Beide Dimensionen gehören untrennbar zusammen und bilden eine Ehe, die als Wirklichkeit gelebt wird und nur in der bürgerlich-rechtlichen Dimension ohne weiteres auseinandergesetzt werden kann.

Die vorliegende Untersuchung will diese Problematik aufnehmen und den sozio-kulturellen und historischen Kontext der Entstehung des kirchlichen Eherechts unter besonderer Berücksichtigung der Quellen und rechtlichen Grundlagen verfolgen.

Diese Aufgabenstellung gewinnt um so mehr an Bedeutung, als im Zuge der Wiedervereinigung Deutschlands auch das Eherecht, insbesondere das Ehevertrags- und Ehegüterrecht, in den Mittelpunkt des gesellschaftspolitischen und gesetzgeberischen Interesses gerückt ist. Durch Art. 234 § 3f. EGBGB wurden für die Bürger der fünf neuen Bundesländer die Wirkungen der Ehe im allgemeinen sowie das eheliche Güterrecht in neue rechtliche Bahnen gelenkt, was eine Analyse und Aufarbeitung der historischen Entwicklung

---

des Kirchenrechts, in: AfkKR 159/1990, 3-18).

[5] Vgl. dazu auch Ariès' Begriff der 'wirklichen Ehe', der christlichen Vorstellungen sehr nahe kommt: „Die wirkliche Ehe ist eine dauerhafte Gemeinschaft, eine lebendige und fruchtbare Dauer, die dem Tode trotzt- eine untergründige Revanche der dynamischen Kontinuität in einer Gesellschaft, die dem Augenblick und dem Bruch huldigt." Ariès, Ph., Liebe in der Ehe, in: ders. u.a., Die Masken des Begehrens und die Metamorphose der Sinnlichkeit. Zur Geschichte der Sexualität im Abendland, Frankfurt/Main 1984, S. 165-175, 174.

dieses Teils der nunmehr gemeinsamen Rechtsordnung geradezu herausfordert.[6]

Aber noch ein weiterer Punkt soll vorab angesprochen werden: die Reform des kirchlichen (Ehe-)Rechts und deren Gründe. Bisweilen mag es den unvoreingenommenen Beobachter vor dem Hintergrund einer beinahe tausendjährigen Geschichte des kanonischen Rechts erstaunen, daß die kirchlichen Gesetzgebungsorgane sich gleich zweimal in einem Jahrhundert anschickten, das tragende Gesetzbuch *Codex Iuris Canonici* (CIC) zu verändern und neu zu fassen. Die Reform des kirchlichen Eherechts war u.a. deswegen notwendig geworden, weil sich das Erscheinungsbild der Ehe in den westlichen Ländern - für das kirchliche Recht sind diese seit jeher prägend - seit dem Erlaß des ersten CIC im Jahre 1917 tiefgreifend verändert hat.

Zu Beginn des 20. Jahrhunderts war die Ehe noch als eine in den Kreis der Großfamilie eingebundene Interessengemeinschaft vorstellbar und wurde auch so verstanden: nämlich als ein Vertragsverhältnis, dessen Hauptziel weniger die wechselseitige Hingabe und Vervollkommnung der Ehegatten auf einer höheren Ebene, als vielmehr der Erhalt der (Groß-)Familie durch legitime Zeugung von Nachkommenschaft zum Zwecke der Fortführung des althergebrachten solidarischen Generationenvertrages ist. Als Gegenstand des Vertrages nannte das kanonische Recht das „... Recht auf den Leib in Hinordnung auf die Akte, die zur Zeugung von Nachkommenschaft von sich aus geeignet sind" (c. 1081 § 2 CIC 1917). Auf die Partnerschaft als solche, die innere Harmonie der Gatten, ihre personale und geistig-seelische Übereinstimmung kam es verständlicherweise nicht so sehr an, weil beide Gatten in den größeren Rahmen der Familie eingegliedert waren, oft gemeisam arbeiteten, zumindest jedoch zusammen im Familienverband lebten.

Das Zerbrechen der ökonomisch-sozialen Struktur im Hinblick auf die Familienordnung, das beginnende Ende der Großfamilie als

---

[6] Vgl. Schwab, D., Familienrecht im Umbruch, in: FamRZ 42/1995, S. 513-518.

Solidar- und Haftungsgemeinschaft von täglich zusammenlebenden Individuen bewirkte, dass die Ehe heute all jener Stützen entbehren muss, die seinerzeit selbstverständlich waren, und die aus dem Kreise der Eltern, Geschwister oder Verwandten kamen und Krisen und persönliche Unzufriedenheit zu überwinden halfen, wobei selbstverständlich auch die Zwänge einer derartigen Gesellschaftsordnung nicht verschwiegen werden sollten. Die Individualisierung und Isolierung der Ehepaare in städtischen oder stadtähnlichen Wohnverhältnissen, der Fortfall des gemeinsamen Arbeitsplatzes (zumeist auf eigenem Grund und Boden), bewirkte ein Angewiesensein der Gatten aufeinander, das bis dahin nie gekannte Ansprüche auf persönliches Glück im Sinne einer individuellen Persönlichkeitsentfaltung und ehelicher Harmonie hervorrief.[7] Die vorgenannten Gesichtpunkte wurden erstmals in der Konzilskonstitution des Zweiten Vatikanischen Konzils (1962-1965) *Gaudium et Spes* (Art. 49-51) berücksichtigt und fortführend durch cc. 1055ff. CIC 1983 kirchenrechtlich bedeutsam.

Neben Veränderungen in der Ausgestaltung des Eherechts waren weitere Reformen in kirchenverfassungsrechtlicher Hinsicht notwendig geworden. Die inhaltliche Durchdringung des kanonischen Rechts hatte sich seit Gratians (gest. um 1150) wegweisender Schrift: *Concordia disconcordantium canonum* bis zum Ersten Vatikanischen Konzil (1869-1870) hingezogen. Demnach wies es nach wie vor eine evidente, planwidrige Lücke auf: es fehlte eine abschließende, gesamtkirchlichenverbindliche Definition des Verhältnisses der Kirche zur weltlichen Gewalt, zum sogenannten *brachium saeculare*. Aber auch das Zweite Vatikanische Konzil brachte insoweit noch nicht die erhoffte abschließende Klärung, weil die Ausfüllung der oben genannten Lücke von beiden - konservativen und progressiven - Konzilsparteien vertagt wurde und des weiteren

---

[7] Vgl. Maurer, A., Ehe als Prozeß. Zur Sozio- und Psychodynamik der Paarbeziehung im Kontext des gesellschaftlichen Wandels, in: Bilderstreit um die Ehe. Theologische und Kanonistische Erblasten eines aktuellen Konflikts, hrsg. v. A. P. Kustermann; Puza, R., Fribourg 1997, S. 103-127.

ein inhaltlicher Bruch mit dem bisherigen kanonischen Recht des göttlichen Bereichs vermieden werden sollte.

Überdies waren Veränderungen technischer Art zu bewältigen: Insbesondere werden genannt die Einarbeitung von Entscheidungen kirchlicher Gerichte in den Text des CIC und die Abstimmung des CIC mit den neueren Gesetzen (*decreta*) des Heiligen Stuhls, soweit diese nicht mit dem CIC übereinstimmen. Aber auch ökumenische Aspekte fanden Eingang, etwa die sprachliche und - was noch wichtiger erscheint - die teilweise inhaltliche Anpassung des CIC der lateinischen Kirche an den im Werden begriffenen CIC der Ostkirchen. Bei allem war ferner die Einarbeitung gesicherter Ergebnisse der wissenschaftlichen Forschung in den CIC vorzunehmen. Ferner seien noch in der Systematik des CIC liegende Probleme unter dem Aspekt der innerkirchlichen Verfassung genannt. Hierher gehört die Frage des Sakramentenrechts und insbesondere des Eherechts des CIC.

Abschließend sei unter diesem Gesichtspunkt darauf verwiesen, daß die langjährige wissenschaftliche Beschäftigung mit dem CIC viele Mängel in der Systematik des CIC aufgedeckt hatte, die es unmöglich erscheinen ließen, die bisherige Systematik beizubehalten. Aus den Mängeln, die der Legalordnung des CIC anhafteten, sei der nachstehende Punkt herausgehoben, dessen Verdeutlichung im Hinblick auf die anstehende Reform des CIC deutlich zu machen von besonderer Wichtigkeit ist.

Besonders misslich war es, dass in den Allgemeinen Normen nichts über die auf dem Verwaltungswege seit 1917 ergangenen Verordnungen gesagt worden ist. Das Motu proprio *Cum iuris canonici* vom 15.9.1917, durch das die Kommission zur authentischen Interpretation des CIC eingesetzt wurde, hatte angeordnet, die Kardinalskongregationen sollten in Zukunft, außer im Falle einer schweren Notlage der Gesamtkirche, keine *decreta generalia* erlassen, sondern dahin wirken, daß die Vorschriften des CIC getreu erfüllt würden, und, wenn es die Sachlage erfordere, *instructiones* geben. Es stellt sich die Frage, warum der Gesetzgeber die Unterscheidung zwischen *decreta generalia* und *instructiones* (= Anordnung der Verwaltung) nicht in den Gesamtkontext des CIC involviert hatte. Der Grund liegt wohl darin, dass man eine formalrechtliche Bindung in der Weise der Normsetzung, die sich für modernes rechtsstaatliches Denken von selbst versteht, vermeiden wollte, was damit zusammenhängt, dass die Gesetzeslehre des CIC keinen formalen Gesetzesbegriff kennt. Das Fehlen einer Rangordnung zwischen Gesetz und Verordnungen hat dazu geführt, dass Normen des CIC durch Anordnungen der Verwaltung, die als *instructiones* bezeichnet werden, stillschweigend oder ausdrücklich aufgehoben worden sind. Mit der praktischen Infragestellung des dem Gesetz zukommenden Vorranges wurde die Rechtssicherheit erheblich beeinträchtigt. Als Beispiel hierzu sei die *Instructio de matrimoniis mixtis* vom 31.1.66 genannt, durch die einige Normen des CIC außer Kraft gesetzt wurden.[8] Diese und viele andere verfassungsrechtliche Fragen wurden folglich einer eingehenden Prüfung unterzogen.

Die vorliegende Untersuchung versucht durch eine Bearbeitung der Geschichte des Kirchenrechts das Verständnis für das heute geltende Kirchenrecht zu wecken und geschichtliche Grundlagen herauszuarbeiten. Dabei ist die Annahme leitend, die Kultur des Christentums - deren Erben wir sind - gründe sich u.a. auf die christliche Ehe. Die christliche Religion hatte das Leben in der Sozialform der Familie auf eine neue Ebene gehoben, indem sie der Ehe eine eigene Heiligkeit zugesprochen hatte. Diese neu geschaffenen Grundlagen bestimmten die weitere Entwicklung. Die neu geschaffenen Ordnungen ließen sich nicht mehr zerstören. Denn der soziale Organismus der Gesellschaft basierte nicht mehr auf dem Individuum, sondern auf der (Groß-)Familie. Das frühe Mittelalter zeigt ein Beispiel hierfür: Als im Westen das römische Reich überrollt wurde und der damaligen Zivilisation wenn nicht dauernde so doch zumindest

---

[8] Vgl. dazu Mörsdorf, K., Die Instruktion über die Mischehen, in: FamRZ 1966, S. 479ff.

zeitweilige Auflösung zu drohen schien, war zweifellos die Neubegründung der sozialen Ordnung ein Werk der katholischen Kirche. Es war die Kirche, die die fremden Völker miteinander verschmolz und die auch für die germanischen Eroberer neue moralische Maßstäbe festsetzte. Die Erhaltung der Kultur war zwar nicht unmittelbar und ausdrücklich Ziel der Kirche. Primär verstand sie ihre Aufgabe in der Verkündigung des Wortes Gottes. Als die Stämme den christlichen Glauben annahmen, bemühte sie sich um Übereinstimmung des Lebens mit dem neugefundenen Glauben. Zahlreiche Lokalkonzilien bieten reichlich Zeugnisse hierfür.

Die kirchenrechtliche Begründung und Befestigung der christlichen Familie ist deshalb in ihrer Bedeutung nicht zu unterschätzen.[9] Dadurch schuf die Kirche die überzeugende Grundlage einer neuen sozialen Ordnung, deren Bestandskraft bis heute lebt. Aber auch die weitreichende Geltung des kirchlichen Rechts bildete einen neuen, bisher unbekannten kulturtragenden und -bildenden Faktor. Das kanonische Recht war überall dort in Kraft, wo die Autorität des Papstes anerkannt wurde, so dass von Irland bis Polen, von Skandinavien bis Sizilien die Bevölkerung nicht nur hinsichtlich der urmenschlichen Verwandtschaftsbeziehungen dieselben Ansichten hatte, sondern darüber hinaus ein und derselben Rechtsordnung unterworfen war. Zweifellos hat diese Gegebenheit in maßgeblicher Weise zur sittlichen Einheit in Europa beigetragen.

---

[9] Vgl. dazu die Ausführungen von Mikat, P., Möglichkeiten und Grenzen einer Leitbildfunktion des bürgerlichen Ehescheidungsrechts, in: ders., Religionsrechtliche Schriften. Abhandlungen zum Staatskirchenrecht und Eherecht, hrsg. v. J. Listl, 2. Halbband, Berlin 1974, S. 1057-1985.

Unter diesen Gesichtspunkten kommen der frühen und der mittelalterlichen Zeit große Bedeutung zu und ihre Erforschung verhilft uns zur Beantwortung zahlreicher Fragen, deren Beleuchtung interessant ist: Wie hat sich das kanonische Recht herausgebildet? Welche Wirkungen hatten die ursprünglichen Ideen der christlichen Offenbarungslehre auf das werdende kanonische Recht? Welchen Stellenwert hatte und hat das Ehevertragsrecht in der christlichen Glaubensgemeinschaft?[10]

---

[10] Für das Verhältnis von christlichem und weltlichem Eherecht hat Schwab zwei Modelle gefunden, auf die sich bei entsprechender Abstraktion alle Lösungsversuche zurückführen lassen. Nach dem Modell der Wesensverschiedenheit lebt der Christ nach zwei Gesetzen: „Das christliche Ehegesetz bindet ihn in seinem religiösen Gewissen und gegenüber der kirchlichen Gemeinschaft, durch die Übertretung riskiert er den Verlust der Gnade Gottes und disziplinare Maßnahmen der Kirche; das in der Sozialordnung geltende Eherecht hingegen verpflichtet ihn um der Werte der politischen Gemeinschaft willen gegenüber dieser Gemeinschaft; die Sanktion des Rechts geschieht hier durch den äußeren Zwang der politischen Herrschaft. Beide Ehe-'gesetze' haben in ihrem Geltungsanspruch nichts miteinander zu tun, sie beanspruchen völlige Selbständigkeit, da sie in Ursprung und Ziel wesensverschieden sind. Ein Konflikt zwischen beiden Ordnungen ist, auch wenn man das christliche Ehegesetz als Recht begreift, kein Rechtskonflikt, da beide Ordnungen sich nicht auf der gleichen Gestaltungsebene gegenübertreten, sondern Gewissenskonflikt. Dieser entsteht dann, wenn das eine Ehegesetz etwas verbietet, was das andere befiehlt." Nach dem Modell der Identifizierung dagegen erhebt das christliche Ehegesetz den Anspruch, „... nicht nur das religiöse Wesen der Ehe zu bestimmen, nicht allein dem Christen eine Anweisung zu einem Leben nach dem Willen Gottes zu geben, sondern zugleich die soziale Gestalt der Ehe als Gemeinschaft innerhalb der menschlichen Gemeinschaftsbildungen (Staat etc.) zu formen." (Schwab, D., Grundlagen und Gestalt der staatlichen Ehegesetzgebung in der Neuzeit bis zum Beginn des 19. Jahrhunderts, Bielefeld 1967, S. 13f.).

1. Der Rechtscharakter religiös begründeter Verpflichtungen

Dass eine Religionsgemeinschaft ihre Mitglieder durch rechtliche Regelungen bindet und verpflichtet, scheint zunächst nicht selbstverständlich. Als Religion ist eine solche Gemeinschaft primär auf ein gemeinsam geteiltes Wertesystem verpflichtet und die Beziehungen der Mitglieder zueinander müssten durch diese Werte ausreichend geregelt sein und keiner zusätzlichen Normierung bedürfen. Wenn eine solche Gemeinschaft schließlich durch den gemeinsamen Glauben an einen personalen Gott konstituiert wird, dessen Reich 'nicht von dieser Welt' ist, so entsteht die Frage, welche Funktion hier rechtliche Regelungen übernehmen können, die gesetzt sein müssen und sich nicht auf die individuelle Beziehung des Gläubigen zu seinem Gott, sondern auf seine Beziehung zu einer strukturierten und hierarchisch gegliederten Organisation gründen. Mikat weist deshalb darauf hin, daß die entscheidende Frage der Kirchenrechtswissenschaft die Frage nach der Zulässigkeit und der Möglichkeit des Kirchenrechts ist.[1]

Dieses Problem wird noch deutlicher, wenn ein kurzer Blick auf die philosophischen Fundamente des Rechts geworfen wird. Kant definiert das Recht als den „... Inbegriff der Bedingungen, unter denen die Willkür des einen mit der Willkür des andern nach einem allgemeinen Gesetz der Freiheit zusammen vereinigt werden kann"[2]. Die Funktion des Rechts ist es demnach, zwischen Menschen, die einerseits ihre Eigeninteressen verfolgen und andererseits in einer arbeitsteiligen Gesellschaft so zusammenleben, dass die Verfolgung ihrer Interessen nicht ohne Konflikte stattfinden kann, die verschiedenen Interessen so auszugleichen, dass ein Höchstmaß an Freiheit

---

[1] Mikat, P., Zur theologischen Ortsbestimmung des Kirchenrechts, in: ders., Relgionsrechtliche Schriften. Abhandlungen zum Staatskirchenrecht und Eherecht, hrsg. v. J. Listl, 2. Halbband, Berlin 1974, S. 704f.

[2] Kant, I., Metaphysik der Sitten, Ausgabe der Preußischen Akademie der Wissenschaften, Bd. VI, S. 230.

erreicht werden kann und jeder seinen Interessen nachgehen kann, solange er die der anderen dabei nicht verletzt. Kant arbeitete darüber hinaus einen wichtigen Charakter rechtlicher Regelungen heraus, der das Recht von der Moral unterscheidet. Als 'gut' in einem moralischen Sinn kann nach Kant nur ein guter Wille bezeichnet werden; in Kants Worten: „Es ist überall nichts in der Welt, ja überhaupt auch außer derselben zu denken möglich, was ohne Einschränkung für gut könnte gehalten werden, als allein ein guter Wille."[3] Wenn es in der Moral aber nur auf den guten Willen ankommt, so kann eine Handlung moralisch gut sein, auch wenn sie in der Wirklichkeit unbeabsichtigte schreckliche Folgen hat. Im Grunde kommt es für die Beurteilung des moralischen Wertes einer Handlung überhaupt nicht darauf an, was für Wirkungen sie in der Welt entfaltet. Das Recht dagegen betrifft gerade nicht den guten Willen, sondern die Wirkungen in der Welt; in Kants Worten: Der Begriff des Rechts betrifft „... nur das äußere und zwar praktische Verhältnis einer Person gegen eine andere, sofern ihre Handlungen als facta aufeinander (unmittelbar oder mittelbar) Einfluß haben können."[4]

Anhand dieser Kant´schen Charakteristika von Moral und Recht wird die Fragwürdigkeit der Funktion des Rechtes in einer Religionsgemeinschaft deutlich. Das Recht regelt äußere Handlungen weitgehend ohne Rücksicht darauf, was der Täter in seinem Inneren damit beabsichtigt hat; die Absicht wird grundsätzlich nur bei der Strafzumessung relevant.[5] Eine Kirche dagegen versteht sich als Gemeinschaft von Gläubigen, deren äußere Handlungen nur als Indiz für die Stärke ihres rechten Glaubens, nicht aber als Kriterium für die innere

---

[3] Kant, I., Grundlegung zur Metaphysik der Sitten, Ausgabe der Preußischen Akademie der Wissenschaften, Bd. IV, S. 393.

[4] Kant, I., Metaphysik der Sitten, a.a.O., S. 230.

[5] Vgl. zu der Problematik des kirchenrechtlichen Grundsatzes „Hic de iure non de moribus agitur" unter ausdrücklicher Bezugnahme auf die Ehegerichtsbarkeit die Abhandlung von Conrad, M., Zum Verhältnis von Kirchenrecht und Moral unter besonderer Berücksichtigung der kirchlichen Ehegerichtsbarkeit, in: AfkKR 166/1997, S. 353-400.

Zugehörigkeit zu einer spirituellen Gemeinschaft gelten können. Dies gilt insbesondere für die christlichen Religionen, die bereits in ihrem neutestamentlichen Ursprung die innerliche rechte Haltung gegen die bloße Befolgung von Regeln als Kern des Glaubens herausstellten.

1.1 Die theologische Begründung des Kirchenrechts

Die Problematik einer rechtlichen Ordnung in der Glaubensgemeinschaft Kirche wurde von manchen Autoren im Sinne einer Unvereinbarkeit von Kirche und Recht zu lösen versucht. So bezeichnet der Rechtsphilosoph Radbruch jedes Recht in religiöser Hinsicht als „ganz gottesfern, ganz wesenlos, ganz nichtig".[6] Auf protestantischer Seite konnte eine vergleichbare Position auf Luthers Unterscheidung zwischen einer *ecclesia abscondita* und einer *ecclesia manifesta* und seiner Auszeichnung der ersteren als der wahren Kirche Christi aufbauen.[7] Insbesondere Sohm formulierte die Unvereinbarkeit von Kirche und Recht auf der Grundlage des wesenhaften Unterschiedes zwischen theologischer und juristischer Methode und kam zu dem Ergebnis, dass die Kirche aufgrund ihres Wesens kein Recht wollen kann und das Wesen des Kirchenrechts damit mit dem Wesen der Kirche in Widerspruch steht: „Das Wesen der Kirche ist geistlich, das Wesen des Rechtes ist weltlich. Das Wesen des Kirchenrechts steht mit dem Wesen der Kirche in Widerspruch."[8]

Auf diese Herausforderungen des Kirchenrechts wurden im Wesentlichen drei Antworten gefunden. Die Legitimität des kirchlichen Rechts wurde zunächst auf den Satz gegründet, wonach „...

---

[6] Radbruch, G., Rechtsphilosophie, Stuttgart 1973 (6. Auflage), S. 187.

[7] Vgl. Heckel, J., Lex Charitatis. Eine juristische Untersuchung über das Recht in der Theologie Martin Luthers, Köln 1973 (2. Auflage), S. 337f. Luther soll am 10.12.1520 neben der päpstlichen Bannbulle auch die zeitgenössischen Dekretalensammlungen öffentlich verbrannt haben.

[8] Sohm, R., Kirchenrecht, Bd. I, Berlin 1970 (Neuausgabe), S. 700.

ecclesiam esse societatem iuridice perfectam."[9] Danach ist die Kirche ebenso wie der Staat eine *societas perfecta*, die staatsunabhängig mit einer Eigenrechtsmacht ausgestattet ist und damit zu einer eigenen Gesetzgebung, Verwaltung und Rechtsprechung legitimiert ist.[10] Eine solche Lehre geht letztlich auf die Zwei-Reiche-Lehre der mittelalterlichen Theologie zurück. Der Wandel der politischen und sozialen Wirklichkeit in der Moderne hat diesem Verständnis weitgehend die Grundlage entzogen.[11]

In neuerer Zeit wurde das Kirchenrecht deshalb stärker in einen theologischen Horizont gestellt.[12] Hier können wiederum verschiedene Ansätze unterschieden werden.[13] Nach dem Inkarnationsprinzip ist der Charakter der Kirche als einer rechtlichen Gemeinschaft daraus zu verstehen, dass die Kirche die Menschwerdung Christi in der Welt zu bewahren hat. Damit ist die Kirche nicht nur eine spirituelle, sondern auch eine menschliche Gemeinschaft, und es gilt auch für sie der Grundsatz *ubi societas, ibi ius*.[14] Letztlich gründet diese Ansicht auf der Erkenntnis, daß Religion nicht die Angelegenheit eines Einzelnen, sondern des Einzelnen in einer Gemeinschaft ist. Von den

---

[9] Vgl. Schwarz, R., Die eigenberechtigte Gewalt der Kirche, Rom 1947, S. 37ff.

[10] Vgl. Puza, R., Katholisches Kirchenrecht, Heidelberg 1986, S. 42, 82ff. Vgl. die Enzyklika 'Immortale Dei' von Leo XIII. vom 1.11.1885: „So hat Gott die Sorge für das Menschengeschlecht zwei Gewalten zugeteilt: der kirchlichen und der staatlichen. Der einen obliegt die Sorge für die göttlichen Belange, der anderen für die menschlichen. Jede ist in ihrer Art die höchste; jede hat bestimmte Grenzen, innerhalb derer sie sich bewegt, Grenzen, die sich aus dem Wesen und dem nächsten Zweck jeder der beiden Gewalten ergeben" (in: Marmy, E., Mensch und Gemeinschaft in christlicher Schau-Dokumente, Fribourg 1945, S. 582).

[11] Vgl. dazu Böckenförde, E. W., Staat-Gesellschaft-Kirche, Christlicher Glaube in moderner Gesellschaft, Bd. 15, Freiburg 1982, S. 56ff.

[12] Vgl. Ansprache Papst Paul VI. vom 17.9.1973; darin wird das Kirchenrecht als eine „theologische Disziplin" bezeichnet (abgedruckt in: Archiv für katholisches Kirchenrecht 142/1973, 463-471, 465).

[13] Vgl. zum folgenden Krämer, P., Kirchenrecht I, Stuttgart 1992, S. 15ff.; sowie Gerosa, L., Die kanonistische Methode, in: AfkKR 163/1994, S. 11-27.

[14] Vgl. dazu Marcic, R., Rechtsphilosophie, Freiburg 1969, S. 20ff.

rechtlichen Regelungen einer weltlichen Gesellschaft unterscheidet sich das Kirchenrecht dann hauptsächlich durch die Prinzipien des *sentire cum ecclesia*, wonach ohne Glaubensfundament auch kein Kirchenrecht gelten kann, und der *salus animarum*, wonach nicht die Subsumption eines Falles unter eine Norm vorrangig ist, sondern die Berücksichtigung des Einzelfalles, was an das Kirchenrecht beträchtliche Elastizitätsanforderungen stellt und der Kirchenrechtsprechung eine entsprechende Aufgabe zuweist.[15]

Zum anderen wurde das Kirchenrecht als bloß regulatives Ordnungsrecht legitimiert. Diese Argumentationsfigur wurde bereits von Klein entwickelt, dem zufolge das kirchliche Recht nur eine ordnende und regulative Funktion besitzt, nicht aber mit einer konstitutiven Funktion für den Vollzug des Glaubens in Anspruch genommen werden kann.[16] Das Kirchenrecht wird damit im Grunde als eine Kirchenordnung verstanden, die vorwiegend pastoralen Aufgaben dient. Ihre Begründung erhält sie damit auch nicht mehr aus genuin theologischen Gedankengängen heraus, sondern durch ihre Funktionalität für die Praxis.[17] Diese Enttheologisierung des Kirchenrechts gerät allerdings wieder in Konflikt mit der Erkenntnis *ubi societas, ibi ius*. Darüber hinaus wird damit eine verbindliche Ordnung in der Kirche postuliert, ohne deren Verbindlichkeit aus dem Wesen der Kirche selbst ableiten zu können.

Im Gegensatz zu dieser Position geht Barion davon aus, daß kirchliches Recht stets eine Funktion des Kirchenbegriffes darstellt.[18]

---

[15] Vgl. Potz, R., Die Geltung kirchenrechtlicher Normen. Prolegomena zu einer kritisch-hermeneutischen Theorie des Kirchenrechts, Wien 1978, S. 135ff.

[16] Vgl. Klein, J., Grundlegung und Grenzen des kanonischen Rechts, Tübingen 1947, S. 24ff.; vgl. dazu Krämer, P., Kirche der freien Gefolgschaft. Kirchenrechtliche Überlegungen zu einem umstrittenen Kirchenmodell, München 1981.

[17] Vgl. dazu Huizing, P., Um eine neue Kirchenordnung, in: Müller, A.; Huizing, P., Vom Kirchenrecht zur Kirchenordnung ?, Einsiedeln 1968, S. 55-83 sowie Jiménez-Urresti, T., Kirchenrecht und Theologie - zwei verschiedene Wissenschaften, in: Concilium 3/1967, S. 608-612.

[18] Vgl. Barion, H., Die gegenwärtige Lage der Wissenschaft vom katho-

Das Kirchenrecht hat demzufolge die Aufgabe, die Identität der Kirche zu sichern. Diese Funktion kann es aber nur erfüllen, wenn es sich letztlich auf einen Begriff von göttlichem Recht (*ius divinum*) stützen kann. Dieser Begriff aber wird aus einem antekanonistischen Bereich vorgegeben; das kirchliche Recht selbst und seine Wissenschaft dagegen haben es nur mit positivem Recht zu tun, also im Grunde mit dem, was durch die Amtskirche als Recht gesetzt wurde.

Nach Mörsdorf dagegen ist eine rechtliche Verfassung der Kirche bereits durch die Verkündigung des Wortes und die Sakramentenspendung als zentraler Elemente der Kirche gegeben. Beide Aufgaben enthalten eo ipso rechtliche Momente: Die Verkündigung fordert Gehorsam aus der Vollmacht Christi und die Sakramentenspendung leitet ihren Sinn aus einer Stiftung ab, die durch Regelungen bewahrt werden muß. Der Zusammenhang des Rechts mit den kirchlichen Amtsträgern besteht demnach aufgrund deren Vollmacht, Christus in dieser Welt und in der Gemeinschaft zu vertreten.[19] Ähnlich wurde von anderen Autoren gefordert, das Kirchenrecht aus zentralen theologischen Bestimmungen des Charakters der Kirche zu legitimieren, z.B. aus dem Begriff der Kirche als Volk Gottes, Leib Christi und Tempel im Heiligen Geist.[20] Mikat weist in diesem Zusammenhang darauf hin, dass die Grundlegung des geistlichen Rechts als Faktum in einer Glaubensentscheidung mitgesetzt ist, „... die im Gegensatz zur reformatorischen Rechtfertigung *sola fide* zur Bejahung der katholischen *iustificatio fide caritate formata* findet, und dass die in diesem Rechtfertigungsbegriff enthaltene *fides quae*

---

lischen Kirchenrecht, in: Barion, H., Kirche und Kirchenrecht. Gesammelte Aufsätze, Paderborn 1984, S. 341-403.

[19] Vgl. Mörsdorf, K., Zur Grundlegung des Rechtes der Kirche, in: Mörsdorf, K., Schriften zum Kanonischen Recht, Paderborn 1989, S. 21-45.

[20] Vgl. Corecco, E., Theologie des Kirchenrechts. Methodologische Ansätze, Trier 1980, S. 93ff.

creditur eine konkrete Glaubensgemeinschaft von existenziell rechtlicher Struktur voraussetzt."[21]

Schließlich ist insbesondere seit dem Zweiten Vatikanischen Konzil der *communio*-Begriff für eine Grundlegung des Rechts in der Kirche leitend geworden. Grundsätzlich hat das Kirchenrecht danach eine dienende Funktion und soll das geistliche Leben des einzelnen in der Gemeinschaft sichern und fördern und umgekehrt in der Gestaltung des kirchlichen Zusammenlebens der Gemeinschaft den Vorrang gewährleisten.[22] Die theologische Fundierung des kirchlichen Rechts lässt sich aus dem Konzilstext *Lumen Gentium* entnehmen: „Der einzige Mittler Christus hat seine heilige Kirche, die Gemeinschaft des Glaubens, der Hoffnung und der Liebe, hier auf Erden als sichtbares Gefüge verfasst und trägt es als solches unablässig; so gießt er durch sie Wahrheit und Grade auf alle aus. Die mit hierarchischen Organen ausgestattete Gesellschaft und der geheimnisvolle Leib Christi, die sichtbare Versammlung und die geistige Gemeinschaft, die irdische und die mit himmlischen Gaben ausgestattete Kirche sind nicht als zwei verschiedene Größen zu betrachten, sondern bilden eine einzige komplexe Wirklichkeit, die sich aus menschlichem und göttlichem Element zusammensetzt. Deshalb ist sie in einer keineswegs bloß oberflächlichen Analogie dem Mysterium des fleischgewordenen Wortes ähnlich. Wie nämlich die angenommene Menschennatur dem göttlichen Wort, mit dem sie unlösbar geeint ist, als lebendiges Heilsorgan dient, so dient auf eine nicht unähnliche Art das soziale Gefüge der Kirche dem Geist Christi, der es belebt, für das Wachstum seines Leibes" (vgl. Eph. 4,16).[23] Die hier verwendete Bildsprache schließt zunächst ein bloß regulatives Verständnis des Kirchenrechts aus. Sie bezieht sich viel

---

[21] Mikat, P., Zur theologischen Ortsbestimmung des Kirchenrechts, in: ders., Religionsrechtliche Schriften. Abhandlungen zum Staatskirchenrecht und Eherecht, hrsg. v. J. Listl, 2. Halbband, Berlin 1974, S. 705-717, 707.

[22] Vgl. Walf, K., Kirchenrecht, Düsseldorf 1984, S. 23ff.

[23] Abgedruckt in Acta Apostolicae Sedis. Commentarium Officiale 57/1965, 5-71 hier Art. 8 Abs. 1.

mehr auf den zentralen christlichen Glaubenssatz von der zugleich göttlichen und menschlichen Natur Christi und begründet auf diese Weise ein Verständnis der Kirche als Gemeinschaft der Gläubigen, das ebenfalls eine Begründung der Institution des Kirchenrechts auf die Erfahrungstatsache *ubi societas, ibi ius* ausschließt. Der Begriff der *communio* als Grundlage der Geltung eines kirchlichen Rechts meint also zum einen zwar die Gemeinschaft der Gläubigen, die aber zum anderen eine solche nur ist durch ihre *communio* mit Christus, die in den genannten Bildern angesprochen wird.[24] Der Gedanke der *communio* baut deshalb auch nicht auf dem *sensus fidelium* oder gar auf der Auffassung von der *pars maior-pars sanior* auf und hängt nicht von der faktischen *acceptatio legis* ab.[25]

Die Begründung der Institution eines kirchlichen Rechtes kann demnach nicht in gleicher Weise vorgenommen werden wie im Falle des weltlichen Rechts, das die Freiheit aller in einer Gemeinschaft garantieren soll, in der notwendig Regelungsbedarf aufgrund von Interessenkonflikten in der Inanspruchnahme knapper Ressourcen entsteht. An der erwähnten Stelle nennt der Konzilstext *Lumen Gentium* die Kirche „... eine einzige komplexe Wirklichkeit, die aus menschlichem und göttlichem Element zusammenwächst ..." und letztlich auf das kirchenstiftende Handeln Christi zurückgeht. Die Kirche versteht sich danach als das allumfassende Heilssakrament, das eine Mittlerfunktion zwischen der göttlichen Offenbarung und der Annahme des Glaubens durch den einzelnen Menschen einnimmt.

Ein Verständnis des kirchlichen Rechts als ein Instrumentarium von Regelungen, durch die sich eine Organisation von ihrer Außenwelt abgrenzt und bestimmt, wer Mitglied dieser Organisation ist und auf diese Weise ihre Identität festlegt und erhält, ist also zwar möglich, entspricht aber in keiner Weise dem Selbstverständnis der Kirche, auf dem das kirchliche Recht aufbaut. Kirchliches Recht legi-

---

[24] Vgl. kritisch Neumann, J., Grundriß des katholischen Kirchenrechts, Darmstadt 1981, S. 51f.

timiert sich also grundsätzlich nicht durch die Ermöglichung von Freiheit, sondern durch seine Funktion für die Erlangung des Heils für den Gläubigen, da zumindest nach katholischem Verständnis gilt: *nulla salus extra ecclesiam*. Man könnte die aus dem *communio*-Begriff abzuleitende Grundlage des Kirchenrechts deshalb folgendermaßen formulieren: „Kirchliches Recht ist legitim, wenn es sich auf die kirchliche Gemeinschaft bezieht und jene Verpflichtungen herausstellt, die für diese aus dem Heilshandeln Gottes in Jesus Christus hervorgegangene Gemeinschaft konstitutiv sind, z.B. sakramentales Leben, Missionsauftrag, sozial-caritative Diakonie. Kirchliches Recht ist jedoch illegitim, wenn es das unmittelbare Verhältnis des Menschen zu Gott rechtlich bestimmen will, denn dieses Verhältnis läßt sich nicht in ein Gefüge von Rechtssätzen einfangen; es ist nicht möglich, einem Menschen rechtlich auferlegen zu wollen, an Gott zu glauben, auf ihn seine Hoffnung zu setzen oder ihm Dank entgegenzubringen."[26]

1.2 Die Funktion des Rechts in der Kirche

Wenn das Kirchenrecht sich also nur an der christlich verstandenen *salus animarum* orientieren kann, so hat es vorwiegend eine diakonische und pastorale Funktion: es hat „... dem Gläubigen zu ermöglichen und ihm zu helfen, in der Gemeinschaft des Volkes Gottes seinen Weg zum Heil in eigener Verantwortung und in freier Entscheidung zu gehen."[27] Eine weitere Differenzierung des Kirchenrechts folgt aus den drei Formen der Kirchengewalt. Die Zuständigkeit der Kirche für die Verkündigung des Glaubens in der *potestas magisterii* ergibt die Notwendigkeit rechtlicher Regelungen für die Lehre.[28] Von größerer Bedeutung sind jedoch die Funktionen

---

[25] Vgl. dazu auch Walf, K., Kirchenrecht, Düsseldorf 1984, S. 23f.

[26] Krämer, P., Kirchenrecht I, Stuttgart 1992, S. 24.

[27] Puza, R., Katholisches Kirchenrecht, Heidelberg 1986, S. 63.

[28] Dieser Aspekt wurde vor allem im 19. Jahrhundert in der Kirchen-

des Kirchenrechts, die sich aus der Weihegewalt (*potestas ordinis* bzw. *potestas ministerii*) und der Regierungsgewalt oder auch Hirtengewalt (*potestas iurisdictionis* bzw. *potestas regiminis*) ergeben. Die erste Gewalt betrifft insbesondere die Vornahme sakramentaler Handlungen. Beide Gewalten leiten sich aus dem Doppelcharakter der Kirche als Gemeinde und irdische Wirklichkeit des Reiches Gottes ab. Dabei stehen jedoch unterschiedliche Aspekte im Vordergrund. Im Hinblick auf die kirchenrechtliche Funktion der *potestas ordinis* ergibt sich ein Regelungsbedarf insbesondere hinsichtlich der Sakramentenspendung. Hier manifestiert sich gleichsam der Doppelcharakter der Kirche als einer weltlichen Institution, die nur aufgrund weltlicher Zeichen und Handlungen wirken kann, und als göttlich gegründetes Volk Christi, dessen Reich „... nicht von dieser Welt..." ist ...". Auch in diesem Sinne sind religiöse Interessen stets nicht nur private, sondern auch öffentliche Interessen.[29] Sakramente sind von Christus eingesetzte sichtbare Zeichen, durch die jedoch unsichtbare Gnaden und innere Heiligung vermittelt werden. Daraus ergibt sich für das Kirchenrecht die Funktion, die Formerfordernisse dieser sichtbaren Zeichen so festzulegen, dass die Sichtbarkeit erhalten bleibt ohne den nicht sichtbaren inneren Gehalt dahinter zurücktreten zu lassen. Die *potestas ordinis* als Teil der *potestas ecclesiasticae* hat hier die Funktion einer Festlegung, wann die Kriterien so weit erfüllt sind, dass das sichtbare Zeichen in der Welt tatsächlich zustandegekommen ist. Dies umfasst insbesondere die Bestimmung der rechten Materie, der rechten Form, des rechten Spenders sowie des rechten Empfängers. Sehr deutlich zeigt sich dies in der Charakterisierung der Taufe im CIC 1983: „... Die Taufe ist die Eingangspforte zu den Sakramenten; ihr tatsächlicher Empfang oder wenigstens das Verlangen danach ist zum Heil

---

rechtslehre hervorgehoben; vgl. dazu Plöchl, W. M., Geschichte des Kirchenrechts, Bd. III, Wien 1959, S. 67.

[29] Vgl. Mikat, P., Zur rechtlichen Bedeutung religiöser Interessen, in: ders., Religionsrechtliche Schriften. Abhandlungen zum Staatskirchenrecht und Eherecht, hrsg. v. J. Listl, 1. Halbband, Berlin 1974, S. 303-329, 308.

notwendig; durch sie werden die Menschen von den Sünden befreit, zu Kindern Gottes neu geschaffen und, durch ein untilgbares Prägemal Christus gleichgestaltet, der Kirche eingegliedert; sie wird nur durch Waschung mit wirklichem Wasser in Verbindung mit der gebotenen Form der Taufworte gültig gespendet" (c. 849). Inhalt dieses Sakramentes ist also eine spirituelle Verwandlung; diese Verwandlung tritt jedoch nur *ex opere operato*, also durch den Vollzug einer Handlung ein. Folglich ist die *potestas ordine* nicht ohne die *potestas iurisdictionis* zu denken (obwohl die *potestas iurisdictionis* auch Bereiche außerhalb des Sakramentalen umfasst – sogenannte *iurisdictio extrasacramentalis*).

Zusammenfassend kann also gesagt werden, dass die Funktion des Kirchenrechts durch die doppelte Forderung der Religion an ihre Gläubigen gegeben ist: „... einen bestimmten Glauben zu besitzen, das heißt einen Denkzustand, der aber äußerlich nicht kontrollierbar ist, und ein bestimmtes äußeres Verhalten an den Tag zu legen, das diesem Glauben entspricht."[30] Aus der Orientierung an der *salus animarum* als höchstem Ziel kirchlichen Rechts ergibt sich jedoch auch, daß zur Funktion kirchlichen Rechts eine hohe Elastizität gehört.[31] Es kann nicht auf die Erfüllung der Buchstaben des Gesetzes ankommen und der Grundsatz der Rechtssicherheit und der gleichen Behandlung vor dem Recht muß hinter der übergeordneten Zielsetzung zurücktreten.[32]

Die Funktion des kirchlichen Rechts wird deshalb auch durch seine Fallorientierung bestimmt. Dies wird durch den Grundsatz der *oekonomia* gewährleistet, worunter die Freiheit zu verstehen ist, bei Vorliegen besonderer konkreter Umstände das Gesetz ganz oder teilweise mit der Zielsetzung der Beförderung der *salus animarum* außer

---

[30] Scheftelowitz, E. E., Das religiöse Eherecht im Staat, Köln 1970, S. 5.

[31] Vgl. Heimerl, H.; Pree, H., Kirchenrecht. Allgemeine Normen und Eherecht, Wien 1983, S. 13f.

[32] Vgl. dazu Walf, K., Regulierung und Deregulierung im kirchlichen Recht, in: Iustitia in caritate, hrsg. v. R. Puza; A. Weiß, Frankfurt/Main u.a.

Kraft zu setzen.[33] Dafür stehen insbesondere folgende Möglichkeiten zur Verfügung:[34]

- dispensatio: die Aufhebung einer Gesetzesverpflichtung in einem Einzelfall;[35]
- dissimulatio: der Verzicht auf Eingreifen in eine dem Gesetz widersprechende Situation;
- tolerantia: der Verzicht auf kirchenrechtliche Regelung von Tatbeständen, die grundsätzlich nicht als legitim gelten;
- licentia: die Erlaubnis zum Abweichen von einer geltenden Norm;
- excusatio: das Zugeständnis an den Einzelnen, sich unter bestimmten Umständen von den Bestimmungen einer Vorschrift für befreit anzusehen;
- epieikeia: Fallgerechtigkeit als personale Menschengerechtigkeit, d.h. die Möglichkeit des Einzelnen, sich bei Vorliegen außerordentlicher Umstände auch gegen die Bestimmungen des Kirchenrechts auf seine Gewissensentscheidung zu berufen;[36]
- aequitas canonica: das Prinzip der Billigkeit, das in der Auslegung durch die kirchlichen Amtsträger den rigor iuris im Einzelfall abmildern kann.

Mit diesen Möglichkeiten, das Prinzip der Fallgerechtigkeit vor das Prinzip der Normenklarheit zu setzen, unterscheidet sich das kirchliche Recht vom weltlichen Recht und diese Unterscheidung läßt sich direkt aus der diakonisch-pastoralen Abzweckung des Kirchenrechts ableiten.

1997, S. 67-75.

[33] Vgl. Corecco, E., Theologie des Kirchenrechts. Methodologische Ansätze, Trier 1980, S. 53ff.

[34] Vgl. zum Folgenden Puza, R., Katholisches Kirchenrecht, Heidelberg 1986, S. 64.

[35] So kann z.B. der Papst von allen kirchlichen Gesetzen dispensieren (vgl. Kühn, O.; Weier, J., Kirchenrecht, Heidelberg 1986, S. 34).

[36] Vgl. Heimerl, H.; Pree, H., Kirchenrecht. Allgemeine Normen und Eherecht, Wien 1983, S. 12f.

1.3 Die Entstehung des kirchlichen Rechts

Von einer durchgehenden Rechtsentwicklung kann im kirchlichen Bereich erst ab dem hohen Mittelalter gesprochen werden. Einen ersten Meilenstein setzt hier das *Decretum Gratiani* um 1140. Wenn das Kirchenrecht jedoch aufs engste mit dem Charakter der Kirche als zugleich spiritueller und in der Welt wirkender Gemeinde verbunden ist, so müssen sich seine Ursprünge grundsätzlich auf die Stiftung der Kirche durch Christus selbst zurückführen lassen. Der rudimentäre Anfang des Kirchenrechts ist dann auf die Entstehung der ersten Christengemeinde am Pfingsttag in Jerusalem zu datieren (vgl. Apostelgeschichte 2, 1-13). Nachdem sich durch die Missionstätigkeit der Apostel weitere Gemeinden gebildet hatten, formten sich auch bereits urkirchliche Strukturen, die vor allem durch die Leitungsfunktionen der Apostel gekennzeichnet waren, die ihre Stellung auf die ihnen von Christus übertragenen Vollmachten zurückführten.[37] Das Apostelkonzil in den Jahren 49-50 in Jerusalem verfestigte diesen Anspruch.

Bereits im 2. Jahrhundert entwickelt sich eine zentral geleitete Ortskirche mit ersten Kirchenordnungen. Zu nennen sind hier die Ägyptische Kirchenordnung, die Anfang des 3. Jahrhunderts in Syrien verfasste Didaskalie der Apostel, die als der früheste Versuch eines kirchlichen Rechtsbuches angesehen werden kann, die Veroneser Sammlung, die Apostolischen Konstitutionen, das *Syntagma Canonum Antiocheum* und das Koptische Rechtsbuch.[38] In den folgenden Jahrhunderten entstehen zahlreiche Sammlungen kirchenrechtlicher Vorschriften, die sich vor allem aus Texten der Kirchen-

---

[37] Vgl. Matthäus 16, 18-19 (vgl. 18, 18; Joh. 20, 23; Joh. 21, 15-17): „... Ich aber sage dir: Du bist Petrus, und auf diesen Felsen werde ich meine Kirche bauen, und die Mächte der Unterwelt werden sie nicht überwältigen. Ich werde dir die Schlüssel des Himmelreichs geben; was du auf Erden binden wirst, das wird auch im Himmel gebunden sein, und was du auf Erden lösen wirst, das wird auch im Himmel gelöst sein". Dabei ist zu berücksichtigen, dass das Matthäus-Evangelium in der Alten Kirche am meisten gelesen und beachtet wurde.

[38] Vgl. Puza, R., Katholisches Kirchenrecht, Heidelberg 1986, S. 36.

väter, aus päpstlichen Briefen, aus Beschlüssen von Konzilien, bischöflichen Statuten, Anordnungen weltlicher Fürsten, aber auch aus Texten kirchlicher Schriftsteller zusammensetzen. Die sogenannte *Collectio Dionysiana* war von dem Mönch Dionysius Exiguus als eine Sammlung synodaler Canones und Dekretalen erstellt worden. Nach ihrer Erweiterung durch Papst Hadrian I. wurde diese Sammlung 774 an Karl den Großen übersandt und erlangte große Bedeutung für die Ausgestaltung des Kirchenrechts in der fränkischen Kirche. Im Jahre 802 wurde sie als *Collectio Dionysio-Hadriana* zum Gesetzbuch der fränkischen Kirche erhoben. Die Beschlüsse der Synoden und die Dekretalen der Päpste wurden in privaten Sammlungen zusammengefasst. Zu nennen sind hier die *Prisca* und die *Versio Hispania* aus dem 5. Jahrhundert sowie die *Collectio Hispana* aus dem 6. Jahrhundert. Darüber hinaus sind die *libri poenitentiales* (Beichtbücher) zu nennen, die vor allem durch die Germanenmission Bedeutung gewannen. Nach dem Ende des 9. Jahrhunderts entstanden schließlich systematische Sammlungen wie die *Collectio Anselmo dedicata*, die *Libri duo de synodalibus causis* (um 906), das *Decretum Burchardi* (Bischof von Worms, 1020), sowie die Sammlungen des Bischofs Ivo von Chartres *Collectio Tripartita, Decretum* und *Panormia* (um 1095).[39]

Als Vater der modernen Kanonistik gilt der Bologneser Camaldulenser-Mönch Gratian mit seiner *„Concordantia discordantium canonum"*. Gratian lebte in der Mitte des 12. Jahrhunderts; genauere Lebensdaten sind nicht bekannt. Mit diesem sog. *Decretum Gratiani*[40] begann die Kanonistik als eigenständige Wissenschaft. Die ersten Kanonisten waren entweder sog. Dekretisten, die das *Decretum Gratiani* wissenschaftlich bearbeiteten, oder sogenannte Dekretalisten, die die von den Päpsten erlassenen

---

[39] Vgl. Kühn, O.; Weier, J., Kirchenrecht, Heidelberg 1986, S. 35f.

[40] Es ist dabei zu beachten, daß es sich im Grunde nicht um ein Dekret oder überhaupt um ein durch eine kirchliche Autorität gebilligtes Werk handelte, sondern um eine Privatarbeit, die das zu dieser Zeit geltende Recht der Kirche zusammenfasste, soweit es in Bologna bekannt war.

Dekretalen sammelten und kommentierten.[40a] Daneben entstanden verschiedene Literaturtypen, die ebenfalls in den Bereich der Kanonistik zu rechnen sind: Glossenliteratur, die zu Glossenapparaten zusammengefasst wurden, Summen, die eine Gesamtdarstellung zu geben beanspruchten, Kommentare, Traktate und *ordines iudiciarii*, die Verfahrensrecht und materielles Recht behandelten.[41]

Eine Vereinheitlichung des Kirchenrechts entstand jedoch im Grunde erst im 16. Jahrhundert. Dies wiederum hängt mit der gefestigten Stellung der Autorität des Papstes zusammen.[42] Diese Vereinheitlichung gründete auf sechs verschiedenen Quellen:

- dem Decretum Gratiani (um 1140);
- den Dekretalen Gregors IX. (1234);
- dem Liber Sextus des Bonifatius VIII. (1298);
- den Clementinen (1314);
- den Extravaganten des Johannes XXII. (1323);
- den Extravagantes Communes (undatiert).

Diese Rechtsbücher wurden durch die *Correctores Romani* zu einem einheitlichen Werk zusammgefasst, das als *Corpus Iuris Canonici* Geltung erlangt hat.[43] Diese Bezeichnung wurde jedoch

---

[40a] Nörr, K. W., Die Entwicklung des Corpus Iuris Canonici, in: Handbuch der Quellen und Literatur der neueren europäischen Privatrechtsgeschichte I: Mittelalter, hrsg. v. H. Coing, München 1973, S. 835-846.

[41] Vgl. Puza, R., Katholisches Kirchenrecht, Heidelberg 1986, S. 17ff.

[42] Die Autorität des Bischofs von Rom entwickelte sich schrittweise in den ersten Jahrhunderten n. Chr. Grundlage dafür war das frühzeitige Entstehen einer christlichen Gemeinde in Rom, die Anerkennung des Bischofs von Rom als Nachfolger des Apostels Petrus und die Tatsache, daß Rom die Hauptstadt des römischen Weltreiches war. Eine besondere Autorität des Bischofs von Rom ist bereits aus dem 1. Klemensbrief und den Schriften des Bischofs Ignatius von Antiochien zu erkennen. Das Konzil von Sardika (343-344) erklärte den Bischof von Rom schließlich zur höchsten Appellationsinstanz und zum Hüter der Rechtgläubigkeit (vgl. dazu Kühn, O.; Weier, J., Kirchenrecht, Heidelberg 1986, S. 5).

[43] Vgl. dazu Puza, R., Katholisches Kirchenrecht, Heidelberg 1986, S. 38f.

offiziell erstmals von Papst Gregor XIII. in der Konstitution *Cum pro munere* vom 1.7.1580 verwendet. Das *Corpus Iuris Canonici* blieb bis zum 20. Jahrhundert die Grundlage des katholischen Kirchenrechts. Die weitere Entwicklung des Kirchenrechts geschah zum einen durch Konzilsbeschlüsse und päpstliche Dekrete, zum anderen durch die Entscheidungen der seit dem 13. Jahrhundert bestehenden *Sacra Romana Rota*, deren *decisiones* bereits früh in Sammlungen verbreitet wurden.

Die endgültige Vereinheitlichung des kirchlichen Rechts zu einem kirchlichen Gesetzbuch begann mit dem Motu Proprio *Arduum sane munus* von Papst Pius X. im Jahre 1904. Damit wurde eine Kardinalskommission beauftragt, den bisher zerstreuten Rechtsstoff in einem der modernen Gesetzestechnik entsprechenden Werk zu sammeln. Der *Codex Iuris Canonici* wurde am Pfingstsonntag 1917 von Papst Benedikt XV. mit der Konstitution *Providentissima mater ecclesia* promulgiert.[44] Der CIC 1917 enthielt 2414 *canones*, die in folgende fünf Bücher gegliedert waren:[45]

- *Normae generales* (allgemeine Bestimmungen);
- *De personis* (Recht des Klerus und der kirchlichen Ämter);
- *De rebus* (Sakramentenrecht und Lehramt);
- *De processibus* (Gerichtsverfassung und Verfahrensrecht);
- *De delictis et poenis* (Strafrecht).

Mit der Ankündigung des Zweiten Vatikanischen Konzils am 25.1.1959 schließlich wurde erneut eine Reform des Kirchenrechts in Aussicht gestellt. Die Arbeit daran kam allerdings erst 24 Jahre später zum Abschluss. Im Jahre 1963/64 wurde eine aus Kardinälen bestehende Kommission zur Revision des CIC eingesetzt, die in den Jahren 1965-1977 einzelne Entwürfe (sogenannte Schemata) erarbeitete, die 1972-1980 auf der Grundlage von Verbes-

---

[44] Vgl. Plöchl, W. M., Geschichte des Kirchenrechts, Bd. V, Wien 1969, S. 301ff.

serungsvorschlägen überarbeitet wurden. In den Jahren 1980-1982 wurde ein erster Gesamtentwurf erstellt, der nach der Beratung in der CIC-Reformkommission zur Vorlage eines zweiten Gesamtentwurfes führte. Dieser wurde 1982/83 durch Papst Johannes Paul II. überprüft. Am 25.1.1983 wurde der neue *Codex Iuris Canonici* mit der Apostolischen Konstitution *Sacrae disciplinae leges* promulgiert.[46] Der Gesetzestext enthält 1752 canones und ist abweichend vom CIC 1917 gegliedert. Die neue Einteilung ergibt sich aus den Aussagen des Zweiten Vatikanischen Konzils und läßt neue Schwerpunkte im kirchlichen Recht erkennen, was sich insbesondere in den Büchern über das Volk Gottes, den Verkündigungs- und den Heiligungsdienst der Kirche ausdrückt:[47]

- *De normis generalibus*;
- *De populo Dei*;
- *De Ecclesiae munere docendi*;
- *De Ecclesiae munere sanctificandi*;
- *De bonis Ecclesiae temporalibus*;
- *De sanctionibus in Ecclesia*;
- *De processibus*.

1.4 Geltungsbereich und Anwendung kirchlicher Rechtsvorschriften

Im Gegensatz zum *ius divinum*, das als für alle Menschen verpflichtend angesehen wird, verpflichten kirchliche Gesetze (*ius mere ecclesiasticum*) alle in der katholischen Kirche Getauften, die das 7. Lebensjahr vollendet haben und im Besitze der Vernunft sind.[48] Das

---

[45] Codex Iuris Canonici, Romae 1917.

[46] Vgl. Krämer, P., Kirchenrecht I, Stuttgart 1992, S. 9ff.

[47] Codex Iuris Canonici. Auctoritate Ioannis Pauli PP. II promulgatus. Fontium annotatione et indice analytico alphabetico auctus, Romae 1989; Codex Iuris Canonici. Codex des Kanonischen Rechts, Kevelaer 1989 (lat.-dt. Ausgabe).

[48] Vgl. Kühn, O.; Weier, J., Kirchenrecht, Heidelberg 1986, S. 33.

ius divinum kann unterschieden werden in *ius divinum naturale,* worunter das Naturrecht als Inbegriff aller von Gott in die Menschen hineingelegten sittlichen Grundsätze zu verstehen ist, soweit sie durch die Vernunft erkennbar sind, und in das Offenbarungsrecht (*ius divinum positivum*). Letzteres kann zum einen aus der Heiligen Schrift und zum anderen aus den mündlich überlieferten Lehren der Apostel entnommen werden. Oberster Gesetzgeber für das *ius mere ecclesiasticum bzw. Ius canonicum* ist nach katholischer Lehre der Papst, der wiederum nur an das *ius divinum* gebunden ist, nicht aber an die Zustimmung anderer Organe oder Amtsträger. Weitere Gesetzgebungsbefugnisse stehen den römischen Kongregationen, den allgemeinen Konzilien sowie der Bischofssynode zu. Darüber hinaus gibt es ein Gesetzgebungsrecht (*ius particulare*) für räumlich begrenzte Gebiete, das den Diözesanbischöfen, den Plenar- und Provinzialkonzilien, den Bischofskonferenzen sowie den autonomen kirchlichen Körperschaften zusteht.[49] Dabei ist zu beachten, dass diese Organe keine selbständige Gesetzgebungsbefugnis besitzen, sondern nur auf der Grundlage einer Bevollmächtigung durch den Papst handeln dürfen. Wie der Papst von allen kirchlichen Gesetzen dispensieren kann, so ist er letztlich auch der alleinige kirchliche Gesetzgeber. Allen anderen Organen kommt diese Befugnis nur durch die Übertragung dieser Vollmacht durch den Papst zu.[50]

Über die Form des Gesetzes hinaus ist das kirchliche Recht auch durch Dekrete und Instruktionen geregelt. Hier sind allgemeine Dekrete (*decreta generalia*), Durchführungsverordnungen (*decreta generalia exsecutoria*), sowie Ausführungsbestimmungen (*instructiones*) zu unterscheiden. Außer dem kodifizierten Recht kennt die

---

[49] Vgl. Kühn, O.; Weier, J., Kirchenrecht, Heidelberg 1986, S. 31.

[50] In diesem Zusammenhang ist jedoch das bischöfliche Remonstrationsrecht zu erwähnen, dem zeitweise sogar ein Suspensiveffekt zugeschrieben wurde und im Corpus Iuris Canonici kodifiziert war. Im CIC ist das Recht der Bischöfe auf Widerspruch gegen Anordnungen des Papstes jedoch nicht mehr enthalten (vgl. dazu Walf, K., Kirchenrecht, Düsseldorf 1984, S. 50ff.).

katholische Kirche jedoch auch das Gewohnheitsrecht. Für dessen Geltung müssen indes drei Bedingungen erfüllt sein:

- es muß sich um eine ständige und einheitliche Übung einer gesetzesfähigen Gemeinschaft der Gläubigen handeln;
- die Zustimmung des Gesetzgebers muß wenigstens stillschweigend vorliegen (*consensus tacitus legalis*);[51]
- es muß die Absicht bestanden haben, ein neues Recht einzuführen (*animus se obligandi*).[52]

Eine Gewohnheit kann keine Gesetzeskraft erlangen, wenn sie unvernünftig ist (c. 24). Es ist also auch hier zwischen *consuetudo facti* und *consuetudo iuris* zu unterscheiden. Erstere kann nur eine Voraussetzung für die Entstehung einer *consuetudo iuris* darstellen. Ferner kann sich die Gewohnheit gegen ein bestehendes Gesetz richten (*consuetudo contra legem*). Dieser Fall ist die Ausnahme. Von Bedeutung ist vorwiegend die *consuetudo praeter legem*. Beispiele aus jüngerer Zeit sind die Vermögensfähigkeit von Bettelorden, die Laienpredigt oder der Dienst von Ministrantinnen.[53] Von großer Bedeutung ist darüber hinaus die *consuetudo secundum legem*, obwohl hier nicht von Gewohnheitsrecht im eigentlichen Sinne gesprochen werden kann. Dennoch handelt es sich um eine kodifizierte Regelung: *„Consuetudo est optima legum interpres"*. (c. 27). Diese *consuetudo interpretativa* entsteht beispielsweise durch Entscheidungen der Sacra Romana Rota.

Innerhalb des kirchlichen Rechts werden die Bereiche des Verfahrensrechts, des Vermögens-, Wirtschafts- und Finanzrechts, und des Strafrechts unterscheiden. Bezüglich des letzteren Bereichs lässt sich historisch ein steter Rückgang des Machtbereichs der kirchlichen Jurisdiktionsträger feststellen. Nach dem mittelalterlichen Konzept waren die *vis armata* und das *bracchium saeculare* der Träger weltlicher Gewalt auch zur Ausführung der Bestimmungen

---

[51] Vgl. dazu Mörsdorf, K., Lehrbuch des Kirchenrechts auf Grund des Codex Iuris Canonici, Bd. I, München 1967, S. 122f.

[52] Kühn, O.; Weier, J., Kirchenrecht, Heidelberg 1986, S. 32.

[53] Vgl. Puza, R., Katholisches Kirchenrecht, Heidelberg 1986, S. 119f.

des kirchlichen Rechts verpflichtet. Nach Auflösung der mittelalterlichen Idee von der Einheit der Christenheit in Kirche und Staat reduzierte sich die Bedeutung der kirchlichen Rechtsprechung zunächst auf die Ausübung übertragener Staatsgewalt und wurde nach der Trennung von kirchlicher und staatlicher Gerichtsbarkeit auf rein innerkirchliche Belange beschränkt. Diese Entwicklung begann im Laufe des 15. Jahrhunderts und war bis zum Ende des 19. Jahrhunderts im Wesentlichen abgeschlossen.[54]

Die Durchsetzung kirchlichen Rechts muss sich heute naturgemäß vollständig auf den innerkirchlichen Raum beschränken. Hier ist zunächst die Mittlerfunktion der Kirche zwischen Mensch und Gott zu nennen (*nulla salus extra ecclesiam*), sodann die dienstrechtlichen Verhältnisse der Kirche als Organisation. Als Sanktionsmittel stehen der Kirche zur Verfügung:[55]

- *poenae medicinales seu censurae* (Besserungs- oder Beugungsstrafen);
- *poenae expiatoriae* (Sühnestrafen);
- *remedia poenalia* bzw. *poenitentiae* (Strafsicherungsmittel bzw. Bußen).[56]

Unter den Beugestrafen ist die *Exkommunikation* die bekannteste. Sie verbietet dem Exkommunizierten jegliche Teilnahme an der Eucharistie sowie den Empfang der Sakramente und die Ausübung kirchlicher Ämter.[57] Ähnlich das *Interdikt*, welches verbietet, an

---

[54] Vgl. dazu Plöchl, W. M., Geschichte des Kirchenrechts, Bd. IV, Wien 1966, S. 358ff.

[55] Vgl. zu dieser Problematik Rees, W., Bestrafung ohne Strafgesetz. Die strafrechtliche Generalklausel des c. 1399 CIC, in: Iuri Canonico Promovendo. Festschrift für H. Schmitz, hrsg. v. W. Aymans, K.-Th. Geringer, Regensburg 1994, S. 373-394.

[56] Vgl. cc. 1331-1340.

[57] Der Ausschluss vom Empfang der Sakramente wird jedoch ausgesetzt, solange sich der Täter in Todesgefahr befindet (vgl. Puza, R., Katholisches Kirchenrecht, Heidelberg 1986, S. 398).

Kulthandlungen teilzunehmen oder Sakramente zu empfangen. Zu unterscheiden ist zwischen Personalinterdikt und Lokalinterdikt. Ersteres betrifft eine Person oder auch eine Personengemeinschaft; zweiteres hat Wirkung für eine bestimmtes Gebiet.[58] Die *Suspension* dagegen ist eine Strafe, die nur gegen kirchliche Bedienstete verhängt werden kann. Sie verbietet dem Kleriker die Ausübung aller Rechte und Funktionen, die mit seinem Amt verbunden sind, also insbesondere alle Akte der Weihegewalt und der Hirtengewalt. Anzumerken ist, daß in Ausnahmefällen (Todesgefahr von Gläubigen) auch ein suspendierter Kleriker Sakramente gültig spenden darf.[59]

Sühnestrafen beziehen ihre Bedeutung dagegen nicht aus der heilsgeschichtlichen Bedeutung der Kirche, sondern aus dem Charakter der Kirche als einer weltlichen Organisation. Sie können Aufenthaltsverbote betreffen, den Entzug einer Vollmacht oder eines Amtes oder auch einer Auszeichnung, die Strafversetzung auf ein anderes Amt und schließlich die Entlassung aus dem Klerikerstand.

Strafsicherungsmittel sind Verwarnung (*monitio*) und Verweis (*correptio*). Bußen (*poenitentiae*) dagegen sind Auflagen, ein besonderes Werk des Glaubens, der Frömmigkeit oder der Caritas zu verrichten.

Bezüglich der Form der Verhängung von Kirchenstrafen ist zu unterscheiden zwischen Spruchstrafen (*poenae ferendae sententiae*) und Tatstrafen (*poenae latae sententiae*). Die Letztere tritt mit der Tat von selbst ein, ohne dass ein Gerichtsurteil erforderlich ist. Die Spruchstrafe dagegen erfordert ein ordentliches Verfahren vor einem kirchlichen Gericht. Hier sind drei Instanzen zu differenzieren: Bischof, Erzbischof und Papst. Auf jeder Instanzenebene wird die Gerichtsbarkeit durch bevollmächtigte Gerichte ausgeübt, die ihre Legitimation jedoch in jedem Fall aus der Hirtengewalt der zuständi-

---

[58] So wurde noch 1909 von Pius X. wegen eines tätlichen Angriffes auf den Bischof ein Lokalinterdikt über die Stadt Adria verhängt (vgl. Plöchl, W. M., Geschichte des Kirchenrechts, Bd. V, Wien 1969, S. 85).

[59] Vgl. Puza, R., Katholisches Kirchenrecht, Heidelberg 1986, S. 391ff.

gen geistlichen Instanz beziehen. Demgemäß sind Diözesangerichte, Metropolitangerichte und die Römische Rota zu trennen. Darüber hinaus kann der Papst jedoch jede Sache an sich ziehen, und jeder Gläubige kann sich mit seinem Fall direkt an den Apostolischen Stuhl wenden. Der Papst ist nach dem Recht der katholischen Kirche also nicht nur oberster Gesetzgeber, sondern auch oberster Richter. Im Prozessverfahren gilt für private Streitsachen das Verhandlungsprinzip, der Richter muss also aufgrund des ihm von den Parteien vorgelegten Materials entscheiden. In Strafsachen und in Streitsachen, die das öffentliche Interesse der Kirche berühren - dazu gehören auch Ehenichtigkeitsprozesse - ist dagegen das Offizialprinzip anzuwenden, das Gericht muss die Wahrheit also unabhängig von den Aussagen der Parteien erforschen.[60] An besonderen Prozessarten sind zu nennen das Ehenichtigkeitsverfahren und das Weihenichtigkeitsverfahren, der Strafprozess, sowie der Selig- und Heiligsprechungsprozess, der jedoch nicht im CIC geregelt ist.

Die Straftaten, bei denen das kirchliche Recht eine Zuständigkeit beansprucht, lassen sich in sechs Gruppen einteilen, aus denen jeweils einige Beispiele genannt seien:

- Straftaten gegen die Religion und die Einheit der Kirche (Häresie, verbotene Gottesdienstgemeinschaft, nichtkatholische Taufe, Meineid vor kirchlichen Autoritäten, öffentliche Gotteslästerung, Verächtlichmachung von Religion oder Kirche; vgl. cc. 1364-1369);
- Straftaten gegen die kirchlichen Autoritäten und die Freiheit der Kirche (physische Gewalt gegen Papst, Bischof oder Kleriker[61], Verbreitung einer von Papst oder Konzil verurteilten Lehre, offener Aufruf zum Ungehorsam gegen den Apostolischen Stuhl, Mitglied-

---

[60] Vgl. Kühn, O.; Weier, J., Kirchenrecht, Heidelberg 1986, S. 110.

[61] Wobei physische Gewalt gegen Kleriker nur dann im kirchenrechtlichen Sinne strafbar ist, wenn sie in Verachtung des Glaubens, der Kirche, der kirchlichen Gewalt oder eines kirchlichen Amtes ausgeübt wird (vgl. c. 1370 § 3).

schaft in kirchenfeindlichen Vereinigungen[62], Entweihung sakraler Gegenstände; vgl. cc. 1370-1377);

- Amtsanmaßung und Amtspflichtverletzung (Feier der Eucharistie ohne Priesterweihe, Bruch des Beichtgeheimnisses, schuldhafte Nachlässigkeit in der Ausübung eines kirchlichen Amtes; vgl. cc. 1378-1389);
- Fälschungsdelikte (verleumderische Anzeige, Rufschädigung, Urkundenfälschung in Zusammenhang mit kirchenrechtlichen Vorgängen; vgl. cc. 1390-1391);
- Straftaten gegen besondere Verpflichtungen (Betreiben von Handel und Gewerbe durch Kleriker oder Ordensleute, Konkubinat bei Klerikern, Verletzung der Residenzpflicht; vgl. cc. 1392-1396);
- Straftaten gegen Leben und Freiheit des Menschen (Tötung, Entführung, Freiheitsberaubung, schwere Körperverletzung, Abtreibung; vgl. cc. 1397-1398).

---

[62] Der CIC 1917 nannte in c. 2335 noch ausdrücklich die Freimaurer. Der CIC 1983 hat diesen Passus gestrichen.

2. Die Zweckbestimmung des kirchlichen Rechts

Es ist nunmehr genauer zu fragen, welche Aufgabe das kanonische Recht im Bereich des religiösen Lebens der Kirche und ihrer Gläubigen haben kann.[1] In der kanonistischen Diskussion ist hier die Terminologie nicht einheitlich. Die Begriffe Ziel und Zweck werden manchmal synonym verwendet, manchmal aber auch unterschieden (vgl. die Unterscheidungen zwischen *finis* und *scopus*, *finis operis* und *finis operantis*). Es kann jedoch der Begriff Ziel verwendet werden, wenn es sich um ein angestrebtes Endergebnis handelt (z.B. das Ziel der *salus animarum* als das Endziel bzw. das höchste Ziel). Im Folgenden wird jedoch im Kontext des kanonischen Rechtes in erster Linie der Begriff Zweck herangezogen. Ein Ziel ist eine Endbestimmung, auf das etwas seiner Natur nach hingeordnet ist; und es ist ein Ergebnis oder eine Vollendung des Handelns. Der Zweck hingegen hat mehr mit den Mitteln zu tun oder mit der im Wesen des Subjektes angelegten Handlungsbestimmung, die keinen Sinn in sich darstellt, sondern auf ein Ziel hingeordnet ist.[2]

In der Kanonistik werden herkömmlich vor allem zwei Ziele oder Zwecke aufgeführt: das *bonum commune* und die *salus animarum*. Der kanonische Gesetzgeber erwähnt beide Zwecke im *Codex Iuris Canonici*, allerdings ohne ihren Inhalt näher zu bestimmen. Allerdings kann man dem Gesetzbuch entnehmen, dass der Akzent beim *bonum commune* mehr auf der kirchlichen Gemeinschaft liegt,[3] bei

---

[1] Zur Problematik der Zweckbestimmung des kanonischen Rechtes vgl. den Überblick bei Sobanski, R., Grundlagenproblematik des katholischen Kirchenrechts, Wien u. Köln 1987, S. 134-135.

[2] Vgl. zum Begriff und zur Terminologie Kern, W., Art. Finis operis-finis operantis, in: LThK Bd. 4, S. 139f. und Oeing-Hanhoff, L. Art. Zweck, in: LThK Bd. 10, S. 1425f.

[3] Vgl. zum 'bonum commune'-Begriff: cc. 223; 264 § 2; 287 § 2; 323 § 2 (bonum commune); 212 § 3; 282 § 2; 334; 345; 360; 618; 819; 946; 1299 § 2 (bonum Ecclesiae/Ecclesiarum); 116 § 1; 1201 § 2; 1348; 1430; 1431 § 1; 1452 § 1; 1481 § 3; 1532; 1536 §§ 1-2; 1598 § 1; 1691; 1696; 1715 § 1; 1728 § 1 (bonum publicum); 407 § 1; 498 § 1; 501 § 3 (bonum dioecesis); 459 § 1; 447 (bonum maius); 460 (bonum

der *salus animarum* dagegen mehr auf dem einzelnen Gläubigen.[4] Das *bonum commune* steht also für die soziale, die *salus animarum* für die individuelle Dimension. In der Kanonistik setzt man gewöhnlich voraus, dass jedes einzelne Gesetz und auch das kanonische Recht insgesamt – auch in der Anwendung - auf diese beiden Ziele ausgerichtet ist.[5]

2.1 Das *bonum commune* als Zweck des kanonischen Rechtes

Im Anschluss an die klassische Definition, die Thomas von Aquin begründete, wird das *bonum commune* meistens im Zusammenhang mit der Gesetzesdefinition erwähnt.[6] Im allgemeinen

---

communitatis dioecesanae); 473 § 1 (bonum portionis populi Dei); 495 § 1 (bonum pastorale portionis populi Dei).

[4] Vgl. zum Begriff der 'salus animarum' und ähnlichen personal geprägten Begriffen: cc. 747 § 2; 768 § 1; 978 § 1; 1452 § 1; 1736 § 2; 1737 § 3 (salus animarum/hominum); 1201 § 2; 1323; 1324 § 1; 128; 1209 (damnum animarum/aliorum); 87 § 1 (bonum spirituale); 364; 1215 § 2; 1222 § 2; 1748 (bonum animarum); 88; 1233 (bonum fidelium); 270 (bonum clerici); 1055 § 1 (bonum coniugum); 1152 § 1 (bonum familiae); 1440 § 3; 1559; 1600 § 1; 1619 (bonum privatum/privatorum).

[5] Vgl. Bertrams, W., Das Privatrecht, in: ders., Quaestiones fundamentales iuris canonici, Rom 1969, S. 83-112, 101f; Bertrams, W., Vom Ethos, in: ders., Quaestiones fundamentales iuris canonici, Rom 1969, S. 61-79, 64, 78; Schwarz, R., Vom Geist des Kirchenrechts, in: ÖAKR 31/1980, 223-240, 228ff.

[6] Vgl. Th. v. Aquin, Summa Theologica. Edito altera Romana, Vol. I-VI, Rom 1894, I II 90, 4 i. c.: „... lex ... nihil est aliud, quam quaedam rationis ordinatio ad bonum commune, ab eo, qui curam communitatis habet, promulgata." Der Thomasische Begriff des Gemeinwohles umfaßt jedoch noch eine transzendente und personale Heilsdimension. Vgl. STh I II 90, 2 i. c.: „... est autem ultimus finis humanae vitae felicitas, vel beatitudo ... unde oportet, quod lex maxime respiciat ordinem, qui est in beatitudine. Rursus cum omnis pars ordinetur ad totum sicut imperfectum ad perfectum; unus autem homo est pars communitatis perfectae; necesse est, quod lex proprie respiciat ordinem ad felicitatem communem"; sowie I II 109, 3 i. c.: „Manifestum est autem, quod bonum partis est propter bonum totius; unde naturali appetitu vel amore unaquaeque res particularis amat bonum suum proprium propter bonum commune totius universi, quod est Deus". Vgl. zum Gemeinwohlbegriff von Th. v. Aquin: Utz, A.F., Kommentar, Tho-

interpretiert man es als das Wohl der irdischen, sichtbaren kirchlichen Gesellschaft.[7] Demnach kann das kanonische Gesetz z.B. definiert werden als „... eine auf die Förderung des Gemeinwohles ausgerichtete und die untergebene Gemeinschaft verpflichtende Norm des freien Handelns, die von der rechtmäßigen Autorität auf Dauer erlassen und gehörig verkündigt ist."[8] Die Aufmerksamkeit gilt also in erster Linie dem Wohl der kirchlichen Gemeinschaft als solcher, dem *bonum commune (societatis) Ecclesiae*. Bei Bertrams wird das *bonum commune* als zentrale Kategorie so definiert: „Das kirchliche Gemeinwohl (umfaßt) alle Bedingungen, die das übernatürliche Leben erfordert, um zu bestehen, um zu wachsen, um sich vollenden zu können auf Erden, angefangen von der Gottesverehrung in Anbetung, Opfer und Sakrament bis zu den materiellen Gütern, ohne die menschliche Institutionen nicht bestehen können."[9] Diese Umschreibung zeigt eine formale Ähnlichkeit mit den Definitionen, die die päpstliche und konziliare Soziallehre verwendet. So heißt es in der Konstitution *Gaudium et Spes*: „Das Gemeinwohl ... begreift in sich die Summe aller jener Bedingungen gesellschaftlichen Lebens, die den Einzelnen, den Familien und gesellschaftlichen Gruppen ihre eigene Vervollkommnung voller und ungehinderter zu erreichen gestatten."[10]

---

mas von Aquin, Recht und Gerechtigkeit. Theologische Summe II-II, Fragen 57-79, Nachfolgefassung von Band 18 der Deutschen Thomasausgabe, Bonn 1987, S. 479f.

[7] Nach Sobanski wird im Kontext der Diskussion um die Zielsetzung die Kirche überwiegend als 'societas' bezeichnet. Vgl. Sobanski, R., Grundlagenproblematik des katholischen Kirchenrechts, Wien u. Köln 1987, S. 134f.

[8] Mörsdorf, K., Lehrbuch des Kirchenrechts auf Grund des Codex Iuris Canonici, München 1979, Bd. I, S. 83.

[9] Bertrams, W., Vom Ethos, in: ders., Quaestiones fundamentales iuris canonici, Rom 1969, S. 61-79, 68; der gleiche Autor führt weiter aus: „Das Eigenziel der Kirche, ihr Gemeingut, besteht also darin, solche Bedingungen des übernatürlichen Lebens zu schaffen, die es den Menschen ermöglichen, das übernatürliche Leben der Gnade als Voraussetzung für die jenseitige Gottesschau zu erhalten und zu vermehren".

[10] Vgl. Vat II GS 74,1: „Bonum vero commune summam complectitur

Der gesellschaftliche Gemeinwohlbegriff dient hier also als Modell zur Erklärung des kirchlichen Gemeinwohlbegriffes, wenn auch in der Deutung der kirchlichen Soziallehre. So analysiert Bertrams immer erst die metaphysischen Strukturen der menschlichen Gesellschaft und wendet sie im Folgenden auf die Kirche an. Jede menschliche Gesellschaft besitze, ähnlich der Geist-Leib-Einheit, eine innere, geistige, wertbestimmte Struktur (*structura interna*) also eine intentionale Beziehungseinheit zum Dienste an der Person und bedürfe zu diesem Zweck einer äußeren Struktur (*structura externa*), einer sozialen Aktivität, eines Leibes, der menschlichen Sozialität.[11] Durch die äußere, gemeinsame, koordinierte Tätigkeit in Raum und Zeit erreiche die innere, intentionale Beziehungseinheit das angestrebte menschliche Wohl. Die soziale Einheit organisatorischen Charakters sei deshalb als solche ein menschliches Gut.[12] Dieses als Gemeinwohl bezeichnete menschliche Gut bleibe „... seiner Natur nach darauf hingeordnet, der Gesamtheit der Glieder einer Gemeinschaft zu dienen, damit diese ihr eigenständiges Leben führen und so ihr personales Ziel erreichen können ...".[13] Einerseits erfordere dies eine Einordnung aller ins Ganze, anderseits aber nicht so, dass die Person in der Gemeinschaft, in einem kollektiven Sein aufgeht.[14] Die Person sei nicht ihrem Sein nach Teil dieser Gemeinschaft, „... sondern durch

---

earum vitae socialis condicionum, quibus homines, familiae et consociationes, suam ipsorum perfectionem plenius atque expeditius consequi possint". Ähnlich in Vat II GS 26,1: „... bonum commune seu summam corum vitae socialis condicionum quae tum coetibus, tum singulis membris permittunt ut propriam perfectionem plenius atque expeditius consequantur." Vgl. dazu Heimerl, H.; Pree, H., Kirchenrecht. Allgemeine Normen und Eherecht, Wien u. New York 1983, S. 32.

[11] Vgl. Bertrams, W., Die personale Struktur des Kirchenrechts, in: StdZ 1959, S. 115-132, 115f.

[12] Vgl. Bertrams, W., De natura iuris Ecclesiae proprii notanda, in: PerRMCL 66/1977, S. 567-582, 572f.

[13] Vgl. Bertrams, W., Die personale Struktur des Kirchenrechts, in: StdZ 64/1959, S. 115-132, 116f.

[14] Vgl. W. Bertrams, Vom Ethos, in: ders., Quaestiones fundamentales iuris canonici, Rom 1969, S. 61-79, 62.

die vom Ziel der Gemeinschaft geförderten Beziehungen, also insoweit, als ihre äußere Tätigkeit und ihre äußeren Güter zur Verwirklichung des Gemeinwohls erforderlich sind."[15] Die Person, auf dem Weg zu ihrem letzten personalen Ziel, gestalte ihr Leben immer auch durch die Beziehungen zu anderen. „Damit ist gegeben, daß der Mensch im sozialen Leben Rechtssubjekt ist, und zwar insofern er das Recht hat, sein personales Leben in Freiheit zu gestalten. Um diese zu gewährleisten, braucht es eine Ordnung, eine Organisation des sozialen Lebens."[16] Die Ordnung ist um der personalen Grundrechte willen da. Andererseits aber hat die Gemeinschaft ein Recht auf ihr Gemeinwohl, da dieses Sinn und Zweck ihres Bestandes ist. Die Gemeinschaft sei in diesem Sinne moralische Person und Rechtssubjekt. Die Beziehung zwischen der Gemeinschaft und der Person sei deshalb eine Beziehung zwischen Rechtsträgern. Hier liege auch der Grund für die Unterscheidung zwischen privatem und öffentlichem Recht. Da das Gemeinwohl auf personale Werte hingeordnet sei, stehe auch das (öffentliche) Recht der Gemeinschaft im Dienste dieser Werte. Dies erfordere die Anerkennung der Rechtspersonalität der Glieder und die Anerkennung jener Institutionen, mit deren Hilfe personale Werte verwirklicht werden. Die Ausübung (privater) Rechte durch die Glieder könne beschränkt werden. In dem Maß, wie die Gemeinschaft der Tätigkeit und der Güter ihrer Glieder bedarf, um das Gemeinwohl zu verwirklichen, kann sie das Recht des einzelnen beschränken, Leistungen auferlegen und Verbote erlassen.[17]

Diese Gesellschaftsanalyse orientiert sich am Solidarismus, der von Pesch[18] grundgelegt und von Gundlach ausgebaut wurde.[19] Der

---

[15] Vgl. W. Bertrams, Die personale Struktur des Kirchenrechts, in: StdZ 64/1959, S. 115-132, 117.

[16] Vgl. W. Bertrams, Die personale Struktur des Kirchenrechts, in: StdZ 64/1959, S. 151-132, 118.

[17] Vgl. Bertrams, W., Die personale Struktur des Kirchenrechts, in: StdZ 64/1959, S. 115-132, 120f.

[18] Vgl. Rauscher, A., Art. Pesch, in: StL Bd. 4, Sp. 362f.; auch Bertrams erwähnt Grundgedanken von Pesch ausdrücklich.

Solidarismus hat seinerseits die kirchliche Soziallehre maßgeblich beeinflusst.[20] Die kirchliche Soziallehre vertritt damit eine konsequent personale Sicht in Hinblick auf die menschliche Gesellschaft. „Wurzelgrund, ... Träger und Ziel aller gesellschaftlichen Institutionen ist und muß auch sein die menschliche Person. Die gesellschaftliche Ordnung und ihre Entwicklung müssen sich dauernd am Wohl der Personen orientieren; denn die Ordnung der Dinge muß der Ordnung der Personen dienstbar gemacht werden und nicht umgekehrt."[21] Die politische Gesellschaft besteht um des Gemeinwohles willen und leitet daraus ihre Rechtfertigung, ihren Sinn und ihr Eigenrecht ab, aber dieses Gemeinwohl ist seinerseits ausgerichtet auf die Vervollkommnung der Einzelnen, Familien und Gruppen.[22]

---

[19] Vgl. Rauscher, A., Art. Gundlach, StL Bd. 2, Sp. 1150f; zum Begriff des Gemeinwohls bzw. des Gemeingutes im Solidarismus von Gundlach, vgl. Utz, A. F., Kommentar, in: Thomas von Aquin: Recht und Gerechtigkeit. Theologische Summe II-II, Fragen 57-79, Nachfolgefassung von Band 18 der Deutschen Thomasausgabe, Bonn 1987, S. 486-492. Gundlach (1892-1963) war von 1934 bis 1962 Professor für Sozialphilosophie und Sozialethik an der Päpstlichen Universität Gregoriana in Rom. Seine Gedanken zur katholischen Soziallehre sind vor allem durch die Lehre von Papst Pius XII. wirksam geworden.

[20] Vgl. Klüber, F., Art. Solidarismus, in: KSL, 2574-2577; Nell-Breuning, O.v., Art. Katholische Soziallehre, in: StL Bd. 3, 354f.; Rauscher, A., Art. Solidarität, in: StL Bd. 4, S. 1191-1194, 1193.

[21] Vgl. Vat II GS 25,1: 'Etenim principium, subiectum et finis omnium institutorum socialium est et esse debet humana persona ... '; 26,3: 'Ordo socialis igitur eiusque progressus in bonum personarum indesinenter cedere debent, siquidem rerum ordinatio ordini personarum subiicienda est et non e converso ... '; über den Staat macht das Konzil ähnliche Aussagen, vgl. GE 6; DH 6; GS 74,1.6.

[22] Vgl. Vat II GS 74,1: 'Communitas politica propter illud commune bonum exsistit, in quo suam plenam iustilicationem et sensum obtinet et ex quo ius suum primigenum et proprium depromit. Bonum vero commune summam complectitur earum vitae socialis condicionum, quibus homines, familiae et consociationes, suam ipsorum perfectionem plenius atque expeditius consequi possint'. Vgl. dazu auch Mikat, P., Grundelemente katholischer Staatsauffassung, in: ders., Religionsrechtliche Schriften. Abhandlungen zum Staatskirchenrecht und Eherecht, hrsg. v. J. Listl, 2. Halbband, Berlin 1974, S. 627-647, 645f.

Weder die Gesellschaft noch das von ihr angestrebte und geschätzte Gemeinwohl sind somit um ihrer selbst willen da. Sie haben eine Dienstfunktion und einen Dienstwert gegenüber dem Einzelmenschen, dessen Vervollkommnung (*perfectio*) das Endziel ist.[23] Der oberste Grundsatz in der katholischen Soziallehre ist, „... daß die menschliche Person und ihre Würde im Bereich des Staates und der Gesellschaft den höchsten Wert darstellen."[24] Erst neben diese personale Prägung des kirchlichen Gemeinwohlbegriffes tritt dann die soziale Dimension. Das Gemeinwohl hat es zu tun mit dem sozialen Leben der Gesellschaft. Es ist nicht eine Summe individueller Nutzen- oder Glückseinheiten, sondern ein qualitativer gesellschaftlicher Zustand, der nur im Zusammenwirken erreicht werden kann und der ein Sozialgebilde mit organisatorischem Wert darstellt.[25]

Wichtige Elemente der kirchlichen Soziallehre lassen sich nun an entscheidenden Stellen im kanonistischen Gemeinwohlbegriff wiederfinden. Darin werden sie allerdings auf eine übernatürliche Ebene übertragen. Das kirchliche *bonum commune* ist ein übernatürliches Gemeinwohl.[26] Die personal geprägte Ausrichtung wird erkennbar in der Hinordnung der Bedingungen auf die Ermöglichung, Förderung und Sicherung des übernatürlichen Eigen-

---

[23] Vgl. zur Unterscheidung von 'Dienstwert' und 'Selbstwert' im gesellschaftlichen Bereich Nell-Breuning, O. v., Kommentar zum vierten Kapitel der Pastoralkonstitution über die Kirche in der Welt von heute, in: LThK-Konzilskommentar Bd. III, S. 517-532, 520f.

[24] Listl, J., Art. Staat. Zweiter Teil. Theologisch II. Katholisch, in: EvStL Bd. 2, S. 3367-3376, 3370; vgl. Kerber, W., Art. Gemeinwohl I. Sozialphilosophische Grundlagen, in: StL Bd. 2, S. 857-859.

[25] Vgl. Listl, J., Art. Staat. Zweiter Teil. Theologisch II. Katholisch, in: EvStL Bd. 2, S. 3367-3376, 3370; vgl. Kerber, W., Art. Gemeinwohl I. Sozialphilosophische Grundlagen, in: StL Bd. 2, S. 857-859 sowie Mikat, P., Kirche und Staat in nachkonziliarer Sicht, in: ders., Religionsrechtliche Schriften. Abhandlungen zum Staatskirchenrecht und Eherecht, hrsg. v. J. Listl, 1. Halbband, S. 217-235, 222.

[26] Vgl. Bertrams, W., Die personale Struktur des Kirchenrechts, in: StdZ 64/1959, 121-136, 121f.; auch Lesage spricht vom übernatürlichen Gemeinwohl der Kirche und erläutert es als die soziale Ordnung der Kirche (vgl. Lesage, G., La nature du droit canonique, Ottawa 1960, S. 156).

lebens der Gläubigen.[27] In diesem Sinne ist die Kirche eine Ordnungseinheit intentionaler Art,[28] hingeordnet auf den transzendenten Endzweck, „... den Menschen hinführen zu seinem letzten und höchsten Ziel, zu Gott."[29] Das Gemeinwohl stellt also keinen „... um seiner selbst willen zu erstrebenden und zu verwirklichenden Wert ..." dar, sondern einen Dienstwert.[30] Die Kirche existiert als Mittlerin des übernatürlichen Lebens in der Hinordnung auf das übernatürliche Leben des Gläubigen.

Aber nicht nur durch das übernatürliche Ziel, sondern auch durch die übernatürliche Art der Bedingungen unterscheidet sich das übernatürliche Gemeinwohl vom politischen Gemeinwohl. Nach Heimerl und Pree ist das kirchliche *bonum commune* umfassender als das staatliche, weil es den ganzen Menschen umfasse und deshalb auch die innere Seite, das Leben in Christus, das Leben aus dem Geist, mit einbezieht. Das Kirchenrecht kennt – im Unterschied zum staatlichen Recht – neben den das äußere Zusammenleben gewährleistenden Normen auch Vorschriften über die Verwaltung von Wort und Sakrament. Die Zwecksetzung des kirchlichen Eherechts ergibt sich demnach also aus folgendem Zusammenhang: „Das kirchliche bonum commune ist nicht auf das äußerliche Funktionieren der Gemeinschaft beschränkt, sondern bezieht auch das Leben mit Christus, das Leben aus dem Geist mit ein. Deshalb muss man bei der Zwecksetzung des Kirchenrechts eine äußere und eine innere Seite unterscheiden: Erstere besteht darin, dass die rechtlichen Voraussetzungen dafür geschaffen werden, daß der

---

[27] Vgl. Bertrams, W., Das Subsidiaritätsprinzip in der Kirche, in: Quaestiones fundamentales iuris canonici, Rom 1969, S. 608-626, 621.

[28] Vgl. Bertrams, W., Vom Ethos des Kirchenrechtes in: Quaestiones fundamentales iuris canonici, Rom 1969, S. 61-79, 65.

[29] Vgl. Bertrams, W., Das Privatrecht der Kirche, in: Quaestiones fundamentales iuris canonici, Rom 1969, S. 83-112, 101.

[30] Vgl. W. Bertrams, Das Privatrecht der Kirche, in: Quaestiones fundamentales iuris canonici, Rom 1969, S. 83-112, 101 und ders., Das Subsidiaritätsprinzip in der Kirche, in: Questiones fundamentales iuris canonici, Rom 1969, S. 608-626, 608.

Christ seinem Glauben entsprechend leben kann (geordnete Beziehungen zwischen einzelnen und Gemeinschaft; Ordnung der natürlichen Lebensbereiche, wenn möglich in Zusammenarbeit mit dem Staat). Letztere besteht in der rechtlichen Ordnung der Mittel des geistlichen Bereiches, welche zum ewigen Leben notwendig sind (Wort und Sakrament)."[31]

Das Übernatürliche in den Bedingungen des kirchlichen Gemeinwohlbegriffes bezieht sich also primär auf den geistlichen Charakter der Mittel: die Verkündigung und die Feier der Sakramente.[32] Dies muss berücksichtigt werden, wenn das Gemeinwohl auf die sozial-organisatorische Wirklichkeit der Kirche, auf ihre Organisation der sozialen Aktivität und auf ihre Ordnung organisatorischen Charakters bezogen wird. Die Kirche besitzt unter dieser Perspektive gleichsam einen sozialen Leib, dessen gesamte Tätigkeit hingeordnet ist auf die Verwirklichung des Gemeinwohls. Insofern ist sie keine Ansammlung von Individuen, die jeder für sich nach dem Heil streben, sondern ist auch unter Gesichtspunkten des Strebens nach dem Heil ein strikt sozialer Organismus. Lesage weist darauf hin, daß die Kirche kein Ort der Begegnung für Menschen ist, die individuell nach dem Heil streben, jeder für sich und in eigener Weise, sondern: „Il est, au contraire, un organisme strictement social destiné a réaliser dans les âmes la perfection de leur vie divine."[33] Es ist deshalb festzuhalten, dass der Begriff des *bonum commune ecclesiae* nicht theologischer, sondern sozio-philosophischer Herkunft ist.[34]

---

[31] Vgl. Heimerl, H.; Pree, H., Kirchenrecht. Allgemeine Normen und Eherecht, Wien und New York 1983, S. 10.

[32] Bertrams erwähnt die Anbetung, das gottesdienstliche Leben, das Opfer und die Sakramente, die Verkündigung und die Erziehung zum christlichen Leben; vgl. ders., Vom Ethos des Kirchenrechtes, in: Quaestiones fundamentales iuris canonici, Rom 1969, S. 61-79, 68; sowie ders., Vom Sinn des Kirchenrechtes, in: ders., Quaestiones fundamentales iuris canonici, Rom 1969, S. 47-60, 49.

[33] Vgl. Lesage G., La nature du droit canonique, Ottawa 1960, S. 21 sowie 27.

[34] Vgl. Corecco, E., Theologie des Kirchenrechts. Methodologische

2.2 Die *salus animarum* als Ziel des kanonischen Rechtes

Im kanonischen Recht wird darüber hinaus dem mehr personal geprägten Ziel der *salus animarum* eine besondere Aufmerksamkeit gewidmet. Vor allem Fedele hat versucht, die Ziele des Gemeinwohls und des Seelenheils so zu deuten, daß sie zusammenfallen: die *salus aeterna* (das *bonum divinum*) der Gläubigen ist in der Kirche das *bonum commune*. Er argumentiert also ausschließlich vom Endziel her, zu dem die Kirche die Gläubigen hinführen soll. Das kanonische Recht habe als Hauptobjekt die Hinordnung der Gläubigen auf den Weg des ewigen Heils. Folgerichtig ist die Erreichung dieses Ziels die erste und letzte juridische Rechtfertigung jedes kanonischen Prinzips oder Institutes. Alle juridischen Akte und Beziehungen sind *sub specie Dei*, d.h. *sub specie aeternitatis* zu betrachten. Hier ist insbesondere der Ansatz von Michiels zu berücksichtigen, der neben dem *bonum commune* der kirchlichen *societas* zusätzlich das Ziel der *salus animarum* hervorgehoben hatte.[35] Ähnlich heben Urrutia und Schwarz hervor, das Kirchenrecht habe nur das eine Ziel: die Erlangung der *salus animarum*.[36]

Ansätze, Trier 1980, S. 97-99.

[35] Vgl. Michiels, G., Normae generales iuris canonici. Commentarius Libri I Codicis Iuris Canonici. Vol. I-II, Paris, 1949, S. 271: „Qui finis Ecclesiae, licet in se unus, ratione modi tamen, quo relate ad membra procurari debet, vere duplex est, i. e. ex natura sua generica, ipsi, sicut omni societati qua tali, communi, Ecclesia directe et immediate respicit bonum spirituale publicum et externum, ipsi Societati Christianae qua tali commune ... at insuper, imo praecipue, ut societas perfecta spiritualis prorsus peculiaris, seu ex indole sua prorsus specifica ad bonum aeternum procurandum ordinata, Ecclesia directe et immediate promovere debet singulorum membrorum sanctificationem, curando scilicet, ut unusquisque se ipsum recte instituat et ad Deum ordinetur, itaque vitam aeternam adipiscatur."

[36] Vgl. Urrutia, F. J., De natura legis ecclesiasticae, in: MonEccl 100/1975, 400-419, 413f.; Schwarz, R., Vom Geist des Kirchenrechts, in: ÖAKR 31/1980, 223-240, 231; ders., Grundrechtsstrukturen im Bereich von Weihe- und Hirtengewalt, in: Die Grundrechte des Christen in Kirche und Gesellschaft. Akten des IV. Internationalen Kongresses für Kirchenrecht, hrsg. v. E. Corecco u.a., Fribourg u.a. 1981, S. 351-361, 357.

Gemeinwohl und Einzelwohl müssen demnach in der Kirche identisch sein können.

Andere Kirchenrechtslehrer behandeln das Ziel der *salus animarum* dagegen nur als ein zweitrangiges bzw. indirektes Ziel. Zunächst kann angeführt werden, dass das Seelenheil kein spezifisch kirchenrechtliches Ziel sei. Der Grundsatz *salus animarum suprema lex* gelte vielmehr für alle Mittel, die die Kirche anwendet.[37] Lombardia sagt dazu, dass die Kirche mehrere Mittel zur *salus animarum* besitze, aber dass das Kirchenrecht juridicamente vorgeht und sein Ziel deshalb strikt juridisch sei. Hier kann auch darauf verwiesen werden, daß *in Ecclesia* im c. 1752 darauf hinweist, dass die *salus animarum* nicht nur im kanonischen Recht, sondern im gesamten pastoralen Tun der Kirche die höchste Handlungsanweisung darstellt, auch wenn dies nicht näher rechtlich normiert ist. Das Prinzip salus *animarum suprema lex* kann demnach jedenfalls nicht als ein rein kanonistisches Prinzip betrachtet werden.

Von manchen Kirchenrechtslehrern wird eine gestufte Über- und Unterordnung der Ziele bzw. Zwecke herangezogen. Die Verwirklichung des *bonum commune* stellt dieser Auffassung zufolge den direkten, wenn auch nur sekundären und intermediären Zweck (*scopus, finis proximus*) des kanonischen Rechts dar. Das Seelenheil dagegen ist das entfernte, indirekte und allgemeine Endziel oder höchste Ziel.[38] Für die kanonische Ordnung selbst bedeutet das höchste Ziel eine *prima ratio*, ein direktives Prinzip, einen Impuls, einen Grund zum Erlass von Normen und eine fundamentale Grenze. Das Seelenheil ist aber weder ein direktes Objekt der kanonischen Gesetze, noch kann es durch die bloße Erfüllung von kanonischen Gesetzen erreicht werden. Die Aufmerk-

---

[37] Vgl. Composta, D., La 'salus animarum' scopo del diritto della Chiesa, in: La nuova legislazione canonica, S. 243-260, 249; Lombardia, P., Sobre las caracteristicas peculiares del ordenamiento canonico, in: ders., Escritos Bd. I, Pamplona 1973, S. 173-222, 185.

[38] Vgl. Lesage, G., La nature du droit canonique, Ottawa 1960, S. 151, 156; Composta, D., Finalit del diritto della Chiesa, in: Apollinaris 48/1975, 376-401, 385, 396.

samkeit muss demnach also dem Gemeinwohl der irdischen und gesellschaftlich organisierten Kirche (*societas*) gelten, dies aber bei prinzipieller und ständiger Berücksichtigung des transzendenten Endziels. Die beiden Ziele werden getrennt, einerseits ist die irdische Gesellschaft der Kirche zu beachten, andererseits die himmlische Glückseligkeit der Seele, also im ersten Sinne die Gesetze, die unmittelbar dem Aufbau der Kirche (*aedificatio Ecclesiae*) dienen, und im zweiten Sinne ein Ziel, das nicht durch Gesetze erreicht werden kann.

Das Ziel der *salus animarum* wird in der kanonistischen Diskussion also unterschiedlich betrachtet und bewertet. Dennoch sollten die Gemeinsamkeiten nicht vernachlässigt werden. So betrachtet man die *salus animarum* fast durchweg aus einer eschatologischen Perspektive. Das Heil ist ein endzeitliches Heil.[39] Deshalb wird es ergänzt durch das Adjektiv *aeterna* oder der Inhalt umschrieben mit der *visio beatifica* oder es werden gleichzeitig andere höchste Ziele, wie die himmlische Glückseligkeit und den Eintritt der Seelen in die unsichtbare Gemeinschaft der Heiligen erwähnt.[40] Das Endziel gehört nach dieser Auffassung nicht zum *status viae*, sondern werde erst erreicht beim Beenden des *status viae*. Dieser eschatologischen Perspektive entspricht eine vorwiegend individualistische Perspektive. Die *aeterna salus animarum* ist eine *aeterna salus animae* auch dann, wenn die Kollektivität berücksichtigt wird. Das jenseitige vollendete Heil besteht vor allem in der individuellen Beziehung der einzelnen Seelen zu Gott. Schließlich betrachtet man die *salus animarum* durchweg als eine metakanonische Wirklichkeit. Das Heil kann nicht durch die

---

[39] Daraus ergibt sich auch, daß das Kirchenrecht nicht die zu einer bestimmten Zeit verbreitete Moral zum alleinigen Maßstab nehmen kann. Vgl. dazu Pree, H., Forum Kirchenrecht-"Unio Irregularis", in: Anzeiger für die Seelsorge 103/1994, 145-158, 146.

[40] Vgl. Bertrams, W., Das Privatrecht der Kirche, in: Quaestiones fundamentales iuris canonici, Rom 1969, S. 83-112, 101; ders., De origine Ecclesiae, in: Quaestiones fundamentales iuris canonici, Rom 1969, S. 35-46, 35f.; Fedele, P., Lo spirito del diritto canonico, Padua 1962, S. 133.

Erfüllung von Gesetzen, also durch rein menschliche Anstrengungen erreicht werden; das Heil ist immer Gabe Gottes. Die Gnade aber kann nicht Objekt des Rechtes sein.[41]

2.3 Die *sanctificatio* als Zweck des kanonischen Rechtes

Das genannte Ziel der *salus animarum* wird in der kanonistischen Diskussion nun häufig durch die Einführung des Begriffes der Heiligung der Seelen (*sanctificatio animarum*) auf die Ebene des Rechtes projiziert. Darüber hinaus werden in c. 210 alle Gläubigen verpflichtet, alle Kräfte einzusetzen, um selbst ein heiliges Leben zu führen und die ständige Heiligung der Kirche zu fördern.[42] Dieser Begriff lässt sich in verschiedenen Ansätzen finden, besonders aber in denjenigen, die das Ziel der *salus animarum* betonen.[43] In diesen Fällen wird die diesseitige Heiligung der Seelen in der Kirche und durch die Kirche zu einem nahen Zweck des kanonischen Rechtes erklärt. So schreibt etwa Michiels: *„Scimus Ecclesiam a Christo Domino institutam esse qua societatem visibilem iuridice perfectam ad hunc finem, ut in ea et per eam exclusive homines salutem aeternam consequantur, seu magis proxime, ut sanctilicationem animae (quae naturaliter salute aeterna coronatur) in ea et per eam operentur ... Ecclesia finem sibi praepositum seu sanctificationem membrorum procurare debet, non tantummodo quatenus omnibus*

---

[41] Dass damit aber nicht das Gewissen als höchste Autorität eingesetzt wird, wird von May begründet: Das Verhältnis von Gesetz und Gewissen angesichts der kanonischen Rechtsordnung, in: Neue Positionen des Kirchenrechts, hrsg. v. K. Lüdicke u.a., Graz 1994, S. 49-79, bes. 78.

[42] Vgl. dazu Müller, L., Streben nach Heiligkeit - eine Rechtspflicht? Über Möglichkeiten und Grenzen rechtlicher Ordnung in der Kirche, in: AfkKR 166/1997, S. 468-480.

[43] Vgl. etwa Bertrams, W., Vom Sinn des Kirchenrechts, in: Quaestiones fundamentales iuris canonici, Rom 1969, S. 47-60, 60; Schwarz, R., Grundrechtsstrukturen im Bereich von Weihe- und Hirtengewalt, in: Die Grundrechte des Christen in Kirche und Gesellschaft, Akten des IV. Internationalen Kongresses für Kirchenrecht, hrsg. v. E. Corecco u.a., Fribourg u.a. 1981, S. 351-361, 357.

communis est, sed etiam quatenus est unicuique membro propria; a. v. qua societas perfecta, directe et immediate respicit bonum publicum, ordinem externum societatis ecclesiasticae, communi fidelium sanctilicationi necessarium; sed insuper, ratione specialissima eius indolis a Fundatore Divino receptae, directe et immediate promovere debet uniuscuiusque fidelis sanctificationem, uniuscuiusque fidelis bonum privatum."[44]

Die Heiligung als Zweck des kanonischen Rechtes umfasst alle Dimensionen des menschlichen Denkens, Fühlens und Handelns und betrifft somit die ganze Bandbreite menschlicher Existenz.[45] Wenn die Heiligung ohne nähere Spezifikation zum Zweck des kanonischen Rechtes erklärt wird, so kann dies ebenso wie im Falle der *salus animarum* zu einer weitgehenden Vergesetzlichung führen. Die ältere Kanonistik versuchte deshalb eine nähere Bestimmung des Heiligungsbereiches anzugeben und verwendete dazu vor allem das Kriterium der Äußerlichkeit und insbesondere das der Ekklesialität. So geht es nach Meinung von Vermeersch und Creusen nur um den Gebrauch der von der Kirche bereitgestellten Mittel (*media*) im Bereich des Glaubens, der Sitten und der Sakramente, soweit sie mit der äußeren Gesellschaft der Kirche zu tun haben.[46]

Auf diese Weise wird die Heiligung in einen äußerlich-ekklesialen Kontext gestellt. Es geht demnach im kanonischen Recht weder um alle Dimensionen der Heiligung noch um die bloß äußere Dimension, sondern um die Heiligung, soweit sie erreicht wird durch den rechten Gebrauch der von der Kirche angebotenen Heilsmittel. Die sakramentale Ordnung wird damit zur Grundlage und zur Substanz

---

[44] Michiels, G., Normae generales iuris canonici. Commentarius Libri I Codicis Iuris Canonici. Vol. I-II, Paris u.a. 1949, S. 142-144.

[45] Vgl. Rahner, K., Art. Heiligkeit des Menschen II. Dogmatisch, in: LThK Bd. 5, S. 130-131, 130; Truhlar, K.V., Art. Heiligkeit, in: SM Bd. II, S. 627-634.

[46] Vgl. Vermeersch, A.; Creusen, I., Epitome Iuris Canonici cum commentariis ad scholas et ad usum privatum, Mechelen u. Rom 1949, Tom. I, 17.

der kirchlichen Rechtsordnung.[47] Lesage spricht in diesem Zusammenhang vom gemeinschaftlichen Konditionieren (conditionnement communitaire) der Heiligung der Seelen. Das kanonische Recht schaffe die Bedingungen, die es den Menschen ermöglichen, das übernatürliche Leben zu erhalten und zu entfalten, durch das Anbieten von äußeren Mitteln der Heiligung. Nicht die Gnade selbst sei das Objekt, sondern die äußere Hilfe zur Vollkommenheit, die sichtbaren Elemente, die das übernatürliche Leben vermitteln, bewahren und fördern.[48]

Fundamental für das Konzept der Heiligung ist also die Verwendung des Begriffes Mittel (*media*) in Gestalt der Heilsmittel, Gnadenmittel, geistlichen Mittel oder übernatürlichen Mittel.[49] Das darin mitklingende versachlichte oder instrumentalisierte Verständnis von Heil und Heilsvermittlung ist in den meisten Ansätzen anzutreffen. Dies hängt zusammen mit der Sicht der Kirche als gesellschaftliches Instrument. So wie die Kirche insgesamt ein Mittel darstellt, dessen der Gläubige sich bedient, um das Endziel zu erreichen, so bedient er sich der in ihr vorhandenen geistlichen Mittel, insbesondere des Wortes und der Sakramente, um sich selbst zu heiligen als notwendige Vorbedingung zur Erreichung des Endziels. In diesem Sinne bezeichnet Composta das Kirchenrecht als ein

---

[47] Vgl. dazu Mikat P., Zur theologischen Ortsbestimmung des Kirchenrechs, in: ders., Religionsrechtliche Schriften. Abhandlungen zum Staatskirchenrecht und Eherecht, hrsg. v. J. Listl, 2. Halbband, Berlin 1974, S. 705-717, 708.

[48] Vgl. Lesage, G., La nature du droit canonique, Ottawa 1960, S. 196 sowie 151, 156-157.

[49] Bertrams, W., Vom Sinn des Kirchenrechtes, in: Quaestiones fundamentales iuris canonici, Rom 1969, S. 47-60, 49; ders., Das Privatrecht der Kirche, in: Quaestiones fundamentales iuris canonici, Rom 1969, S. 283-320; Heimerl, H.; Pree, H., Kirchenrecht. Allgemeine Normen und Eherecht, Wien u. New York 1983, S. 10; Fedele, P., Lo spirito del diritto canonico, Padua 1962, S. 149; Bertrams, W., Das Subsidiaritätsprinzip in der Kirche, in: Quaestiones fundamentales iuris canonici, Rom 1969, S. 612.

strumento di salvezza, das nicht von anderen Heilsmitteln zu unterscheiden sei.[50]

Aber ungeachtet der Tatsache, dass die *sanctificatio animarum* meistens aus einem äußerlich-ekklesialen Gesichtspunkt betrachtet wird, ist die Kategorie der Heiligung doch wesentlich heilsindividualistisch geprägt. Der Gläubige erscheint als ein religiöses Individuum, das durch eine notwendige geistliche Zweckbindung an das Wir der Kirche sein Ziel erreicht. Wenn die Kirche als religiöse societas betrachtet wird, nimmt die Ausrichtung ihres Gemeinwohls auf das personale religiöse Wohl zwangsläufig die Gestalt eines Heilsindividualismus an.[51] Die Kirche gleicht dann einem vermittelnden Organismus oder einem sozial-organisatorischen Instrument, das die Glaubensinhalte und die sakramental-gottesdienstlichen Mittel und Aktivitäten bereitstellen soll, mit deren Hilfe der Gläubige seine religiöse Vollkommenheit erreichen kann. Das *sanctificatio*-Konzept weist somit einen unmittelbaren Bezug zum *bonum commune*- und zum *salus animarum*-Denken auf. Eine solche heilsindividualistische Sicht bildet auch den Hintergrund der Ansätze, die das kanonische Recht als eine Art Konfliktregelung für die nach dem Heil strebenden Subjekte verstehen. So sind einige Kirchenrechtslehrer der Ansicht, dass das kanonische Recht eine regulierende Funktion im Hinblick auf die konkurrierenden Einzelinteressen habe, damit jeder sein übernatürliches Heil erreichen kann. Es ist nach dieser Auffassung also ein Konfliktregelungsrecht auf geistlicher Ebene, das dem Status des staatlichen Privatrechtes ähnlich ist.[52]

Auch bei Bertrams ist ein solcher Gedankengang ungeachtet der gleichzeitigen Betonung der sozialen Dimension zu finden. Das kanonische Recht hat die Aufgabe, zu ermöglichen und zu gewährleisten,

---

[50] Composta, D., La 'salus animarum' scopo del diritto della Chiesa, in: La nuova legislazione canonica, S. 243-260, 249, 250.

[51] Vgl. Vorgrimler, H., Art. Heilsindividualismus, in: LThK Bd. 5, S. 160-161; Knoll, A.M., Art. Individualismus, in: LThK Bd. 5, S. 653-654.

[52] Vgl. Lesage, G., La nature du droit canonique, Ottawa 1960, S. 158.

dass das übernatürliche Gemeinwohl realisiert wird, damit der Gläubige die zum Endziel führenden Mittel fordern und empfangen kann. Der Beitrag zum Gemeinwohl, den der Gläubige leisten soll, damit die Kirche ihre Aufgabe erfüllen kann, dient indirekt der Vermittlung des eigenen Endziels. In den Ansätzen schließlich, die das Seelenheil besonders berücksichtigen, wird die heilsindividualistische Tendenz noch verstärkt durch die Inhaltsbestimmung der *salus animarum* als das jenseitige Heil der individuellen Seele.

Für einen richtigen Begriff der Heiligung ist es jedoch notwendig, den größeren ekklesialen Kontext zu sehen, in dem sie sich ereignet. Bei den strikt liturgisch geprägten Handlungen ist dies offenkundig. „Die liturgischen Handlungen sind nicht privater Natur, sondern Feiern der Kirche ... Daher gehen diese Feiern den ganzen mystischen Leib der Kirche an ..., seine einzelnen Glieder aber kommen mit ihnen in verschiedener Weise in Berührung, je nach der Verschiedenheit von Stand, Aufgabe und tätiger Teilnahme."[53] Da die Hauptmittel der Heiligung liturgischer Art sind, so können sie keine Mittel oder Güter im strengen Sinne sein, deren sich der Gläubige bedient, sondern Feiern, an denen er sich beteiligt. Durch das Tun der Kirche wird dem Gläubigen Heiligung zuteil. Aber auch wenn die heiligenden Tätigkeiten nicht strikt liturgischer Art sind, so bleibt ihr ekklesialer Kontext doch bedeutsam.[54] Der persönliche Vollzug des Glaubens, der das Fundament und die ständige Bedingung jeder Heiligung liturgischer oder nicht-liturgischer Art ist, soll dauerhaft im Einklang stehen mit dem Glauben der Kirche, so wie er von der apostolischen Autorität verkündet wird. Ähnliches gilt vom persönlichen oder nicht-liturgischen Gebet wie auch von der Verehrung der Heiligen; auch sie sollen den Normen der Kirche entspre-

---

[53] Vgl. Vat II SC 26: 'Actiones liturgicae non sunt actiones privatae, sed celebrationes Ecclesiae ... Quare ad universum Corpus Ecclesiae pertinent ... singula vero membra ipsius diverso modo, pro diversitate ordinum, munerum et actualis participationis attingunt'; CIC c. 837 § 1.

[54] Vgl. dazu Demel, S., Das persönliche Heil und die Gesetze der Kirche, in: AfkKR 164/1995, 3-15.

chen und mit der Liturgie übereinstimmen.[55] Der Begriff des *cultus publicus* (vgl. c. 1187) ist zu interpretieren als amtlicher Kult, nicht als öffentlicher Kult.

2.4 Das *bonum communionis cum Ecclesia* als Zweckbestimmung des kanonischen Rechtes

Mit der Absicht einer theologischen Grundlegung und Rechtfertigung des Kirchenrechts[56] haben einige Kirchenrechtslehrer nach einem neuen Grundkonzept gesucht, das dem besonderen Charakter der kirchlichen Gemeinschaft gerecht wird und zugleich für die kanonistische Wissenschaft geeignet ist. Bereits in der vorkonziliaren Theologie war der in der alten Kirche fundamentale Begriff der *communio* wiederentdeckt worden.[57] Das Zweite Vatikanische Konzil hat ihn dann aufgegriffen und zu einer bedeutenden ekklesiologischen Leitidee gemacht. Papst Johannes Paul II. hat diesen Begriff mit der Konstitution *Sacrae disciplinae leges* zum verbindlichen Interpretament des CIC 1983 erklärt.[58] Dazu schreibt Ratzinger: „Diese communio-Ekklesiologie ist das eigentliche Herzstück der Lehre des Zweiten Vatikanums über die Kirche geworden, das Neue

---

[55] Vgl. Vat II SC 13; LG 51,1; 67; CIC cc. 839 § 2; 1186-1187.

[56] Vgl. dazu Rouco Varela, A., Die katholische Rechtstheologie heute. Versuch eines analytischen Überblicks, in: AfkKR 145/1976, 3-21; Glässer, A., Theologie des Kirchenrechts - Stand und Hoffnung, in: ders., Kirche kontra Gesellschaft. Beiträge zur Theologie und Soziologie der Kirche, Kevelaer 1976, S. 113-166; Mörsdorf, K., Kanonisches Recht als theologische Disziplin, in: AfkKR 145/1976, 45ff.; Krämer, P., Theologische Grundlegung des kirchlichen Rechts, Trier 1977, S. 11-16; Corecco, E., Theologie des Kirchenrechts, in: HbdKathKR, S. 12-24; Gollor, M., Theologie des Kirchenrechts, Gedanken zum Sinn einer theologischen Grundlagenforschung, in: Ius et historia. Festgabe für R. Weigand, hrsg. v. M. Höhl, Würzburg 1989, S. 332-341.

[57] Vgl. dazu Hertling, L., Communio und Primat. Kirche und Papsttum in der christlichen Antike, in: Una Sancta 17/1962, 91-125; Lubac, H. de, Glauben aus der Liebe, Einsiedeln 1970, S. 74-99.

[58] In: CIC 1983, Kevelaer 1983, XXI.

und zugleich ganz Ursprüngliche, das uns dieses Konzil schenken wollte."[59] Die wichtige Rolle, die der *communio*-Begriff in der zeitgenössischen Theologie spielt, verdankt er den vielen theologischen Bedeutungsebenen, die sich gleichzeitig in ihm zusammenschauen lassen.[60] Gerosa führt aus, dieser Begriff sei geeignet, „... alle theologischen und rechtlichen Sinngehalte der verschiedenen Bilder auszudrücken, mit denen das Zweite Vatikanische Konzil das Mysterium der Kirche beschreibt."[61]

Ein Überblick über die Verwendung des *communio*-Begriffes in der konziliaren Lehre, wie sie sich im *Codex Iuris Canonici* wiederfindet, zeigt mehrere Bedeutungsebenen.[62] *Communio* bezeichnet die innertrinitarische Gemeinschaft Gottes und die Gemeinschaft des Menschen mit Gott und mit den göttlichen Personen, insbesondere mit Jesus Christus in der heiligen Eucharistie. Deshalb steht *communio* für die eucharistische Gemeinschaft, die zugleich eine Gemeinschaft mit Christus und eine Gemeinschaft von Menschen, eine brüderliche Gemeinschaft, ist. Von daher bezeichnet *communio* auch die durch den Heiligen Geist geeinte Kirche. Sie ist eine *communio* des Glaubens, der Sakramente, des Lebens, der Liebe,

---

[59] Ratzinger, J., Die Ekklesiologie des Zweiten Vatikanischen Konzils, in: ders., Kirche, Ökumene und Politik. Neue Versuche zur Ekklesiologie, Einsiedeln 1987, S. 13-27, 17

[60] Grundlegend dafür sind Aymans, W., Die Communio Ecclesiarum als Gestaltgesetz der einen Kirche, in: AfkKR 139/1970, 69-90; Saier, O., 'Communio' in der Lehre des Zweiten Vatikanischen Konzils. Eine rechtsbegriffliche Untersuchung, München 1973; Aymans, W., Communio. Theologische Reflexionen über die Grundgestalt der Kirchenverfassung, in: Miscelánea en honor de Juan Becerril y Antón-Miralles, hrsg. v. E. Corecco u.a., Madrid 1974, Bd. II, S. 71-86; vgl. aus neuerer Sicht dazu Gerosa, L., Heiligkeit und Kirchenrecht. Das Heiligsprechungsverfahren als Ansatzpunkt für die Wiederentdeckung der theologischen Grundlagen des kanonischen Prozeßrechts, in: ThGl 87/1997, 177-191.

[61] Gerosa, L., Das Recht der Kirche, Paderborn 1995, S. 50.

[62] Vgl. hierzu die Untersuchungen von Saier, O., 'Communio' in der Lehre des Zweiten Vatikanischen Konzils. Eine rechtsbegriffliche Untersuchung, München 1973; Rossi, H., Die Kirche als personale Gemeinschaft. Der kommunitäre Charakter der Kirche nach den Dokumenten und Akten des Zweiten Vatikanischen Konzils, Köln 1976, S. 71-145, 153-163.

der Wahrheit und des Heils. Als *communio* des ganzen mystischen Leibes Jesu Christi umfasst sie die himmlische *communio* der Heiligen und die irdische *communio* der Gläubigen. Die ganze irdische Kirche Christi kann *communio* genannt werden. Zum einen, weil sie eine *communio* aller Christen ist, zum anderen, weil sie ein unterschiedlich gestuftes Beziehungsverhältnis von Partikularkirchen, Kirchen und kirchlichen Gemeinschaften darstellt. Die katholische *communio Ecclesiae* oder *communio Ecclesiastica* ist eine *communio Ecclesiarum*. Ebenso charakterisiert der *communio*-Begriff das Beziehungsverhältnis zwischen den getrennten Kirchen untereinander und ihr Verhältnis zur *communio catholica*, die keine volle *communio* ist. Die Unterscheidung in *communio plena* und *communio non plena* setzt jedoch voraus, daß eine *communio* in Christus vorhanden ist. Innerhalb der katholischen Kirche wird das Verhältnis zwischen dem Nachfolger Petri und den Bischöfen und zwischen dem Bischof und den Priestern als *communio* oder *communio hierarchica* bezeichnet; ebenfalls das Verhältnis der Gläubigen zueinander. Das Verhältnis des Gläubigen zur Kirche heißt schließlich selbst *communio cum Ecclesia*.

Der konziliare Grundbegriff der *communio cum Deo* bietet sich also an, um die Beziehung des Gläubigen zu Gott in seiner spezifisch christlichen Eigenart zu erfassen und die kanonische Normierung im Bereich des religiösen Lebens verstehen zu können.[63] Dies auch deshalb, weil die *communio cum Deo* besser als andere religiöse Relationsbegriffe wie etwa *unio cum Deo, unitas cum Deo, coniunctio cum Deo, societas cum Deo, colloquium cum Deo* oder *commercium cum Deo* unmittelbar einen inneren Bezug zur ekklesialen Dimension aufweist. Die *communio* ist keine bloß personale, unsichtbare oder gar jenseitige Realität, sondern zugleich eine ekklesiale, sichtbare und diesseitige. Sie ist wie die Kirche eine *realitas complexa*. Der

---

[63] Vgl. dazu die Ausführungen von Hallermann, H., Die Funktion des Rechts in der Communio, in: AfkKR 166/1997, S. 453-467.

Grund dafür liegt letzlich im christozentrischen Charakter der *communio cum Deo*.

In der ursprünglichen neutestamentlichen Bedeutung besagt *communio* Anteilhaben und Anteilnehmen am kerygmatisch-sakramentalen Leben in Jesus Christus.[64] Der Mensch geht in die *communio cum Deo* ein durch die *communio* mit Christus, die ermöglicht wird durch die Feier der Sakramente und die in der eucharistischen *communio* ihre dichteste und sichtbarste Gestalt gewinnt. Damit ist ihr innerer Bezug zur Kirche auch in Hinblick auf die Grundlegung des kirchlichen Rechts deutlich. Die *communio cum Deo* hat eine ekklesiale, sichtbare und diesseitige Dimension, die in der Kirche Gestalt gewinnt durch das von ihr verkündete Wort und durch die von ihr gefeierten Sakramente. Sie stellt damit den spezifischen kirchlichen Relations- und Gemeinschaftsbegriff dar, der den unmittelbaren Zusammenhang zwischen dem Menschlichen und dem Göttlichen in der Kirche zum Ausdruck bringt. Alle Aspekte des Mysteriums Kirche als einer einzigen *realitas complexa*, die in den theologischen Bildbegriffen *Volk Gottes, Leib Christi, Tempel des Heiligen Geistes* oder auch *Braut Christi* enthalten sind, lassen sich auf der Ebene des Rechtes durch den *communio*-Begriff am besten erfassen. *Communio* kann deshalb als das Fundamentalprinzip des kanonischen Rechtes bezeichnet werden, so dass das Recht der Kirche als ein *ius communionis* gelten kann.[65]

Die *communio cum Ecclesia* ist eine Realität, die nicht nur rechtliche Dimensionen umfasst. Sie hat aber insoweit einen rechtli-

---

[64] Vgl. Congar, Y., Die Wesenseigenschaften der Kirche, in: MySal Bd. IV/1, S. 357-594, 403f.; Kasper, W., Kirche als communio. Überlegungen zur ekklesiologischen Leitidee des II. Vatikanischen Konzils, in: ders., Theologie und Kirche, Mainz 1987, S. 272-289, 277-278; Riedel-Spangenberger, I., Die Communio als Strukturprinzip der Kirche und ihre Rezeption im CIC 1983, in: TThZ 97/1988, S. 217-238, 220ff.

[65] Vgl. Corecco, E., Theologie des Kirchenrechts. Methodologische Ansätze, Trier 1980, S. 100; Sobanski, R., 'Communio' als Formalprinzip des kirchlichen Rechts, in: ThGl 72/1982, S. 175-188, 181-188; ders., Grundlagenproblematik des katholischen Kirchenrechts, Wien u. Köln 1987, S. 145.

chen Inhalt, als die *communio cum Ecclesia* eine volle Eingliederung in die katholische Kirche fordert, durch die Bande des Glaubensbekenntnisses, der Sakramente und der kirchlichen Leitung (vgl. c. 205). Der Gläubige kann nur durch die *communio* mit der Kirche, also mit der kerygmatisch-sakramentalen Heilsgemeinschaft Christi auf Erden, in die volle *communio cum Deo* eintreten, sie vertiefen und ihr Gestalt geben. Die *communio* mit Gott durch die *communio* mit der Kirche wird vom Gläubigen nicht gemacht, sondern er gewinnt Anteil an ihr. Dies vollzieht sich in der aktiven Teilnahme (*participatio, communicatio*) am Glauben und am sakramental-gottesdienstlichen Leben der Kirche. Die relationelle Beziehung des Gläubigen zur Kirche stellt demnach eine zwischenmenschliche Realität mit unbedingtem und autoritativem Charakter dar. Im Sinne des Axioms *extra ecclesiam nulla salus* ist sie eine *conditio sine qua non*, um zur *communio cum Deo* zu gelangen, und bringt zwischenmenschliche Beziehungen autoritativer Art mit sich.[66] Deshalb ist die *communio cum Ecclesia* wohl nicht ausschließlich eine rechtliche, aber doch auch eine rechtliche Realität. Sie muss deshalb bei der Zweckbestimmung des kanonischen Rechtes berücksichtigt werden.

In diesem Sinne sieht Sobanski als Aufgabe des Kirchenrechts die *communio* und das Bauen der *communio* als Ziel.[67] Im Zusammenhang einer Neubesinnung auf die kanonistische Gesetzes-

---

[66] Vgl. u.a. Beumer, J., Art. Extra Ecclesiam nulla salus, in: LThK Bd. 3, S. 1320-1321; Rahner, K., Die Gliedschaft in der Kirche nach der Lehre der Enzyklika Pius' XII. 'Mystici Corporis', in: Schriften zur Theologie Bd. II, Einsiedeln u.a. 1962, S. 7-94, 40-94; Ratzinger, J., Das neue Volk Gottes, Entwürfe zur Ekklesiologie, Düsseldorf 1972, S. 152-177; Semmelroth, O., Die Kirche als Sakrament des Heils, in: MySal Bd. IV/1, S. 309-356, 334ff; Auer, J., Die Kirche - Das allgemeine Heilssakrament, Regensburg 1983, S. 355ff.

[67] Vgl. Sobanski, R., Recht und Freiheit des in der Taufe wiedergeborenen Menschen, in: Universidad de Navarra, Hrsg., La Norma en el Derecho Canónico. Actas del III Cogreso internacional de Derecho Canónico, Pamplona 1979, S. 877-896, 878f.; ders., Kanonistik als theologische Wissenschaft, in: AfkKR 148/1979, S. 447-457, 454-455; ders., 'Communio' als Formalprinzip des kirchlichen Rechts, in: ThGl 72/1982, S. 175-188, 185f.

definition hat Corecco darauf hingewiesen, daß das letzte Ziel der kanonischen Ordnung nicht einfach darin besteht, das *bonum commune Ecclesiae* zu gewährleisten, sondern die *communio* zu verwirklichen als *communio cum Deo et hominibus*: „Das Ziel des kanonischen Rechtssystems (ist) nicht die Verwirklichung eines philosophisch verstandenen bonum commune Ecclesiae, sondern die auf die Offenbarung gründende theologische Wirklichkeit der communio cum Deo et hominibus."[68] Nach Aymans ist das kanonische Gesetz „... eine mit den Mitteln der Vernunft gestaltete und auf die Förderung des Lebens der Communio ausgerichtete Glaubensweisung."[69] Das kanonische Gesetz dient der Förderung des Lebens der *Communio*. Es ist eine Glaubensweisung *in bonum communionis*.

Allerdings ist hier zu beachten, dass darin die personal-religiöse Dimension des kanonischen Rechtes nicht ausdrücklich berücksichtigt wird. Die Erwähnung der *communio cum Deo* als Ziel des kanonischen Rechtes weist zwar in diese Richtung; wenn die kanonischen Gesetze jedoch beabsichtigen würden, schlechthin die *communio cum Deo* herbeizuführen, so könnte man der Gefahr einer Vergesetzlichung des religiös-moralischen Lebens nicht entgehen. Die *communio cum Deo* bringt konzeptionell zwar die wesentliche Verbindung zur ekklesial-sichtbaren Dimension des religiösen Lebens zum Ausdruck, ist aber doch eine umfassende religiös-moralische Wirklichkeit, die das Zwischenmenschliche übersteigt. Für die kanonistische Sicht ist es deshalb notwendig, die *communio cum Deo* ausdrücklich in den ekklesialen Rahmen zu stellen.

Bezüglich der Problematik der Zweckbestimmung des kirchlichen Rechts kann man also folgern, daß das kanonische Gesetz nach zwei Seiten hin das *bonum communionis* anstrebt, zum einen durch die Förderung des Lebens der *Communio* (das kirchliche

---

[68] Vgl. Corecco, E., Theologie des Kirchenrechts. Methodologische Ansätze, Trier 1980, S. 100; Zitat 23.

[69] Vgl. Aymans, W., Lex canonica. Erwägungen zum kanonischen Gesetzesbegriff, in: AfkKR 153/1984, S. 337-353, 346ff.; bes. 352.

Gemeinwohl) und zum anderen durch die Förderung des Lebens in der *Communio* (das kirchliche Einzelwohl).[70] Das kanonische Recht hat unter diesem Gesichtspunkt den spezifischen Zweck, das *bonum communionis cum Ecclesia et bonum communionis Ecclesiae* zu fördern. Es soll also nicht nur die *communio Ecclesiae* strukturell und relationell ordnen und normieren sondern auch die Beziehung des Gläubigen zur glaubenden und gottesdienstfeiernden Kirche, eben die *communio cum Ecclesia*. Demnach wird durch das kirchliche Recht die *communio cum Deo* nur insoweit berührt, als der Gläubige der *communio cum Ecclesia* bedarf, um die personale *communio cum Deo* zu begründen, zu entfalten und zu erhalten. Damit verlässt die kanonische Normierung nicht die Ebene des Ekklesial-Zwischenmenschlichen. Sie expliziert die rechtliche Dimension der *communio cum Deo*, ohne die Beziehung des Gläubigen zu Gott als solche zu vergesetzlichen.

Um zu erläutern, wie und warum das Eherecht als Teil des kirchlichen Rechts die Beziehung zwischen den Gläubigen und zur Kirche zu regulieren hat, soll nachfolgend vorab die Darstellung des kanonischen Eherechts bei Thomas Sanchez betrachtet werden.

---

[70] Vgl. Aymans, W., Lex canonica, Erwägungen zum kanonischen Gesetzesbegriff, in: AfkKR 153/1984, S. 337-353, 349.

3. Die klassische Darstellung des kanonischen Eherechts bei Thomas Sanchez

Das Werk von Thomas Sanchez (1550-1610) beeinflusst bis heute die kanonistische Literatur über die Ehe und findet auch in den Entscheidungen der kirchlichen Eheprozesse besondere Beachtung. Benedikt XIV. (1740-1758) sprach ihm höchste Autorität zu. Auch in neuester Zeit hat Sanchez nichts von dieser Hochachtung eingebüßt, mit der ihn schon Hurter als den klassischen Autor in Ehesachen beurteilte.[1] Hanstein nennt sein Werk eine klassische Darstellung des alten Eherechts[2] und Feine zählt ihn zu den hervorragendsten Kirchenrechtslehrern Spaniens. Ebenso wird immer wieder der außerordentliche Einfluss des Sanchezschen Werkes auf sehr viele spätere Arbeiten über Eherecht und Ehemoral betont. Als eine der Stimmen, aus denen der große Einfluss von Sanchez zu entnehmen ist, sei Exner ausführlicher zitiert.[3] Er schreibt unter anderem: *„At the end of the sixteenth century ..., Thomas Sanchez ... elaborates on thedoctrine of Peter (of Palude + 1342) and thereby becomes the major authority in questions pertaining to the use of marriage. The authority of Sanchez then remains supreme until the time of St. Alphonse of Ligorio."* (110) *"The value of Sanchez's work was highly esteemed by his successors. To this very day this treatise on marriage is held in honor and is considered*

---

[1] Hurter, H., Nomenclator litterarius Theologiae Catholicae, Oeniponte 1907, Vol. III, S. 596: „In re matrimoniali Sanchez auctor est classicus."

[2] Hanstein, H., Kanonisches Eherecht, Paderborn 1961, S. 13; vgl. Mörsdorf, K., Lehrbuch des Kirchenrechts, Bd. II, Paderborn 1967, S. 128 Anm. 1: „Die klassische Darstellung des alten Eherechts bietet Sanchez"; vgl. auch Löffler, J., Die Störungen des geschlechtlichen Vermögens in der Literatur der autoritativen Theologie des Mittelalters, Mainz, Akademie der Wissenschaften und Literatur, Wiesbaden 1958 (Abh. d. geistes- u. sozialwiss. Kl. 1958 Nr. 6), S. 323f.: „Dieser Autor (Sanchez – Anm. d. Verf.) gilt durch sein umfassendes Werk 'De sancto matrimonii sacramento disputationum tomi tres' als der Klassiker des Kanonischen Eherechts."

[3] Exner, A., The Amplexus Reservatus seen in the History of Catholic Doctrine on the Use of Marriage, Ottawa 1963.

a classic even in the Curia Romana." (142) *"All of them (the authors of the seventeenth and eighteenth century) got their doctrine either directly from the work of Sanchez or from some author dependent on Sanchez."* (173) *"After Sanchez, many authors use his work as the main source for their doctrine on the use of marriage and consequently their doctrine is similar to that of Sanchez."* (193) Auch Sanchez' Ausführungen zu dem Problem der Mischehe erfuhren eine derartige Beachtung, dass er darin „zur meistumstrittenen katholischen Autorität der Neuzeit"[4] wurde und die nachreformatorische Auseinandersetzung in Mitteleuropa im Wesentlichen eine Diskussion der Lehre von Sanchez genannt wurde.[5]

Von der Sacra Romana Rota, die in ihren Entscheidungen immer wieder auf Sanchez zurückgreift, erhält er die Titel eines *gravissimus* und *classicus auctor*,[6] und er wird der *primus omnium* genannt.[7] Auch die einschlägigen Werke, welche die S.R.Rota ebenfalls in ihren Urteilen zitiert, weisen eine starke Abhängigkeit von Sanchez' *De Matrimonio* auf. So wird z.B. bei Gasparri in dessen *Tractatus Canonicus de Matrimonio* in den 32 Nummern, die von *vis et metus* handeln, 23 mal Sanchez zitiert oder auf seinen Ehetraktat verwiesen.[8] In der starken Autorität von Sanchez, auf die sich Gasparri so häufig stützt, sieht Schmidt einen Hauptgrund für das Ansehen Gasparris: „Da aber Sanchez auch heute noch zu den klassischen Autoren der Römischen Kurie gehört, legt sich die

---

[4] Brauß, E., Quellenstudium zum Mischehenrecht unter besonderer Berücksichtigung der spanischen und deutschen Naturrechtsdoktrin, Freiburg 1964, S. 70.

[5] Brauß, E., Quellenstudium zum Mischehenrecht unter besonderer Berücksichtigung der spanischen und deutschen Naturrechtsdoktrin, Freiburg 1964, S. 109.

[6] Dec. Rotae 13 (1921) dec. 2 n. 6 p. 16 v. 12.1.1921 coram Chimenti; bzw. Dec. Rotae 16 (1924) dec. 4 n. 14 p. 36 v. 9.2.1924 coram Parillo.

[7] Dec. Rotae 33 (1941) dec. 68 n. 41 p. 747 v. 30.7.1941 coram Wynen.

[8] Gasparri, P., Tractatus Canonicus de matrimonio, Rom 1932, S. 832-863.

Annahme nahe, daß das große Ansehen, dessen sich Gasparri bei der S. R. Rota erfreut, auch durch die besondere Verehrung bedingt ist, die sein Kronzeuge Sanchez dort genießt."[9]

Um das Wesen der Ehe, die Sanchez in Anlehnung an das alte römische und kanonische Recht als die Verbindung eines Mannes und einer Frau als dazu rechtlich fähige Personen zu ungeteilter Lebensgemeinschaft definiert,[10] zu bestimmen, lässt er die Ehe unter den Aspekten des gegenseitigen Konsenses, des nach außen hin in Erscheinung tretenden Vertrages, der gegenseitigen körperlichen Übergabe als Wirkung dieses Vertrages, als aus diesem Vertrag entstandenes Band, als die daraus hervorgegangene Verpflichtung zur Leistung der ehelichen Pflicht, als das dieser Verpflichtung entsprechende gegenseitige Recht und schließlich als Vollzug selbst erscheinen. Er kommt zu dem Ergebnis, dass das Wesen der Ehe in dem Band zu sehen ist, wodurch die Gatten geeint sind. Er bezeichnet dieses Band als eine reale Beziehung, die in einem äußeren Akt fundiert ist, nämlich in dem nach außen dokumentierten Vertrag.[11] Sanchez unterscheidet also das Band (*vinculum*) oder die Verbindung (*coniunctio*) als das Wesen der Ehe deutlich vom Recht auf die eheliche Hingabe wie von der wechselseitigen Verpflichtung zu dieser Hingabe, während heute oft auch das *vinculum* als Inbegriff der ehelichen Rechte und Pflichten, vornehmlich das des *ius in corpus* verstanden wird.[12]

---

[9] Schmidt, K., Kardinal Pietro Gasparris Einfluß auf die Spruchpraxis der S. R. Rota in Ehesachen, Freiburg 1963, S. 103.

[10] Sanchez, Th., Lib. II, disp. 1, n. 1: „Est coniunctio maritalis, viri et feminae, inter legitimas personas, individuam vitae consuetudinem retinens."

[11] Sanchez, Th., Lib. II, disp. 1, n. 6: „Consistit ergo essentia matrimonii, seu matrimonium ipsum in vinculo illo quo formaliter sunt coniuges uniti, quod oritur ex mutua traditione." -Lib. II, disp. 1, n. 7: „Sed verius est esse relationem realem. Quia fundatur in actione externa, et reali, scilicet contractu externo, non enim sufficeret consensus internus."

[12] Vgl. Szentirmai, A., Ist die Eheschließung ein Vertrag? in: TThZ 71/1962, 307. In den Auseinandersetzungen um die Vertragstheorie wurde Sanchez von beiden Seiten als Zeuge angerufen; vgl. Szentirmai, A.,

Als Theologe sieht Sanchez die Ehe auch als Sakrament und behandelt diesen Komplex sehr ausführlich. Vor allem beschäftigt ihn die Frage, was Materie und Form des Ehesakramentes sind. Nach Anführung verschiedener Thesen vertritt Sanchez die Überzeugung, daß die Worte oder Zeichen, mit denen der Konsens geäußert wird, zugleich Materie und Form sind, je nachdem wie sie in ihrer Bedeutung gewertet werden. Sieht man in den beim Konsensaustausch gesprochenen Worten den Ausdruck der gegenseitigen Übergabe der Verfügungsgewalt über den Körper des anderen, so ist dies die Materie des Ehesakramentes; wird dagegen die beiderseitige Annahme dieses Rechtes ins Auge gefasst, ist damit die Form des Sakramentes gegeben.[13] Denn die gegenseitige Übergabe bleibt so lange unvollendet und unwirksam, bis sie angenommen wird und durch die Annahme ihre Vollendung erfährt. Für diese Meinung kann sich Sanchez auch auf Bellarmin als besondere Autorität stützen und er interpretiert auch Thomas von Aquin als Zeugen für seine Ansicht.[14] Schließlich unterstützt er seine These noch mit einem Hinweis auf die Eucharistie, bei der ebenfalls Materie und Form in den Konsekrationsworten enthalten seien, Brot und Wein aber die *materia circa quam* darstellten. Genauso bilden bei der Ehe die Konsensworte Materie und Form, während die Kontrahenten wieder nur *materia circa quam* sind.[15] Auch für diese Meinung kann er

---

Matrimonium non est contractus, in: RevEspDerCan 20/1965, 156; sowie Robleda, O., Matrimonium est contractus, in: PerRMCL 53/1964, 399ff.

[13] Sanchez, Th., Lib. II, disp. 5, n. 6: „Ultima sententia amplectenda docet, verba, seu signa, quibus consensus exprimuntur, esse sibi invicem materiam, et formam, secundum diversas rationes: In verbis enim contrahentium est expressis mutuae traditionis, qua quilibet tradit alteri sui corporis potestatem, et secundum hoc dicuntur materia, et expressis mutuae acceptationis, quia quilibet acceptat traditionem, sibi per alterum factam, et secundum hoc dicuntur forma."

[14] Vgl. Sanchez, Th., Lib. II, disp. 5, n. 6.

[15] Vgl. Sanchez, Th., Lib. II, disp. 5, n. 7: „Demum observandum est, quod sicut sacramentum Eucharistiae est sacramentum ... et dum est in fieri, tota essentia consistit in verbis consecrationis, panis autem, et vinum concurrunt, ut materia circa quam ... sic sacramentum matrimonii est sacramentum, dum est in fieri, et eius materia et forma sunt verba, et

sich auf Bellarmin stützen. Mit seinen Ausführungen zu diesem Punkt dürfte Sanchez seiner Ansicht bis heute Gültigkeit verschafft haben. Es gibt zwar kritische Stimmen, die vorbringen, Angebot und Annahme seien zwei so ineinandergreifende und auf einer Ebene liegende Akte, „... daß ihnen die mit Materie und Form aufzuzeigende Unterschiedenheit schwerlich eignen kann."[16] Jedoch wurde die vorgeschlagene Lösung, wonach die Materie des Ehesakramentes in Mann und Frau, soweit sie zur Eheschließung befähigt und willens sind, die Form dagegen in dem rechtmäßigen Austausch des Ehewillens zu suchen sei, bei Sanchez bereits kritisch betrachtet.[17]

Außer mit dem Wesen und Sakramentscharakter der Ehe beschäftigte sich Sanchez auch eingehend mit dem ehelichen Konsens. Er stellt dazu fest, dass der gegenseitige Konsens der Eheschließenden zum Zustandekommen der Ehe bzw. als *causa efficiens* der Ehe unbedingt notwendig ist, wobei er sich auf die *De fide*-Entscheidung des Konzils von Florenz und zahlreiche Stellen aus dem römischen und kanonischen Recht stützt. Als mittelalterlicher Theologe gebraucht Sanchez gelegentlich in seinen kanonistischen Darstellungen unbekümmert Termini, die aus Konzilsdekreten stammen und ganz dem Bereich der scholastischen Theologie angehören. Als typisches Beispiel kann hierfür die Bezeichnung des Ehekonsenses als *causa efficiens* der Ehe gelten. *Causa* bezeichnet spätestens seit dem Dekret Gratians in der Kanonistik den „... Rechtsgrund für eine andere Rechtshandlung ...", nicht aber, wie

---

contrahentes sunt materia circa quam."

[16] Vgl. Mörsdorf, K., Lehrbuch des Kirchenrechts, Paderborn 1967, S. 134.

[17] Vgl. Sanchez, Th., Lib. II, disp. 5, n. 4. „IV. Sent. docet, contrahentes esse materiam, verba autem formam, quia in ceteris contractibus ita contingit ... Haec autem sententia refutatur. I. Quia in ceteris contractibus non potest, verbi gratia res vendita, vel commutata, vel locata dici materia, ex qua conficitur contractus, sed tantum materia circa quam. II. Quia ad productionem gratiae concurrit etiam materia, aut contrahentes ipsi non concurrunt, nisi mediis actibus: ergo potius actus ipsorum debent dici materia."

von Sanchez hier gebraucht, „... denjenigen oder diejenigen Rechtsakte, aus deren Vornahme eine Rechtswirkung abgeleitet wird."[18] Die Notwendigkeit des ehelichen Konsenses unterstreicht Sanchez mit der Feststellung, daß keine Macht diesen ehelichen Konsens ersetzen könne - ein Satz, der sich vollinhaltlich im geltenden kirchlichen Rechtsbuch findet.[19] Gott kann zwar, so führt er weiter aus, dem Mann die Gewalt über den Leib der Frau geben und umgekehrt. Dies auch ohne deren bzw. dessen Zustimmung. Jedoch wird durch dieses Recht auf den Leib des anderen nicht die Ehe konstituiert, deren Wesen Sanchez ja in dem die Gatten einigenden Band sieht. Dieses Band aber kann ohne Willen der Beteiligten nicht einmal durch die absolute Gewalt Gottes existent werden, wie Sanchez eigens betont. Als Argumente führt er an, daß der Konsens zum Wesen der Ehe gehört und eine Sache durch keine andere Gewalt bestehen kann ohne ihr Wesen; ein Vergleich der Ehe mit dem feierlichen Gelübde zeigt schließlich, dass beide nur im freien Konsens der Beteiligten begründet sein können.[20]

Sanchez wendet sich demgemäß auch gegen die Vorstellung, geistliche oder weltliche Herren hätten die Befugnis, ihre Untergebenen ohne deren Einwilligung zu verehelichen - eine Meinung, die sich vor allem auf Passagen in den Dekretalen Gregors IX. und damit auf damals geltendes Recht stützen konnte. Die Argumente von Sanchez enthalten auch den Hinweis auf die Sessio 24 des Konzils von Trient, das allen Herrschern unter Androhung der Exkommunikation verbietet, ihre Untergebenen zur Ehe zu zwingen. Sanchez spricht also selbst der Kirche aufs Energischste die Gewalt

---

[18] Vgl. Dombois, H., Neuere eherechtliche Literatur, in: ZevKR 12/1967, 339; Flatten, H., Das Ärgernis der kirchlichen Eheprozesse, Paderborn 1965, S. 20.

[19] Sanchez, Th., Lib. II, disp. 26, n. 1, Summarium: „Matrimonium, ut est contractus humanus, per nullam potentiam potest esse abusque consensu." C. 1081 § 1: „Matrimonium facit partium consensus inter personas iure habiles legitime manifestatus; qui nulla humana potestate suppleri valet."

[20] Vgl. Sanchez, Th., Lib. II, disp. 26, n. 5.

ab, den ehelichen Konsens zu ersetzen: *„Dic habere maius dominium Ecclesiam, quoad alios contractus, non quoad matrimon. unde potest in alias contractibus consensum supplere, in matrinionio autem minime."*[21] Hier findet sich jedoch ein merkwürdiges Zugeständnis. Trotz der kurz zuvor genannten Exkommunikationsandrohung des Konzils von Trient räumt er einem Herrscher nämlich ein, jemanden zur Heirat zwingen zu können, soweit es das Gemeinwohl erforderlich macht. Er bleibt aber nichtsdestoweniger bei seiner Auffassung, dass damit eine gültige Ehe nicht entstehen könne.[22] Dabei ist weniger von Bedeutung die zugelassene Ausnahme, als viel mehr die Manifestation der Regel. In Sanchez siegt der Kanonist über die Moraltheologen. Eher nimmt er eine ungültige Ehe in Kauf, als dass er von dem Grundsatz der Unersetzbarkeit des freien ehelichen Konsenses abgeht.

Neben dem Erfordernis des unabdingbaren, durch keine andere Macht zu ersetzenden freien ehelichen Konsenses verlangt Sanchez für eine gültige Ehe dessen weitere besondere Ausprägung im Hinblick auf die *copula carnalis*. Diese ist nicht das Wesen der Ehe, so dass auch der Ehekonsens nicht ausdrücklich auf die Kopula hingeordnet, sondern vielmehr nur auf das Recht auf eine solche, in welchem allerdings implizit der Konsens zur *copula carnalis* enthalten ist, ist.[23] Zur gültigen Ehe wird demnach nur ein Konsens verlangt, der die Kopula nicht ausdrücklich ausschließt. Mit dieser Ansicht hat Sanchez wohl maßgeblich auf eine Kontroverse eingewirkt, in der die Mehrheit der Kanonisten in Anlehnung an die Sanchezsche Lehre im Übertragen und Empfangen des *ius in corpus* auch implicite das *ius in copulam* übergeben und empfangen sieht.[24] Dies gilt nach San-

---

[21] Sanchez, Th., Lib, II, disp. 27, n. 4.

[22] Vgl. Sanchez, Th., Lib. II, disp. 27, n. 3.

[23] Vgl. Sanchez, Th., Lib. II, disp. 28, n. 3.

[24] Vgl. Gasparri, P., Tractatus canonicus de matrimonio, Rom 1932, II, S. 780: „Item etsi matrimonialis consensus sit actus voluntatis tradentis et acceptantis ius in corpus perpetuum et exclusivum in ordine ad actus per se aptos ad prolis generationem, tamen non est necessarius actus voluntatis explicitus horum omnium, sed sufficit etiam implicitus."

chez aber mit folgender Differenzierung: der Ehevertrag kann zu seinem gültigen Zustandekommen jedenfalls – gleichsam objektiv - nicht auf einem Konsens beruhen, der nicht wenigstens implizit auf die *copula carnalis* hin ausgerichtet ist. Demgegenüber ist es – gleichsam subjektiv - für den Kontrahenten selbst aber nicht notwendig, dass ein die Kopula implizierender Ehewille vorliegt. Damit wäre - auch wenn der Vertragschließende die Absicht hat, die Kopula nicht in seinen Ehewillen aufzunehmen - die Ehe gültig.[25] Diese Ansicht stützt Sanchez neben einer Stelle aus den Dekretalen Gregors IX. vor allem auf die Aussagen des Thomas von Aquin zu dieser Frage.

Aus den Materialien, die über Thomas von Aquin und die im Zusammenhang mit ihm zitierten anderen Autoren zur Verfügung stehen, wird deutlich, dass die Aufspaltung der Inhalte des Ehekonsenses vor allem von der Notwendigkeit mitbestimmt wurde, der Ehe von Maria und Josef – im Einklang mit der katholischen Lehre von Marias Jungfräulichkeit - die Gültigkeit zu erhalten. Dies räumt Sanchez auch ganz offen ein.[26] Bei dem Versuch, diese sogenannte Josefsehe sowohl kirchenrechtlich gültig als auch jungfräulich hinzustellen, beantwortet er die mit diesem Komplex verbundene Frage der Ehegüter, insbesondere die des *bonum prolis*, mit den Theologen seiner Zeit dahin, dass diese Güter als Entschuldigung für die Ehe anzusehen seien; die Ehe Marias und Josefs bedürfe aber keiner Entschuldigung oder Rechtfertigung. Sanchez lehnt den Erklärungsversuch von Suarez ab, der lehrte, in der Wurzel und im Grunde habe bei der Einwilligung in die Ehe der Konsens zur Kopula vorgelegen, da diese durch sich auf die Ehe hingeordnet sei. Weiter habe Maria weder absolut noch bedingt die *copula carnalis* ausdrücklich in ihren Konsens aufgenommen; eine derartige Bedingung sei nämlich überflüssig gewesen, da Maria auf Grund göttlicher Offenbarung mit Sicherheit gewusst hätte, Josef

---

[25] Vgl. Sanchez, Th., Lib. II, disp. 28, n. 4.

[26] Vgl. Sanchez, Th., Lib. II, disp. 28, n. 1.

würde sein Recht nicht fordern. Sanchez bemüht jedoch nicht die göttliche Offenbarung, sondern bedient sich der genannten Unterscheidung zwischen *consensus e parte contractus* und *consensus e parte contrahentis: „Tantum enim probat non esse necessarium consensum implicitum in copulam, ex parte contrahentis: secus ex vi contractus.“*[27] Diese These mag ohne weiteres nur der subtilen scholastischen Denkweise verständlich erscheinen. Doch ist Sanchez mit diesen Ausführungen bis heute richtungsweisend für die Behandlung der *ignorantia* beim Ehekonsens.[28] Er bespricht diesen Komplex nicht gesondert, sondern im Zusammenhang mit dem *error* und vor allem bei der Frage des hinreichenden bzw. gesetzlichen Alters. Der Erklärung, die Sanchez im fünften Buch seines Ehetraktates in einem anderen Zusammenhang gibt, dürfte dieselbe Unterscheidung zu Grunde liegen. Doch ist hier der Gedankengang so klar formuliert, dass damit speziell die Frage der sogenannten Josefsehe eine Lösung findet. Maria und Josef hätten danach keineswegs das Recht auf die Kopula aus ihrem Ehewillen ausgeschaltet, sondern vielmehr absolut und wahrhaftig in ihren Konsens die gegenseitige Verpflichtung und Berechtigung auf ihre Körper eingeschlossen, obwohl beide den Vorsatz gehabt hätten, ihre voreheliche Keuschheit zu wahren.[29]

Nach weiteren Erörterungen der Frage, ob eine Ehe, die wegen Schönheit, Reichtum oder anderer Güter dieser Art geschlossen wurde, sündhaft sei, wendet sich Sanchez der wichtigen Frage zu, in

---

[27] Sanchez, Th., Lib. II, disp. 28, n. 5.

[28] Vgl. dazu Lorenc, De ignorantia influxu matrimonali consensu, Apoll 26/1953, 384f.; vgl. auch Mosiek, U., Neue Entscheidungen der S. R. Rota in Ehesachen, in: ÖAKR 17/1966, 275, der ausführt: „Es ist daher viel objektiver, den Irrtum und nicht die Unwissenheit in den Vordergrund zu stellen, besonders dann, wenn jemand über das, was ein anderer ganz allgemein und verwirrt gewußt zu haben behauptet, Nachforschungen anstellt. Ein Nupturient kann zwar über die Verpflichtungen der Ehe im Ungewissen sein, aber im Fall der Eheschließung ist es unmöglich, daß er sich darüber keine eigene Ansicht gebildet hat. So geht die Unwissenheit, bezogen auf eine zu tätigende Handlung, von selbst in einen Irrtum über."

[29] Vgl. Sanchez, Th., Lib. V, disp. 10, n. 7.

welcher Form der eheliche Konsens vorhanden sein müsse, insbesondere ob der *consensus internus* zur Gültigkeit der Ehe ausreiche. Da die Ehe ein Vertrag ist und zwischen Menschen geschlossen wird, die das Innerste des Herzens nicht zu erkennen vermögen, erfordert dieser innere Konsens ein äußeres Zeichen. Desgleichen braucht die Ehe auch als Sakrament ein äußerlich sichtbares Zeichen, wie es zum Wesen eines Sakramentes gehört. Wenn auch die den Konsens ausdrückenden Worte nicht genau und fest umschrieben sind, so hält Sanchez doch unbedingt an der Sichtbarmachung des Ehewillens durch Worte oder Zeichen fest und zählt sie zum Wesen der Ehe wie Materie und Form.[30] Im Verlauf seiner Darlegungen stellt er sich gegen Autoritäten wie Thomas von Aquin, der verneint, dass mit bloßem Nicken schon die Ehe geschlossen werden könne, und verficht seine Meinung selbst gegen Konzilsdekrete, die von seinen Gegnern zur Unterstützung ihrer Ansichten vorgebracht werden, die er aber für seine Überzeugung zu interpretieren versteht. Sanchez stellt also Worte und Zeichen für die Kenntlichmachung des ehelichen Konsenses gleichwertig nebeneinander, sofern sie nur geeignet sind, die innere Absicht deutlich nach außen hin zum Ausdruck zu bringen.[31] Ausführlich beschäftigt sich Sanchez mit allen möglichen bei der Konsensabgabe auftauchenden Fragen, etwa ob die Kontrahenten nach ihrem Konsens gefragt werden müssen oder ihn unaufgefordert abgeben sollen, ob zuerst der Mann oder die Frau ihn erklären soll - Fragen, die auch schon von berühmten Kanonisten vor ihm gestellt wurden. Als ein solches den ehelichen Konsens vor dem Pfarrer und zwei Zeugen zum Ausdruck bringendes Zeichen kann nach Sanchez auch

---

[30] Sanchez, Th., Lib. II, disp. 30, n. 3: „Dico expressionem consensuum, ut proficiscitur ab ipsis contrahentibus, esse de matrimonii essentia, tanquam materiam et formam ipsius."

[31] Sanchez, Th., Lib. I, disp. 18, n. 2: „Quia cum sponsalia et matrim. sint contractus humanus, non sola intentio sufficit, sed necessarium est verbis, vel signis aptis, ut alter contrahentium alterius animum intelligat, explicari. Intentio enim mente retenta nihil operatur in humanis contractibus."

die Kopula gewertet werden. Jedoch lässt er die Kopula allein als Ausdruck des Ehewillens inkonsequenterweise nicht gelten. Er verlangt nämlich, dass dieser Kopula das Verlöbnis vorausgegangen sein muss, und zwar vor demselben Pfarrer und denselben Zeugen, vor denen diese Kopula stattfinden soll.[32] Die Abgabe des ehelichen Konsenses mittels eines Briefes sieht Sanchez weiterhin als für eine gültige Eheschließung möglich an, obwohl nach dem Konzil von Trient (1545-1563) viele von Sanchez sonst gern zitierte Kanonisten eine solche Meinung ablehnten. Diese Lehre von Sanchez über die Gültigkeit eines brieflich ausgetauschten Konsenses machte sich die Sacra Romana Rota bis in die Jahre kurz vor Erscheinen des CIC zu eigen.[33] Bemerkenswert ist, daß in diesen Urteilen neben den zitierten Sanchez-Stellen mitunter argumentiert wird, wie auch noch nach dem Konzil von Trient die rechtskräftige Eheschließung durch Stellvertreter möglich sei, so könne ebenso der Ehevertrag mittels Brief weiterhin gültig zustandekommen. Diese Auffassung scheint ebenfalls auf Sanchez zurückzugehen, der mit nahezu denselben Worten für die Gültigkeit der durch Prokurator wie durch Brief geschlossenen Ehe plädiert.

Neben der Möglichkeit der Konsensabgabe durch Stellvertreter oder Brief untersucht Sanchez schließlich noch die Gültigkeit eines Ehewillens, der von Eltern oder anderen Personen im Beisein der schweigenden Kontrahenten erklärt wurde oder sogar in deren Abwesenheit und ohne deren Wissen. Er weiß um die Schwierigkeit, in dem Stillschweigen einen nach außen hin zum Ausdruck gebrachten inneren Konsens zu sehen. Dennoch ist er der Ansicht, daß ein solches Schweigen der Kontrahenten bei der Vertragschließung durch ihre Eltern - anderen gesteht er dieses Recht nicht zu - für das Zustandekommen einer gültigen Ehe ausreiche, wobei er sich wieder auf das römische und kanonische Recht stützen kann.[34] Auch nach

---

[32] Vgl. Sanchez, Th., Lib. III, disp. 40, n. 7.

[33] Vgl. Dec. Rotae v. 19.1.1910 coram Persiani, AAS 2 (1910) 297-309.

[34] Vgl. Sanchez, Th., Lib I, disp. 23, n. 3.

dem Konzil von Trient, so betont er, habe sich an der Gültigkeit einer auf diese Art geschlossenen Ehe nichts geändert, da über den Konsens der Eheschließenden vor dem Pfarrer und den Zeugen durch die elterliche Stimme ja Gewißheit bestehe. Sanchez räumt aber ein, dass unter Umständen das Schweigen der Kontrahenten bei der Eheschließung durch ihre Eltern seinen Grund in der sogenannten qualifizierten Ehrfurcht, dem *metus reverentialis* haben und somit die Ehe nicht gültig entstehen lassen könnte. Die These, die Eltern könnten für ihre Kinder auch in deren Abwesenheit die Ehe schließen, lehnt er entschieden ab.[35]

Hinsichtlich der Konsenserneuerung bei einer durch ein trennendes Ehehindernis ungültigen Ehe ist Sanchez folgender Auffassung: Obwohl ihm die Lehre bekannt ist, dass zur Gültigmachung der Ehe auf dem Wege der *sanatio in radice* nach Wegfall des Hindernisses der Ehewille nicht zu erneuern ist, sofern er in der Zwischenzeit nicht widerrufen wurde, glaubt Sanchez doch, die erneute Konsensabgabe beider Partner zur Gültigmachung der Ehe fordern zu müssen. Damit der Konsens fortdauern kann, muss er zunächst einmal vorhanden sein. Da er aber auf eine infolge des trennenden Ehehindernisses ungeeignete und vom Recht nicht zugelassene Materie gerichtet ist, bleibt er nicht nur wirkungslos, sondern wird überhaupt nicht existent.[36] Konsequenterweise muss er danach auch die Lehre von der *sanatio in radice* ablehnen, da er ja die Ursache einer nichtigen Ehe immer im fehlenden und nicht nur wegen eines trennenden Hindernisses unwirksamen Konsenses sieht. Der überhaupt nicht vorhandene Ehewille kann aber nicht einmal durch päpstlichen Dispens ersetzt werden. Aus demselben Grund muß er auch die *convalidatio* ablehnen, sofern nur der eine der Kontrahenten seinen Konsens erneuert. Die einzige Form der Gültigmachung einer nichtigen Ehe ist für Sanchez daher die erneute Konsensabgabe beider Partner.

---

[35] Vgl. Sanchez, Th., Lib I, disp. 23, n. 17.

[36] Vgl. Sanchez, Th., Lib. II, disp. 35, n. 2.

Im Anschluss an Gasparris Unterscheidung zwischen dem rechtlich nichtigen oder ungültigen Konsens, der zwar vorhanden, aber infolge eines trennenden Hindernisses unwirksam ist, und dem tatsächlich nichtigen, weil bei den Kontrahenten überhaupt nicht vorhandenen Ehewillen, wird die von Sanchez vertretene Meinung heute allgemein abgelehnt; selbst die S. R. Rota weist ausdrücklich auf die Kontroverse Sanchez-Gasparri hin.[37] Erwähnenswert scheint, dass auch diese verworfene Lehre gleichsam als alleiniges Sanchez'sches Gedankengut behandelt wird, obwohl dieser sich darin auf eine große Anzahl berühmter Autoren, angeführt von Thomas von Aquin, stützen kann. Auch dies ist ein Beweis dafür, dass Sanchez eine absolute Autorität zuerkannt wurde und daß das kanonische Eherecht ihn in vielen Fällen als Quelle nutzt, ohne nach früheren Auffassungen und Belegen zu fragen.

Vor diesem Hinergrund ist nachfolgend das geltende kirchliche Eherecht in seinen Grundzügen darzustellen. Dabei werden insbesondere auch die Unterschiede zwischen dem geltenden katholischen und dem geltenden evangelischen Kirchenrecht aufgezeigt. Abschließend wird das Verhältnis zwischen kirchlichem und staatlichem Eherecht beleuchtet.

[37] Vgl. Dec. Rotae 48 (1956) dec. 57 n. 4 p. 239 v. 15.3.1956 coram Lamas.

4. Gründzüge des kirchlichen Eherechts

4.1 Theologische Grundlagen des geltenden kirchlichen Eherechts

Dass das kirchliche Recht sich in ausführlicher Weise der Ehe widmet, ist in der Auffassung von ihrem sakramentalen Charakter begründet. Die erste lehramtliche Stellungnahme zur Ehe als Sakrament ist allerdings erst in c. 23 des Zweiten Laterankonzils von 1139 zu finden.[1] Auf dem Konzil von Trient (1545-1563) wird die Ehe ausdrücklich unter die sieben von Christus selbst eingesetzten Sakramente gezählt.[2] Das erste christliche Jahrtausend kannte also den Lehrsatz von der Sakramentalität der Ehe nicht. Wenn der Sinn und die Grenze lehramtlicher Texte prinzipiell von der jeweils abgewehrten Gegenposition her zu verstehen ist, so zeigen sich in den ersten Erwähnungen der Sakramentalität der Ehe verschiedene Einstellungen. Die ersten Texte zählen die Ehe unter die Sakramente, weil sie mit diesen zusammen von spiritualistischen Irrlehrern bekämpft wurde, die alle materielle und institutionelle Sichtbarkeit des Heils in der Kirche ablehnten. In den Unionstexten mit den Ostkirchen wird die - inzwischen selbstverständliche - Sakramentalität der Ehe eigens erwähnt, weil deren Bejahung der Ausweis des vollen Bekenntnisses zur römischen Lehrtradition ist. Auf dem Konzil von Trient endlich verteidigt man mit dem Stichwort Sakrament die Heilsbewandtnis und die kirchliche Einbindung der Ehe - was im 16. Jahrhundert innerkirchlich gegen die Reformation und in den Texten des 19. und 20. Jahrhunderts nach außen gegenüber dem Anspruch des Staates geltend - gemacht wird. Daraus kann der Schluss gezogen werden: „Der Satz von der Sakramentalität der Ehe dient also dazu, in Sachen Ehe zuerst die sittliche Erlaubtheit, dann die

---

[1] Denzinger, H.; Schönmetzer, A., Enchiridion Symbolorum Definitionum et Declarationum de rebus fidei et morum, Freiburg 1976, S. 718.

[2] A.a.O., S. 1601, 1797-1812.

Integrität der Lehrtradition, dann die Gnadenhaftigkeit und schließlich die kirchliche Zuständigkeit zu unterstreichen."[3]

Allerdings kann die Sakramentalität nicht explizit aus dem Neuen Testament entnommen werden.[4] Das sakramentale Verständnis der Ehe wird vielmehr theologisch aus dem Verständnis der Ehe als Bundeszeichen Gottes gedeutet.[5] Die theologischen Grundlagen des kirchlichen Eherechts lassen sich also nicht einzelnen Stellen des Neuen Testaments entnehmen, sondern nur durch die Interpretation aller diesbezüglichen Stellen im Kontext des Ursakramentes Christus-Kirche gewinnen. Die Beziehung der christlichen Ehe zum Bund Christi mit der Kirche wird dann als Vergegenwärtigung des Liebesbundes Christi mit der Kirche im Bund der Ehe beschrieben: *Imago et participatio foederis dilectionis Christi et Ecclesiae*.[6] Die Ehe wird demnach als Sakrament verstanden, weil das Wesen der christlichen Ehe als Zeichen für den Bund Christi mit den Menschen dies erfordert. Mit dem Empfang des Ehesakramentes nehmen die Eheleute demgemäß „... in einer besonderen Weise an der allgemeinen Sendung der Kirche teil, Christi Gegenwart in der Welt darzustellen

---

[3] Pesch, O. H., Ehe im Blick des Glaubens, in: Christlicher Glaube in moderner Gesellschaft, Teilband 7, Freiburg 1981, S. 8-43, 11.

[4] Eine sakramentale Deutung wurde durch die lateinische Bibelübersetzung (Vulgata) nahegelegt. Im Zusammenhang einer der zentralen Stellen für das christliche Eheverständnis (Paulus-Brief an die Epheser 5, 21-33) wurde das griechische 'mysterion' (Geheimnis) mit 'sacramentum' übersetzt. Luther schreibt dazu, dass „schläfrige und unsorgfältige Leser" dieses Missverständnis verschuldet hätten (De captivitate babylonica Ecclesiae, Werk-Ausgabe Bd. 6, S. 551).

[5] Vgl. Rahner, K., Die Ehe als Sakrament, in: ders., Schriften zur Theologie, Bd. 8, Einsiedeln 1967, S. 519 -540; Ratzinger, J., Zur Theologie der Ehe, in: ThQ 149/1969, 53-74; Schmaus, M., Der Glaube der Kirche, Bd. 2, München 1970, S. 491ff. Der Gedanke von der Ehe als Bild und Gleichnis des Bundes Gottes mit den Menschen findet sich bereits im Alten Testament - vgl. Hos 1; Jer 2, 3, 31; Ez 16, 23; Is 54, 62.

[6] Concilium Vaticanum II, Gaudium et Spes, in: Acta Apostolicae Sedis. Commentarium Officiale 58/1966, 1025-1120, Nr. 48; vgl. den Ausdruck 'Ecclesia domestica' für die Ehe (Lumen gentium, in: Acta Apostolicae Sedis. Commentarium Officiale 57/1965, 5-71, Nr. 11).

und zu bezeugen".[7] Die rechtliche Kompetenz der Kirche für die Ehe ergibt sich demnach aus dem Charakter der Kirche als Grundsakrament Christi, woraus die Kirche die Aufgabe ableitet, die Ehe als Zeichen dieses Bundes zu bewahren und zu schützen.[8]

Die wichtigste Stelle für diese Auffassung findet sich im Paulus-Brief an die Epheser 5, 21-33: „Einer ordne sich dem andern unter in der gemeinsamen Ehrfurcht vor Christus. Ihr Frauen, ordnet euch euren Männern unter wie dem Herrn (Christus); denn der Mann ist das Haupt der Frau, wie auch Christus das Haupt der Kirche ist; er hat sie gerettet, denn sie ist sein Leib. Wie aber die Kirche sich Christus unterordnet, sollen sich die Frauen in allem den Männern unterordnen. Ihr Männer liebet eure Frauen, wie Christus die Kirche geliebt und sich für sie hingegeben hat, um sie im Wasser und durch das Wort rein und heilig zu machen. So will er die Kirche herrlich vor sich erscheinen lassen, ohne Flecken, Falten oder andere Fehler; heilig soll sie sein und makellos. Darum sind die Männer verpflichtet, ihre Frauen so zu lieben wie ihren eigenen Leib. Wer seine Frau liebt, liebt sich selbst. Keiner hat je seinen eigenen Leib gehaßt, sondern er nährt und pflegt ihn, wie auch Christus die Kirche. Denn wir sind Glieder seines Leibes. Darum wird der Mann Vater und Mutter verlassen und sich an seine Frau binden, und die zwei werden ein Fleisch sein. Dies ist ein tiefes Geheimnis; ich beziehe es auf Christus und die Kirche. Was euch angeht, so liebe jeder von euch seine Frau wie sich selbst, die Frau aber ehre den Mann."[9]

---

[7] Reinhardt, K., Sakramentalität und Unauflöslichkeit der Ehe in dogmatischer Sicht, in: Reinhardt, K.; Jedin, H., Ehe-Sakrament in der Kirche des Herrn, Berlin 1971, S. 7-59, 29.

[8] Daraus folgt im Übrigen auch, dass die Trauzeremonien nur die Sakramentalität der Ehe zum Ausdruck bringen, das eigentliche Zeichen aber die Ehe selbst ist als ein Sakrament, das sich die Brautleute selbst im Namen Christi spenden und nicht durch den assistierenden Priester empfangen (vgl. Rahner, K., Die Ehe als Sakrament, in: ders., Schriften zur Theologie, Bd. 8, Einsiedeln 1967, S. 519-540).

[9] Vgl. dazu Schnackenburg, R., Die Ehe nach dem Neuen Testament, in: Krems, G., Mumm, R., Hrsg., Theologie der Ehe, Regensburg/Göttingen 1969, S. 40-55; Schlier, H., Der Brief an die Epheser, Düsseldorf 1957, S.

Über diese grundsätzlichen Aussagen über die sakramentale Stellung hinaus bezieht sich die Theologie der Ehe auf die Lehre des Konzils von Trient, wonach Christus die ursprünglich bereits durch den Schöpfungswillen Gottes begründete Ehe dadurch zur Würde eines Sakramentes erhoben hat, daß die Ehe unter Getauften auf die unlösbare Verbindung zwischen Christus und seiner Kirche hinweist. Die theologische Betrachtung und in der Folge die kirchenrechtlichen Bestimmungen über die Ehe orientieren sich deshalb im engeren Sinne an den Aussagen über das Scheidungsverbot im Neuen Testament.[10] Insbesondere wird hier Markus 10, 2-9 herangezogen:[11] „Da kamen Pharisäer zu ihm und fragten: Darf ein Mann seine Frau aus der Ehe entlassen? Damit wollten sie ihm eine Falle stellen. Er antwortete ihnen: Nur weil ihr so hartherzig seid, hat er euch dieses Gebot gegeben. Am Anfang der Schöpfung aber hat Gott sie als Mann und Frau geschaffen. Darum wird der Mann Vater und Mutter verlassen, und die zwei werden ein Fleisch sein. Sie sind also nicht mehr zwei, sondern eins. Was aber Gott verbunden hat, das darf der Mensch nicht trennen."[12] Die Auffassung von der Unauflöslichkeit der Ehe fand Eingang in das *Decretum Gratiani* (um 1140) und wurde in der Folge von mehreren Päpsten und Konzilien zur verbindlichen Lehre der Kirche erklärt, zuletzt durch das Zweite Vatikanische Konzil (1962-1965) in der Pastoralkonstitution *Gaudium et Spes*.[13] Diese Lehre steht heute in einem gewissen Widerspruch zu der personalen Sicht der Ehe, wie sie in der Pastoralkonstitution

---

262ff.

[10] Kritisch wird die Interpretation dieser Stellen betrachtet von Theobald, M., Jesu Wort von der Ehescheidung. Gesetz oder Evangelium? in: ThQ 75/1995, 109-124.

[11] Vgl. Kasper, W., Zur Theologie der christlichen Ehe, Mainz 1977, S. 36ff.

[12] Vgl. Matth. 5, 27-28; 31-32; 19, 1-12; Lukas 16, 18; 20, 27-36. Zum Zusammenhang der Stellen vgl. Niederwimmer, K., Askese und Mysterium, Göttingen 1975, S. 13ff.

[13] Zum Ausschluß auch des Ehebruchs als Scheidungsgrund vgl. insbesondere die Enzyklika Casti connubii von Pius XI. (Acta Apostolicae Sedis. Commentarium Officiale, 22/1930, 574).

Gaudium et Spes und in der Enzyklika *Humanae vitae* (1968) zum Ausdruck kommt. Bei Verabsolutierung der personalen Sicht ist ein Weiterbestehen der Ehe nach völligem Scheitern der personalen Lebensgemeinschaft nicht mehr einsichtig.[14] Die kirchenrechtliche Ausgestaltung der Ehe kann sich theologisch also nicht allein auf einen Begriff personaler Liebe stützen, sondern muss die Sakramentalität der Ehe aus einer Überhöhung der personalen Beziehung in der Epiphanie der in Christus erschienenen Liebe Gottes verstehen: „Echte eheliche Liebe wird in die göttliche Liebe aufgenommen und durch die erlösende Kraft Christi und die Heilsvermittlung der Kirche gelenkt und bereichert."[15] Deshalb kann der kirchenrechtlich zentrale Lehrsatz von der Unauflöslichkeit der Ehe nur in der Sakramentalität der Ehe begründet werden: „Weil der Ehebund eine sakramentale Vergegenwärtigung des Gottesbundes in Jesus Christus darstellt, bedeutet Ehebruch für einen Christen nicht primär eine sexuelle Verfehlung, sondern eine Verfehlung gegen das Sein in Christus."[16]

In der gegenwärtigen Grundlagendiskussion zur Theologie der Ehe können demnach grundsätzlich zwei Richtungen unterschieden werden:[17] Auf der einen Seite steht ein institutionell-ekklesiologisches Verständnis, demzufolge die Ehe als Realsymbol für die heilsbedeutsame Verbindung zwischen Christus und der Kirche die Wesensmerkmale eines Sakramentes erfüllt. An diese Lehre schließt sich auch ein heilsgeschichtlich-ekklesiologisches Verständnis an, das die Ehe als menschliche Realität in das geschichtliche Heilshandeln Gottes einbezogen sieht, in dem die Einheit von Schöpfung

---

[14] Vgl. Reinhardt, K., Sakramentalität und Unauflöslichkeit der Ehe in dogmatischer Sicht, in: Ehe-Sakrament in der Kirche des Herrn, hrsg. v. K. Reinhardt, H. Jedin, Berlin 1971, S. 7-59, 19ff.

[15] Concilium Vaticanum II, Lumen gentium, in: Acta Apostolicae Sedis. Commentarium Officiale, 57/1965, 5-71, Nr. 11.

[16] Kasper, W., Zur Theologie der christlichen Ehe, Mainz 1977, S. 58f.

[17] Zu der folgenden Unterscheidung vgl. Pesch, O. H., Ehe im Blick des Glaubens, in: Christlicher Glaube in moderner Gesellschaft, Teilband 7, Freiburg 1981, S. 8-43, 19ff.

und Bund konkret wird. Auf der anderen Seite setzt ein anthropologisch-ekklesiologisches Verständnis bei einer Auffassung des Menschen als eines sich selbst überschreitenden Wesens an, das sich in der Ehe in prinzipiell gleicher Weise wie in der Kirche realisiert: „Die Ehe ist einer jener heilsbedeutsamen Kristallisationspunkte, an denen das ganze Wesen, die ganze Sendung, das ganze Wort der Kirche als der geschichtlichen Präsenz Gottes in Jesus Christus zu Ausdruck und Auswirkung kommen."[18] In ähnlichem Sinne fasst ein ethisch-ekklesiologisches Verständnis die Ehe nur als eine mögliche Repräsentation der Kirche auf und bindet die Ehe als Sakrament an ein spezifisch christliches Verhalten.

4.2 Grundzüge des geltenden katholischen Eherechts

Das gesamte geltende katholische Eherecht baut auf cc. 1055-1057 CIC 1983 auf:

c. 1055:

§ 1: Matrimoniale foedus, quo vir et mulier inter se totius vitae consortium constituunt, indole sua naturali ad bonum coniugum atque ad prolis generationem et educationem ordinatum, a Christo Domino ad sacramenti dignitatem inter baptizatos evectum est.[19]

§ 2: Quare inter baptizatos nequit matrimonialis contractus validus consistere, quin sit eo ipso sacramentum.[20]

---

[18] Pesch, O. H., a.a.O., S. 22.

[19] „Der Ehebund, durch den Mann und Frau unter sich eine innige Gemeinschaft des ganzen Lebens begründen, welche durch ihre natürliche Eigenart auf das Wohl der Ehegatten und die Zeugung und Erziehung von Nachkommenschaft hingeordnet ist, wurde für die Getauften von Christus dem Herrn zur Würde eines Sakramentes erhoben."

[20] „Deshalb kann es zwischen Getauften keinen gültigen Ehevertrag geben, ohne daß er zugleich Sakrament wäre."

c. 1056:

Essentiales matrimonii proprietates sunt unitas et indissolubilitas, quae in matrimonio christiano ratione sacramenti peculiarem obtinent firmitatem.[21]

c. 1057:

§ *1: Matrimonium facit partium consensus inter personas iure habiles legitime manifestatus, qui nulla humana potestate suppleri valet.*[22]

§ *2: Consensus matrimonialis est actus voluntatis, quo vir et mulier foedere irrevocabili sese mutuo tradunt et accipiunt ad constituendum matrimonium.*[23]

In diesen *canones* werden die folgenden fundamentalen Determinanten des katholischen kirchlichen Eherechtes sind:

- die Ehezwecke bzw. -ziele;
- die Ehe als Vertrag bzw. Bund und Sakrament;
- die Einheit und Unauflöslichkeit der Ehe als Wesenseigenschaften.

Bezüglich der Ehezwecke vollzog sich im Zeitraum zwischen 1917 und 1983 ein entscheidender Wandel. Der CIC von 1917 kannte einen primären und einen sekundären Ehezweck. Als primär wurde die *procreatio et educatio prolis* angesehen; sekundäre Zwecke der Ehe waren genseitige Hilfeleistung *mutuum adiutorium* und die geordnete Befriedigung des Geschlechtstriebes *remedium concupiscentiae* (vgl. c. 1013 § 1 CIC 1917).[24] Der CIC von 1983 stellt dagegen die Ehe als eine personal-partnerschaftliche Lebens- und

---

[21] „Die wesentlichen Eigenschaften der Ehe sind die Einheit und Unauflöslichkeit, die in der christlichen Ehe durch das Sakrament eine besondere Festigkeit erlangen."

[22] „Die Ehe kommt durch den Konsens zustande, der zwischen Personen, die die rechtliche Ehefähigkeit besitzen, in rechtmäßiger Weise kundgetan wird. Der Konsens kann durch keine menschliche Macht ersetzt werden."

[23] „Der Ehekonsens ist ein Willensakt, durch den Mann und Frau sich in einem unwiderruflichen Bund gegenseitig schenken und empfangen."

[24] Der CIC 1917 kannte in c. 1081 § 2 noch den Begriff des *ius in corpus*.

Liebesgemeinschaft vor, die alle Lebensbereiche umfasst. Daraus ergeben sich das Wohl der Ehegatten und die Weitergabe menschlichen Lebens als gleichgeordnete Eheziele.[25]

Der CIC von 1917 behandelte die Ehe ausschließlich unter vertragsrechtlichen Gesichtspunkten. Auch c. 1055 § 2 CIC 1983 verwendet den Begriff Ehevertrag (*matrimonialis contractus*), während in § 1 der Begriff Ehebund (*matrimoniale foedus*) erscheint. Der Ausdruck Bund verdeutlicht zunächst, dass die Ehe nicht nur vertragliche Elemente enthält und damit mehr als ein Rechtsgeschäft umfasst. Sodann wird in diesem Ausdruck bereits der sakramentale Charakter der Ehe im Sinne einer heilsgeschichtlichen Dimension angesprochen (wie in den Begriffen Alter Bund - Neuer Bund).[26] Die kirchenrechtlichen Bestimmungen geben damit die personale und religiöse Wirklichkeit der Ehe im Sinne eines Sich-gegenseitig-Übereignens als Zeichen für die Liebe Gottes wieder. Der Bund muss demnach als von Gott gestiftet aufgefasst werden, weshalb die Ehe nicht als bloß private oder profane Angelegenheit verstanden werden kann.[27] Dass in c. 1055 § 2 CIC 1983 dennoch von Ehevertrag die Rede ist, soll zum einen zum Ausdruck bringen, daß eine Ehe nur durch freie Willenseinigung der Partner zustandekommt, und zum anderen betonen, dass aus der Eheschließung bestimmte Rechte und Pflichten entstehen. Das Verhältnis von Bundes- und Vertragscharakter ist nicht endgültig geklärt. Einmal kann aus der Betonung der Personalität der Ehe geschlossen werden, dass der Vertragscharakter nur Teil des Bundescharakters ist.;[8] amdererseits kann der Bundesbegriff auch als Rechtsbegriff verstanden werden:

---

[25] Vgl. Concilium Vaticanum II, Gaudium et Spes, in: Acta Apostolicae Sedis. Commentarium Officiale 58/1966, 1025-1120, Art. 48; dazu Krämer, P., Kirchenrecht I, Stuttgart 1992, S. 102f.

[26] Vgl. Sebott, R., Das neue kirchliche Eherecht, Frankfurt/Main 1983, S. 17.

[27] Vgl. Krämer, P., Kirchenrecht I, Stuttgart 1992, S. 102f.

[28] So Heimerl, H.; Pree, H., Kirchenrecht. Allgemeine Normen und Eherecht, Wien 1983, S. 172f.; Schwendenwein, H., Das neue Kirchenrecht. Gesamtdarstellung, Frankfurt/Main 1983, S. 361.

er ist dazu „... nicht nur genauso geeignet wie der Vertragsbegriff, sondern besitzt einen entscheidenden Eignungsvorsprung, da er die Ehe nicht wie der Vertragsbegriff in seinem altkodikarischen Verständnis als abstrakte Rechtswirklichkeit und auch nicht nur in einer der Gesamtwirklichkeit der Ehe angepaßten Konzeption als Status- oder Eingehungsvertrag in einer anthropologisch angemesseneren Weise erfaßt, sondern vielmehr den modellbegrifflichen Niederschlag der konziliar initiierten Neudurchdenkung der kanonischen Ehesicht in all ihren Konsequenzen bildet."[29] In diesem Sinne ist die Ehe nicht selbst als Bund definiert, sondern die Partner begründen ihre Lebensgemeinschaft *durch* den Bund, der damit auch einen rechtlichen Aspekt impliziert, indem er *als* Bund auch Vertrag ist und damit ein Rechtsverhältnis entstehen läßt.[30]

Auf jeden Fall behält der CIC von 1983 auch das Verständnis der Eheschließung als eines Vertrages bei. Demnach stellt die Ehe einen Konsensualvertrag dar, der allein durch die beiderseitige Willenserklärung gültig wird. Im Gegensatz zum sogenannten Realvertrag ist für den gültigen Vertragsabschluss keine weitere Leistung erforderlich. Demzufolge hat der geschlechtliche Vollzug der Ehe (*copula carnalis*) keinen Einfluss auf die Gültigkeit des Ehevertrages. Die gültig geschlossene Ehe ist jedoch nur *matrimonium ratum*, solange sie nicht geschlechtlich vollzogen wurde. Sie ist bereits sakramentale Ehe, jedoch nicht unauflöslich, sondern kann durch Dispens des Papstes aufgelöst werden (c. 1142). Allerdings kann dies nur aus einem gerechten Grund (*iusta de causa*) geschehen.[31] Erst im Status des *matrimonium ratum et consummatum* ist die Ehe im kirchenrechtlichen Sinne absolut unauflöslich:

---

[29] Lüdecke, N., Eheschließung als Bund. Genese und Exegese der Konzilskonstitution 'Gaudium et Spes' in kanonistischer Auswertung, 2. Teilband, Würzburg 1989, S. 897.

[30] Vgl. Zapp, H., Kanonisches Eherecht, 7. Auflage, Freiburg 1988, S. 21f.

[31] Vgl. dazu Hanstein, H., Kanonisches Eherecht, Paderborn 1965, S.

c. 1061 § 1: Matrimonium inter baptizatos validum dicitur ratum tantum, si non est consummatum; ratum et consummatum, si coniuges inter se humano modo posuerunt coniugalem actum per se aptum ad prolis generationem, ad quem natura sua ordinatur matrimonium, et quo coniuges fiunt una caro.[32]

Problematisch ist, ob die Zeugungseignung des Geschlechtsaktes für den Status des *matrimonium ratum et consummatum* erforderlich ist. Dem Wortlaut von c. 1061 § 1 zufolge müßte dies der Fall sein (*per se aptum ad prolis generationem*). Eine der Ehe vorausgehende und andauernde Impotenz macht die Ehe ungültig (c. 1084). Der dem Kirchenrecht zugrundeliegende Impotenzbegriff wurde allerdings so geändert, daß von beiden Partnern nicht mehr die Zeugungsfähigkeit, sondern nur die Beiwohnungsfähigkeit (*potentia coeundi*) verlangt wird.[33]

Über den Konsensualcharakter hinaus ist der Ehevertrag ein unteilbarer und wechselseitiger (synallagmatischer) Vertrag, d.h. beide Partner müssen die gleichen rechtlichen Voraussetzungen mitbringen und für beide entstehen die gleichen Verpflichtungen und Rechte (vgl. c. 1135). Freigestellt ist den Partnern nur der

---

225.

[32] „Eine gültige Ehe zwischen Getauften heißt 'ratum', wenn sie nicht vollzogen worden ist; 'ratum et consummatum', wenn die Ehegatten auf menschliche Weise jenen ehelichen Akt vollzogen haben, der für die Erzeugung von Nachkommenschaft geeignet ist. Auf diesen ehelichen Beischlaf ist die Ehe ihrer Natur nach hingeordnet und auf diese Weise werden die Ehegatten ein Fleisch."

[33] Vgl. Zapp, H., Kanonisches Eherecht, 7. Auflage, Freiburg 1988, S. 68f. Danach wird der Ehevollzug im Sinne von c. 1061 § 1 weder durch die Unfähigkeit zu echter Samenejakulation, noch durch das Fehlen postvaginaler Organe oder die Anwendung empfängnisverhütender Mittel beeinträchtigt. Sterilität ist demnach kein Ehehindernis. Vgl. Lüdicke, K., Familienplanung und Ehewille. Der Ausschluß der Nachkommenschaft im nachkonziliaren kanonischen Eherecht, Münster 1983, S. 158: „Zum Ehevollzug ist ein Geschlechtsverkehr der Gatten nötig, bei dem das versteifte Glied des Mannes in die Scheide der Frau eindringt und dort eine Art Samenflüssigkeit ausstößt, auf deren Zusammensetzung es nicht ankommt. Solange der genannte Vorgang unbeeinträchtigt bleibt, sind empfängnisverhütende Maßnahmen unerheblich."

Vertragsabschluss; wenn sie den Ehevertrag eingehen, so können sie keinen der von dem kirchlichen Recht für die Eheschließung vorgegebenen Vertragsinhalte aus ihrem Vertragswillen ausschließen.[34]

Nach c. 1055 § 2 werden Vertrag und Sakrament der Ehe gleichgesetzt. Allerdings entsteht bei der Eheschließung zwischen einem Getauften und einem Nichtgetauften ein gültiger Ehevertrag, der kein Sakrament ist.[35] Zwischen Getauften ist hingegen das Sakrament eo ipso existent, selbst wenn die sakramententheologische Voraussetzung der Intention völlig fehlt bzw. wenn Unkenntnis über den Sakramentcharakter der Ehe besteht. Spender des Ehesakramentes sind die Brautleute selbst. Dies ergibt sich bereits aus dem Vertragscharakter der Ehe und der Realidentität von Vertrag und Sakrament.[36] Andererseits ist die Ehe als Sakrament auch nicht ohne Kirche und deren sakramentenrechtliche Normierungen möglich. Die Mitwirkung der Kirche kann allerdings verschiedener Art sein: unmittelbar (z.B. durch die Offenbarung der Willenserklärung vor dem Priester), mittelbar (indem z.B. von der Formpflicht dispensiert wird), oder auch gesetzlich (wenn z.B. in bestimmten Fällen Dispens von der ordentlichen kirchlichen Eheschließungsform erteilt wird).[37]

Einheit und Unauflöslichkeit werden im Kirchenrecht als Wesenseigenschaften der Ehe angesehen. Die Einheit der Ehe bedeutet den Ausschluss der Polygamie als Polygynie und Polyandrie. Darüber hinaus ergibt sich aus dem zugrundeliegenden Prinzip der Gleichheit und der personalen Gemeinschaft auch der Ausschluss

---

[34] Vgl. Zapp, H., Kanonisches Eherecht, 7. Auflage, Freiburg 1988, S. 22f.

[35] Vgl. Krämer, P., Kirchenrecht I, Stuttgart 1992, S. 107.

[36] Dies steht im Gegensatz zur Auffassung in den Ostkirchen, der zufolge das Ehesakrament nur durch den ritus sacer, d.h. die Einsegnung der Ehe durch den Priester, zustandekommt (vgl. Zapp, H., Kanonisches Eherecht, 7. Auflage, Freiburg 1988, S. 30f.).

[37] Vgl. Sebott, R., Das neue kirchliche Eherecht, Frankfurt/Main 1983, S. 19.

von asymmetrischen Verhältnissen innerhalb der Lebensgemeinschaft Ehe.[38] Das Prinzip der Einheit der Ehe führt auch dazu, dass eine gültige Ehe dann nicht zustande kommt, wenn einer der Partner die Ehe nur unter dem Vorbehalt eingeht, neben der Ehe noch eheähnliche Beziehungen aufrechtzuerhalten.

Zur Unauflöslichkeit der Ehe bestimmt c. 1141:

> *„Matrimonium ratum et consummatum nulla humana potestate nullaque causa, praeterquam morte, dissolvi potest".*[39]

Der Charakter der Unauflöslichkeit kommt damit nur der gültigen und vollzogenen sakramentalen Ehe zu. Eine nur gültige Ehe kann nach katholischem Kirchenrecht unter bestimmten Voraussetzungen getrennt werden; für die sakramentale Ehe gilt dies nur für den Fall des Nicht-Vollzugs. Dabei muss zunächst zwischen innerer und äußerer Unauflöslichkeit unterschieden werden. Die innere Unauflöslichkeit der Ehe besagt, dass die Ehepartner nicht selbst den einmal gültig erklärten Ehewillen durch Konsens aufheben können, da sie keine Verfügungsgewalt über die Wesenseigenschaften der Ehe besitzen.[40] Diese innere Unauflösbarkeit gilt für jede Ehe. Die äußere Unauflöslichkeit besagt dagegen, dass die Ehe durch keine äußere Instanz geschieden werden kann. Hier gibt es zahlreiche Ausnahmen, die jedoch wiederum nicht die vollzogene und gültige Ehe unter Getauften betreffen. Außer der nichtvollzogenen Ehe kann auch die nichtsakramentale Ehe aufgelöst werden (sog. Paulinisches Privileg - vgl. c. 1143).[41]

---

[38] Vgl. Rokahr, E.-G., Die Wesenseigenschaft der ehelichen Einheit in der Rechtsprechung der Römischen Rota, in: AfkKR 162/1993, 396-426, bes. 403f. Die Einheit der Ehe sollte aber nicht nur als 'Einpaarigkeit' verstanden werden, sondern: „Die Einheit der Ehepartner ist ihre umfassende Lebensform in der Lebens- und Leibesgemeinschaft" (a.a.O. S. 425).

[39] „Die unter Christen gültig geschlossene und sakramentale Ehe kann, wenn sie vollzogen ist, durch keine menschliche Gewalt und aus keinem Grunde, außer durch Tod, aufgelöst werden."

[40] Vgl. Heimerl, H.; Pree, H., Kirchenrecht. Allgemeine Normen und Eherecht, Wien 1983, S. 169.

[41] Das Privilegium Paulinum leitet sich aus 1 Kor 7, 12-15 her; demnach

Eine Ehe ist dagegen von vornherein ungültig, wenn auch nur einer der Partner die Wesenseigenschaft der Unauflöslichkeit ausschließt. In diesem Falle ist kein ausreichender Ehewille vorhanden (c. 1101 § 2).[42] Damit ist jedoch nur einer der Fälle genannt, in denen aufgrund von Konsensmangel eine Ehe nicht gültig zustandegekommen ist. Hier kann nicht von einer Auflösung oder Scheidung der Ehe gesprochen werden. Im kirchlichen Ehenichtigkeitsverfahren geht es vielmehr (nur) um die Prüfung, ob eine Ehe überhaupt gültig geschlossen wurde; es wird also keine Ehe geschieden, sondern festgestellt, dass eine gültige Ehe nie bestanden hat. Dazu müssen schwerwiegende Gründe wie Ehehindernis, Konsensmangel oder Formfehler geltend gemacht werden, die bei der Eheschließung bereits vorhanden waren. Bezüglich der Unauflöslichkeit der Ehe genügt dabei nicht ein Irrtum über diese Wesenseigenschaft der Ehe (vgl. c. 1099), es muss viel mehr diese Wesenseigenschaft durch positiven Willensakt (*positivo voluntatis* c. 1101 § 2) ausgeschlossen werden.

Vom Bund- bzw. Vertragscharakter der Ehe führt der Weg zu den vorgeschriebenen Formen über c. 1104:

> § *1: Ad matrimonium valide contrahendum necesse est ut contrahentes sint praesentes una simul sive per se ipsi, sive per procuratorem.*
>
> § *2: Sponsi consensum matrimonialem verbis exprimant; si vero loqui non possunt, signis aequipollentibus.*[43]

---

kann eine Ehe zwischen Ungetauften aufgelöst werden, wenn ein Partner sich taufen lässt und der andere Partner die eheliche Gemeinschaft nicht fortsetzen will.

[42] Zur näheren Diskussion dieser Problematik vgl. Zirkel, A., Ist die kirchliche Ehegerichtsbarkeit auf dem rechten Weg? Zur Praxis der Nichtigerklärung von Ehen, in: Zirkel, A.; Limbeck, M., Kirchliche Ehegerichtsbarkeit und biblisches Rechtsverständnis, Mainz 1981, S. 7-130, 38ff.

[43] „Um eine gültige Ehe schließen zu können, müssen beide Partner zugegen sein, entweder in eigener Person oder vertreten durch einen Prokurator. Bei der Eheschließung sollen die Brautleute ihren Ehewillen mündlich erklären. Nur solche, die nicht sprechen können, dürfen sich

Ehen, in denen wenigstens ein Partner katholisch getauft ist, werden kirchenrechtlich nur dann als gültig anerkannt, wenn sie vor dem katholischen Ortspfarrer bzw. seinem Bevollmächtigten und zwei Zeugen geschlossen werden. Hier besteht eine gewisse Spannung zwischen dem Konsensprinzip bzw. der Sakramentalität der Ehe und der Notwendigkeit, im Einzelfall feststellen zu können, ob eine Ehe besteht oder nicht. Formpflichten wurden erst mit dem Konzil von Trient eingeführt. Bis zu diesem Zeitpunkt waren auch klandestine Ehen gültig, da der Grundsatz *consensus facit nuptias* keine bestimmte Form erforderlich machte. Das Problem besteht darin, dass zum Zwecke der Rechtssicherheit die Gültigkeit der Ehe von Formvorschriften abhängig gemacht wird, obwohl die Gültigkeit der Ehe prinzipiell auf ihrer Sakramentalität und dem Ehekonsens der Partner beruht. Das Sakrament der Ehe spenden sich die Partner gegenseitig, ohne dass sie dazu einen Priester benötigen. Daraus ergibt sich: „Notwendige Bedingung für das Zustandekommen einer Ehe darf die Formpflicht also nur insoweit sein, als die kirchliche Lehre von der Sakramentalität der Ehe es tatsächlich fordert - alles übrige muß aus theologischen Gründen zur Disposition stehen können."[44] Dem wird z.B. durch c. 1116 (Noteheschließungsform) und c. 1127 (Eheschließung mit orthodoxen Christen) Rechnung getragen. Wegen der Mitwirkung eines Priesters bei der Eheschließung gilt Folgendes: Der Priester spendet nicht das Sakrament, sondern er assistiert der Eheschließung. Der Begriff des Assistierens wird in c. 1108 § 2 definiert:

> *Assistens matrimonio intellegitur tantum qui praesens exquirit manifestationem contrahentium consensus eamque nomine Ecclesiae recipit.*[45]

---

gleichbedeutender Zeichen bedienen."

[44] Pesch, O. H., Ehe im Blick des Glaubens, in: Christlicher Glaube in moderner Gesellschaft, Teilband 7, Freiburg 1981, S. 8-43, 31.

[45] „Einer Eheschließung assistieren bedeutet ausschließlich: in persönlicher Anwesenheit die Kundgabe des Ehewillens der Eheschließenden erfragen und im Namen der Kirche entgegennehmen."

Demnach handelt es sich bei der Eheassistenz nicht um die Ausübung hoheitlicher Hirtengewalt (*potestas regiminis exsecutiva*), sondern nur um eine qualifizierte Amts-Zeugenschaft.[46] Diese ist nichtsdestoweniger als aktive Mitwirkung im Sinne einer *actio Christi ac Ecclesiae* aufzufassen (vgl. c. 840). Aktivitität heißt in diesem Zusammenhang: „... bei persönlicher Anwesenheit den Konsens der Eheschließenden zu erfragen und im Namen der Kirche entgegenzunehmen. Die rein passive Eheassistenz, bei der der Trauungsgeistliche ohne irgendeine Tätigkeit von seiten der Kirche die Konsensabgabe der Ehewerber lediglich anhörte, ist damit ausgeschlossen."[47]

4.3 Grundzüge des geltenden evangelischen Eherechts

Von evangelischem Eherecht zu sprechen, stößt auf mehrere Schwierigkeiten. Zunächst bilden die protestantischen Kirchen keine Einheit in dem selben Sinne wie die katholische Kirche. Folglich bestehen auch keine universalen Befugnisse zur Rechtssetzung und Rechtsanwendung. Des weiteren kennt der Protestantismus nicht im gleichen Sinne den Rechtsgedanken wie die katholische Kirche. Luther sah im kanonischen Recht weitgehend nur eine Vergewaltigung des Gewissens und einen Widerspruch gegen das alleinige Recht des Evangeliums. Bezüglich der Ehe hat Luther zwar einerseits den göttlichen Stiftungscharakter der Ehe hervorgehoben[48], andererseits jedoch sowohl eine kirchliche Rechtsetzungsbefugnis wie auch eine kirchliche Jurisdiktion in Ehesachen strikt verneint. Die Ehe ist nach Luther kein Sakrament, sondern ein „... äußerliches leibliches Ding

---

[46] So Sebott, R., Das neue kirchliche Eherecht, Frankfurt/Main 1983, S. 145.

[47] Puza, R., Katholisches Kirchenrecht, Heidelberg 1986, S. 305.

[48] Vgl. die Schrift „De captivitate Babylonica ecclesiae": „Coniunctio enim viri et mulieris est iuris divini" (Werk-Ausgabe Bd. 6, S. 555).

..." und ein „... weltlicher Stand ...". Ihre Gestaltung steht deshalb dem weltlichen Gesetzgeber zu.[49]

Unter dieser Einschränkung ist zunächst hervorzuheben, dass auch Luther eine Eheschließung vor der Pfarrgemeinde verlangte und der Kirche das Recht und die Pflicht zuschrieb, über das Heil der Ehegatten zu wachen. Allerdings soll die kirchliche Eheschließung nur dazu beitragen, in den Ehegatten den Glauben zu befestigen, da die Ehe nur durch den Glauben zur Heiligung der Ehegatten beitragen kann.[50]

Bezüglich der Eheschließung gilt im Protestantismus also allgemein: Das evangelische Kirchenrecht regelt die Eheschließung als solche nicht. Die evangelische Kirche betrachtet vielmehr die standesamtliche Eheschließung als ehebegründend.[51] Gemeinsam sind den verschiedenen protestantischen Kirchen bezüglich der Eheschließung die folgenden Elemente:

- die kirchliche Trauung setzt eine rechtsgültige zivilrechtliche Eheschließung voraus;
- mindestens einer der beiden Ehegatten muss einer evangelischen Kirche angehören;
- es muss sichergestellt sein, dass die Ehe im christlichen Geiste geführt wird und die Kinder christlich erzogen werden;
- die kirchliche Trauung wird als eine gottesdienstliche Handlung aufgefasst, in der die Brautleute geloben, ihr Ehe- und Familienleben in christlichem Sinne zu führen und einander Liebe und Treue zu halten.[52]

---

[49] Vgl. Kühn, O.; Weier, J., Kirchenrecht, Heidelberg 1986, S. 162.

[50] Vgl. Schulz, R., Die kirchliche Trauung aus evangelischer Sicht, in: Geliebt, verkauft, getauscht, geraubt. Zur Rolle der Frau im Kulturvergleich, hrsg. v. G. Völger, K. v. Welck, Köln 1985, S. 150-155.

[51] Vgl. Engelhardt, H., Ehe, Eheschließung, Ehescheidung und Wiedertrauung in der Evangelischen Kirche in Deutschland, in: ders., Hrsg., Die Kirchen und die Ehe, Frankfurt/Main 1984, S. 30.

[52] Vgl. Kühn, O.; Weier, J., Kirchenrecht, Heidelberg 1986, S. 163.

4.4 Kirchliches und staatliches Eherecht - Konkurrenzen

Im Gegensatz zur kirchlichen Ehe ist die Zivilehe eine Erscheinung der Neuzeit. Im Jahre 1580 wurde erstmals in den Niederlanden für bestimmte Fälle die Möglichkeit einer Wahlzivilehe gegeben.[53] Die Zwangszivilehe erscheint erstmals in den Jahren 1653-1660 unter Cromwell in England. Der Beginn der Geschichte der obligatorischen Zivilehe ist jedoch in Frankreich zu suchen. Dort wurde sie am 20.9.1792 zusammen mit einem Ehescheidungsrecht eingeführt. 1810 wurde die religiöse Voraustrauung sogar unter Kriminalstrafe gestellt. Nach der französischen Besetzung der Rheinlande wurde die Zivilehe 1798 auch dort eingeführt. Erst 1874 wurde in Preußen die obligatorische Zivilehe eingeführt. Das Reichs-Personenstandsgesetz von 1875 erweiterte den Gültigkeitsbereich ab 1.1.1876 auf alle Bundesstaaten und übernahm auch das Verbot der kirchlichen Voraustrauung.[54] Diese Regelungen wurden im Jahre 1900 im Wesentlichen unverändert in das BGB übernommen.[55]
Eine erste Ausnahmeklausel enthielt Art. 46 III EGBGB. § 67 PStG wurde danach durch folgenden Absatz II ergänzt:

> „Eine strafbare Handlung ist nicht vorhanden, wenn der Geistliche oder der Religionsdiener im Falle einer lebensgefährlichen, einen Aufschub nicht gestattenden

---

[53] Vgl. dazu und zum Folgenden Bosch, F. W., Staatliches und kirchliches Eherecht - in Harmonie oder im Konflikt?, Bielefeld 1988, S. 15ff.; sowie Plöchl, W. M., Geschichte des Kirchenrechts, Bd. IV, Wien 1966, S. 194ff.

[54] Vgl. dazu und zum Folgenden Strätz, H.-W., Die rechtsgeschichtliche Entwicklung des staatlichen Eherechts in Deutschland: Eheschließung und Eheauflösung vom Reichspersonenstandsgesetz 1875 bis zum 1. Eherechtsreformgesetz, in: Beginn und Ende der Ehe. Aktuelle Tendenzen in Kirchen- und Zivilrecht, hrsg. v. R. Puza, A. P. Kustermann, Heidelberg 1994, S. 9-40.

[55] Vgl. Mörsdorf, K., Lehrbuch des Kirchenrechts auf Grund des CIC, Bd. II, München 1967, S. 114; sowie Bosch, F. W. u.a., Ziviltrauung vor religiöser Trauung - sinnvoll oder überholt? Zum Verhältnis Staat-Kirche im Bereich der Eheschließung, in: FamRZ 44/1997, S. 1313-1322.

> Erkrankung eines der Verlobten zu den religiösen Feierlichkeiten der Eheschließung schreitet."

Eine weitere Ausnahmeklausel wurde durch Art. 26 des Konkordats zwischen dem Heiligen Stuhl und dem Deutschen Reich vom 20. Juli 1933 eingeführt:[56]

> „Unter Vorbehalt einer umfassenderen späteren Regelung der eherechtlichen Fragen besteht Einverständnis darüber, daß, außer im Falle einer lebensgefährlichen, einen Aufschub nicht gestattenden Erkrankung eines Verlobten, auch im Falle schweren sittlichen Notstandes, dessen Vorhandensein durch die zuständige bischöfliche Behörde bestätigt sein muß, die kirchliche Einsegnung der Ehe vor der Ziviltrauung vorgenommen werden darf."

Der Tatbestand eines schweren sittlichen Notstandes wurde im Schlussprotokoll des Konkordats wie folgt definiert:

> „Ein schwerer sittlicher Notstand liegt vor, wenn es auf unüberwindliche oder nur mit unverhältnismäßigem Aufwand zu beseitigende Schwierigkeiten stößt, die zur Eheschließung erforderlichen Urkunden rechtzeitig beizubringen."[57]

In einem Notenwechsel zwischen dem Päpstlichen Staatssekretariat und der Deutschen Botschaft beim Heiligen Stuhl vom 16./17.7.1956 wurde der Begriff des sittlichen Notstands nach Art. 26 des Deutschen Reichskonkordats dann wie folgt ausgelegt:

---

[56] Nach der Entscheidung des BVerfG von 1957 gilt das Reichskonkordat auch für die Bundesrepublik Deutschland (BVerfGE 6, S. 309ff.).

[57] Ein Problem bietet die Auslegung dieser Bestimmung insofern, als der Tatbestand der Schwierigkeiten der Urkundenbeschaffung zur Vorbereitung der Eheschließung hier als der einzige Fall eines schweren sittlichen Notstandes erscheint. Der Heilige Stuhl interpretiert diese Fälle dagegen als 'esemplificativi, non esclusivi' (vgl. Bosch, F. W., Staatliches und kirchliches Eherecht-in Harmonie oder im Konflikt?, Bielefeld 1988, S. 20).

„1. Ein schwerer sittlicher Notstand, der die Vornahme der kirchlichen Einsegnung der Ehe vor der Ziviltrauung rechtfertigt, liegt nicht vor, wenn mit dem Vollzug der Ziviltrauung für die Nupturienten ausschließlich wirtschaftliche Nachteile verbunden wären.

2. Nach Artikel 26 darf beim Vorliegen der dort vorgesehenen Umstände die kirchliche Einsegnung der Ehe vor der Ziviltrauung vorgenommen werden. In dieser Bestimmung wird vorausgesetzt, daß in den in ihr erwähnten Fällen die Ziviltrauung der kirchlichen Einsegnung der Ehe folgen soll. Daher ist diese Bestimmung nicht anwendbar, wenn die in dem Ansuchen der Nupturienten um Vornahme der kirchlichen Trauung vorgebrachten Gründe den Vollzug der Ziviltrauung nach der kirchlichen Einsegnung der Ehe ausschließen."[58]

Der Vorrang der obligatorischen Zivilehe wurde im PStG der Bundesrepublik Deutschland dann wie folgt geregelt:[59]

§ 67: „Wer eine kirchliche Trauung oder die religiösen Feierlichkeiten einer Eheschließung vornimmt, ohne daß zuvor die Verlobten vor dem Standesamt erklärt haben, die Ehe miteinander eingehen zu wollen, begeht eine Ordnungswidrigkeit, es sei denn, daß einer der Verlobten lebensgefährlich erkrankt und ein Aufschub nicht möglich ist oder daß ein auf andere Weise nicht zu behebender schwerer sittlicher Notstand vorliegt, dessen Vorhandensein durch die zuständige Stelle der religiösen Körperschaft des öffentlichen Rechts bestätigt ist."

---

[58] Vgl. dazu auch Sebott, R., Das neue kirchliche Eherecht, Frankfurt/Main 1983, S. 37f.

[59] Neufassung des § 67 PStG durch Änderungsgesetz vom 18.5.1957 (BGBl I 518, 525).

§ 67 a: „Wer eine kirchliche Trauung oder die religiöse Feierlichkeit einer Eheschließung vorgenommen hat, ohne daß zuvor die Verlobten vor dem Standesamt erklärt hatten, die Ehe miteinander eingehen zu wollen, begeht eine Ordnungswidrigkeit, wenn er dem Standesamt nicht unverzüglich schriftlich Anzeige erstattet."

Die Zivilehe katholisch Getaufter, die an die *Forma Tridentina* gebunden sind, wurde in der Kirche lange Zeit als Konkubinat bezeichnet. Erst im CIC von 1917 wurde die reine Zivilehe als *matrimonium* bezeichnet. Diese Entwicklung nimmt das Zweite Vatikanische Konzil auf. Die Vorstellung, dass der Staat die Kirche bei der Erfüllung ihrer geistlichen Aufgaben zu unterstützen habe, wird praktisch aufgegeben.

Mikat führt dazu aus: „Die Bereitschaft der Kirche zum Verzicht auf überlebte Privilegien und wohlerworbene Rechte ist in der Kirchengeschichte ohne Beispiel und beweist, daß die Kirche bereit ist, aus ihrem Bekenntnis zum Anderssein in der Nachfolge Christi in dieser Welt die Konsequenzen zu ziehen."[60] Das ändert jedoch nichts daran, dass bloße Zivilehen von formpflichtigen Katholiken nach kanonischem Eherecht nichtige, also ungültige Ehen sind. Nach anderer Auffassung wird eine solche Ehe als Nichtehe bezeichet.[61]

---

[60] Mikat, P., Kirche und Staat in nachkonziliarer Sicht, in: ders., Religionsrechtliche Schriften. Abhandlungen zum Staatskirchenrecht und Eherecht, hrsg. v. J. Listl, 1. Halbband, Berlin 1974, S. 217-235, 234.

[61] Vgl. zu dieser Kontroverse Zapp, H., Kanonisches Eherecht, 7. Auflage, Freiburg 1988, S. 71f. Nach ersterer Auffassung liegt eine Nichtehe nur dann vor, wenn überhaupt keine Form der Eheschließung gegeben ist. Für diese Auffassung spricht vor allem, dass auch bei einer Zivilehe ein Ehekonsens vorliegt, der nicht 'nichts' ist.

Am Verbot des Eucharistie-Empfangs für Gläubige, die in einer kirchenrechtlich ungültigen Ehe leben, hat sich allerdings bis heute nichts geändert.[62] Zivilehen, die der kanonischen Formpflicht nicht unterliegen, sind dagegen auch nach kirchlichem Recht gültige Ehen; dies gilt z.B. für aus der Kirche Ausgetretene.[63]

---

[62] Vgl. die Apostolische Adhortation 'Familiaris consortio' vom 22.11.1981 (in: Acta Apostolicae Sedis 74/1982, 81-191). Danach können weder bloß zivilrechtlich verheiratete Katholiken noch wiederverheiratete Geschiedene zur Kommunion zugelassen werden. Vgl. zu dieser Problematik und den neueren Lösungsversuchen Zapp, H., Kanonisches Eherecht, 7. Auflage, Freiburg 1988, S. 60ff.

[63] Vgl. Puza, R., Katholisches Kirchenrecht, Heidelberg 1986, S. 287.

5. Die Entwicklung des kirchlichen Eherechts bis zur Institutionalisierung der Zivilehe

5.1 Kirchliches Eheverständnis und Eherecht – erste verbindliche Regeln (1. bis 4. Jahrhundert)

5.1.1 Historische Grundlagen im römischen und germanischen Eherecht

Im römischen Recht war die Ehe (*matrimonium*) nach *ius civile* kein Rechtsverhältnis zwischen gleichberechtigten Personen verschiedenen Geschlechts. Besonders deutlich wird dies dadurch, dass die Ehefrau die Rechtsstellung eines Hauskindes (*filia familias*) hatte, sie war also der Gewalt des Ehemannes (*manus*) oder seines Gewalthabers (*patria potestas*) unterworfen. Bei der Eheschließung erwarb der neue Gewalthaber der Frau die Gewalt vom bisherigen in der Regel vom *pater familias*. Damit trat die Frau in die Familie des Mannes ein.[1]

Die vom vorgenannten Gewaltübergang streng zu unterscheidende Eingehung der Ehe durch Willensübereinstimmung nach dem Grundsatz *consensus facit nuptias* und die freie einseitige Lösung der Ehe durch jeden Ehegatten (*divortium* bzw. *repudium*) waren Gegenstand kultischen oder sonstigen Herkommens (*mores*), welches nicht der Rechtsprechung des Prätors, sondern der Sittenaufsicht des Zensors unterlag.[2] Die ursprüngliche Beschränkung der Scheidungsfreiheit durch die sogenannten *mores* auf bestimmte Scheidungsgründe entfiel früh, die Gewaltunterworfenheit der Frau erst später. Eine eherechtliche Bindung der Gatten gab es nicht, die Ehe hatte jedoch mittelbar Rechtswirkungen, namentlich für die ehelichen Kinder.

---

[1] Vgl. zum Folgenden Ritzer, K., Formen, Riten und religiöses Brauchtum der Eheschließung in den christlichen Kirchen des ersten Jahrtausends, Münster 1962, S. 21ff.

[2] Vgl. Schneider, B., Hochzeitsbräuche in römischer Zeit, in: Geliebt, verkauft, getauscht, geraubt. Zur Rolle der Frau im Kulturvergleich, hrsg. v. G. Völger, K. v. Welck, Köln 1985, S. 238-245.

Regelmäßig wurde der römischen Ehefrau eine Mitgift (*dos*) mitgegeben.[3] Dieses Dotalsystem des klassischen römischen Rechts beruhte auf zwei Prinzipien. Die Ehe als solche verleiht weder der Frau an dem Vermögen ihres Mannes noch dem Mann am Vermögen seiner Frau irgendwelche Rechte; jeder Ehegatte bleibt daher Eigentümer der von ihm in die Ehe eingebrachten sowie der später vom einzelnen erworbenen Sachen und verwaltet und nutzt sein Vermögen allein. Jedoch leistete die Frau oder ihre Familie dem Mann eine angemessene Mitgift (*dos*), als Beitrag für die materiellen Lasten der Ehe, eine Gabe, die zunächst in das Eigentum des Mannes fällt, aber bei Auflösung der Ehe der überlebenden oder geschiedenen Ehefrau zurückzuübertragen ist.

Zwar hat dieses güterrechtliche Modell des klassischen römischen Eherechts im *Corpus Iuris Civilis* des Kaisers Justinian I (6. Jhdt.) und im Verlauf des Mittelalters sowie der Neuzeit noch zu erörternde Veränderungen und Vereinfachungen erfahren; diese ließen aber seinen Kern unversehrt und so blieb das Dotalsystem, das immer wieder in ganz Europa Juristen und Gesetzgeber faszinierte, in Südfrankreich, Italien, Österreich und Griechenland vom Mittelalter bis zu Beginn unseres Jahrhunderts geltendes Recht.

In seiner ursprünglichen Form gewährleistete das römische eheliche Güterrecht eine überwiegend vertragliche Ordnung der Vermögensverhältnisse der Ehegatten. Die Verschmelzung der *dos*, die der Frau und ihren Eltern zwar nicht gesetzlich vorgeschrieben war, aber in allen Bereichen der römischen Geschichte als gesellschaftlicher Zwang und damit quasi als Rechtspflicht empfunden wurde, setzte einen Vertrag zwischen dem Besteller der *dos* und dem Ehemann voraus, ohne Rücksicht darauf, ob diese durch Stipulation (*promissio dotis*), durch ein einseitiges förmliches Versprechen (*dictio dotis*) oder einfach durch Übertragung des Gegenstandes der dos an den Ehemann (*datio dotis*) vorgenommen wurde. Bei allen

---

[3] Vgl. Peter, H., Römische Eheverträge, in: Festschrift für Cyril Hegnauer, Bern 1986, S. 325-348.

diesen Arten der Bestellung der *dos* bestimmten die beiden Parteien, die Eheleute oder die Gewalthaber der Frau, welche Geldsumme oder welche sonstigen Vermögenswerte nach ihrem gemeinsamen Willen das Heiratsgut für die zu schließende oder soeben geschlossene Ehe bilden sollte.

Die bislang genannten Verträge über die Bestellung der *dos* standen regelmäßig am Anfang der Ehe. Damit einher gingen oftmals Vereinbarungen, die als *pacta dotalia* (Dotalverträge i. e. S.) einen besonderen Stellenwert in römischen Rechtsquellen einnehmen. Regelmäßig wurden beim Versprechen der *dos* oder bei deren Übergabe über zahlreiche nicht zwingend geregelte Fragen des späteren Schicksals des Heiratsgutes vertragliche Bestimmungen getroffen, die die allgemeine, teils gesetzlich kodifizierte, teils gewohnheitsrechtliche Ordnung des Dotalrechts ergänzten oder modifizierten. Offen bleibt, ob diese Vereinbarungen als formfreie *pacta conventa* oder in Form einer Stipulation gekleidet wurden.

Näherer Betrachtung wert sind insbesondere zwei typische Vertragsklauseln: Klauseln über die Schätzung der *dos* und solche über deren späteren Rückfall an den Besteller oder seine Verwandten. Eine Herausgabe der Gegenstände im Falle des Todes des Mannes oder der Scheidung erfolgte bei nicht vertretbaren Sachen in natura nicht sofort nach der Auflösung der Ehe; Geld und andere vertretbare Vermögenswerte wurden in gleicher Menge und Qualität in drei Jahresraten - *annua bima trima die* - zurückerstattet. Dieses dispositive Recht konnte hinsichtlich des Zeitpunktes wie des Gegenstandes der Restitution vertraglich abgeändert werden. Der Zeitpunkt der Herausgabe konnte in Bezug auf die gesetzlichen Restitutionspflichten nur verkürzt, nicht aber zum Nachteil der Frau verlängert werden. Im Gegensatz dazu bestand hinsichtlich des Objektes der Rückgabeverpflichtung volle Vertragsfreiheit. Daher haben die Parteien bei der Bestellung der *dos* die hierfür bestimmten Sachen oftmals unter Hinzuziehung eines Sachverständigen gemeinsam geschätzt und dann vereinbart, die Frau solle dereinst, insbesondere im Falle einer Scheidung, nicht das jetzt dem Mann übergebene Grundstück, die drei individuellen Sklaven usw. zurückerhalten, sondern die Geldsumme, die die Schätzung der eingebrachten Sachen ergab. Letztere, regelmäßig für den Fall der Scheidung vorgesehenen Vertragsklauseln, verloren im klassischen römischen Eherecht dadurch an Bedeutung, dass seit Konstantin dem Großen (4. Jhdt.) unter christlichem Einfluss die grundlose, freie einseitige Ehelösung, d.h. eine Scheidung, gesetzlich mit Strafe bedroht wurde. Gesetzlich anerkannte Scheidungsgründe waren nunmehr nur noch bestimmte schwere Verbrechen und Eheverfehlungen.

Es wird deutlich, dass bereits im römischen Recht der konstituierende Sachverhalt für das Zustandekommen einer Ehe die Zustimmung der Parteien war.[4] Die Zustimmung der Person, unter deren *potestas* die Braut stand, ersetzte dabei zumeist die Zustimmung der Braut selbst. Obwohl die Ehe dort nicht Vertrag genannt wird, tritt die schon erörterte vertragliche Form ihrer Behandlung außerordentlich stark hervor. Wenn die Zustimmung in richtiger Form gegeben war, war die Ehe gesetzlich vollendet, auch wenn die gebräuchlichen Zeremonien - wie *sponsalia* (Verlobung), *donatio propter nuptias* (Geschenke), *anulus pronubis* (Brautführerinnenring), *tabulae sponsales* (Verlobungsvertrag), *matrimoniales* (Ehezeremonie) - nicht stattgefunden hatten: *Legitimae sunt nuptiae, si Romanus Romanam nuptiis intervenientibus vel consensu, ducat uxorem.*[4a] Die wichtigste der Zeremonien war die Überführung der Braut in ihr künftiges Heim - die *deductio in domum*. Die Vereinigung war streng monogam, ließ sich aber leicht lösen. In der römisch-christlichen Übergangszeit zum Christentum hin wurde die

---

[4] Vgl. dazu auch Wacke, A., Aus dem bevölkerungspolitischen Reformprogramm des Kaisers Augustus. Die Heirat freigelassener Frauen nach römischem Recht, in: Geliebt, verkauft, getauscht, geraubt. Zur Rolle der Frau im Kulturvergleich, hrsg. v. G. Völger, K. Welck, Köln 1985, S 246-257.

[4a] Vgl. Wacke, A., a.a.O., S. 253.

Vollziehung der Ehe nicht gefordert, sondern nur die Einigung als wesentliches Element verlangt.

Der römisch rechtlichen Gewaltübertragung bei der Eheschließung entsprach im germanischen Rechtskreis die Übertragung der Munt (*traditio*, Trauung); daneben gab es die gewaltfreie Friedelehe.[5] Allgemeiner Überzeugung nach war die Frau im germanischen Rechtskreis wenig mehr wert als eine Ware. Das Heiraten war Gegenstand eines Handels zwischen dem Liebhaber und dem Hüter der Frau; die Wünsche der Frau scheinen diesbezüglich kaum in Rechnung gestellt worden zu sein; die Eheschließung wurde als sippenrechtlicher Vertrag angesehen, der nicht von den Ehepartnern selbst abgeschlossen wurde. Die Braut war also nicht Subjekt, sondern Objekt des Vertrages. Das germanische Recht kannte demnach den Heiratszwang. Der Langobardenkönig Luitprand bestimmte im Jahre 717: „*Pater autem aut frater potestatem habeant, cui aut in quali etate voluerit, dandum aut spunsandum filiam aut sororem suam; quoniam ista licentia ideo dedimus, eo quod credimus, quod pater filiam aut frater sororem suam doloso animo aut contra rationem cuiquam homini dare non debeant.*"[6]

Auf der Grundlage der sogenannten Entführungsehe entwickelte sich jedoch auch im germanischen Rechtsraum eine Form der Eheschließung, die auf dem Konsens der beiden Partner beruhte, die sog. Friedelehe. Hier folgte die Braut dem Manne freiwillig, aber gegen den Willen ihrer Sippe. Eine solche Eheschließungsform wird in den Volksrechten der fränkischen Zeit erwähnt. Bereits im Falle der Entführung galt nicht das Prinzip der Nichtigkeit, allerdings traten andere Rechtsfolgen ein, wie. z.B. der Verlust des Erbrechtes. Der

---

[5] Vgl. dazu Meyer, H., Ehe und Eheauffassung der Germanen, in: Festschrift für Ernst Heymann, Bd. I, Weimar 1940, S. 1-51, Mikat, P., Ehe, in: ders., Religionsrechtliche Schriften. Abhandlungen zum Staatskirchenrecht und Eherecht, hrsg. v. J. Listl, 2. Halbband, Berlin 1974, S. 847-868, 849ff.

[6] Zitiert bei Conrad, H., Das tridentinische Konzil und die Entwicklung des kirchlichen und weltlichen Eherechts, in: Das Weltkonzil von Trient, Bd. I, hrsg. v. G. Schreiber, Freiburg 1951, S. 297-324, 299f.

Gedanke, dass die Ehe durch Willensübereinstimmung der Ehepartner zustandekommt, setzte sich im deutschen Recht erst gegen Ende des 12. Jahrhunderts durch.[7]

Die römische Form der Eheschließung war spätestens seit der Völkerwanderung im 5. Jahrhundert nur eine neben mehreren anderen Formen, die die Kirche zu berücksichtigen hatte. Die Germanen hatten ihre eigenen Heiratsbräuche. Diese Sitten übten auch auf die kirchliche Gesetzgebung nachhaltigen Einfluss aus. Bei den Germanen war die Verlobung ein Akt von weit größerer Wichtigkeit als bei den Römern. Sie war kein bloßes Versprechen eines künftigen Vertrages (*pactum de matrimonio contrahendeo*). Zu weitgehend wäre es allerdings anzunehmen, dass nach Zahlung der Aussteuer der Vertrag bindend sei und dass die Hochzeit nichts weiter bedeute als die Aushändigung der Braut (*traditio sponsae*) an den Bräutigam. Denn bis zur Hochzeit war eine Kündigung der Vertragsbeziehung möglich. Aber die Verlobung war mindestens der Beginn des Vertrages selbst, die Hochzeit nur die letzte Stufe als Bestätigung des Abschlusses. Ursprünglich lag ein gewisser Zeitraum zwischen Verlobung und Hochzeit. Doch kam der Brauch auf, beide Stufen der vertraglichen Verbindung in einem Akt zu verbinden[8].

Gewöhnlich bedeutete dies die Übertragung der Hütungsvollmacht (*mundium*) über die Braut von den Eltern oder dem gesetzlichen Vertreter auf den Ehemann. Dieser wurde nun als ihr *mundoaldus* eingesetzt. Die Übertragung erforderte die Einhaltung gewisser Förmlichkeiten, sowohl bei der Verlobung wie bei der eigentlichen Hochzeit. Bei der letzteren wurde die Braut ihrem Gatten übergeben, dann feierlich in ihr neues Heim geleitet und zuletzt dort als Frau und Herrin eingesetzt.[9] Nur auf diese Weise geschlossene Ehen trugen

---

[7] Vgl. Conrad, H., a.a.O., S. 300ff.

[8] Vgl. dazu Friedberg, E., Lehrbuch des katholischen und evangelischen Kirchenrechts, Leipzig 1863, S. 22ff.; sowie Sohm, R., Kirchenrecht, Bd. I, Leipzig 1892, S. 119.

[9] Vgl. Friedberg, E., Lehrbuch des katholischen und evangelischen Kirchenrechts, Leipzig 1863, S. 62ff.

die Bezeichnung *matrimonium legitimum* (gesetzliche Ehe); nur unter diesen Bedingungen erwarben die Kinder ein Recht auf die Erbschaft des Vaters.[10]

Unter den Völkern, bei denen die Übertragung der Munt einen wichtigen Platz im Rahmen der Eheschließung einnahm, verdienen die Langobarden besondere Erwähnung, denn durch die Errichtung ihres Reiches in Italien (568-774) nahm das langobardische Recht innerhalb eines großen Teils der italienischen Halbinsel die Stelle des römischen Rechts ein.

Das *matrimonium legitimum* wurde öffentlich in Gegenwart der Freunde und Verwandten geschlossen. Eine wichtige Rolle spielte dabei der sogenannte Fürsprecher, *forspreca* (angelsächsisch) oder *orator* (langobardisch). Dieser war ein Laie, der entweder von dem Brautpaar oder von dessen Verwandten bestimmt worden war. Sein Amt bestand darin, zunächst den Bräutigam zu fragen, ob er mit der Absicht gekommen sei, die Frau zu heiraten, und dann die gleichen Fragen an die Braut und deren Hüter zu stellen. Nachdem der Bräutigam und der Hüter der Braut sich über die Mitgift geeinigt hatten, wurde die Braut übergeben. Die Zeremonie diente als öffentliche Anerkennung der Ehe durch die Gemeinde. Diese Art Hochzeit zu feiern wird in Deutschland bis ins späte Mittelalter praktiziert.

Durchweg hatte die Mitgift eine wichtige Funktion. Sie wurde in einem geschriebenen *libellus dotis* (Mitgiftverzeichnis) festgehalten. Diese Urkunde war für die Frau ein Zeugnis dafür, dass die Beziehung zu dem Partner eine gültige Ehe war. Es ist möglicherweise eine Folge dieser langobardischen Gewohnheit, dass die Ausstattung der Braut mit Geld oder geldwerten Gütern zum konstituierenden Merkmal der Ehe wurde. Der Umfang der Mitgift war bedeutungslos. Jedoch bestand eine Vermutung gegen das Vorliegen einer gültigen Ehe, wenn keine Mitgift nachgwiesen werden konnte.

---

[10] Vgl. Sohm, R., Kirchenrecht, Bd. I, Leipzig 1892, S. 154ff.

Die Zustimmung der Braut war bei den Germanen zweifellos nicht der wesentliche Faktor für das Zustandekommen der Ehe.[11] Stand die Braut unter der Munt, wurde der Ehevertrag zwischen dem (bisherigen) *mundoaldus* und dem Werber abgeschlossen, ohne dass sie mitzuwirken hatte oder ihre Mitwirkung rechtlich erforderlich war. Im Gegenteil: es war sogar eine unter Zwang zustandegekommene Ehe gültig. Allerdings war die Zustimmung des *pater familias* für die Rechtsgültigkeit der Ehe notwendig; ohne sie war die Ehe nichtig. Auch im lombardischen Recht war die *traditio* (Aushändigung, Übergabe) der Braut der wesentliche Faktor. Wo dieser Brauch vernachlässigt wurde oder der Werber die Mitgift nicht aufbringen konnte, trat an die Stelle der formalen *traditio* der tatsächliche Beginn des ehelichen Lebens (*ambuvalit ad maritum*) oder die Übergabe einer symbolischen Mitgift (*dos*). Die Zustimmung allein reichte nicht aus, es musste der Besitz an der Braut (*traditio sponsae*) und dem *dos* übergeben werden.[12] Dieses langobardische Eheschließungsrecht blieb in den Ländern der römischen Kirche bis in das 11. Jahrhundert hinein in Geltung und wurde auch nicht durch das römische Recht verdrängt. Erst die Rezeption des römischen Rechts im beginnenden 11. Jahrhundert brachte eine grundlegende Veränderung.[13]

5.1.2 Die Anfänge eines kirchlichen Eherechts

In den Evangelien findet sich keine systematische und umfassende Klärung der Problematik der Ehe. Der Beginn einer kirchen-

---

[11] Vgl. zum folgenden Mikat, P., Zu den Voraussetzungen der Begegnung von fränkischer und kirchlicher Eheauffassung in Gallien, in: ders., Religionsrechtliche Schriften. Abhandlungen zum Staatskirchenrecht und Eherecht, hrsg. v. J. Listl, 2. Halbband, Berlin 1974, S. 889-913.

[12] Vgl. Conrad, H., Das tridentinische Konzil und die Entwicklung des kirchlichen und weltlichen Eherechts, in: Das Weltkonzil von Trient, hrsg. v. G. Schreiber, Freiburg 1951, S. 297-324, 299f.

[13] Vgl. Sohm, R., Kirchenrecht, Bd. I, Leipzig 1892, S. 168.

rechtlichen Regelung dieses Fragenkreises konnte deshalb nur an einzelnen Elementen der Lehre Christi ansetzen und musste sich darüber hinaus auf eine Anwendung der christlichen Lehre *per analogiam* stützen. Bezüglich der Sexualethik sind zunächst zwei Aspekte zu beachten. Zum einen findet sich in den Evangelien eine Radikalisierung des jüdischen Sexualrigorismus. Die Sünde beginnt demnach bereits vor der Tat und erfordert deshalb den Widerstand gegen ihre Möglichkeit. Dies ist der Sinn von Matthäus 5, 28-30:

„Ich aber sage euch: Wer eine Frau auch nur lüstern ansieht, hat in seinem Herzen schon Ehebruch mit ihr begangen. Wenn dich dein rechtes Auge zum Bösen verführt, dann reiß es aus und wirf es weg! Denn es ist besser für dich, daß eines deiner Glieder verlorengeht, als daß dein ganzer Leib in die Hölle geworfen wird. Und wenn dich deine rechte Hand zum Bösen verführt, dann hau´ sie ab und wirf sie weg! Denn es ist besser für dich, daß eines deiner Glieder verlorengeht, als daß dein ganzer Leib in die Hölle kommt."[14]

Unreinheit wird demnach im Kontext der Evangelien unter die schweren Verfehlungen gerechnet, die vom Reich Gottes ausschließen. So schreibt Paulus in 1 Kor 6, 9:

„Weder Unzüchtige noch Götzendiener, weder Ehebrecher noch Lustknaben, noch Knabenschänder ... werden das Reich Gottes erben."

Im Galater-Brief führt er aus (5, 17):

„Denn das Begehren des Fleisches richtet sich gegen den Geist, das Begehren des Geistes aber gegen das Fleisch; beide stehen sich als Feinde gegenüber, so daß ihr nicht imstande seid, das zu tun, was ihr wollt."

---

[14] Vgl. zu dieser Stelle Niederwimmer, K., Askese und Mysterium. Über Ehe, Ehescheidung und Eheverzicht in den Anfängen des christlichen Glaubens, Göttingen 1975, S. 29ff.

Ähnlich Kolosser-Brief 3, 5 (und Eph. 5, 5):

„Darum tötet, was irdisch an euch ist: die Unzucht, die Schamlosigkeit, die Leidenschaft, die bösen Begierden und die Habsucht, die ein Götzendienst ist."[15]

Begründet wird die Wendung gegen die *concupiscentia* durch die Vorstellung von der Unreinheit als eine Entweihung des Tempels des Heiligen Geistes und damit im Grunde als Angriff gegen den Leib Christi, dem die Gläubigen durch die Taufe angehören. Maßgebliche Quelle ist wiederum Paulus (1 Kor. 6, 13-20):

„Der Leib ist aber nicht für die Unzucht da, sondern für den Herrn, und der Herr für den Leib. Gott hat den Herrn auferweckt; er wird durch seine Macht auch uns auferwecken. Wißt ihr nicht, daß eure Leiber Glieder Christi sind? Darf ich nun die Glieder Christi nehmen und zu Gliedern einer Dirne machen? Auf keinen Fall! Oder wißt ihr nicht: Wer sich an eine Dirne bindet, ist ein Leib mit ihr? Denn es heißt: Die zwei werden ein Fleisch sein. Wer sich dagegen an den Herrn bindet, ist ein Geist mit ihm. Hütet euch vor der Unzucht! Jede andere Sünde, die der Mensch tut, bleibt außerhalb des Leibes. Wer aber Unzucht treibt, versündigt sich gegen den eigenen Leib. Oder wißt ihr nicht, daß euer Leib ein Tempel des Heiligen Geistes ist, der in euch wohnt und den ihr von Gott habt? Ihr gehört nicht euch selbst; denn um einen teuren Preis seid ihr erkauft worden. Verherrlicht also Gott in eurem Leib!"

Zum anderen enthält die Sexualethik des Neuen Testaments jedoch auch die Forderung nach Respekt vor dem Mysterium des Lebens und der Fruchtbarkeit. Auch der sexuellen Vereinigung wird ein besonderer Wert zuerkannt, da sie vom Schöpfer in die freie und verantwortliche Natur des Menschen hineingelegt worden ist.

Zu dem aus heutiger Sicht deutlichen Sexualrigorismus tritt also nicht nur die Anerkennung der Geschlechtlichkeit und des geschlechtlichen Vollzuges als *remedium concupiscentiae*, sondern auch die Heiligung der Geschlechtsgemeinschaft in der Form der Ehe

---

[15] Vgl. darüber hinaus 1 Thess. 4, 2-7; Röm. 6, 19; 2 Kor. 7, 1.

als von Gott selbst eingesetztem Bund. Darüber hinaus ist auch auf die Bibelstellen zu verweisen, in denen Jesus sich „... als geradezu anstößig laxer Richter sexueller Übertretungen zeigt."[17] Es handelt sich zunächst um Lk. 7, 36-50. Hier ist die Rede von einer Prostituierten, die Jesus bei einem Essen im Hause eines Pharisäers die Füße küßt und salbt. Jesus duldet ihre Berührung und Huldigung, was in der damaligen Zeit durchaus als anstößig galt, und vergibt ihr schließlich die Sünden. Des weiteren kann sein Verhalten gegenüber einer Ehebrecherin angeführt werden (Joh. 8, 3-11):[18]

„Da brachten die Schriftgelehrten und die Pharisäer eine Frau, die beim Ehebruch ertappt worden war. Sie stellten sie in die Mitte und sagten zu ihm: Meister, diese Frau wurde beim Ehebruch auf frischer Tat ertappt. Mose hat uns im Gesetz vorgeschrieben, solche Frauen zu steinigen. Nun, was sagst du? Mit dieser Frage wollten sie ihn auf die Probe stellen, um einen Grund zu haben, ihn zu verklagen. Jesus aber bückte sich und schrieb mit dem Finger auf die Erde. Als sie hartnäckig weiterfragten, richtete er sich auf und sagte zu ihnen: Wer von euch ohne Sünde ist, werfe als erster einen Stein auf sie: Und er bückte sich wieder und schrieb auf die Erde. Als sie seine Antwort gehört hatten, ging einer nach dem andern fort, zuerst die Ältesten. Jesus blieb allein zurück mit der Frau, die noch in der Mitte stand. Er richtete sich auf und sagte zu ihr: Frau, wo sind sie geblieben? Hat dich keiner verurteilt? Sie antwortete: Keiner, Herr. Da sagte Jesus zu ihr: Auch ich verurteile dich nicht. Geh und sündige von jetzt an nicht mehr!"

Die beiden Seiten der Sexualethik des Neuen Testamentes - der Rigorismus und die Vergebungsbereitschaft – stehen nur scheinbar im Widerspruch: „Die Unerbittlichkeit der Forderung (bis hin zu ganz

---

[17] Niederwimmer, K., Askese und Mysterium. Über Ehe, Ehescheidung und Eheverzicht in den Anfängen des christlichen Glaubens, Göttingen 1975, S. 33.

[18] Vgl. dazu Becker, U., Jesus und die Ehebrecherin. Untersuchungen zur Text- und Überlieferungsgeschichte von Joh. 7, 53-8, 11, Berlin 1963, S. 1ff.

extremen Formulierungen) und die Bedenkenlosigkeit der Vergebung (bis hin zu scheinbar enthusiastischer Negierung von Gesetz und Sitte) sind also eins in ihrer Tendenz (und diese Tendenz ist das Spezifikum: die Ausrichtung auf das Unbedingte hin, in dem allein erst menschliche Existenz ihren Sinn finden kann)."[19]

Auf der Grundlage dieser rudimentär in den Evangelien angelegten spezifisch christlichen Sexualethik können auch die beiden in engerem Sinne eherechtlich relevanten Lehren verstanden werden: das Verbot der Ehescheidung und das strenge Verbot des Ehebruchs, worin zusammengenommen das Fundament der in der Geschichte des kirchlichen Eherechts wirksam gewordenen spirituellen Überhöhung der Ehe zu suchen ist. Bezüglich des Ehebruch-Verbots ist im Neuen Testament lediglich eine Verschärfung der jüdischen Tradition und des Toragebotes (vgl. Ex. 20, 14; Dt. 5, 18) zu finden.[20] Die Verschärfung ist darin zu sehen, dass nicht erst der Coitus mit einer fremden Ehefrau, sondern bereits das Vorhandensein libidinöser Wünsche Ehebruch ist (Matth. 5, 27-28):[21]

„Ihr habt gehört, daß gesagt worden ist: Du sollst nicht die Ehe brechen. Ich aber sage euch: Wer eine Frau auch nur lüstern ansieht, hat in seinem Herzen schon Ehebruch mit ihr begangen."

Die Quintessenz dieser Stelle liegt nicht darin, dass danach der Tatbestand des Ehebruchs zu konstatieren ist, „... wenn das

---

[19] Niederwimmer, K., Askese und Mysterium. Über Ehe, Ehescheidung und Eheverzicht in den Anfängen des christlichen Glaubens, Göttingen 1975, S. 40.

[20] Vgl. Baltensweiler, H., Die Ehe im Neuen Testamtent. Exegetische Untersuchungen über Ehe, Ehelosigkeit und Ehescheidung, Zürich 1967, S. 114f.

[21] Andererseits ist darauf hinzuweisen, dass dem zeitgenössischen Judentum dieser Gedanke wenigstens prinzipiell vertraut war, allerdings nicht im Sinne von Sätzen legistischen Charakters, sondern in einer Beurteilung des Ehebruchs vom moralischen Standpunkt (vgl. Strack, H. L.; Billerbeck, P., Kommentar zum Neuen Testament aus Talmud und Midrasch, Bd. I, München 1961, S. 298ff.; Lohmeyer, E., Das Evangelium des Matthäus, Göttingen 1967, S. 128).

bewußte Ich den Triebwunsch ohne Schuldgefühle akzeptiert ...", sondern darin, „... schon die unwillkürliche sexuelle Regung gegenüber der Ehefrau eines anderen als Sünde haftbar zu machen."[22] Damit wird nicht eine moralische Maxime aufgestellt, sondern ein unbedingtes, für alle gültiges Gebot proklamiert.

Bezüglich des Verbots der Ehescheidung steht Jesus jedoch in deutlichem Gegensatz zu den Gesetzen des älteren und des zeitgenössischen Judentums. Um die Zeitenwende war dem Mann die Ehescheidung erlaubt. Er musste dazu nur einen Scheidebrief verfassen, ohne dass eine besondere Begründungspflicht gegeben war.[23] In der rabbinischen Tradition findet sich jedoch auch die moralische Verurteilung willkürlicher, treuebrüchiger Scheidungen. Die moralische Disqualifizierung änderte jedoch nichts am geltenden Recht.[24] Das Verbot der Ehescheidung wird von der synoptischen Tradition an mehreren Stellen überliefert. Zentral ist das Markus-Evangelium (10, 2-9).[25]

Strittig ist, ob sich Jesu Scheidungsverbot als Rechtssatz oder als Satz der Weisheit präsentiert.[26] Auf jeden Fall unterscheidet sich die Aussage des Neuen Testaments hier grundsätzlich von der

---

[22] Niederwimmer, K., Askese und Mysterium. Über Ehe, Ehescheidung und Eheverzicht in den Anfängen des christlichen Glaubens, Göttingen 1975, S. 25.

[23] Vgl. dazu Cohen, B., Concerning Divorce in Jewish and Roman Law, in: Proceedings of the American Academy of Jewish Research 21/1952, 1-18 sowie Blau, L., Die jüdische Ehescheidung und der jüdische Scheidebrief. Eine historische Untersuchung, Bd. I, Straßburg 1911, S. 28ff.

[24] Vgl. Strack, H. L.; Billerbeck, P., Kommentar zum Neuen Testament aus Talmud und Midrasch, Bd. I, München 1961, S. 313ff.

[25] Vgl. auch Matth. 5, 31-32; 19, 3-9; Lk. 16, 18; 1 Kor. 7, 10-11.

[26] Für die legistische Interpretation tritt Berger ein. Berger, K., Zu den sogenannten Sätzen Heiligen Rechts, in: New Testament Studies 17/1970, 10-40); dagegen Niederwimmer: „Die Verbindlichkeit des hier Gesagten soll nicht aus dem Rekurs auf die Tora folgen, sondern von sich selbst her unmittelbar einleuchtend sein. Das Verbot Jesu ist Appell an die sittliche Einsicht, nicht lex" (Niederwimmer, K., Askese und Mysterium. Über Ehe, Ehescheidung und Eheverzicht in den Anfängen des christlichen Glaubens, Göttingen 1975, S. 21).

zeitgenössischen rabbinischen Diskussion. Ging es dort um die Frage, unter welchen Bedingungen die Ehescheidung (d.h. die Verstoßung der Ehefrau) zulässig sei, so vertritt Jesus den Standpunkt, daß der Mann rechtens seine Frau überhaupt nicht entlassen kann. Dieser Satz wird mit prinzipiellen Erwägungen über das Wesen der Ehe begründet. Damit wird das Ehescheidungsverbot letztlich in der Auffassung über die Ehe fundiert, wie sie charakteristisch im Neuen Testament zu finden ist und im Markus-Evangelium paradigmatisch ausgeführt wird.

Für die Anfänge rechtlicher bzw. quasi-rechtlicher Regelungen im Urchristentum ergaben sich aus den neutestamentlichen Ausführungen beträchtliche Konsequenzen: „In Bezug auf die eheliche Treue kann nicht genug betont werden, daß es sich dabei um etwas absolut Neues handelt. Die alte, für die Männer verständnisvolle und für die Frauen unbarmherzige Definition des Ehebruchs, die in den Sitten verankert und durch das römische Recht bestätigt war, ist nun nicht mehr zulässig."[27]

Zunächst wird die christliche Einstellung zur Ehe jedoch durch die Auseinandersetzung der Orthodoxen mit den Gnostikern geprägt. Die Gnosis behauptete, über geheime Überlieferungen apostolischen Ursprungs zu verfügen. Ihre Lehren beruhten jedoch weitgehend auf unterschiedlichsten Quellen teilweise esoterischer Art, von der griechisch-römischen Philosophie bis zu orientalischen Mythologien und iranischen Kosmologien.[28] Hier wird unter dem Namen des Christentums teilweise die Ehe grundsätzlich abgelehnt.[29] Etwa fordert Mar-

---

[27] Munier, Ch., Ehe und Ehelosigkeit in der Alten Kirche, Bern u.a. 1987, XV.

[28] Vgl. als Überblick Jonas, H., Gnosis und spätantiker Geist, Göttingen 1954.

[29] Allerdings gab es auch Richtungen, die scheinbar gegensätzliche Auffassungen vertraten. Die Grundüberzeugung des frühgnostischen Sexual-Libertinismus war: „Für den Wissenden sind die Verbote (die nur Verbote der Archonten darstellen) aufgelöst. Sie tangieren den Pneumatiker nicht mehr. Wer ´weiß´, was er tut, darf tun, was er will" (Niederwimmer, K., Askese und Mysterium. Über Ehe, Ehescheidung und Eheverzicht in den Anfängen des christlichen Glaubens, Göttingen 1975,

kion (85 -160 n. Chr.) von seinen Anhängern vollkommene Enthaltsamkeit und ließ zur Taufe nur Unverheiratete zu bzw. Verheiratete, die sich zum völligen Verzicht auf eheliche Beziehungen verpflichteten.[30] Von den Anhängern des Satornil berichtet Irenäus: *„Nubere autem et generare a Satana dicunt esse."*[31] In diesem Zusammenhang ist auch die Erbauungsliteratur zu erwähnen, die im 2. und 3. Jahrhundert in der Form apokrypher Apostelgeschichten im Umlauf war. Hier wird in Geschichtenform eine den Aposteln zugeschriebene Geheimlehre verkündet, die Enthaltsamkeit und Ehelosigkeit fordert.[32] Dagegen wandten sich die orthodoxen Schriftsteller. Etwa lehrte Irenäus, Jesus „... habe die Ehe nicht abgeschafft und die Enthaltsamkeit auferlegt, sondern er sei Mensch geworden, um die Menschheit zu vergöttlichen und alle Dinge in seiner Person zusammenzufassen, wiederherzustellen und zu vollenden."[33] Eine der Hauptsorgen der Kirchenväter war es also, die Legitimität der Ehe anzuerkennen und doch die Würde der Ehelosigkeit nicht zu verneinen.

Die Schriften der Apologeten und die antihäretische Literatur des 2. Jahrhunderts können als ein erster Schritt auf dem Weg zur Herausbildung einer systematischen Matrimonialdoktrin betrachtet werden. Zu nennen sind hier insbesondere Clemens von Alexandrien (gest. um 215) und Origenes (gest. 254). Clemens betont die Heiligkeit der Ehe als eine Möglichkeit, an der göttlichen Schöpfung mitzuarbeiten; eine kirchliche Basis im Sinne einer liturgischen Feier oder rechtlicher Vorschriften für die Eheschließung findet sich jedoch

---

S. 201).

[30] Vgl. Munier, Ch., Ehe und Ehelosigkeit in der Alten Kirche, Bern u.a. 1987, XXVIIIf.

[31] Irenäus, Adversus haereses I, 24, 2; zit. bei Niederwimmer, K., Askese und Mysterium. Über Ehe, Ehescheidung und Eheverzicht in den Anfängen des christlichen Glaubens, Göttingen 1975, S. 210.

[32] Vgl. dazu insgesamt Schneemelcher, W., Neutestamentliche Apokryphen in deutscher Übersetzung, Bd. II, Tübingen 1971.

[33] Munier, Ch., Ehe und Ehelosigkeit in der Alten Kirche, Bern u.a. 1987, XXIXf.

noch nicht.[34] Origenes dagegen betont stärker das Charisma der Ehelosigkeit und sieht sie als eine Gnadengabe Gottes an. Damit will er jedoch nicht die Ehe verbieten, die er gemäß den Forderungen des Neuen Testamentes auf die Wesenseigenschaften der Einheit und Unauflösbarkeit gründet.[35]

Für das 3. Jahrhundert sind Tertullian, Cyprian von Karthago und Laktan zu nennen. Nach Tertullian ist die Ehelosigkeit zwar ein höheres Gut als die Ehe und ihr vorzuziehen, er fordert jedoch weder Enthaltsamkeit noch versucht er, die Ehe als Institution aufzuheben. Allerdings wurde ihm vorgeworfen, durch die strenge Ablehnung der Wiederverheiratung Verwitweter die Legitimität der Ehe überhaupt zu erschüttern.[36] Ähnlich schätzt Cyprian die Ehelosigkeit am höchsten ein, empfiehlt jedoch die Ehe denen, die nicht fähig sind, in diesem höchsten Stand zu bleiben. Laktan schreibt der Ehe die Aufgabe zu, „... die Kräfte der Triebe zu lenken und zu ordnen zum Wohl der Einzelnen wie dem des Staates."[37]

Auf der Grundlage dieser Lehren entsteht in der Alten Kirche allmählich eine Tradition, die bestimmte Regelungen als absolut verbindlich für die Kultgemeinde betrachtet.[38] Dies lässt sich z.B. an der Verrechtlichung des Ehescheidungsverbotes ersehen. Das Verbot wird zunächst als Rechtssatz angesehen und dann kasuistisch entfaltet. Die Grundlinien dieses ethisch-juristischen Systems zeichnen sich bereits gegen Ende des 2. Jahrhunderts ab: „Würde der Ehe, doch Überlegenheit der Gott geweihten Ehelosigkeit; freie Wahl der Ehe oder des Zölibats, doch für alle die Möglichkeit, eine nach den

---

[34] Vgl. dazu grundlegend Lilla, S., Clement of Alexandria, Oxford 1971.

[35] Vgl. dazu Crouzel, H., Virginité et mariage selon Origène, Paris 1963, S. 104ff.

[36] Vgl. dazu Niebergall, A., Tertullians Auffassung von Ehe und Eheschließung, in: Festschrift für W. Zeller, Marburg 1976, S. 56-72.

[37] Munier, Ch., Ehe und Ehelosigkeit in der Alten Kirche, Bern u.a. 1987, LV.

[38] Vgl. etwa Landau P., Kanonisches Recht und römisches Recht. Rechtsprinzipien im ältesten römischen Kirchenrecht, in: Der Staat 1993, S. 553/568.

christlichen Prinzipien geführte Bindung einzugehen; Gleichheit der Gatten bei den Pflichten in der Ehe, besonders in Beziehung auf die Pflicht zur Treue; Unauflösbarkeit der Verbindung."[39] Von Anfang an bestimmten die Grundnormen Ehekonsens, Öffentlichkeit und Kirchlichkeit die Struktur der Eheschließung unter Christen. Allerdings war bis zum Konzil von Trient nur der Ehekonsens von rechtlicher Bedeutung, während Öffentlichkeit und Kirchlichkeit rechtlich bedeutungslos blieben.[40]

Was die Mitwirkung der Kirche bei der Eheschließung angeht, so findet sich ein erstes Zeugnis bei Ignatius von Antiocheia, der in den ersten Jahrzehnten des 2. Jahrhunderts fordert, dass Brautleute nur mit Wissen des Bischofs ihre Verbindung eingehen sollten. Es ist jedoch strittig, ob sich daraus eine gültige Praxis der Kirche im Sinne einer Mitwirkung der Gemeindeältesten entwickelt hat.[41] Die Apostolische Didaskalie, die im 3. Jahrhundert in Syrien entstanden ist und als der älteste bekannte Versuch eines *Corpus Iuris Canonici* gelten kann, erwähnt solche Vorschriften nicht und kennt auch keine Eheschließung in *facie ecclesiae*.[42] Eine solche Praxis ist jedoch für die Sekte der Montanisten belegt: „Offenbar wurde der in dieser Sekte erforderliche Ehekonsens immer erst gegeben, wenn in einer Art Aufgebot vor versammelter Gemeinde neben der Erlaubtheit der betreffenden ehelichen Verbindung auch festgestellt war, daß sich die Ehewilligen nicht etwa durch voreheliche Unzuchtssünden die dauernde Exkommunikation und Kirchenbuße zugezogen hatten."[43]

---

[39] Munier, Ch., Ehe und Ehelosigkeit in der Alten Kirche, Bern u.a. 1987, LVII.

[40] Vgl. Alfs, R., Die außerordentlichen Formen der kanonischen Eheschließung im Licht der Lehre von der Sakramentalität der Ehe, Würzburg 1993, S. 27ff.

[41] Vgl. zu dieser Diskussion Ritzer, K., Formen, Riten und religiöses Brauchtum der Eheschließung in den christlichen Kirchen des ersten Jahrtausends, Münster 1962, S. 29ff.

[42] Vgl. Bardenhewer, O., Geschichte der altchristlichen Literatur, Bd. II, Freiburg 1913, S. 304ff.

[43] Ritzer, K., a.a.O., S. 34.

Bei der Eheschließung waren also für die ersten Christengemeinden zu allererst die weltlichen Vorschriften maßgeblich. Kirchliche Eheschließungsformen ergaben sich wohl anfänglich aus dem Bedürfnis, der christlichen Ehe in irgendeiner Form auch eine besondere äußere Weihe zu geben, die sie von der Eheschließung der Heiden unterscheiden konnte. Einige Hinweise auf Hochzeitseinsegnungen liegen aus den ersten Jahrhunderten vor, sie sind jedoch nicht geeignet, diesen Brauch zweifelsfrei zu belegen.[44] Auf keinen Fall lassen sie den Schluss zu, dass die kirchliche Segnung bereits als kirchenrechtliche Grundlage für das Zustandekommen einer Ehe aufgefasst worden wäre. „Wo die Gläubigen bei der Gattenwahl den Grundsätzen und Geboten ihrer Kirche treu blieben und sich die Eheschließung, vor allem die Heimführung (*domumductio*) der Gattin in geordneter Weise vollzog, brauchten Bischof und Presbyter nicht ehestiftend tätig zu sein und hatte vor allem die katholische Kirche damals offenbar noch keine Veranlassung, eine *professio matrimonii* vor ihrem Forum zu verlangen."[45] Auch wenn im ausgehenden 3. Jahrhundert für die Kirche Nordafrikas der Brauch bezeugt ist, dass der Bischof sich auf Einladung der Ehewilligen zur Hochzeit einfindet, die *tabulae nuptiales* mitunterzeichnet und mituntersiegelt und den Brautleuten den Segen spendet[46], so darf dies nicht als Voraussetzung der kirchenrechtlichen Gültigkeit der Eheschließung aufgefasst werden. Für die römische Kirche sind der priesterliche Ehesegen und die Brautmesse erst für das 4. und 5. Jahrhundert schriftlich bezeugt: „Nach päpstlichen Dekretalen dieser Zeit ist der Empfang des Ehesegens für die Kleriker der niederen Ordines vorgeschrieben, wenn sie, wie es ihnen erlaubt war, eine Ehe eingehen wollten. Was die Laien anbelangt, so erscheint seit dem vierten Jahrhundert nach der Übung der römischen Kirche der Emp-

---

[44] Bezüglich Klemens von Alexandrien vgl. Cremer, H., Die kirchliche Trauung, Berlin 1975, S. 16.

[45] Ritzer, K., a.a.O., S. 60f.

[46] Vgl. dazu Peters, J., Die Ehe nach der Lehre des Heiligen Augustinus, Paderborn 1918, S. 12ff.

fang des priesterlichen Ehesegens als ein Vorrecht jener Gläubigen, die sittlich unbescholten (*incorrupti*) zum erstenmal in den Stand der Ehe traten."[47]

Eine Bewegung zur Festschreibung der urchristlichen Ehelehre in kirchenrechtlichen Regelungen findet sich dann mit den ersten Konzilien. Zu nennen sind hier folgende Konzile:

- Konzil der Westkirche in Elvira (306);
- Konzil der Westkirche in Arles (314);
- Konzil der Ostkirche in Ankyra (314);
- Konzil der Ostkirche in Neocäsarea (314);
- ökumenisches Konzil von Nizäa (325).

Von rechtlicher Qualifikation sind z.B. die geforderten Strafmaßnahmen gegen den Ehebruch und die Abtreibung.[48] Zu nennen sind des weiteren das Verbot von Mischehen und die Verurteilung vorehelicher Beziehungen und des Brautraubes.[49] Darüber hinaus wurde zumindest von den höheren Graden der kirchlichen Hierarchie gefordert, sich an die Regel der einmaligen Ehe zu halten.[50] Bereits hier werden Kirchenstrafen wie Exkommunikation bei Verletzung der eherechtlichen Bestimmungen vorgesehen.

In den ersten Jahrhunderten finden sich also Versuche, die neutestamentlich bezeugten Wesenseigenschaften der Ehe im Glauben der Christengemeinden zu befestigen und durch erste kirchenrechtliche Regelungen zu fixieren. Für eine Mitwirkung der Kirche bei der Eheschließung oder gar eine kirchliche Formpflicht finden sich dagegen nur wenige Hinweise, die keineswegs ausreichen, auf eine entsprechende Praxis oder gar explizit rechtliche Regelung in der damaligen Kirche zu schließen.[51] Darüber hinaus ist

---

[47] Ritzer, K., a.a.O., S. 68.

[48] Konzil von Elvira, cc. 7-11; 47; 63-65; 70; Konzil von Arles, cc. 11; 63; Konzil von Ankyra, cc. 20 -21; Konzil von Neocäsarea, c. 8.

[49] Konzil von Elvira, cc. 15 - 17; Konzil von Arles, c. 12.

[50] Konzil von Elvira, cc. 27; 33; Konzil von Nizäa, c. 3.

[51] Vgl. dazu Duss-von Werdt, J., Theologie der Ehe - Der sakramentale Charakter, in: Mysterium Salutis. Grundriß heilsgeschichtlicher Dogmatik,

weder in den Texten der christlichen Apologeten noch in den Beschlüssen der Konzilien die Rede von der Sakramentalität der Ehe. Die Grundlage für die kirchenrechtliche Gestaltung der Ehe als eines Sakramentes finden sich erst bei Augustinus (354-430).[52]

Nach Augustinus gibt es drei Wesenseigenschaften der Ehe und eine gültige Ehe kommt nur zustande, wenn keine dieser Eigenschaften ausgeschlossen wird: *„... id quod bonum habent nuptiae, et quo bonae sunt nuptiae peccatum esse numquam potest. Hoc autem tripartitum est; fides, proles, sacramentum. In fide attenditur ne praeter vinculum coniugale, cum altera vel altero concumbatur: in prole, ut amanter suscipiatur, benigne nutriatur, religiose educetur: in sacramento autem, ut coniugium non separetur, et dimissus aut dimissa nec causa prolis alteri coniungatur."*[53] Augustinus knüpft zunächst an eine im klassischen Latein vorhandene Wortbedeutung an, wonach *sacramentum* eine heilige Verpflichtung und das damit gegebene heilige und unauflösliche Band bedeutet. [54] Demnach ist mit *sacramentum* die Unauflöslichkeit der Ehe bezeichnet und damit die neutestamentlich bezeugte Vorstellung von der göttlichen Einsetzung der Institution Ehe. Folglich ist die Ehe *sacramentum* im

---

Bd. 4/2, Einsiedeln 1973, S. 424: Die liturgischen Formen haben keine Rechtskraft, sondern sollen helfen, die Aufgabe der christlichen Ehe zu erfüllen.

[52] Vgl. Demel, S., Zwischen Verdammung und Verherrlichung. Das Ehebild der alten Kirche und seine theologische Vertiefung durch Augustinus, in: Bilderstreit um die Ehe. Theologische und kanonistische Erblasten eines aktuellen Konflikts, hrsg. v. A. P. Kustrmann, R. Puza, Fribourg 1997, S. 15-34.

[53] De Genesi ad litteram liber IX, 12 (Sancti Aurelii Augustini Opera Omnia, tom. III, Paris 1836, 399): „Das Gute, das die Ehe hat und wodurch die Ehe gut ist, kann niemals Sünde sein. Das aber ist dreifach: die Treue, die Nachkommenschaft und das Sakrament. Die Treue besagt, daß außerhalb des Ehebundes niemand mit einer anderen oder einem anderen verkehre; die Nachkommenschaft, daß das Kind in Liebe aufgenommen, in Güte gepflegt und in Gottesfurcht erzogen werde; das Sakrament, daß die Ehe nicht getrennt und der oder die Entlassene sich nicht mit einem anderen verbinde, nicht einmal um der Nachkommenschaft willen."

[54] Zur Sakramentstheologie Augustinus' vgl. Ganoczy, A., Einführung in die katholische Sakramentenlehre, Darmstadt 1984, S. 15ff.

Sinne eines unauflöslichen Bandes, weil sie *sacramentum* auch im Sinne eines Zeichens für eine heilige Sache ist.[55] In diesem sakramentalen Charakter sieht Augustinus die Auszeichnung der christlichen Ehe: *„Bonum igitur nuptiarum per omnes gentes atque omnes homines in causa generandi est ei in fide castitatis; quod autem ad populum Dei pertinet etiam in sanctitate sacramenti, per quam nefas est etiam repudio discedentem alteri nubere, dum vir eius vivit."*[56] Es muß nichtsdestoweniger beachtet werden, „... daß Augustinus nicht von dem Sakrament im eigentlichen Sinne des Wortes redet, insofern es ein Zeichen der den Empfänger heiligenden Gnade ist, sondern von dem Sakrament im weiteren Sinne, insofern es das Zeichen der Vereinigung Christi mit der Kirche ist."[57]

Für das kirchliche Eheverständis ist daher von entscheidender Bedeutung, in welchem Verhältnis die durch die Sakramentalität der Ehe bedingte Unauflösbarkeit zum Vollzug der Ehe steht: „Die Unauflöslichkeit der Ehe ist ein Grund für die Erkenntnis der Sakramentalität; umgekehrt aber bildet die Sakramentalität den inneren Grund für die Unauflöslichkeit der Ehe."[58] Nun kann eine gültig zustande gekommene Ehe nach dem gegenwärtig geltenden Kirchenrecht vom Papst aufgelöst werden, wenn sie noch nicht vollzogen wurde (*matrimonium ratum sed non consummatum*). Deshalb entsteht die Frage, wodurch eine Ehe zur sakramentalen Ehe wird. Wenn Unauflöslichkeit und Sakramentalität Wech-

---

[55] Vgl. dazu Reinhardt, K., Sakramentalität und Unauflöslichkeit der Ehe in dogmatischer Sicht, in: Reinhardt, K.; Jedin, H., Ehe-Sakrament in der Kirche des Herrn, Berlin 1971, S. 7-60, hier 35f. In der frühchristlichen Literatur wird der Begriff sacramentum für die Ehe außerdem von Tertullian und Isidor von Sevilla gebraucht; vgl. Leisching, P., Vertrag - Frauenraub - Partnerschaft, Ehe: gestern, heute, morgen, München 1971, S. 74.

[56] De bono coniugali 32, Sancti Aurelii Augustini Opera Omnia, tom. VI, Paris 1837, S. 567.

[57] Vasquez, De matrim. disp. 2. c. 5, 30; zit. bei Peters, J., Die Ehe nach der Lehre des hl. Augustinus, Paderborn 1918, S. 29.

[58] Reinhardt, K., Sakramentalität und Unauflöslichkeit der Ehe in dogmatischer Sicht, in: Reinhardt, K.; Jedin, H., Ehe-Sakrament in der Kirche des Herrn, Berlin 1971, S. 7-60, 36f.

selbegriffe sind, so muss dem Ehekonsens allein offenbar die sakramentale Bedeutung abgesprochen werden, da ansonsten allein durch Konsens (bei Erfüllung der kirchlichen Formpflicht) der Status der Unauflöslichkeit erreicht wäre.[59] Eine Lösungsmöglichkeit bestünde in der Unterscheidung einer doppelten Sakramentalität der Ehe. Danach impliziert der Ehekonsens die geistige Verbindung Gottes mit der Seele in der Gnade, die *copula carnalis* dagegen symbolisiert die unlösbare Verbindung Jesu mit den Menschen in der Inkarnation.[60] Damit würde jedoch die exemplarisch verstandene Ehe Marias mit Josef nur schwer interpretierbar. Augustinus wendet sich gegen die Auffassung, die *copula carnalis* sei ein wesentliches Erfordernis zum Zustandekommen einer Ehe. Nach Augustinus lebten auch Maria und Josef in wirklicher Ehe miteinander: *„Omne itaque nuptiarum bonum implementum est in illis parentibus, proles, fides, sacramentum."*[61] In *De bono coniugali* heißt es demgemäß: *„solet etiam quaeri, cum masculus et femina, nec ille maritus, nec illa uxor alterius, sibimet non filiorum procreandorum, sed propter incontinentiam solius concubitus causa copulantur, ea fide media, ut nec ille cum altera, nec illa cum altera id faciat, utrum nuptiae sint vocandae. Et potest quidem fortasse non absurde hoc appelari connubium, si usque ad mortem alterius eorum id inter eos placuerit, et prolis generationem, quamvis non ea causa coniuncti sint, non tamen vitaverint, ut vel nolint sibi nasci filios, vel etiam opere aliquo malo agant ne nascantur."*[62] Es liegt also auch in diesem Falle eine wirkliche Ehe vor *non*

---

[59] Vgl. dazu Gerhartz, J. G., Unauflöslichkeit der Ehe und kirchliche Ehescheidung in heutiger Problematik, in: Die Ehe - Band oder Bund?, hrsg. v. R. Metz, J. Schlick, Aschaffenburg 1971, S. 142-177, 166ff.

[60] Diese Theorie wurde im Anschluss an Hugo von St. Victor entwickelt; vgl. dazu Adnès, P., Le mariage, Tournai 1963, S. 168ff.

[61] De nuptiis et concupiscentia I, 13 (Sancti Aurelii Augustini Opera Omnia, tom. X, Paris 1837, S. 615).

[62] De bono coniugali 5, (Sancti Aurelii Augustini Opera Omnia, tom. VI, Paris 1837, 546): „Man pflegt auch diese Frage zu stellen: Wenn sich ein Mann und eine Frau, weder er noch sie mit einem anderen verheiratet, nicht um Kinder zu zeugen, sondern nur um aus Unenthaltsamkeit miteinander zu verkehren, zusammentun, und das in dem gegenseitigen

permixto corporis sexu, sed custodito mentis affectu. Damit entsteht aber erneut die Frage, wie die neuere Auffassung von der Notwendigkeit der *copula carnalis* zum Zustandekommen der Ehe gerechtfertigt werden kann, ohne in eine Aufspaltung in Sakramentalität und Symbolismus zu geraten. Die Frage, ob die Ehe allein durch Zustimmung der Beteiligten errichtet wird oder ob zur Verwirklichung die Vollziehung erforderlich ist, blieb fortan in der kirchlichen Lehre Gegenstand heftiger Kontroversen.[63]

5.2 Das katholische Eherecht im ausgehenden Mittelalter (von Gratian bis zum Konzil von Trient)

5.2.1 Der Konflikt zwischen Gratian und der Pariser Schule

Die Kanonisten von Bologna lehrten die Notwendigkeit des Vollzugs (*copula carnalis*), während die Schulen von Paris behaupteten, wenn einmal die Zustimmung abgegeben worden wäre, sei eine wahre und endgültige Ehe errichtet.[64] Gratian (gest. um 1157)[65] führte aus, dass die gegenseitige Zustimmung nur ein *matrimonium initiatum* (angefangene Ehe) hervorbringe, dass dagegen der Vollzug

---

Vertrauen, daß er das nicht mit einer anderen und sie nicht mit einem anderen tut - kann man das eine Ehe nennen? - Vielleicht ist es nicht abwegig, das eine Ehe zu nennen, wenn sie dazu entschlossen sind, bis einer von ihnen stirbt, und die Zeugung von Nachkommenschaft, mögen sie sich auch nicht zu diesem Zweck verbunden haben, so doch nicht verhüten."

[63] Vgl. dazu Fransen, G., La formation du lien matrimonial au moyen âge, in: Revue de droit canonique 21/1971, 106-126.

[64] Vgl. Conrad, H., Das tridentinische Konzil und die Entwicklung des kirchlichen und weltlichen Eherechts, in:, Das Weltkonzil von Trient, Bd. I, G. Schreiber, Freiburg 1951, S. 297-324, 302ff.

[65] Vgl. näher Werckmeister, J., Wer war eigentlich Gratian?, in: Iustitia in caritate, hrsg. v. R. Puza; A. Weiß, Frankfurt/Main u.a. 1997, S. 183-192, sowie zum folgenden Weigand, R., Wechselwirkung zwischen Theologie und Kanonistik im 12. Jahrhundert bei der Klärung von Grundfragen des Eherechts, in: Theologia et ius canonicum, Festschrift für H. Heinemann, hrsg. v. H. J. F. Reinhardt, Essen 1995, S. 501-516.

gefordert wird für ein *matrimonium ratum* (kirchlich gültige Ehe), d.h. eine Ehe, die durch sakramentale Symbolik unlöslich geworden ist.[66] Er schreibt: *„Sed sciendum est, quod coniugium desponsatione initiatur, conmixtione perficitur. Unde inter sponsum et sponsam coniugium est, sed initiatum; inter copulatos est coniugium ratum."*[67] Die Quelle dieser Ansicht ist im lombardischen Eherecht zu suchen, welches selbst später als Volksbrauch noch lange dort weiterbestand, wo die gesetzlich bindende Kraft längst verlorengegangen war. Die *traditio* der Braut durch ihre Eltern wurde immer noch als die entscheidende bewirkende Ursache angesehen, oder in heimlichen Ehen stattdessen der tatsächliche Beginn des gemeinsamen Lebens. Das erneuerte Studium des römischen Rechts - ausgehend von Bologna - welches im 11. Jahrhundert begann, hatte diese Betrachtungsweise nicht zu ändern vermocht[68]. Sogar die Anwender des *Corpus Iuris Civilis* nahmen diese Ansicht auf und lehrten, dass die Zustimmung ohne die *deductio in domum* keine Rechtskraft hätte; daß die Kraft des bei der Trauung gegebenen Versprechens die gleiche sei wie die Zustimmung bei der Verlobung und keine Ehe begründe[69].

So schreibt Rogerius: *„Amplius revocatur in dubium si sitne matrimonium consensus et idem seu alius consensus sponsalium. Et certe nihil aliud est matrimonium quam praecedentis consensus adimpletio sive perfectio: hoc quoque fit per ductionem uxoris in mariti domum: ex ordine quippe consensui sponsalium addita ductio, ipsaque sola addita, matrimonium facit et complet ... Ergo matrimonium nec idem consensus est nec alius ac consensus sponsalium: nempe nihil aliud est matrimonium quam consensus in sponsalibus initiatus ad factum usque perductus."* Ähnlich führt Placentinus

---

[66] Vgl. dazu Plöchl, W., Das Eherecht des Magisters Gratianus, Leipzig 1935, S. 40ff.

[67] Dict. ad c. 34 C XXVII, qu. 2.

[68] Eingeleitet wurde diese Entwicklung durch Irnerius, Rogerius (11. Jahrhundert) und Placentinus (12. Jahrhundert).

[69] Vgl. dazu Sohm, R., Kirchenrecht, Bd. I, Leipzig 1892, S. 115ff.

aus: *„... eundem esse consensum sponsaliorum et nuptiarum ..."* und *„... non contrahi matrimonium secundum leges per verba de praesenti nisi ductio sequatur"*[70].

Vom christlichen Standpunkt aus konnte die *deductio in domum* keinen Unterschied machen. Andererseits ist der wirkliche Vollzug für die Symbolik des Bundes Christi mit der Kirche notwendig. Es war daher unvermeidlich, dass Gratian diesen und nicht die *deductio* zum Rechtsgrund der Ehe machte. Offenbar schreibt er der Verlobung dieselben wichtigen Folgen zu wie die, die sich aus dem matrimonium initiatum ergeben. Die Klärung dieser Frage war durchaus nicht rein akademischer Natur, sondern hatte eine berechtigte praktische Bedeutung. In dieser Zeit war es nicht ungewöhnlich, einen beträchtlichen Zwischenraum nach der gegenseitigen Verpflichtung der Parteien als Mann und Frau vergehen zu lassen, ehe der Ehemann seine Braut zu sich nahm und das gemeinsame Leben begann. Wenn während dieser Periode die Braut sich heimlich einem Dritten zuwandte und verpflichtete und Geschlechtsverkehr mit diesem ausübte, so entstand die Frage, wessen Ehefrau sie dann war.

Gratian erklärte die Frau zur Ehefrau des zweiten Mannes, solange die Ehe mit dem ersten nicht mit dem vollen Ritual der Kirche feierlich begangen worden war.[71] Die Kanonistenschule von Bologna stimmte zu, ließ aber nicht von der Kirche gesegnete Ehen als Ausnahmen gelten. Sie zählte ferner acht Gründe auf, die zur Auflösung einer noch nicht vollzogenen Ehe genügen sollten:

nachfolgende durch geschlechtliche Vereinigung perfekt gewordene Ehe (Hochzeit);

---

[70] „Erst die Übergabe der Braut unter deren Heimführung sei die bewirkende Ursache der Ehebegründung. Die Zustimmung ohne die Heimführung hat keine Rechtskraft. Die Kraft des bei der Trauung gegebenen Versprechens sei die gleiche wie die Zustimmung bei der Verlobung und begründe keine Ehe ..." (Summa codices, zit. bei Joyce, G. H., Die christliche Ehe, Leipzig 1934, S. 531).

[71] Vgl. Gottlob, Th., Der Ehebruch und seine Rechtsfolgen in den vorgratianischen Quellen und bei Gratian selbst (C 31 q 1), in: Studia Gratiana 2/1954, 335-348; sowie Plöchl, W., Das Eherecht des Magisters Gratianus, Leipzig 1935, S. 33ff.

- absichtliche Unzucht mit einer anderen;
- Entführung;
- Vergewaltigung;
- Eintritt ins Kloster;
- Ausführung eines schweren Verbrechens;
- dauernde Krankheit des anderen;
- lange Fernhaltung durch Gefangenschaft.

Diese Gründe wurden im Wesentlichen von Roland Bandinelle, dem späteren Papst Alexander III, bestätigt, wenn auch diese Auffassung in dessen späterer Amtszeit nicht Gesetz wurde[72].

Doch es war die französische Kirche, die den Hauptteil der Verteidigung der überlieferten Lehre auf sich nahm und gegen die Bologneser Lehre Stellung bezog. Eindeutig äußert sich Ivo von Chartres (gest. 1115). Ohne zu zögern sprach er aus, dass ein Mann die Schwester der von ihm geheirateten Ehefrau selbst dann nicht zur Ehefrau nehmen durfte, wenn die Ehe niemals vollzogen worden war.[73] Zum Beweis führt er die Ehe von Josef und Maria an, sowie die Schriften des Ambrosius und des Isidor. Hugo von St. Viktor (12. Jahrhundert) gibt diesbezüglich eine theologische Erklärung.[74] Nur wenn die Ehe vollzogen ist, stellt sie den Bund Christi mit der Kirche vollständig dar. Aber der Vollzug ist als Symbol des Sakraments nicht notwendig. Die gegenseitige Zustimmung der Braut und des Bräutigams ist ein Ausdruck innerer Zuneigung und bildet so ein äußeres Zeichen der Liebe Gottes zur Seele, die die Empfängerin seiner Gnadengaben ist. Der Vollzug der Ehe fügt zum Sakrament nichts hinzu. Ferner sind Verlobung und wirkliche Heirat dem Wesen nach verschieden. Die Verlobung ist, selbst wenn sie durch einen Eid bekräftigt wird, ein bloßes Versprechen; Heirat ist die Einlösung des

---

[72] Vgl. Sohm, R., Kirchenrecht, Bd. I, Leipzig 1892, S. 113.

[73] Vgl. Fournier, P., Yves de Chartres et le droit canonique, in: Revue des questions historiques, 32/1898, 51-98 u. 384-405.

[74] Vgl. Zeimentz, H., Ehe nach der Lehre der Frühscholastik, Diss. Mainz 1972, S. 125 u. 135f.

Versprechens: *„Dicimus quod ex quo talis consensus, qualem supra diffinivimus, inter masculum et feminam factus fuerit, ex eo statim coniugium est, quem etsi postea copula carnis sequitur, nihil tamen coniugio amplius ad virtutem sacramenti confertur."*[75] Des weiteren gelangte die Pariser Schule unter Hinweis auf die rein geistige Natur der Marienehe zu Anerkennung der nicht vollzogenen Ehe als voll wirksame sakramentale Ehe.

Ebenfalls lehnt Petrus Lombardus (später Bischof von Paris; um 1150) die Ansicht Gratians ab. Er schreibt: *Efficiens autem causa matrimonii est consensus, non quilibet, sed per verba expressus, nec de futuro, sed de praesenti ... Ex his apparet, quod consensus, id est pactio coniugalis, matrimonium facit; et ex tunc coniugium est, etiamsi non praecessit vel secuta sit copula carnalis ... Ex his evidenter insinuatur, quod ex tempore, quo intercedit consensus voluntarius ac maritalis, qui solus coniugium facit, veri coniuges sunt sponsus et sponsa."*[76] In seiner Behandlung des Problems geht er deutlich auf den Unterschied der Verpflichtungen anläßlich der Verlobung und der Hochzeit ein. Bei beiden Zeremonien stimmen die Eheleute darin überein, einander wechselseitig als Gatten anzuerkennen. Aber während die eine eine Zustimmung für die Gegenwart ist (*consensus in verba de praesenti*), ist die andere eine Verpflichtung, die in die Zukunft gehen soll. Nach Hugo von St. Viktor war der Unterschied bedeutsam, wenn die Vereinigung nicht als etwas Künftiges versprochen, sondern durch ein Zeugnis über eine Einwilligung für die Gegenwart bekräftigt worden war und deshalb dieses Band stärker zu bewerten sein sollte.[77]

---

[75] „Wir sind der Auffassung, daß Verlobung und wirkliche Heirat dem Wesen nach verschieden sind. Die Verlobung des Mannes mit der Frau ist, selbst wenn sie durch einen Eid bekräftigt wird, ein Versprechen, während die nachfolgende Heirat die Einlösung des Versprechens ist ..." (De sacramentis, lib. II, p. XI, c. 5; zit. bei Joyce, G. H., Die christliche Ehe, Leipzig 1934, S. 532).

[76] Libri IV Sententiarum, IV. dist. XXVII. c. III.

[77] Vgl. Sohm, R., Kirchenrecht, Bd. I, Leipzig 1892, S. 110f.

Ferner ist auf die Päpste Innocenz II. (1130-1143) und Innocenz III. (1188-1216) hinzuweisen: „Wenn die gesetzmäßige Zustimmung gegeben ist, so wird die Frau sofort von dem Augenblick an zur Gattin des Mannes, indem sie aus ihrem eigenen freien Willen erklärt, sie sei die Gattin. Denn es wurde kein Versprechen von etwas Künftigem gegeben, sondern der gegenwärtige Zustand bestätigt: *Dico quod legitimo consensu interveniente, ex eo statim coniunx sit, quo spontanea concessione sese coniugem esse asserit. Non enim futurum promittebatur, sed praesens firmabatur.*"[78]

Die dargestellten Meinungsverschiedenheiten führten zu einem Unterschied der Rechtsprechungspraxis der kirchlichen Gerichtshöfe von Rom und Paris. In Italien war der Einfluss der Kanonisten von Bologna zeitweilig so überwältigend, dass selbst Rom dieser Ansicht folgte. Wenn nach einer Heirat ohne Vollzug der Ehe eine Frau sich gegenüber einem Dritten ebenfalls zur Eingehung der Ehe verpflichtete und diese Vereinigung vollzog, wurde folglich der erste Vertrag missachtet und der zweite für eine wahre Ehe erklärt. In Frankreich andererseits galt die Zustimmung *per verba de praesenti* als eine sakramentale Ehe und die spätere Verbindung wurde für null und nichtig erklärt.

Eine Entscheidung dieser offenen Frage war demnach aus Gründen der Rechtssicherheit dringend erforderlich. Die Gesetzgebung Papst Alexanders III. (1159-1181) brachte die nötige Klarheit. Er dekretierte, dass der Konsens der Ehepartner genüge, um eine Ehe rechtswirksam zustandekommen zu lassen. Der Papst hatte zunächst die Ansicht Gratians in seiner Schrift „*Summa Rolandi*" unterstützt. In späteren Werken verließ er diese Auffassung wieder und erklärte, dass die Zustimmung allein genüge. Unmissverständlich musste jedoch als weitere Voraussetzung hinzukommen, dass die Zustimmung der Parteien vorschriftsmäßig zu erfolgen hatte, d.h. in der allgemein gebräuchlichen Form (*per verba de praesenti*) ohne das

[78] Zit. bei Friedberg, E., Quinque Compilationes Antiquae, Leipzig 1882, S. 44.

Vorliegen von Hinderungsgründen und in Gegenwart eines Priesters oder eines Notars.[79] Über die Gründe dieses Wandels kann nur spekuliert werden. Wahrscheinlich ist der Papst davon überzeugt worden, dass das Gewicht der Tradition bei der Lehre der Schule von Paris lag.[80]

Nach dieser endgültigen Entscheidung des Heiligen Stuhls, die mehrfach in Briefen an Bischöfe bestätigt worden ist, war außerdem klar, dass die Ehe ihrem Wesen nach ein Vertrag war und damit zu dessen Entstehungstatbestand nichts weiter als die Zustimmung (= Willenserklärung) der Parteien erforderlich war, gerichtet auf gegenwärtigen Eheschluss (*de praesenti*). Somit war für die Entstehung des Eheschlusses stets die innere Zustimmung im Sinne der *sponsalia de praesenti* Voraussetzung. Die Verbindung wurde durch den Zustimmungsakt im wahrsten Sinne des Wortes geschlossen.

5.2.2 Die Problematik der gegenseitigen Zustimmung

Aber die Zustimmung ist eine Willenserklärung und muss sich als solche deren Regelungen unterwerfen. Eine nur angebliche Zustimmung kann nur eine angebliche Ehe hervorbringen, ebenso wie eine mit Mängeln behaftete Willenserklärung nur zu einer mit Mängeln behafteten Ehe führen kann. Des weiteren ist die Ehe ein Vertrag: Zu dessen wesentlichen Bestandteilen (*essentialia negotii*) gehören zwei korrespondierende, d.h. übereinstimmende Willenserklärungen. Nur wenn die Zustimmung gegenseitig erteilt worden ist, kommt diesem von Gott gestifteten Bund die (kirchen-)gesetzliche Wirksamkeit und Unauflöslichkeit zu. Folglich wird eine gegen die Überzeugung erteilte Zustimmung der Vertragsdefinition nicht gerecht. Solange also die Zustimmung nicht bekundet ist,

---

[79] Vgl. Sohm, R., Kirchenrecht, Bd. I, Leipzig 1892, S. 125.

[80] Vgl. Gietl, F. A., Die Sentenzen Rolands, Freiburg 1891, S. 274.

liegt keine Ehe vor Gott vor, mögen sich die Partner auch durch äußerliche Formen sehr eng aneinander gebunden haben.

Zu demselben Ergebnis führt die Aussage, die die Ehe als Sakrament betrachtet. Es gibt kein Sakrament ohne Wissen und Wollen das zu tun, was durch den Ritus beabsichtigt ist. Wenn demzufolge eine der Parteien nicht den Vorsatz hat, die Zustimmung zu geben, kann es kein Sakrament und folglich auch keine Ehe geben. Denn eine nur innerliche Zustimmung ist nicht ausreichend. Dies folgt aus allgemeinen vertraglichen Grundsätzen, weil eine Willenserklärung und damit ein Vertrag ungültig ist, wenn die Parteien ihre Zustimmung gegeneinander nicht für den anderen wahrnehmbar bekunden. Ferner muss jedes Sakrament ein äußerlich sichtbares Zeichen aufweisen. Im Rahmen der Eheschließung dient die Zustimmung als sichtbares Zeichen hierfür. Wenn daher eine Partei trotz innerlicher Zustimmung schweigt, käme die Ehe nicht zustande.

Vor diesem Hintergrund wird die Äußerung von Thomas von Aquin nachvollziehbar, wenn er schreibt: *„Matrimonium est sacramentum quoddam. Sed in omni sacramento requiritur aliquod sensibile signum. Ergo et in matrimonio: et ita oportet ibi saltem esse verba exprimentia consensum sensibiliter. Praeterea, in matrimonio fit contractus inter virum et mulierem. Sed in quolibet contractu oportet esse expressionem verborum, quibus se mutuo homines obligent. Ergo in matrimonio oportet esse consensum per verba expressum."*[81]

Ist somit im Wege der Zustimmung der Parteien der Ehevertrag zustandegekommen, so besagt dies noch nichts über dessen rechtsgeschäftlichen Inhalt. Wenn beispielsweise die Eheleute vereinbaren, sich jeglicher Geschlechtsgemeinschaft zu enthalten und in Jung-

---

[81] „Die Ehe ist ein Sakrament. Denn in jedem Sakrament muß ein äußeres Zeichen liegen. Folglich ist die Zustimmung das einzige sichtbare Ding, das als Zeichen dienen kann. Außerdem sei eine Einigung zwischen Mann und Frau gegeben. Auch hierbei sei es gehörig, daß eine gegenseitige Zustimmung vorliege, mit der sich die Beteiligten verpflichten. Somit gibt es beim Eheschluß die ausdrückliche Willensübereinstimmung" (Zit. bei Joyce, G. H., Die christliche Ehe, Leipzig 1934, S. 534).

fräulichkeit zu leben, so stellt sich die Frage, welchen Inhalt ihr Ehevertragsschluss haben soll. Einhellig anerkannt war, dass bloßes Zusammenleben noch keine Ehe begründet. Deshalb wurde bestimmt, dass Inhalt des Vertrages das Recht ist, das jeder Beteiligte über den Körper des anderen besitzt. Dieses Recht gewähren die Eheleute als gegenseitige Schenkung, wobei dies nichts darüber aussagt, daß das Recht ausgeübt werden müßte. Auch ohne Ausübung existiert daher das Recht auf den Körper. Ohne diesen Inhalt existiert danach keine Ehe.[82] Als inhaltliche Pflichten werden die Verpflichtung zur gegenseitigen Treue, Geschlechtsgemeinschaft (streitig) und die Unterhaltspflicht genannt. Diese Ansicht fand auch noch Eingang in den CIC von 1917 (vgl. c. 1081 § 2).

Als weitere Schlussfolgerung ist zu bedenken, dass die Ehe - da Vetrag - durch Abgabe der notwendigen Erklärungen auch durch einen Stellvertreter (Prokurator) wirksam geschlossen werden kann. Dies gilt jedoch nur mit einigen im Hinblick auf den persönlichen Charakter der Eheschließung und der Unauflöslichkeit zu erklärenden Besonderheiten. Wie bereits oben angedeutet, bestanden insoweit Beschränkungen, als besondere Gründe für die Mitwirkung eines Stellvertreters in der Person des Vertretenen vorliegen mußten. Darüber hinaus erließ Papst Bonifatius VIII. ein Dekret über Ehen, die durch einen Stellvertreter geschlossen wurden, in dem er festlegte, dass in Fällen, in denen der Auftraggeber seine Zustimmung vor der Trauung zurückzog, der Mitwirkungsakt des Vertreters nichtig war. Allerdings standen diese Bestimmungen im Gegensatz zu den allgemeinen Regeln über die Stellvertretung.

Ihren Ursprung hat die Zulässigkeit der Stellvertretung im römischen Recht. Das römische Recht gestattete Ehen, die per Zustimmung nur durch eine Botschaft zustandegekommen waren; es beschränkte dieses Recht jedoch auf den Ehemann. Hinsichtlich der

---

[82] Vgl. Ziegler, J. G., Die Ehelehre der Poenitentialsummen von 1200 bis 1350, Regensburg 1956, S. 35.

Ehefrau erfordete der Vertragsschluss die *deductio in domum.*[83] Die Kirche weigerte sich, zwischen den Geschlechtern einen Unterschied zu machen. Beide Parteien konnten im Mittelalter daher diese Methode der Eheschließung anwenden. In der Neuzeit ist der Eheschluss durch Stellverteter ohne gültige Vollmachturkunde nicht mehr möglich; gänzlich unmöglich ist die Eheschließung durch Boten oder Brief.

Aus diesen Grundsätzen, die das Zustandekommen und die Rechtswirksamkeit von Eheverträgen aus dem allgemeinen Vertragsrecht herleiten, könnte man vordergründig folgern, dass die Zustimmung zur Ehe auch aufgrund von Bedingungen (*sub conditione*) gegeben werden konnte. Danach wäre die Zustimmung nur gültig, wenn zuvor die Bedingung erfüllt worden wäre. Mit Rücksicht auf den personalen und persönlich bedeutsamen Charakter der ehelichen Vertragsanbahnung konnte diese Lehre jedoch nur mit (teleologischen) Einschränkungen Geltung beanspruchen.[84] Wenn die Ehe vollzogen war, nahm man an, dass die Bedingung zurückgezogen und die volle unbeschränkte Zustimmung erteilt worden war. Überdies sah man eine Bedingung, die ein sündhaftes Verhalten verlangte, als nicht vorhanden an und betrachtete die gegebene Zustimmung als unbeschränkt, d.h. als unbedingt abgegeben. Wenn der Mann beispielsweise die Zustimmung unter der Bedingung abgäbe, dass die Frau ihre Eltern beraubte, würde somit die Zustimmung sofort (unbedingt) rechtsgültig. Eine der oben genannten Bedingung entsprechende Zusage würde als sündig keine rechtlich bindende Kraft entfalten und damit ohne Relevanz verbleiben.

Auf der anderen Seite kannten die mittelalterlichen Theologen bereits Bedingungen, welche die abgegebene Zustimmung vollstän-

---

[83] Vgl. Pauli Sent. II, tit. 19: „Vir absens uxorem ducere potest: femina absens nubere non potest."

[84] Vgl. Weigand, R., Die bedingte Eheschließung im kanonischen Recht, Teil I: Die Entwicklung der bedingten Eheschließung im kanonischen Recht. Ein Beitrag zur Geschichte der Kanonistik von Gratian bis Gregor IX., München 1963.

dig unwirksam machten. Darunter wurden dem Wesen der Ehe diametral entgegenstehende Bedingungen verstanden. Wenn ein Partner die Verpflichtung zum Eheschluss z.B. unter der Bedingung übernahm, dass der Geschlechtsverkehr vollständig verboten sein sollte, so war dieser Vertragsschluss von vornherein nichtig. Denn solch eine Ehe benötigt nicht die Form einer Eheschließung und ist von einem solchen Vertragsschluss zu unterscheiden, in dem die Parteien vorher vereinbaren, (zeitweilig) Enthaltsamkeit zu üben. Im letzteren Fall sind die Rechte den Parteien zugebilligt, nur haben sich die Parteien darauf geeinigt, sie (zeitweilig) nicht auszuüben. Ebensowenig wäre ein Eheschluss gültig, wo ein Partner sie unter den Vorbehalt des Gelingens der Gemeinschaft zu stellen beabsichtigte oder ihre Annullierung verlangte, wenn die Ehe sich als unbefriedigend erweisen sollte. Denn zum Wesen der Ehe (*essentialia negotii*) gehörte stets ihre Unauflöslichkeit.[85] Die Ehe ist danach nur im Zustandekommen, nicht aber in der Fortdauer abhängig vom Willen der Beteiligten.

5.2.3 Das Konsensprinzip und seine Realisierung durch Formpflichten

Im Hinblick auf den Entstehungstatbestand und die Wirksamkeit des Eheschlusses änderte sich die Auffassung der Kirche nachhaltig im 16. Jahrhundert. Der Grund dafür mögen unter anderem mehrere Missstände gewesen sein, die mit der Zulässigkeit der heimlichen Ehe (*matrimonium clandestinum*: Eheschluss durch reinen Konsens der Partner ohne Förmlichkeiten) und der damit verbundenen Rechtsunsicherheit zusammenhängen.[86] Hervorzuheben sind im Wesentlichen die Verlobungspraxis, die Kinderheiraten und

---

[85] Vgl. Ziegler, J. G., Die Ehelehre der Poenitentialsummen von 1200 bis 1350, Regensburg 1956, S. 100ff.

[86] Vgl. Mörsdorf, K., Schriften zum kanonischen Recht, Paderborn 1989, S. 601.

die heimlichen Ehen. Die Überzeugungsbildung ging numehr dahin, daß es in der Macht der Kirche läge, sowohl die Bedingungen als auch Registrierungs- und Formpflichten festzusetzen, unter denen die zum Eheschluss notwendige Zustimmung zu erfolgen hätte.[87]

Ihren vorläufigen Abschluss fand diese Veränderung in der auf dem Konzil von Trient (1552-1563) vertretenen Rechtsauffassung. Die hier gefundenen Standpunkte sollten für mehrere Jahrhunderte in der katholischen Kirche Gültigkeit erlangen und bis in die Gegenwart hinein wirken. Die Eheschließungshandlung mußte nunmehr *coram notario* oder vor Zeugen abgegeben werden. Kirchlichkeit oder Religiosität war nicht das entscheidende Kriterium, sondern es kam wesentlich auf die Beweisbarkeit, Öffentlichkeit und Verstandesreife der Sponsalien[88] an. Vor diesem Hintergrund ist zu fragen, wie es zu den Dekreten von Trient kam.

Als die Kirche im römischen Reich Fuß fasste, hatte die Verlobung bereits viel von ihrer ursprünglich bindenden Kraft verloren, die sie im frührömischen Recht besessen hatte.[89] Jeder Verlobte konnte die Verpflichtung brechen, ohne schwere Folgen befürchten zu müssen, außer gegebenenfalls den Verlust der *arrhae* (= Mitgift, Pfandgelder) und der Verwirkung der im Vorvertrag festgelegten Geldbuße (die die Funktion eines Schadensersatzes bzw. Genugtuungsfunktion hatte). Indessen war die Verlobung weit davon entfernt, ein Versprechen nur für die Zukunft zu sein, das gegenwärtig keine Veränderung der Lage der Parteien einschließt. Die Sponsalia hatte in republikanischer Zeit unter Aufsicht des

---

[87] Vgl. Mörsdorf, K., Schriften zum kanonischen Recht, Paderborn 1989, S. 582. Zu den Formpflichten im deutschsprachigen Raum vgl. auch Falk, F., Die Ehe am Ausgange des Mittelalters. Eine kirchen- und kulturhistorische Studie, Freiburg 1908.

[88] D.h. Heirat durch Verlobung unter kirchlicher Mitwirkung (sponsalia de praesenti); vgl. Conrad, H., Das tridentinische Konzil und die Entwicklung des kirchlichen und weltlichen Eherechtes, in: Das Weltkonzil von Trient, hrsg. v. G. Schreiber, Bd. I, Freiburg 1951, S. 297-324, 304.

[89] Vgl. Schwab, D., Zum geschichtlichen Verhältnis von Verlöbnis und Eheschließung, in: Zeitschrift für das gesamte Familienrecht 15/1968, 637-640.

Zensors gestanden; das prätorische Edikt erklärte demgegenüber, wer gleichzeitig mit zwei Personen verlobt sei oder vor Aufhebung der Verlobung einen Ehevertrag mit einem Dritten schlösse, solle die Strafe der *infamia* erleiden. Durch Gesetze der Kaiser Severus und Caracalla wurde unsittlicher Lebenswandel bei Verlobten als Ehebruch betrachtet und denselben Strafen unterworfen. Ferner bewirkte die Verlobung eine Verschwägerung der Familien mit der Folge der Begründung eines Ehehindernisses.[90]

Die christliche Kirche knüpfte an die überlieferte römische Auffassung an und benutzte ihren Einfluss dazu, die bindende Kraft der Verlobung hervorzuheben und noch zu verstärken.[91] Dies führte dazu, daß sie das römische Zeremoniell teilweise übernahm und dem eigenen Ritual hinzufügte. Aufs Tiefste von der Unlöslichkeit der Ehe überzeugt, mußten die Christen zwangsläufig zu einer strengen Ansicht über die Pflichten aus der Verlobung gelangen und die in römisch-republikanischer Zeit eingetretenen Missbräuche aus ihrer Sicht verurteilen. Das Konzil von Elvira (306) beispielsweise verlangte, dass Eltern, die die Verlobung des Kindes aufhoben, drei Jahre von der Kommunion ausgeschlossen sein sollten. Zudem durfte die Aufhebung nur dann Gültigkeit erlangen, wenn die Gegenseite einer abscheulichen Sünde schuldig sei. Aber selbst in diesem Falle musste die Verlobung fortbestehen, wenn zwischen den Verlobten unsittliche Beziehungen stattgefunden hatten. Folge dieser kirchlichen Rechtsprechung war es, dass die Riten der Verlobung und Hochzeit zusammenwuchsen, wobei anzumerken ist, daß die ursprünglich als *desponsation* bezeichnete Verlobung nicht mehr nur die Verlobung, sondern auch die Hochzeit kennzeichnete. Unvermeidlich war es folglich, dass zwischen den Parteien vor der

---

[90] Zu den diesbezüglichen Regelungen im römischen Recht vgl. Digest., lib. XXIII, tit. I, 7, 11-14; in: Krüger, P.; Mommsen, Th., Corpus Iuris Civilis, Bd. I, Berlin 1903, S. 294f.

[91] Zur Situation bis zum Beginn des 12. Jahrhunderts vgl. Portmann, H., Wesen und Unauflöslichkeit der Ehe in der kirchlichen Wissenschaft und Gesetzgebung des 11. und 12. Jahrhunderts, Emsdetten 1938, S. 23ff.

eigentlichen *desponsatio* ein Abkommen getroffen werden musste. Dieses Versprechen, von Papst Nikolaus I. als *„sponsalia quae futurarum sunt nuptiorum promissa foedera"* bezeichnet, wurde als streng bindend betrachtet. Seine Verletzung war kirchlichen Strafen unterworfen. Hinkmar von Reims lehrt in diesem Zusammenhang: *„Ecclesiasticae regulae de his etiam definitionis sententiam profuerunt, qui sponsalitiorum fidem fregerunt."*[92]

Hinkmars Lehre, die wir in der zeitgenössischen juristischen Literatur vielfach bestätigt finden,[93] befand sich mit dem germanischen Rechtsempfinden seinerzeit in voller Übereinstimmung.[94] Die Stämme sahen die Verlobung mehr als Ausgangsstufe des Ehevertrages an denn als eine Verabredung, die lediglich die Hochzeit vorbereitet und demzufolge rechtlich weniger bedeutsam war. Eine Verlobte konnte ihr Versprechen brechen und einen anderen heiraten, musste jedoch in diesem Fall dem enttäuschten Bräutigam ein schweres Wergeld leisten. Im Langobardenreich, auf dessen großen Einfluss auf das kanonische kirchliche Recht bereits hingewiesen wurde, erließ König Luitprand 712 ein Gesetz, dass „... ein Weib, wenn es einen solchen Schritt aus eigenem Antrieb täte, unfähig werden sollte zu erben von dem Vater und den Brüdern." Die Auffassung der Bologneser, die Zustimmung bei der Verlobung habe die gleiche Kraft wie der eigentliche *consensus nuptialis*, ist eine logische Folge der herrschenden germanischen Rechtsanschauung. Folglich maß auch die Kirche der Verlobung außerordentlich hohe Wichtigkeit bei.[95]

---

[92] Hinkmar, De nuptiis Stephani; zit. bei Joyce, G. H., Die christliche Ehe, Leipzig 1934, S. 89.

[93] Vgl. dazu Sdralek, M., Hinkmars von Reims kanonistisches Gutachten über die Ehescheidung des Königs Lothar II. Ein Beitrag zur Kirchen-, Staats- und Rechtsgeschichte des IX. Jahrhunderts, Freiburg 1881.

[94] Vgl. Ritzer, K., Formen, Riten und religiöses Brauchtum der Eheschließung in den christlichen Kirchen des ersten Jahrtausends, Münster 1962, S. 155ff.

[95] Vgl. dazu die Auseinandersetzung der französischen Schule mit der in der fränkischen Kapitulargesetzgebung zum gültigen Eheabschluß geforderten väterlichen Ehebewilligung; vgl. Köstler, R., Die väterliche Ehebe-

Hierzu trug darüber hinaus ein Gesetz Justinians bei, das von den westlichen Kanonisten (insbesondere den Bolognesern) missverstanden worden war. Der Kaiser hatte nämlich bestimmt, dass eine Verbindung als gültige Ehe angesehen werden sollte und es für den Mann unmöglich sein sollte, die Frau zu entlassen, wenn er die Gefährtin in sein Haus führte und sich durch Eid auf das Evangelium verpflichtete, sie als rechtmäßige Ehefrau zu halten. Das Gesetz war (heutiger Ansicht zufolge) so auszulegen, dass die Beiwohnung in Verbindung mit dem Eid, die Frau als Ehefrau zu halten (= *habere*) die eheliche Verbindung erzeugte; dies besagt jedoch nicht, dass ein eidliches Versprechen genügte, um den Bund der Ehe zu schließen.

Ivo von Chartres (gest. 1116) nimmt dieses justinianische Gesetz in seine Kanonsammlung auf und entschied die ihm vorgelegten Fälle danach.[96] Verlobung unter Eid war allgemeiner germanischer Brauch. Der Werber schwor, die Frau auszustatten und sie zur Frau zu nehmen, der *mundoaldus* seinerseits schwor, das *mundium* zu übertragen und der Frau eine Mitgift zu überlassen. Im Lichte des justinianischen Gesetzes herrschte bei den westlichen Kanonisten der Eindruck vor, dass eine so gesicherte Verlobung einer Ehe gleichstehe. Auch die Anhänger Gratians, die ihm bei der Unterscheidung zwischen *matrimonium initiatum* und *matrimonium consummatum* folgten, meinten eine Stütze im justinianischen Gesetz zu finden und behaupteten, die Zustimmung *de futuro* habe denselben Wert wie die Zustimmung *de praesenti*, da beide nur ein *matrimonium initiatum* herstellten (hinzukommen müsse der Vollzug der Ehe).

Wenn ein Mann schwöre, er werde eine Frau als sein Weib halten, so heiratet er sie dadurch, wenn die Ehe auch noch nicht den Sakramentscharakter besitzt (mangels Vollzug), der sie unauflöslich macht.

---

willigung. Eine kirchenrechtliche Untersuchung auf rechtsvergleichender Grundlage, Stuttgart 1908, S. 80ff.

[96] Vgl. dazu Bliemetzrieder, F. P., Paul Fournier und das literarische Werk Ivos von Chartres, in: AfkKR 115/1935, 53-91.

Gegen diese Rechtsprechungspraxis wandten sich die Juristentheologen der Schule von Paris (im 11. Jahrhundert); sie hatten den Unterschied zwischen der Zustimmung *de praesenti* und derjenigen de futuro erkannt und kirchenrechtlich aufgearbeitet.[97] Hugo von St. Viktor, Petrus Lombardus und Walter de Mortagne meinten einmütig, dass eine Ehe auf diese Weise nicht geschlossen werden könne. Zustimmung erfuhren sie bei Papst Alexander III. und dessen Amtsnachfolger Lucius III. Diese legten fest, dass ein eidliches Eheversprechen keine Ehe bewirke. Damit folgten sie der Ansicht von Petrus Lombardus. Dessen Werk (Entstehungszeitpunkt vor 1050) besteht im Wesentlichen aus Auszügen aus der Eptitome Juliani. Bei der Abhandlung der streitigen Frage führt der Verfasser aus: *„Si quis ita iurat alicui mulieri: Ducam te uxorem, nondum est uxor. Sed si iurat ita: habebo te uxorem, uxor deinceps est, nec aliam ea vivente ducere potest, nisi juste matrimonium separetur."*[98] Dieser Unterschied zwischen '*ducere*' und '*habere*' setzte sich fortan durch.

Scheinbar widersprechend zu obiger Aussage, derzufolge die Willensübereinstimmung das wesentliche Element und der Vollzug kein wesentliches Element zur Begründung der Eheschließung bedeutet, erklärte Papst Alexander III. weiter, eine Verlobung, auf die die körperliche Vereinigung folge, solle eine Ehe begründen können. Diese Entscheidung könnte als Ehrerbietung gegenüber Gratian zu verstehen sein. Wahrscheinlicher ist es jedoch, dass die Entscheidung auf dem vorne angesprochenen Gesetz Justinians beruht.

---

[97] Ivo von Chartres hatte als erster klar zwischen fides pactionis und fides consensus unterschieden. Schon Anselm von Laon (gest. 1117) hatte die Unterscheidung von Verlöbnis- und Ehekonsens auf die klassische Formulierung consensus de futuro und consensus de praesenti gebracht. Vgl. Ritzer, K., Formen, Riten und religiöses Brauchtum der Eheschließung in den christlichen Kirchen des ersten Jahrtausends, Münster 1962, S. 295ff.

[98] Petri Exceptiones Legum Romanorium, lib. IV, § 44: „Wenn ein Mann einem Weibe schwört, er werde es heiraten (ducere), sei der Eid ein Versprechen und bildet keine Ehe; aber wenn er schwört, er wolle es als seine Frau halten (habere), so ist die Ehe dadurch eine vollendete Tatsache."

Unter Berücksichtigung dieser Quellen wird der nur scheinbare Widerspruch schnell offengelegt. Die lateinische Fassung seiner Novellen hatte gezeigt, dass dort die Beiwohnung zu den wesentlichen Teilen des Beweises für das Vorliegen einer Ehe gerechnet wurde. Papst Innocenz III.[99] und Gregor IX. folgten darin ihrem Vorgänger Alexander III. Man müsse nämlich annehmen, ehe die Vereinigung stattgefunden habe, seien die *sponsalia de futuro* durch die Zustimmung *per verba de praesenti* ergänzt worden. Eine Tatsachen- und Rechtsvermutung war somit die Auflösung des scheinbaren Widerspruchs. Papst Gregor IX. führte darüber hinaus an, dass die Vermutung einer *praesumtio iuris et de iure* (= rechtsgültige Vermutung) gelten müsse mit der (unglücklichen) Folge, dass eine solche Rechtsvermutung keine Anfechtung zulässt. Mittels der Konstruktion einer Rechtsvermutung (*praesumtio iuris et de jure*) versuchte der Papst einem Missbrauch entgegenzuwirken. Dieser bestand darin, dass ein Mann sich durch den Austausch wahrhaftiger ehelicher Zustimmungen (*de futuro*) eine Geliebte sicherte und nachher unter Verstoßung dieser seiner Ehefrau eine (weitere) andere Verbindung einging. Sehr oft hatte zweifellos auch die körperliche Vereinigung ohne die Absicht einer Heirat stattgefunden. In diesem Fall wurde jetzt festgestellt, dass der Mann sich unwiderruflich der Frau verpflichtet hatte und die Trauung nachträglich in *facie ecclesiae* zu feiern habe.

Die Schwierigkeiten bei der Realisierung dieser Absicht Papst Gregors IX. lagen allerdings auf der Hand: wenn trotz Verlobung und Vereinigung keine innere Zustimmung zu einer Heirat stattgefunden hatte, so ist offensichtlich, dass *per definitionem* keine wahre Ehe vorlag. Auch die päpstliche Verordnung konnte mittels einer Rechtsvermutung keine Ehe in den Fällen erzeugen, in denen das wesentliche Element fehlte; sie konnte nur die Außenrechtsbeziehung klären. Daher war es möglich, dass ein Mann rechtmäßig mit einer

---

[99] Vgl. Tenbrock, R. H., Eherecht und Ehepolitik bei Innocenz III., Diss. Münster 1933.

Frau verheiratet war, der sich hartnäckig weigerte, die (innere) Zustimmung des Willens zu geben, die allein der Ehe vor dem (inneren) Gericht des Gewissens hätte Gültigkeit verschaffen können.

Dieses Gesetz wurde durch das Konzil von Trient für alle Länder abgeschafft, in denen das die heimlichen Ehen verbietende Dekret Tametsi (benannt nach den einleitenden Worten tametsi) durch Verkündung in Kraft trat. In anderen Bezirken blieb es dagegen noch bis Ende des 19. Jahrhunderts in Kraft. Endgültig wurde es erst 1892 von Papst Leo XIII. aufgehoben. Obwohl somit abgeschafft, gelten seltsamerweise wesentliche Teile des kanonischen Rechtes der vortridentinischen Zeit noch im Common Law Schottlands weiter fort.

Wenn es infolge der sich durchsetzenden Diffenrenzierung zwischen der Zustimmung *per verba de futuro* und *per verba de praesenti* fortan juristisch unmöglich war, der Verlobung die Wirkung einer Hochzeit zuzuschreiben, so ist andererseits zu berücksichtigen, dass die Verlobung nur allmählich nach 1250 ihre ehemalige Bedeutung verlor. Sie blieb immer noch ein Vertrag mit teilweise drückenden Verpflichtungen. So konnte jeder Teil, wenn sich der andere von der Absprache zurückzuziehen versuchte, die kirchlichen Gerichte anrufen, um die Erfüllung zu erzwingen. Wenn kein nachvollziehbarer Grund für die Aufhebung der Verlobung dargelegt werden konnte, so konnte der Richter bei Strafe des Kirchenbannes auf der Trauung bestehen. Ob allerdings dieser Weg beschritten werden sollte, wurde von den Kanonisten unter Hinweis auf die Eheschließung als freiwillige Handlung nicht einheitlich beantwortet. Einige begnügten sich mit ernsthaften Ermahnungen. Die große Mehrheit der Juristen verfolgte allerdings eine strenge Praxis und meinte, wo Mahnungen sich als nutzlos erwiesen hätten, müsse Zwang angewendet werden; es sei Pflicht der Gerichte, darauf zu achten, dass das Recht eingehalten und der Vertrag erfüllt werde. Nur dann dürfe man von der Vertragserfüllung absehen, wenn eine Güterabwägung ergebe, dass der „... Schade, der durch ein

Festhalten am Eheschluß entstünde, größer sei als der, den die Duldung der Sünde nach sich ziehe."[100]

Es drängt sich jedoch die Frage auf, warum nicht eine Geldstrafe wegen Verschulden bei Vertragsschluss bzw. -anbahnung auferlegt wurde. Die Beantwortung dieser Frage ergibt sich aus dem Grundsatz, daß Entschädigung durch Geld dort unmöglich war, wo es sich um geistliche Dinge handelte. Die Ehe sei eine geistliche Angelegenheit, Kompensation also unmöglich. Folglich sei die primäre Erfüllung des Vertrages zu erzwingen. Dennoch waren gewisse spezifizierte Gründe (einzeln darzulegen und glaubhaft zu machen) ausreichend, um die Aufhebung bzw. den Bruch des Verlöbnisses zu rechtfertigen. Vergleichbar mit anderen Verträgen konnte das verbindliche Verlöbnis auch im Wege des *actus contrarius* (einvernehmliche Aufhebungsabrede) aufgehoben werden. In Ausnahmefällen (Untreue, Gewaltätigkeit oder Verarmung der anderen Seite) war die einseitige Loslösung gestattet. Endgültig unter Papst Alexander III. wurde die Verlobung Teil des kirchlichen Eherechts mit der Folge, daß die Verlobung ein Ehehindernis bezüglich der Verwandten der anderen Partei bedeutete (sogenannte *publica honestas* = öffentliche Ehrbarkeit oder quasi Affinität). Die Reichweite dieses Ehehindernisses wurde auf dem Konzil von Trient auf Verwandte ersten Grades beschränkt.

In diesem Kontext stehen auch die Kinderehen. Es war allgemein gebräuchlich im Mittelalter, dass Eltern ihre Kinder aufgrund von Familienverträgen verlobten bzw. verheirateten. Solange diese Praxis existierte war es üblich, dass für das jugendliche Paar auch das volle Zeremoniell der Trauung ausgeübt wurde, wobei der Trauritus allerdings nur die Wirkungen einer Verlobung hatte. Unabhängig von der Form der Zustimmung galt sie nur als Zustimmung *per verba de futuro*. Weiter ging hier das frühgermanische Gewohnheitsrecht. Danach war es gestattet, dass Kinder als Mann und Frau verbunden wurden, ohne dass ihnen hierin eine Wahl

[100] Sanchez, De matrimonio, lib. I, disp. 29, h. 4.

zugestanden worden war. Der Vater in seiner Eigenschaft als mundoaldus war berechtigt, seine Kinder zur Ehe zu verpflichten, solange das Kind in seiner Gewalt blieb.

Erste Versuche, diesen Brauch einzuschränken, wurden in die Wege geleitet auf dem Konzil von Friaul (796). Dort verfügte man eine strenge Verdammung dieser Ehen mit der Begründung, dass sie oft schreckliche Wirkungen hätten. In der Folgezeit waren die Kanonisten sich darüber einig, dass der Vater kein Recht habe, die Wahl seiner Kinder vorher selbstherrlich zu bestimmen und dass die vor der Reife gegebene eheliche Zustimmung nicht als endgültig und unwiderruflich angesehen werden konnte.[101] Zwar gab es keine Vorschriften über das Heiratsalter; doch in der Poenitentialsumme von 1145-1150 stellte Paucapalea (ein Schüler Gratians) den Grundsatz auf: *„lex vero tenenda est nisi obviare sacris canonibus videatur."*[102] Die Folge war, dass die Kirche ohne Bedenken die Bestimmungen des römischen Rechtes rezipierte. Dies erlaubte *sponsalia* vom Alter von sieben Jahren an, gestattete aber den Beginn der Ehe nicht vor Vollendung des 14. Lebensjahres bei Knaben und des 12. Lebensjahres bei Mädchen.[103] Wenn die Ehebräuche vor Eintritt dieser Bedingungen stattgefunden hatten, galt der Bund erst als *matrimonium legitimum* (rechtmäßige Ehe), wenn die vorgeschriebenen Altersstufen erreicht waren.[104]

Auch in diesem Punkt schuf Papst Alexander III. eine weitreichende und dauerhafte Regelung. Jugendliches Alter rechnete er zu den Ehehindernissen. Die Zustimmung sei ungültig, solange die Parteien die Natur des Vertrages und seine Verpflichtungen nicht ver-

---

[101] Vgl. Hörmann, B. v., Desponsatio Inpuberum, Innsbruck 1891, S. 70ff.

[102] Zit. bei Hörmann, B. v., Desponsatio Inpuberum, Innsbruck 1891, S. 61.

[103] Vgl. zum Standpunkt der frühen Pariser Schule Reinhardt, H. J. F., Die Ehelehre der Schule des Anselm von Laon, Münster 1974, S. 76ff.

[104] Vgl. dazu Sägmüller, J. B., Ein Dispens päpstlicher Legaten zur Verehelichung eines Siebenjährigen mit einer Dreijährigen im Jahre 1160, in: ThQ 86/1904.

stehen; bis zur Vollendung des 14. bzw. 12. Lebensjahres seien sie unfähig, den Sinn der Ehe zu begreifen.[105] Fraglich ist jedoch, wie der Papst diesen als Unsitte erkannten Volksbrauch in praxi anzugehen gedachte. Ein päpstliches Verbot wäre wahrscheinlich nicht durchsetzbar gewesen, da die Praxis der Kinderheirat auf einer tief verwurzelten gewohnheitsrechtlichen Überzeugung hinsichtlich der Rechte der Eltern beruhte und durch die Volksrechte erlaubt worden war. Die normative Kraft des Faktischen saß fest. Gleichwohl wurde eine mit dem christlichen Glauben vereinbare und praktikable intelligente Lösung gefunden.

Als Papst verbot Alexander III. aus den beschriebenen Gründen diese Sitte nicht völlig. Doch beschränkte er ihre Wirkungen auf die einer einfachen Verlobung und begründete zusätzliche Rechte der so Verlobten (*sponsae*). Bei Erreichung des heiratsfähigen Alters von 14 bzw. 12 Lebensjahren sollten die Vermählten das Recht haben, vom Vertrag zurückzutreten. Täten sie es, so müsste der Bischof sie für frei erklären, andere Gatten zu wählen; bei Einverständnis hingegen war keine neue Trauung nötig, der in der Kindheit geschlossene Vertrag galt dann als Ehe. Dieses Recht galt nur für den Teil, welcher minderjährig war. Ferner verordnete der Papst, dass eine Vereinbarung ungültig sei, die vor dem 7. Lebensjahr des Kindes getroffen worden war. Wenn das Kind nach Erreichen des 7. Lebensjahres zustimmte, so begründete diese Zustimmung lediglich eine Verlobung.

Die Amtsnachfolger Alexanders III. übernahmen dieses System in das kanonische Recht. Eine wichtige Erweiterung führte Bonifatius VIII. (1294-1301) ein. In einem Dekretal setzte Bonifatius fest, dass die bloße Tatsache, daß die Kinder das Reifealter erreicht hätten und keinen Wunsch ausdrückten, den Vertrag aufzuheben, sie noch nicht zu Eheleuten mache. Sie müßten dazu notwendigerweise einen Zustimmungsakt leisten. Nach dem Konzil von Trient wurde es obligatorisch, dass die Erneuerung der Zustimmung wie jede andere

---

[105] Vgl. Gietl, F. A., Die Sentenzen Rolands, Freiburg 1891, S. 279.

Eheschließung vor dem Pfarrer des Kirchspiels und zwei Zeugen stattfinden müsse.[106]

Damit waren rechtlich zwar die Weichen gestellt, die tatsächliche Praxis ließ sich jedoch nur langsam überwinden. Denn ein junger Mensch von 14 Jahren, noch mehr von 12 Jahren hätte eine ungewöhnliche Standfestigkeit und Mut aufbringen müssen, um eine Verabredung zu verwerfen, die seine Eltern veranlasst hatten. Zudem erteilten gelegentlich Diozesanbischöfe Dispense. Weiter ist anzumerken, dass heimliche Verlobungen dieselbe Rechtswirkung hatten, wie in einem förmlichen Vertrag festgelegte Verlobungen, die von den betreffenden Parteien feierlich unterschrieben worden waren. Deshalb missbilligte die Kirche private Verlobungen, zu denen keine geeigneten Zeugen und kein Gemeindepfarrer hinzugezogen worden waren. Gleichwohl wagte sie es nicht, jedenfalls nicht vor dem Tridentinum, die Sakramentalität der Ehen zwischen Getauften von einem kirchlichen Akt abhängig zu machen.

Schließlich sind an dieser Stelle die heimlich geschlossenen Ehen zu behandeln, denn sakramentalen Charakter haben auch diese.

Von Anfang an hatten die Christen ihre Ehen durch religiöse Handlungen geweiht. Die Kirche gab dem Brautpaar den Segen; dabei bildete die Messe den Hauptteil des Hochzeitsfestes. Hinweise auf die Rolle des Priesters oder Bischofs finden sich bereits im 2. Jahrhundert. Gleichwohl lehrte die Kirche, der rechtlich konstituierende Faktor des Eheschlusses sei nicht der Segen, sondern die gegenseitige Zustimmung der Parteien, und diese genüge selbst in Abwesenheit des Priesters, um eine Ehe zu erzeugen.[107] Das ganze Mittelalter hindurch drang die Kirche gleichwohl mit stets wachsender Strenge und unter Androhung schwerer Kirchenstrafen auf

---

[106] Vgl. Schulte, F. v.; Richter, E. L., Canones et Decreta Conc. Trid., Leipzig 1853, S. 257.

[107] Zur Auffassung Gratians, der auch dem matrimonium clandestinum den Charakter des matrimonium ratum zusprach, vgl. Plöchl, W. M., Das Eherecht des Magisters Gratianus, Leipzig 1935, S. 46ff.

die öffentliche kirchliche Trauung. Allerdings stellte sie bei Nichtbeachtung der kirchlich kanonischen Ehegesetze die Gültigkeit nicht in Abrede.[108] Anfang des 9. Jahrhunderts verboten beispielsweise kirchliche und staatliche Gesetze in Frankreich den Eheschluss ohne religiöse Feier. Zur Begründung wurde aber nicht etwa angeführt, der Segen wäre als Begründungsakt wesentlich, sondern die öffentliche Zeremonie sei nötig als Schutz gegen Ehen in verbotenen Verwandtschaftsgraden und gegen andere durch irgendein trennendes Hindernis gehemmte Verbindungen. Gleichwohl fand die Heirat meistens ohne kirchlichen Segen statt. Belege hierfür finden sich in der zeitgenössischen Literatur des 9. Jahrhunderts. Als Beispiel kann eine Stelle bei Hinschius[108a] angeführt werden, der Papst Evoristus zitiert: *„Aliter legitimum ... non fit conjugium nisi ab his qui super ipsam feminam dominationem habere vedentur, et a quibus custoditur, uxor petatur, et a parentibus propinquioribusque sponsetur et legbus onetur, et suo tempore sacerdotaliter (ut mos est) cum precibus et oblationibus a sacerdote benedicatur... Aliter vero praesumta, non conjugia sed adulteria aut contubernia stupra fornicationes potius suffragaverit et vota succurrerint legitima.*"[109]

Offenbar vertrat Papst Evoristus die Ansicht, nicht *in facie ecclesiae* abgeschlossene Verbindungen begründeten die Vermutung, dass sie nur Beiwohnung, aber keine Ehe sind. Doch diese Vermutung lässt sich widerlegen, denn die Parteien konnten ja beabsichtigt haben, eine rechtsgültige Ehe zu schließen (= *nisi volun-*

---

[108] Vgl. Conrad, H., Das tridentinische Konzil und die Entwicklung des kirchlichen und weltlichen Eherechtes, in: Das Weltkonzil von Trient, hrsg. v. G. Schreiber, Bd. I, Freiburg 1951, S. 297-324, 305.

[108a] Vgl. Hinschius, P., Decretales Pseudo-Isidorianae, Leipzig, 1836.

[109] Decret Pseudo-Isidor: „Ein matrimonium legitimum kann nur so abgeschlossen werden, daß man die Frau von denen, die offenbar Gewalt über sie haben, zur Ehe erbittet, und daß zur rechten Zeit (so wie es Sitte ist) diese unter Gebeten und Meßopfern vom Priester eingesegnet wird. Zögert nicht, anders geschlossene Verbindungen als Ehebruch oder Unzucht zu betrachten, sofern nicht die ausdrückliche Absicht das Fehlende ersetzt und ein gesetzmäßiges Ehegelübde Hilfe gebracht hat" (zit. bei Joyce, G. H., Die christliche Ehe, Leipzig 1934, S. 541f.).

tas propria sufragaberit et vota succurrerunt legitima). Wenn dies beweisbar war, so musste die Ehe als Ehe gelten. Durch kanonisches Recht entstand eine Rechtsvermutung, daß eine heimliche Verbindung auch gesetzwidrig sei, so dass die Kinder dieser Ehe als gesetzwidrig (*illegitim*) gelten mußten. Auch Papst Nikolaus I. (etwa 860) erklärte ausdrücklich, daß die förmliche Trauung für die Gültigkeit nicht wesentlich ist, wenn er auch folgert, daß Heirat durch bloße Zustimmung nur in den Bevölkerungsschichten üblich war, denen die Armut keine Wahl lasse.[110]

Im 11. Jahrhundert wird derselbe Standpunkt von Burchard von Worms (1020) vertreten.[111] Burchard weist darin den Beichtvater an, den Sünder zu verhören, ob er ohne den Beistand der Kirche und ohne die gehörigen Formen geheiratet habe. Aber die Strafe bei einem Vergehen - Kirchenbuße während dreier Fastenzeiten - ist nicht schwer; auch braucht sich der Gatte nicht von seiner Gattin zu trennen. In England beispielsweise wurde 1076 auf dem Konzil von Winchester entschieden: *„ut nullus filiam suam vel cognatam det alicui absque benedictione sacerdotali: si aliter fecerit, non ut legitimum sed ut fornicatorium judicabitur."*[112] In vorstehender Passage wird jedoch nichts darüber ausgesagt, daß die Ehe selbst null und nichtig ist, sondern nur soweit das *forum externum* in Frage kommt, will die Kirche sie so behandeln. Etwaige Gegenbeweise werden wohl zugelassen. Nicht weniger streng war das Konzil von London 1102, wo in c. 22 erklärt wurde: *„Ut fides inter virum et mulierem occulte et sine testibus de coniugio data, si ab alterurto negata fue-*

---

[110] Nikolaus I., Antwortschreiben an die Bulgaren (zit. bei Ziegler, J. G., Die Ehelehre der Poenitentialsummen von 1200 bis 1350, Regensburg 1956, S. 96).

[111] Burchard, Decret., lib. XIX, c. 5 (zit. bei Joyce, G. H., Die christliche Ehe, Leipzig 1934, S. 105 u. 528).

[112] „Niemand darf seine Tochter oder sonstige Verwandte ohne priesterlichen Segen einem Manne zur Frau geben; wenn er dem zuwider handelt, so soll dies nicht als gesetzmäßige Eheschließung, sondern als Kuppelei beurteilt werden" (zit. bei Pollock, F.; Maitland, F. W., The History of English Law before the time of Edward I., Vol. II, Cambridge 1895, S. 368).

rit, irrita habeatur." Die Kanonisten des 12. Jahrhunderts folgten diesen Grundsätzen. Gratian schreibt: *„Coniugia quae clam contrahuntur, non negantur esse coniugia, nec iubentur dissolvi, si utriusque confessione probari poterunt: verumtamen prohibentur quia mutata voluntate alterius eorum, alterius confessione fides judici fieri non potest."*[113] Eine solche Regelung musste abschreckend wirken. Wenn eine Partei den Schritt bereute und es vorzog zu leugnen, daß eine Ehe beabsichtigt gewesen sei, so weigerte sich die Kirche, gemäß den vorgenannten allgemeinen Beweisregeln, der Verbindung den Rechtscharakter einer Ehe beizulegen.

Daraus wird deutlich, dass heimliche Ehen für die Kirche während des Mittelalters eines der schwersten Probleme bildeten. Der Grund dafür liegt zum einen in der beginnenden Respektierung des Individuums. Zum anderen muss berücksichtigt werden, dass die heimliche Ehe mit Rücksicht auf die Konsenstheorie zur Folge hatte, daß die soziale Ordnung nicht unerheblich erschüttert wurde. Dies mag folgendes Beispiel verdeutlichen: Oft bereute der Mann seine Entscheidung, sich durch die heimliche Ehe gebunden zu haben, und entschloß sich dazu, eine weitere Ehe einzugehen, die dann öffentlich gefeiert wurde. Die Schwierigkeiten, die daraus entstanden, waren nicht mehr zu beseitigen, die Rechtsunsicherheit unerträglich. Die wahre Ehefrau konnte keine Hilfe erlangen. Wer wollte ihr Glauben schenken? Ihre unbewiesenen Behauptungen anzunehmen würde bedeuten, alle künftigen Ehen dem Vorbehalt und gegebenenfalls der Laune eines enttäuschten Partners auszusetzen, der bereit war, den Nachweis, dass der andere sein (heimlicher) Ehegatte war, durch (Mein-)Eid zu beweisen. Selbst wenn der Mann das Verlassen der Frau bereute und die Existenz des (heimlichen)

---

[113] „Heimlich geschlossenen Ehen wird an sich der Charakter als Ehe nicht bestritten und es wird auch keine Auflösung des Bundes verlangt, wenn sie durch das Zeugnis beider Teile erwiesen werden können. Aber sie sind trotzdem verboten, denn wenn ein Teil es bereut, kann der Richter das Zeugnis des anderen Teils nicht als Beweis nehmen."

Vertrages einräumte, war dies unbeachtlich. Denn die nunmehrige neue Eheerklärung konnte unwahr oder durch Erpressung abgegeben worden sein, um dem (neuen) Ehebund zu entgehen. Wenn ein Mann nach einer öffentlichen Heirat sich für unfähig erklärte, eine Verbindung fortzusetzen, weil diese in Wirklichkeit ein Konkubinat sei, war der Bischof verpflichtet, dieser Erklärung keinen Glauben zu schenken und bei Strafe des Kirchenbannes ein Zusammenbleiben mit der (öffentlichen) Ehefrau zu erzwingen.

Hugo von St. Viktor neigte in diesem Fall ebenfalls dazu, die zweite Ehefrau nicht ihrer Rechte zu berauben, und die erste Ehe für ungültig zu erklären, ebenso Petrus Lombardus. Dem trat Thomas von Aquin entgegen: *„Hic Magister falsum dicit: quia potius debet excommunicatus mori quam coniugatus illi quae non est sua uxor."* Diese entgegengesetzten Standpunkte sollten auf dem Konzil geklärt werden. Weiter war problematisch, welche Voraussetzungen erfüllt sein mussten, um den Begriff *in facie ecclesiae* (im Angesicht der Kirche = Öffentlichkeit) auszufüllen. Üblicherweise legte man den Begriff so aus, dass darunter die Gemeinschaft der Gläubigen zu verstehen war; demnach war sowohl die Feier in einer großen Gesellschaft mit Priester, als auch der kirchliche Ritus erlaubt.

Papst Alexander III. bestimmte, dass heimliche Verbindungen bei Strafe des Kirchenbannes verboten sein sollten. Das Laterankonzil 1215 ordnete nicht nur das öffentliche Aufgebot an und setzte eine Frist, innerhalb der etwaige Hindernisse und Einwendungen erhoben werden mussten, sondern es beschloss darüber hinaus, dass jeder Priester, welcher eine heimliche Ehe einsegnete, für drei Jahre zu suspendieren war und die Parteien entsprechend den Umständen zu bestrafen waren. Die Lokalsynoden unterstützten diese Politik. Beispielhaft wurden bereits Winchester (1076) und London (1102) genannt. In Deutschland seien die Konzile von Trier (1227), Salzburg (1470) und Magdeburg (1370) erwähnt. Das 1227 in Trier erlassene Dekret verhängte den Kirchenbann über jeden Laien, der es wagen sollte, auf eigene Faust Brautleute zu trauen. Das Salzburger Dekret weist auf den Trierer

Beschluss hin und wiederholt, Ehen dürften nur vom Priester geschlossen werden.[114]

Jedoch nicht nur die Kirche verfolgte eine strikte Politik der Repression gegen den heimlichen Eheschluss. Unterstützt wurde sie von den staatlichen Behörden. Diese waren aus anderen Gründen (z.B. fiskalischer Art) hieran ebenso interessiert. Denn heimliche Ehen führten permanent zu Zweifeln über die Legitimität von Kindern, zu Prozessen über Erbschaften usw. In verschiedenen Ländern wurden die dem weltlichen Verbot Zuwiderhandelnden für unfähig erklärt, wichtige staatsbürgerliche Rechte auszuüben.

König Koloman von Ungarn veröffentlichte 1103 neben königlichen Erlassen ein kirchliches Dekret, nach dem diese Verbindungen nicht als Ehe, sondern als bloßes Beiwohnen behandelt werden. Durchschlagender noch waren die Methoden des König Roger II. von Sizilien: Er erließ ein Gesetz mit dem Inhalt, daß Kinder aus heimlichen Ehen weder durch Testament noch durch gesetzliche oder gewohnheitsrechtliche Nachfolge fähig sein sollten, den Besitz des Vaters zu erben. Ein Anspruch der Frau auf die Mitgift wurde ebenfalls abgeschafft.[115] 1260 verordnete Alfons von Castilien, dass Ehen in der von der Kirche vorgeschriebenen Form zu schließen seien, d.h. öffentlich vor einem Priester sowie vor vielen Zeugen. Auch viele Reichsstädte und Länder Deutschlands hatten vergleichbare Gesetze, nach denen die betreffenden Parteien zu bestrafen waren bzw. nachteilige familien- und erbrechtliche Konsequenzen zu befürchten hatten.[116]

Es stellt sich die Frage, warum Kirche und Staat nicht das einfache Mittel anwandten, heimliche Ehen mit dem Verdikt der Nichtigkeit zu belegen, bzw. schlicht für ungültig zu erklären. Unter

---

[114] Vgl. Friedberg, E., Lehrbuch des katholischen und evangelischen Kirchenrechts, Leipzig 1863, S. 30.

[115] Vgl. Hofmann, M., Die Stellung des Königs von Sizilien nach den Assisen von Ariano (1140), Diss. Münster 1915, S. 140-142 u. 179ff.

[116] Vgl. Friedberg, E., Das Recht der Eheschließung, Leipzig 1865, S. 30, 73 u. 105.

Berufung auf die Dogmengeschichte war die Kirche allgemein der Ansicht, ihr fehle die Kompetenz zu einem solchen Schritt. Inhalt und Form eines jeden Sakraments - so auch die Spendung des Ehesakraments - sei ein für allemal gültig von Christus selbst festgelegt worden. Die Kirche habe Gewalt nur über ihre Spendung, sie habe aber nicht die Kompetenz zum Erlaß eines Gesetzes, welches in die Gültigkeit des heiligen Zeichens selbst eingreifen würde.[117] So sagt Thomas von Aquin: „Was über mir der Notwendigkeit zum Sakramente gehört, das ist von Christo selbst eingesetzt, der da Gott ist und Mensch. Wenn nun auch nicht dies alles in der Schrift selbst gelehrt ist, so hat es die Kirche doch von der vertraulichen Überlieferung der Apostel."[118] Diese Äußerungen lassen den Schluss zu, dass, wenn die Brautleute, deren Verbindng durch kein trennendes Hindernis verboten war, sich dazu entschlossen, zu heiraten, dies nach Inhalt und Form für die Sakramentspendung genügte. Auch die Kirche konnte dies nicht verhindern. Zu dieser Zeit war alles, was gegen den heimlichen Eheschluss getan werden konnte, solche Ehen bei der Strafe der Todsünde zu verbieten und schwere kirchliche Strafen allen aufzuerlegen, die dagegen verstießen. Vor dem Hintergrund dieser religiös motivierten Rechtsauffassung und Rechtspraxis bereitete eine Reform gewaltige Schwierigkeiten und war auf dem Konzil von Trient nur mühsam durchzuführen.

---

[117] Vgl. Conrad, H., Das tridentinische Konzil und die Entwicklung des kirchlichen und weltlichen Eherechtes, in: Das Weltkonzil von Trient, Bd. I, hrsg. v. G. Schreiber,Freiburg 1951, S. 297-324, 304f.

[118] Zit. nach Schneider, C. M., Die katholische Wahrheit oder die theologische Summe des heiligen Thomas von Aquin, Regensburg 1886-1892, Bd. 10, S. 38.

5.3 Die Glaubensspaltung und Luthers Eheverständnis

Damit sind zunächst die historischen Entwicklungsstränge verdeutlicht, die zu einer Reform des kirchlichen Eherechts auf dem Konzil von Trient drängten. Hinzu kamen die reformatorischen Kritiker (Luther, Melanchthon, Calvin, Beza), die generell eine neue Standortbestimmung provozierten. Unter Berücksichtigung der Tatsache, daß das Konzil von Trient auch nachhaltig gegen reformatorische Bestrebungen Stellung bezog, soll nunmehr der reformatorische Standpunkt im 16. Jahrhundert dargestellt werden.

Die Grundlinie des Eheverständnisses Luthers kann durch folgende Stellen wiedergegeben werden:

- „Demnach weil die Hochzeit und Ehestand ein weltlich Geschäft ist, gebührt uns Geistlichen oder Kirchendienern nichts darin zu ordnen oder regieren, sondern lassen einer jeglichen Stadt und Land hierin ihren Brauch und Gewohnheit, wie sie gehen."
- „Es kann ja niemand leucknen, daß die Ehe ein eusserlich weltlich ding ist, wie kleider und speise, haus und hoff, weltlicher oberkeit unterworffen, wie das beweisen so viel kaiserliche recht doruber gestellet."
- „Zum andern, so gehet die Ehe die Kirche nichts an, ist außer derselben, ein zeitlich weltlich ding, drumb gehöret sie für die Oberkeit."[119]

Daraus wird verständlich, dass Luther die Sakramentalität der Ehe ablehnt; sie ist auch kein *signum efficacis gratiae*, sondern allenfalls Zeichen der Gnade im Sinne von Symbol.[120] Nichtsdestoweniger entwickelte auch Luther Vorstellungen über die institutionelle Struktur der Ehe, auf deren Grundlage sich das protestantische Eheverständnis ausgebildet hat. Dazu gehört neben der Leugnung der Sakramentalität der Ehe ebenso der Versuch, die Unauflöslichkeit

---

[119] Nachgewiesen in: Falk, F., Die Ehe am Ausgange des Mittelalters. Eine kirchen- und kulturhistorische Studie, Freiburg 1908, S. 73.

[120] Vgl. dazu Willsch, A., Das Verständnis der Ehe im 'Enchiridion' des Johannes Gropper, St. Ottilien 1991, S. 49ff.

der Ehe beizubehalten. Luther ging hier so weit, in konkreten Fällen die Trennung einer Ehe abzulehnen, aber gleichzeitig - gewissermaßen als Notbehelf - die Doppelehe zu empfehlen.[121]

Wie schon nach dem mittelalterlichen deutschen und dem vortrientinisch-kanonischen Recht kam nach evangelischem Recht die Ehe durch formlose Verlobung zustande, d.h. durch die ausdrückliche Einigung der Brautleute, miteinander die Ehe eingehen zu wollen.[122] Der reine Konsens brachte jedoch nur die sogenannten negativen Wirkungen der Ehe hervor, nämlich die Treuepflicht im Sinne des Ausschlusses der Bindung an einen Dritten. Die sogenannten positiven Wirkungen der Ehe, also eheliche Gemeinschaft und güterrechtliche Folgen, entstanden erst mit der Vollendung der Ehe (*consummatio matrimonii*) durch den Beginn der Geschlechtsgemeinschaft.[123]

Das altprotestantische Eherecht hat grundsätzlich die Systematik der Ehehindernisse aus dem kanonischen Recht übernommen.[124] Naturgemäß kannte die evangelische Kirche nicht die Ehehindernisse der höheren Weihe und der eine Ehe ausschließenden Gelübde. Ob die Religionsverschiedenheit (*disparitas cultus*, Ehe zwischen Christen und Nichtchristen) ein trennendes Ehehindernis, ein Eheverbot,

---

[121] Auf Anfrage von Heinrich VIII. von England betreffend seiner Scheidungssache mit Katharina von Aragonien bestand Luther auf der Gültigkeit der Ehe, regte jedoch an, die Königin möge gestatten, dass der König eine zweite Frau nehme. Die gleiche Position nahm er gegenüber dem Landgrafen Philipp von Hessen ein, der neben seiner legitimen Gattin Christine von Sachsen ein Hoffräulein heiraten wollte. Vgl. Jedin, H., Die Unauflöslichkeit der Ehe nach dem Konzil von Trient, in: Reinhardt, K.; Jedin, H., Ehe - Sakrament in der Kirche des Herrn, Berlin 1971, S. 61-109, 63f.

[122] Vgl. Reicke, S., Geschichtliche Grundlagen des deutschen Eheschließungsrechtes, in: Weltliche und kirchliche Eheschließung, hrsg. v. H. Dombois, F. Schumann, Gladbeck 1953, S. 27-62, 49ff.

[123] Luther unterscheidet in diesem Sinne zwischen einer 'verlobten Ehe' und einer 'Ehe im Werk', vgl. Suppan, K., Die Ehelehre Martin Luthers, Salzburg 1971, S. 74ff.

[124] Luther selbst stand den kirchlichen Ehehindernissen allerdings vollkommen ablehnend gegenüber; vgl. Suppan, K., Die Ehelehre Martin Luthers, Salzburg 1971, S. 109ff.

oder überhaupt kein Ehehindernis sei, war umstritten. Die Verschiedenheit des christlichen Bekenntnisses ist von der evangelischen Kirche nie als eigentlich förmlicher Dispensation bedürftiges Ehehindernis behandelt worden, jedenfalls nicht, soweit es sich um Ehen zwischen Angehörigen der im Deutschen Reich allenthalben mindestens tolerierten christlichen Religionsparteien handelte.

Die kirchliche Trauung enthielt nach evangelischer Lehre des 16. Jahrhunderts erstens eine Wiederholung der bereits formlos geschlossenen Verlobung und zweitens die alte deutsch-rechtliche *traditio puellae*, d.h. das Übergeben der Braut, was verändertem Verständnis zufolge als ein Zusammengeben der Brautleute aufgefasst wurde.[125] Die kirchliche Trauung des 17. Jahrhunderts war nicht Eheschließung, sondern Vollziehung der bereits geschlossenen Ehe. Die Ehe konnte also entweder durch die kirchliche Trauung oder die *copula carnalis* vollzogen werden. Die in weiten Bevölkerungskreisen herrschende vortridentinische Rechtsüberzeugung, wonach die Ehe bereits durch die kirchliche Trauung vollzogen sei, wurde so zur rechtlich anerkannten Regel.

Auch wurde im Gegensatz zur katholischen Seite der Anspruch des Staates auf die Gesetzgebungskompetenz in eherechtlichen Angelegenheiten nicht bestritten. Am weitesten verbreitet war zunächst die Lehre, daß für die Gesetzgebung in *Ehesachen als weltlich Ding*[126] der Staat allein zuständig war und die kirchliche Trauung allein religiöse Bedeutung habe und sich auf eine Einsegnung der Eheleute beschränke. Hier wirkte sich die von Luther im Anschluss an augustinische und mittelalterliche Vorstellungen entwickelte Zwei-Reiche-Lehre aus, die neben der Koordination von Kirche und Staat ebenso deren deutliche Abgrenzung verlangte.[127]

---

[125] Zu Luthers Verständnis vgl. Suppan, K., Die Ehelehre Martin Luthers, Salzburg 1971, S. 81ff.

[126] Vgl. Luther, Von Ehesachen, in: Werke, Weimarer Ausgabe Bd. 30, 3, S. 205ff.

[127] Vgl. dazu Mikat, P., Kirche und Staat, in: ders., Religionsrechtliche

Als die religiösen Auseinandersetzungen des 16. Jahrhunderts begannen, war es unvermeidlich, dass die Frage der heimlichen Ehe in den Vordergrund rückte und daß die Lehre der katholischen Kirche besonders kritisch kommentiert wurde. Hier erklärten die reformatorischen Theologen, die Satzungen der katholischen Kirche stünden in direktem Gegensatz zum Naturrecht und zum Wort Gottes. Sie stellten es ganz außer Frage, daß heimliche Ehen null und nichtig seien. Hierbei ist jedoch anzumerken, daß die heimliche Eheschließung begrifflich nicht als Gegenpol zu der öffentlichen Eheschließung verstanden wurde. Für die evangelischen Theologen war das wesentliche Erfordernis nicht die Öffentlichkeit oder die religiöse Zeremonie, sondern die Zustimmung der Eltern beziehungsweise Vormünder.[128] Demnach definierten diese die heimliche Ehe als Eheschluss ohne die erforderliche Einwilligung der Eltern. Folglich war eine auf diese Weise geschlossene Ehe ipso facto (von selbst) ungültig, wenn sie von einem erwachsenen Kind geschlossen wurde, das noch unter der sogenannten *patria potestas* (väterliche Gewalt) stand.

Die Gründe für die Änderung in der Bedeutung des Begriffs sind offensichtlich. Luther und seine Nachfolger fassten die Ehe noch als natürlichen Vertrag auf, der sich aus der gegenseitigen Zustimmung der Parteien ergebe. Selbst wenn die vorgeschriebenen Formalitäten nicht eingehalten worden waren, konnte eine heimliche Ehe nach dieser Betrachtungsweise nicht nichtig sein.[129] Andererseits ließ sich

---

Schriften. Abhandlungen zum Staatskirchenrecht und Eherecht, hrsg. v. J. Listl, 1. Halbband, Berlin 1974, S. 265-301, 270f.

[128] Vgl. Conrad, H., Das tridentinische Konzil und die Entwicklung des kirchlichen und weltlichen Eherechtes, in: Das Weltkonzil von Trient, hrsg. v. G. Schreiber, Bd. I, Freiburg 1951, S. 297-324, 306.

[129] Die Bedeutung der kirchlichen Trauung bei Luther ist demnach so zu verstehen: „Die kirchliche Trauung ist nach Luther ihrem Wesen nach ohne jede Bedeutung für die rechtliche Struktur der Ehe, für das Leben gemäß der Schöpfungsordnung der Ehe in der christlichen Gemeinde ist sie aber die Grundvoraussetzung. Mit der kirchlichen Trauung wird die durch das öffentliche Verlöbnis im weltlichen Bereich abgeschlossene Ehe in den Wirkbereich und das Kraftfeld der göttlichen Gnade gestellt" (Suppan, K.,

annehmbar nachvollziehen, daß ein noch nicht mündiges Kind unfähig sei, ohne Zustimmung der Eltern in einen Vertrag einzutreten. Zur Stützung dieser Thesen berief man sich auf Hochzeiten, die in der Bibel beschrieben worden waren. Darüber hinaus nahm man Bezug auf einen Kanon, der besagte, dass die Vereinigung ohne Zustimmung der Eltern nicht als Ehe, sondern nur als Beiwohnung zu betrachten sei. Allerdings fügte der Kanon die Worte *„... nisi voluntas propria suffragaverit et vota succurrerint legitima"* hinzu, deren wesentliche Bedeutung nicht erkannt wurde. Außerdem ist es wahrscheinlich, dass mit der sich im 15. Jahrhundert verstärkt vollziehenden Rezeption des römischen Rechts (insbesondere des *Corpus Iuris Civilis* in den deutschen Ländern die frühprotestantische Sichtweise zu dieser Ansicht beitrug. Im römischen Recht war die Zustimmung des pater familias beim Eheschluss Voraussetzung zur Gültigkeit des Vertrages. Insbesondere Luther war in dieser Hinsicht bereit, der elterlichen Zustimmung beinahe jeden erdenklichen Vorrang einzuräumen. Wo eine Ehe ohne elterliche Zustimmung abgeschlossen worden sei, haben diese die Macht, sie zu annullieren, selbst wenn Kinder aus ihr hervorgegangen sein sollten.[130]

Luther trat ferner streng für die Öffentlichkeit der Eheschließung ein. Die Ehe sei eine Sache, die die ganze Gemeinde angehe und daher auch in Gegenwart der Gemeinde stattfinden solle. Doch macht er die Öffentlichkeit nicht zur Bedingung für die Rechtsbeständigkeit. Andere reformatorische Theologen stimmen mit ihm hierin weitgehend überein. Lediglich Melanchthon war in einem wesentlichen Punkt liberaler als Luther. Er vertrat den Standpunkt, es liege nicht in der Macht der Eltern, eine vollzogene heimliche Ehe wieder ungültig zu machen.[131] Die Wittenberger Juristen zeigten

---

Die Ehelehre Martin Luthers, Salzburg 1971, S. 87).

[130] Vgl. Luther, Werke, Weimarer Ausgabe, Bd. 10, I.1, S. 643.

[131] Vgl. Melanchthon, De conjugio, unter der Überschrift De consensu parentum (1551), in: Werke, Wittenberg 1601, Bd. I, S. 339; weitere Nachweise bei Friedberg, E., Das Recht der Eheschließung, Leipzig 1865,

ebenfalls nur wenig Interesse daran, den Eltern despotische Befugnisse einzuräumen. Deshalb kam es 1544 beinahe zum offenen Bruch zwischen Luther und den Wittenberger Juristen.

Bereits 1548 verkündete Kaiser Karl V. einen *Interim* genannten Erlass, worin versucht wurde, einen für beide Religionsparteien möglichen modus vivendi zu schaffen. In das Kapitel über familienrechtliche Bestimmungen fügte Kaiser Karl V. eine Bestimmung ein, wonach Kinder zwar keine Ehe ohne den Rat der Eltern schließen sollten, diese aber doch nicht die Macht haben sollten, die gleichwohl geschlossene Ehe für nichtig zu erklären.[132] Eine inhaltlich gleiche Vorschrift fügte die Synode von Mainz 1549 in c. 36 ein. Darin heißt es: *„Matrimonia sine consensu parentum legitime inita non debere rescindi. Hanc conjunctionem ex libero consensu contrahentium per verba de praesenti expressa stabiliri, nec a parentibus, si forte eorum voluntas non accesseri, rescindi posse."*[133]

Auch auf katholischer Seite war - infolge der oben aufgezeigten Probleme und der aufkommenden reformatorischen Bewegung - der Wunsch nach einer Änderung der Rechtslage entstanden. Die Ansicht, heimliche Ehen nach Maßgabe der katholischen Definition unter kirchlicher Zuständigkeit für ungültig zu erklären, gewann an Boden. Erasmus legte in seinem 1526 erschienenen Werk *„Christiani Matrimonii Institutio"* (Der christliche Ehestand) ausführlich dar, die Kirche habe die heimliche Ehe für gültig erklärt, um den Einfluss der Eltern in dieser Hinsicht einzudämmen: „Dadurch habe sie jedoch ein

---

S. 228.

[132] Conrad, H., Das tridentische Konzil und die Entwicklung des kirchlichen und weltlichen Eherechtes, in: Das Weltkonzil von Trient, hrsg. v. G. Schreiber, Bd. I, Freiburg 1951, S. 297-324, 306f.

[133] „Gesetzmäßig, aber ohne die Zustimmung der Eltern geschlossene Ehen dürfen nicht gelöst werden. Diese Verbindung entsteht durch die freie Zustimmung der abschließenden Parteien mit Worten de praesenti und kann daher von den Eltern, wenn ihre Zustimmung zufällig nicht erfolgt ist, auch nicht aufgehoben werden" (zit. bei Joyce, G. H., Die christliche Ehe, Leipzig 1934, S. 117f.).

viel schlimmeres Übel zutage gebracht, als es die elterliche Tyrannei gewesen sei." Was die Kirche getan habe, könne sie auch wieder rückgängig machen.[134]

Mit Nachdruck wandte sich auch das Konzil von Trient gegen den elterlichen Einfluss. Weit verbreitet war das Gefühl, dass - infolge der neuen protestantischen Lehre - der durch das kanonische Recht geschaffene Zustand unbefriedigend war. Andererseits herrschte keine Neigung, den Grundsatz aufzugeben, daß die Freiheit in der Wahl des Lebensgefährten ein fundamentales Grundrecht eines jeden Menschen sei und dass eine Ehe durch den Einspruch der Eltern nicht rückgängig gemacht werden könne. Zwar schulde der Sohn dem Vater Gehorsam und solle in einem so wichtigen Punkt wie der Heirat seinen Rat beachten, jedoch müsse letztlich die Wahl ihm selbst überlassen bleiben. Die Macht, die das römische Recht dem pater familias zugestand, widersprach dem Naturrecht und den sich wandelnden politischen und sozialen Verhältnissen. Die Frage war nur, wie der bestehende und zudem gefährliche, aber dennoch weitverbreitete gesellschaftliche Anachronismus überwunden werden sollte. Klar war nur, daß das „Ob" und „Wem gegenüber" der Spendung des Sakraments nicht von der Billigung eines Elternteils abhängen sollte.

5.4 Das Konzil von Trient

Das Konzil von Trient (1545-1563) ist von kaum zu unterschätzender Bedeutung für die Entwicklung des modernen Eherechts: Die Vorgaben des Konzils sind zum einen Markstein in der Geschichte des kirchlichen Eherechtes; es ist aber darüber hinaus auch für die Entwicklung des modernen staatlichen Eherechtes maßgebend geworden. Denn: die Eheschließungsform

---

[134] Christiani matrimonii institutio, in: Werke, Bd. 5, Basel 1540, S. 525; weitere Nachweise bei Friedberg, E., Das Recht der Eheschließung, Leipzig 1865, S. 106.

des kanonischen Rechtes, wie sie auf dem Konzil von Trient festgelegt wurde, hat auch die Rechtsformen der modernen Zivilehe entscheidend beeinflussen können. Damit steht das Eherecht des Konzils von Trient am Ende der Entwicklung des mittelalterlichen Eherechtes und zugleich am Anfang der Geschichte des kirchlichen und weltlichen Eherechtes der Neuzeit.[135] Eherechtlich bedeutsam wurden vor allem die beiden Dekrete der Sessio XXIV von 1563. Es handelt sich zum einen um das Dekret über die Sakramentalität der Ehe und das Dekret *Tametsi* über die Form der Eheschließung.

Da die Kirche ihren Anspruch auf Jurisdiktion über die Ehe aus deren Sakramentalität herleitete, mußte das Dekret über die Sakramentalität der Ehe den Grund für die Ausgestaltung der Formpflicht legen. Mit der Betonung der Sakramentalität der Ehe wurde darüber hinaus versucht, die Glaubenssicherheit wiederherzustellen, die durch das Vordringen der protestantischen Anschauungen erschüttert worden war. In der Nachfolge Luthers hatte der Protestantismus den sakramentalen Charakter der Ehe geleugnet. Dagegen hatte bereits das Konzil von Florenz das Ehesakrament zum siebenten Sakrament als Zeichen der Verbindung Christi mit der Kirche erklärt. Das Konzil von Trient nahm in seiner Sessio VII vom 3. März 1547 die Ehe nochmals demonstrativ unter die sieben Sakramente auf.

Kirchenrechtlich bedeutsam ist die erneute Betonung der Sakramentalität der Ehe jedoch wegen der Folgen dieser Anschauung. Wenn die Ehe ein Sakrament ist, so wird es schwierig, ihren Abschluss einer bestimmten Form zu unterwerfen, die nicht durch Jesus selbst vorgeschrieben worden war. Dafür ist jedoch dem Neuen Testament nichts zu entnehmen. Das Problem ist also, wie die gültige Spendung eines Sakramentes von der Erfüllung einer Formpflicht abhängig gemacht werden kann. Das Problem verschärft sich, wenn - wie es auch die Lehre des Konzils von Trient war - diese Spendung im Falle der Ehe nicht durch den Vertreter der Kirche als dem

---

[135] Conrad, H., Das tridentinische Konzil und die Entwicklung des kirchlichen und weltlichen Eherechtes, in: Das Weltkonzil von Trient, hrsg. v. G. Schreiber, Bd. I, Freiburg 1951, S. 297-324, 298.

'weltlichen Leib' Christi erfolgte, sondern durch den wechselseitigen Konsens der Brautleute selbst.

Letztlich ist es also der Vertragscharakter der Eheschließung und der dazugehörigen Sakramentenspendung - d.h. die Identität von Vertrag und Sakrament[136] - der die Festlegung von Formpflichten im Kirchenrecht so schwierig macht. Die Kirche hatte deshalb vor dem Konzil von Trient bereits wiederholt versucht, Formvorschriften für die Eheschließung vorzuschreiben, die auch mit Hilfe von Kirchenstrafen durchgesetzt werden sollten. Sie scheute jedoch stets davor zurück, eine nicht gemäß diesen Formvorschriften zustandegekommene Ehe für nichtig zu erklären. Auch das 4. Laterankonzil von 1215 führte nur eine Sollvorschrift für die Form der Eheschließung ein; die Nichtbeachtung dieser vorgeschriebenen Formen machte eine Ehe jedoch nicht ungültig. Auch die Ehe *per procuratorem, per nuntium, per litteram* oder *inter mutos* ist aufgrund ihres Vertragscharakters, der identisch mit ihrer Sakramentalität ist, als natürlicher Vertrag gültig.[137]

Andererseits gibt gerade die Auffassung der Ehe als Sakrament die Möglichkeit, den Abschluss des Ehevertrages bestimmten Formpflichten zu unterwerfen.[138] Wendet man auf die Sakramentenlehre nämlich die hylemorphistische Analyse an, so stellt sich die Frage nach Materie, Form und Spender des Sakramentes. Zugrunde liegt der Gedanke einer Bipolarität zwischen Potenz - Akt auf der einen und Materie - Form auf der anderen Seite. Als *materia remota* des Ehesakramentes wäre demnach der Vertragsinhalt anzusehen, während die Worte oder Zeichen, mit denen die Kontrahenten ihren Ehewillen bekunden, als *materia proxima* aufzufassen wären. Die

---

[136] Vgl. dazu Corecco, E., Die Lehre der Untrennbarkeit des Ehevertrages vom Sakrament im Lichte des scholastischen Prinzips 'Gratia perficit, non destruit naturam', in: AfkKR S.143/1974, 379-442.

[137] Vgl. Corecco, E., Das Sakrament der Ehe: Eckstein der Kirchenverfassung, in: AfkKR 148/1979, S. 353-379.

[138] Vgl. zur gegenwärtigen Diskussion Kaiser, M., Grundfragen des kirchlichen Eherechts, in: Handbuch des katholischen Kirchenrechts, hrsg. v. J. Listl u.a., Regensburg 1983, S. 739f.

gleichen Worte oder Zeichen sind jedoch als Form aufzufassen, sofern sie die gegenseitige Annahme der Hingabe zu einer umfassenden Lebensgemeinschaft ausdrücken.[139] Damit ist aber noch keine kanonistisch bedeutsame Formpflicht zu begründen, da demzufolge die Form nur den expressiven Charakter der Zeichen betrifft, mit denen der Ehewille bekundet wird. Die Mitwirkung eines trauungsberechtigten Geistlichen kann auf dieser Grundlage nicht als zur Form des Sakramentes gehörig betrachtet weren.[140]

Ein erster Versuch zur Lösung dieses Problems kann bei Robert Bellarmin (1542-1621) gefunden werden, dessen Lehren entscheidende Bedeutung für die Ehetheologie der folgenden Jahrhunderte gewannen.[141] Zentralgedanke seiner Ehelehre war es, daß die Ehe von Christus zum Sakrament erhoben wurde. Wenn die Ehe nun einen Vertrag und ein Sakrament darstellt, so muss Christus diesen Vertrag selbst zum Sakrament erhoben haben. Der sakramentale Charakter kommt also nicht von außen zum Vertrag hinzu, sondern er ist als Vollendung und Vervollkommnung des Vertrags aufzufassen, womit der Ehevertrag Zeichen einer neuen sakramentalen Wirklichkeit wird. Mit dieser Lehre versuchte Bellarmin, die vermittelnde Rolle der Kirche beim Abschluss des Vertrags-Sakramentes verständlich zu machen.

Dazu musste allerdings noch der Zusammenhang der Aufgabe der Kirche bei der sakramentalen Vollendung des Ehevertrages ver-

---

[139] Vgl. Zapp, H., Kanonisches Eherecht, 7. Auflage, Freiburg 1988, S. 31 sowie Heinemann, H., Die sakramentale Würde der Ehe. Überlegungen zu einer bedenklichen Entwicklung, in: AfkKR 155/1986, S. 377-399.

[140] Anders wäre die Lage, wenn der Priester als Spender des Sakramentes zu betrachten wäre. Diese Lehre findet sich z.B. bei Melchior Cano (1509-1560), der folgerichtig versuchte, die Möglichkeit einer Trennung von Ehevertrag und Sakrament zu begründen. Vgl. dazu Corecco, E., Der Priester als Spender des Ehesakramentes im Lichte der Lehre über die Untrennbarkeit von Ehevertrag und Ehesakrament, in: Ius Sacrum. Festschrift für K. Mörsdorf zum 60. Geburtstag, hrsg. von A. Scheuermann u. G. May, München 1969, S. 521-557.

[141] Vgl. Corecco, E., Die Lehre der Untrennbarkeit des Ehevertrages vom Sakrament im Lichte des scholastischen Prinzips 'Gratia perficit, non destruit naturam', in: AfkKR 143/1974, S. 379-442, 388ff.

deutlicht werden. Eine Lösung fand hier Francisco Suarez (1548-1619). Er vertrat die Lehre von der für die sakramentale Würde der Ehe unabdingbaren Einheit dreier Intentionen. Zum einen ist die Intention, die Ehe mit allen Folgen und Wirkungen zu schließen, identisch mit der Intention *faciendi quod Christus instituit*. Zum zweiten ist die Intention *faciendi quod Christus instituit* identisch mit der Intention *faciendi quod ecclesia intendit*.[142] Der Spender verwirklicht das Sakrament also nur mit der Intention *faciendi quod ecclesia intendit*.[143] Sakrament und Vertrag verhalten sich demnach nicht wie die Ursache zur Wirkung, sondern der Vertrag ist die Materie des Sakramentes. Die verlangte Intentionalität, die zum Sakrament gehört, steht jedoch nicht im Belieben der Ehepartner, die sich das Sakrament spenden, sondern aufgrund der Bedeutung der Kirche als Wahrerin der Intention *faciendi quod Christus instituit* hat der objektive und allgemeine Wille der Kirche den Vorrang vor der subjektiven Intention des Spenders. Nur der Wille der Kirche kann einen eventuellen Fehler des Spenders beseitigen und nur die Übereinstimmung mit dem Willen der Kirche erlaubt es dem Spender nicht, andere Folgen und Wirkungen zu verursachen als jene, die wesenhaft dem Ehesakrament zukommen. Die *ratio contractus* ist also von der *ratio sacramenti* untrennbar; die letztere jedoch hängt von der Intention *faciendi quod ecclesia intendit* ab.

Eine theologische Begründung der Aufnahme von Formpflichten in die kirchenrechtlichen Bestimmungen über das Zustandekommen einer gültigen Ehe kann daher nur geleistet werden, wenn der Kirche

---

142 Vgl. Opera Omnia, Paris 1856-1861, t. XX, q. 64, art. 10, disp. XIII, sect. II, n. 2: „Triplex enim intentio potest in ministro sacramenti intelligi ... Secunda est, intentio faciendi sacramentum, vel quod idem est, faciendi quod Christus instituit, vel quod Ecclesia intendit." Vgl. dazu Corecco, E., Die Lehre der Untrennbarkeit des Ehevertrages vom Sakrament im Lichte des scholastischen Prinzips 'Gratia perficit, non destruit naturam', in: AfkKR 43/1974, S. 379-442, 402ff.

143 Vgl. q. 64, art. 10, disp. XIII, sect. II, n. 4: „Dicit ergo secundo, ministrum sacramenti agere in persona totius Ecclesiae, et in verbis formae exprimere intentionem Ecclesiae, quae sufficit ad perfectionem sacramenti, nisi contrarius exterius exprimitur."

und ihrer Jurisdiktion die alleinige Interpretationskompetenz für die Sakramentalität als solcher zugeschrieben wird. Dann kann sie auch den Inhalt des Vertrages festlegen. Wenn sie dies kann, dann ist die Kirche jedoch auch befugt, das Zustandekommen einer gültigen Ehe davon abhängig zu machen, daß der Inhalt des Vertrages von den kontrahierenden Parteien explizit zur Kenntnis genommen wird. Dann steht auch die Möglichkeit offen, eine explizite Zurkenntnisnahme nicht schon dann anzunehmen, wenn die Eheschließenden stillschweigend den Inhalt des Vertrages in ihren Ehewillen aufgenommen haben, sondern erst dann, wenn sie den Ehewillen in einer Form bekunden, die sicherstellt, dass sie die Ehe tatsächlich in Kenntnis eben dieses Inhalts eingehen.

Diese Form aber verlangt zumindest die Öffentlichkeit der Willensbekundung. Darüber hinaus aber ist daraus auch eine bestimmte Form der Öffentlichkeit abzuleiten, nämlich die Eheschließung in *facie ecclesiae*, d.h. die Trauung durch einen bevollmächtigten Priester. Der Priester stellt durch seine Amts-Zeugenschaft demnach die Öffentlichkeit her, die die Vermutung begründet, dass die Eheschließenden ihren Bund tatsächlich mit der Intention *faciendi quod Christi instituit* eingehen, weil sie damit zeigen, daß sie der Intention *faciendi quod ecclesia intendit* folgen. Die kirchenrechtliche Formpflicht lässt sich also mit der Auffassung der Ehe als Sakrament und Vertrag vereinbaren, wenn erstere dazu dient, dafür Sicherheit zu geben, daß der Vertrag tatsächlich den Inhalt hat, der die christliche Ehe als Vertrag und Sakrament begründet, m. a. W., dass der Ehewille in der Tat ein Wille ist, der sich auf eine Absicht richtet, die dem Wesen der Ehe entspricht.

Dennoch läßt sich auch daraus nicht die absolute Unabdingbarkeit einer Formpflicht ableiten. Es ist nicht ausgeschlossen, dass beide Eheschließenden so in ihren Ehewillen übereinstimmen, dass darin der sakramentale Charakter der Ehe mitintendiert ist. Wenn sie jedoch den Ehekonsens mit der Intention *faciendi quod Christus instituit* in Identität mit der Intention *faciendi quod ecclesia intendit* eingehen, so kann die Kirche diesen Ehen den sakramentalen Charakter nicht absprechen. Eine andere Lage wäre nur dann gegeben, wenn nachgewiesen werden könnte, daß die Intention *faciendi quod ecclesia intendit* nicht nur den Inhalt des Ehewillens betrifft, sondern aus sich heraus die kirchliche Trauung vor einem bevollmächtigten Priester erfordert. Dann wäre die spezifisch kirchliche Öffentlichkeit der Eheschließung nicht als Garantie für die Beachtung des für die Sakramentalität wesentlichen Inhalts des Ehekonsenses zu betrachten, sondern als Bestandteil dieses wesentlichen Inhalts selbst.

Dass zu der Intention, in der die Ehe geschlossen werden muss, um als sakramentale gelten zu können, auch die kirchliche Eheschließungsform gehört, ließe sich nur schwer begründen. Die Kirchenrechtslehrer haben diesen Weg auch nicht begangen. Daraus folgt aber, daß die Formpflicht auch Ausnahmen kennen muss, wie dies auch nach dem Konzil von Trient bis in das gegenwärtig geltende Kirchenrecht hinein tatsächlich der Fall war und ist (Noteheschließung, vgl. c. 1116 CIC 1983).

Es ist zu bedenken, dass die Einführung von Formvorschriften vor allem auf Schwierigkeiten zurückzuführen war, die sich aus der Funktion der Kirche als einer Organisation ergaben, die in weiten Bereichen auch einem Regelungsbedarf für rein gesellschaftliche Institutionen nachkommen musste. Die Zivilehe war noch unbekannt. Die zahlreichen Probleme, die sich aus dem reinen Konsenscharakter der christlichen Ehe ergeben hatten, stellten die Kirche vor die Aufgabe, zu Regelungen zu kommen, die geeignet waren, zur Rechtssicherheit und zu sozial akzeptierten Verhältnissen auf diesem Gebiet beizutragen.[144]

Die Bedeutung des Konzils von Trient liegt also vor allem in der Einführung einer zwingenden Formvorschrift für die Eheschließung. Dass diese Einführung vor allem durch Probleme aus der bisherigen

---

[144] Vgl. Jorissen, H., Die Entscheidung des Konzils von Trient zu Ehescheidung und Wiederheirat und ihr Hintergrund, in: Geschieden, wiederverheiratet, abgewiesen? Antworten der Theologie, hrsg. v. Th. Schneider, Freiburg u.a. 1995, S. 112-126.

Praxis der Eheschließung motiviert war, zeigt schon die Liste der Sätze, die den Konzilstheologen am 26. April 1547 zur Begutachtung vorgelegt wurden, nachdem das Konzil seinen Tagungsort am 11. März 1547 nach Bologna verlegt hatte:[145]

1. Die klandestinen Ehen sind keine gesetzmäßigen Ehen und können daher von den Eltern aufgelöst werden.
2. Es ist Christen erlaubt, gleichzeitig mehrere Frauen zu haben, Polygamie ist durch kein Gesetz verboten.
3. Die Frau, die sich einem anderen Mann hingibt, bzw. der Mann, der mit einer anderen Frau verkehrt, hört auf, Gattin bzw. Gatte zu sein, so daß es beiden Gatten oder wenigstens dem von ihnen, der die Trennung nicht verursachte, freisteht, eine neue Ehe einzugehen, d.h. eine andere Gattin heimzuführen bzw. einen anderen Mann zu heiraten.
4. Wer nach Entlassung der Ehebrecherin eine andere heiratet, begeht keinen Ehebruch.
5. Entlassung löst die Ehe auf; sofern sie regelrecht geschehen ist, dürfen beide Teile eine neue Ehe eingehen.

Darüber hinaus sollten die Konzilstheologen das Recht der Kirche zur Festlegung von Ehehindernissen untersuchen.

Bereits in Bologna bestand Einigkeit darüber, dass Ehebruch eine Ehe nicht auflösen, sondern nur die Aufhebung der ehelichen Gemeinschaft begründen könne. Außerdem hielt die große Mehrheit der Konzilsväter die Klandestinehe für gültig. Als Mittel gegen die nachteiligen Folgen solcher Ehen wurde bereits hier eine zur Gültigkeit notwendige Eheschließungsform vorgeschlagen. Die Erörterungen ruhten dann, bis das Konzil 1562 wieder nach Trient einberufen wurde. Am 4. Februar 1563 wurden den Konzils-

[145] Vgl. Jedin, H., Die Unauflöslichkeit der Ehe nach dem Konzil von Trient, in: Reinhardt, K.; Jedin, H., Ehe-Sakrament in der Kirche des Herrn, Berlin 1971, S. 61-109, 68.

theologen nunmehr acht Sätze über das Ehesakrament vorgelegt, die sie untersuchen sollten. Die ursprünglich sechs Themenbereiche waren um zwei Artikel über Virginität und Zölibat erweitert worden; der Begriff der Klandestinehe war nunmehr auf solche, die ohne Einwilligung der Eltern geschlossen wurden eingegrenzt worden.[146] Nach intensiven Debatten wurden beide Bestandteile des Ehedekrets, die 12 *canones de Sacramento Matrimonii* und das Reformdekret mit dem Dekret *Tametsi*, am 10. November 1563, in Sessio XXIV, angenommen.[147]

Das Dekret bestimmt, dass die Eingehung der Ehe zwar dem freien Willen der Ehepartner überlassen sei, dass die Abgabe der ehelichen Konsenserklärung jedoch einer bestimmten Form bedürfe. Begründet wurde dies mit den durch Klandestinehen entstehenden Gefahren. Eine solche Konsenserklärung sollte danach nur vor dem Ortspfarrer und mindestens zwei Zeugen abgegeben werden können. Die Nichteinhaltung dieser Formbestimmungen sollte eine Ehe nichtig machen. Diese Vorschrift war ein Novum in der Geschichte der Kirche. Darüber hinaus sollte die Öffentlichkeit der Eheschließung dadurch betont werden, daß jeder Eheschließung ein dreimaliges kirchliches Aufgebot zur Ermittlung von Ehehindernissen vorangehen sollte. Außerdem musste die Ehe nach ihrem Abschluss in ein vom Pfarrer zu führendes Trauungsbuch eingetragen werden. Auch diese Bestimmung richtete sich gegen die Klandestinehen und sollte eine Beweisbarkeit der kirchlich abgeschlossenen Ehen ermöglichen.[148]

Die Formvorschriften des Trienter Konzils waren also vorwiegend praktisch ausgerichtet und sollten Abhilfe für die Probleme schaffen, die das rein konsensuale Verständnis der Ehe in der Wirk-

---

[146] Vgl. dazu Jedin, H., Krisis und Abschluß des Trienter Konzils, Freiburg 1964, S. 91ff.

[147] Vgl. Fransen, P., Ehescheidung bei Ehebruch. Die endgültige Fassung des 7. Kanons auf der 24. Sitzung des Trienter Konzils in ihren theologischen und geschichtlichen Hintergründen (August bis November 1563), in: Scholastik 30/1955, S. 33-49.

[148] Vgl. Jedin, H., Das Konzil von Trient und die Anfänge der Kirchenmatrikeln, in: Zeitschrift für Rechtsgeschichte, Kan. Abt., 63/1943, 419ff.

lichkeit erzeugt hatte. Darüber hinaus ist jedoch auch eine tiefere Begründung nicht zu übersehen. Denn es wird die Zulässigkeit der zwingenden Formvorschriften damit begründet, dass die Kirche befugt sei, zu bestimmen, daß die Partner zur Eingehung einer (sakramentalen) Ehe unfähig seien, wenn sie nicht die vorgeschriebene Form einhalten. Dies kommt in den Worten zum Ausdruck: *„... eos sancta Synodus ad sic contrahendum omnino inhabiles reddit."*[149] Zur Eingehung einer Ehe unfähig sein kann aber nur heißen, die Willenserklärungen nicht so abgeben zu können, wie es zur Begründung des Ehekonsenses erforderlich ist. Damit macht das Dekret *Tametsi* die Fähigkeit zur Abgabe eherechtlich relevanter Willenserklärungen im Grunde davon abhängig, dass sie *in facie ecclesiae* abgegeben werden.

Ähnlich argumentierten die Anhänger der Reform, als sich etwa 50 Teilnehmer des Konzils unter Führung der Kardinallegaten Simonetta und Hosius mit theologischen Argumenten gegen den Erlass zwingender Formvorschriften wandten. Die Reformgegner brachten vor, die Kirche dürfe sich keine Zuständigkeit in dieser Frage zuschreiben, da ein auf göttlicher Einsetzung beruhendes Sakrament Änderungen und Neuerungen hinsichtlich Form und Materie nicht erlaube. Die Verteidiger des Reformvorhabens argumentierten dagegen u.a. so: „... auch könne nicht davon gesprochen werden, daß ein Eingriff in die Sakramentalität der Ehe oder eine Änderung der Materie und Form des Ehesakraments vorläge, denn man wolle ja nur sicherstellen, daß tatsächlich das Sakrament gespendet würde, und diese Sicherheit sei eben nur gegeben, wenn bestimmte Formvorschriften zwingend vorgeschrieben würden."[150]

In der Tat ist dies die einzig mögliche Begründung der Nichtigkeitsfolge bei Verletzung der Formvorschriften. Wenn zugegeben

---

[149] Vgl. Conrad, H., Das tridentinische Konzil und die Entwicklung des kirchlichen und weltlichen Eherechts, in: Das Weltkonzil von Trient, hrsg. v. G. Schreiber, Bd. I, Freiburg 1951, S. 297-324, 308.

[150] Plöchl, W. M., Geschichte des Kirchenrechts, Bd. IV, Wien 1966, S. 270.

wird, daß das Sakrament auch unabhängig von den nunmehr vorgeschriebenen Formen gespendet wird, so kann die Verletzung der Form nicht die Folge der Nichtigkeit beinhalten. Wenn Vertrag und Sakrament in der Eheschließung jedoch untrennbar sind, so kann demzufolge auch nicht von einer Nichtigkeit gesprochen werden, wenn unter Verletzung der Formvorschriften der Ehekonsens zustandegekommen ist.[151] Die Begründung für die Nichtigkeitsfolge der Verletzung der Formvorschriften muß also lauten: Das Sakrament wird nur dann mit Sicherheit gespendet und der Vertrag kommt nur dann mit Sicherheit als Ehevertrag zustande, wenn bestimmte Formvorschriften eingehalten werden. Wäre dem nicht so, so hätte das Konzil von Trient seinen Vorgängern folgen und die Nichteinhaltung der Formvorschriften mit Kirchenstrafen belegen müssen, nicht aber die Nichtigkeit der Ehe bei Verletzung der Formvorschriften festsetzen dürfen.

Die Wirkung des Dekrets *Tametsi* wurde in der Folgezeit vor allem durch drei Faktoren beeinträchtigt:

- die Art der rechtsverbindlichen Kundmachung des Dekrets;
- die Absicht, seine Gültigkeit auch für nicht-katholische Christen zu beanspruchen;
- die unklare Bezeichnung des zur Entgegennahme des Konsenses und damit zur Trauung berechtigten Priesters.

In der Schlussklausel des Dekrets wurde bestimmt, dass die zwingend vorgeschriebene Eheschließungsform nur in den Gebieten Geltung haben sollte, in welchen das Dekret verkündet worden war.

---

[151] Allerdings wollte die Mehrheit der Konzilsväter die Einführung der Formpflicht für die Eheschließung nicht als Sakramentsform, sondern allein als Vertragsform verstanden wissen (vgl. Lettmann, R., Die Diskussion über die klandestinen Ehen und die Einführung einer zur Gültigkeit verpflichtenden Eheschließungsform auf dem Konzil von Trient, Münster 1967, S. 139ff., 180ff.). Mit dieser Unterscheidung würde jedoch die ebenfalls auf dem Konzil behauptete Einheit von Vertrag und Sakrament wieder zurückgenommen.

Das Dekret schrieb vor, dass die Ordinarien die neuen Bestimmungen in allen Pfarrkirchen ihrer Diözesen kundmachen und erklären - *populo publicari ac explicari* - lassen sollten. In den Gebieten, in denen das Dekret nicht verkündet worden war, galt die tridentinische Eheschließungsform folglich nicht. Von Anfang an galten die kirchliche Formvorschriften nicht in England, Schottland, Schweden, Dänemark, Norwegen, Friesland, Sachsen und Pommern. In Frankreich wurde das Dekret zwar nicht verkündet, aber weitgehend gewohnheitsrechtlich rezipiert. Im Deutschen Reich galt es einheitlich erst seit dem 15. April 1906 und war auf katholische Ehen beschränkt.

Hinzu kam die Frage, ob das Dekret nur für Katholiken oder auch für andere Christen gelten sollte.[152] Für konfessionelle Mischehen und für die Ehen nichtkatholischer Christen wurde das Dekret *Tametsi* in der nachfolgenden Gesetzgebung wieder außer Kraft gesetzt.[153] Ein besonderes Problem entstand dabei in den Niederlanden, wo das Dekret zur Zeit der spanischen Herrschaft verkündet worden war, als das ganze Land katholisch war. Bald darauf war jedoch der überwiegende Teil der Bevölkerung zum Protestantismus übergetreten. Es stellte sich deshalb die Frage, ob die ohne Beachtung des Dekrets abgeschlossenen Ehen gültig seien. Bedeu-

---

[152] Schon bei den Konzilsberatungen war die Behandlung der Praxis in den Ostkirchen ein schwieriges Problem. In diesen Kirchen war bei Ehebruch die Wiederverheiratung gestattet. Can. 6, der am 20. Juli 1563 von der Konzilsleitung dem Plenum vorgelegt wurde, lautete jedoch: „Wenn jemand sagt, daß die Ehe wegen des Ehebruchs eines der Gatten geschieden und jedem der beiden - oder wenigstens dem unschuldigen, der keinen Ehebruch beging - freigestellt werden dürfe, eine neue Ehe einzugehen, ferner daß der Mann, der nach Entlassung der ehebrecherischen Frau eine andere heiratet, und ebenso die Frau, die nach Trennung von dem ehebrecherischen Mann einen anderen ehelicht, keinen Ehebruch begehen, der sei im Bann." Gegen das Anathema in diesem Canon regte sich heftiger Widerspruch, der aber schließlich nicht zum Erfolg führte. Vgl. Jedin, H., Die Unauflöslichkeit der Ehe nach dem Konzil von Trient, in: Reinhardt, K.; Jedin, H., Ehe - Sakrament in der Kirche des Herrn, Berlin 1971, S. 61-109, 78ff.

[153] Vgl. Telch, C., Epitome Theologiae Moralis, Innsbruck 1924, S. 455ff.

tende Theologen behaupteten die Ungültigkeit dieser Ehen.[154] Von anderen wurde argumentiert, das Dekret sei nicht für Protestanten bestimmt gewesen, weshalb diese gültige Ehen auch ohne Beachtung der Formvorschriften schließen könnten. Erst Papst Benedikt XIV. entschied 1741, daß unter Protestanten in Belgien und Holland abgeschlossene Ehen als gültig zu behandeln seien.

Damit entstand jedoch ein neues Problem. In Ländern mit einer religiösen Organisation des Protestantismus sollten nur rein katholische Ehen der zwingenden Formvorschrift unterliegen. In Ländern mit überwiegend katholischer Bevölkerung sollte das Dekret jedoch ohne Einschränkung gelten, also auch für die sich dort aufhaltenden Protestanten.[155] Es ist verständlich, „... daß die Verschiedenheit von sogenannten tridentinischen und nichttridentinischen Orten, ferner die Differenzierung, ob das Dekret nur für Katholiken oder auch für andere Christen galt, im reichsten Maße zu Komplikationen beitrug, aber auch eine förmliche Zergliederung der gemeinrechtlichen Vorschriften in eigentlich partikularrechtliche Bereiche mit sich brachte."[156]

Des weiteren war die Frage des *domicilium* zu klären. Es war nicht deutlich, ob die Verpflichtung zur Eheschließung in der tridentinischen Form für jeden galt oder nur für jene, die in einer tridentinischen Pfarre ihr *domicilium* hatten. Zunächst wurde angenommen, daß der *parochus proprius* zuständig sei, obwohl das Dekret die Formulierung *„praesente parocho vel alio sacerdote, de ipsius parochi seu ordinarii licentia"* gebraucht hatte. Diese Interpretation

---

[154] Vgl. Joyce, G. H., Die christliche Ehe, Leipzig 1934, S. 127.

[155] Vgl. Conrad, H., Das tridentinische Konzil und die Entwicklung des kirchlichen und weltlichen Eherechtes, in: Das Weltkonzil von Trient, hrsg. v. G. Schreiber, Bd. I., Freiburg 1951, S. 297-324, 309; Joyce, G. H., Die christliche Ehe, Leipzig 1934, S. 127ff. Joyce berichtet, der apostolische Vikar für Holland habe, als er 1671 beim Heiligen Offizium anfragte, ob solche Ehen als gültig zu betrachten seien, zur Antwort erhalten, es sei dem Heiligen Offizium nicht erwünscht, sich über den Gegenstand auszusprechen (a.a.O., S. 128).

[156] Plöchl, W. M., Geschichte des Kirchenrechts, Bd. IV, Wien 1966, 205.

wurde 1627 von den Päpsten Urban VIII. und 1758 von Benedikt XIV. bestätigt. Von Bedeutung ist diese Frage, weil dadurch die Möglichkeiten bestimmt wurden, sich der tridentinischen Formpflicht bei der Eheschließung zu entziehen.

Dies hatte Konsequenzen auch für die Erreichung eines der Hauptziele des Dekrets *Tametsi*, nämlich die Vermeidung von Klandestinehen. Außerhalb seines Geltungsbereiches blieben klandestine Ehen gültig. Damit entstanden nun zwei Formen der Klandestinität. Zum einen gab es nichtige tridentinische Klandestinehen (wenn die Eheschließenden ihren Wohnsitz in einem Gebiet bzw. einer Pfarrei hatten, in der das Dekret verkündet worden war), zum anderen aber auch gültige außertridentinische Klandestinehen (wenn die Eheschließenden ihren Wohnsitz in einem Gebiet bzw. einer Pfarrei hatten, in der das Dekret nicht verkündet worden war). Die Folge waren zahllose Prozesse wegen behaupteter Ungültigkeit klandestiner Ehen. Darüber hinaus war bei Dispens des Bischofs weiterhin die geheime Trauung gestattet. Da in zahlreichen Gebieten diese Regelung sehr großzügig ausgelegt wurde, konnten auch auf diese Weise jene Missstände wieder entstehen, die hatten abgestellt werden sollen. 1741 mußte Benedikt XIV. eine Konstitution veröffentlichen, in der den Bischöfen dringend befohlen wurde, eine solche Klandestineheschließung nur im äußersten Notfall zu erlauben.[157]

5.5 Die Trennung von kirchlichem und staatlichem Eherecht in Gallikanismus und Aufklärung

Es wurde bereits darauf hingewiesen, dass die kanonischen eherechtlichen Bestimmungen des Konzils von Trient weitreichende Folgen für die Entwicklung des Eherechts in Europa hatten. Ihre Formvorschriften fanden in säkularisierter Form auch Eingang in Ländern, in denen das Dekret *Tametsi* nicht verkündet worden war.

---

[157] Vgl. Joyce, G. H., Die christliche Ehe, Leipzig 1934, S. 126.

So ordnete 1579 der König von Frankreich in der Ordonnance von Blois die Beobachtung der tridentinischen Eheschließungsform an. Damit waren auch für die beginnende Epoche des Gallikanismus und der Aufklärung die Formvorschriften des Konzils von Trient der Ausgangspunkt für die staatlichen Regelungen über den Inhalt und die Form der Eheschließung.[158]

Die Säkularisation der Ehe begann im Grunde bereits 1639 in Frankreich, als durch königliche Deklaration auf indirektem Wege die elterliche Zustimmung zur Ehe als unerläßliche Bedingung für die Gültigkeit der Ehe erklärt wurde. Damit hatte der Staat unabhängig von der Kirche eine Regelung festgesetzt, die nicht den christlichen Voraussetzungen für die Gültigkeit einer Ehe entsprach. Noch unter dem Ancien régime wurde im November 1787 für die Protestanten die Zivilehe eingeführt, indem den Protestanten die Wahl gelassen wurde, die Ehe entweder vor einem katholischen Pfarrer oder dem '*premier officier de justice*' zu schließen.

Theoretisch untermauert wurde der staatliche Anspruch auf Gesetzgebungskompetenz in Ehesachen durch die gallikanische Lehre von der Trennung eines weltlichen und eines sakramentalen Bereiches der Ehe. Erstmals wurde diese Ansicht von Marcantonio de Dominis in seinem Werk „*De republica ecclesiastica*" (1617) vertreten. Für die Entwicklung des abendländischen Eherechts bedeutender wurde jedoch das 1674 erschienene Werk „*Regia in matrimonium potestas*" des Jean de Launoy.[159] Dieser kam zu dem

[158] Die geschichtlichen Lehren über die Möglichkeit und die Ordnungsprinzipien des staatlichen Eherechts wurden von Schwab eingehend untersucht und dargestellt (Schwab, D., Grundlagen und Gestalt der staatlichen Ehegesetzgebung in der Neuzeit bis zum Beginn des 19. Jahrhunderts, Bielefeld 1967). Schwab weist insbesondere darauf hin, dass die theoretische Grundlegung nicht in jedem Fall der geschichtlichen Realisierung vorangegangen sei, sondern dass umgekehrt gerade oftmals eine legislatorische Maßnahme die rechtfertigende Theorie erst induziert hat.

[159] Launoy berief sich dabei irrtümlich auf Melchior Cano (1509-1560), der eine Trennung von Ehevertrag und Sakrament für möglich hielt. Bei Cano stand diese These allerdings in keiner Weise mit einer Trennung zwi-

folgenden Ergebnis: *„Ostendimus itaque duplicem potestatem, qua Christianorum matrimonium regatur, temporalem et spiritualem a Deo concessam esse, et utramque se inter se differe, ut temporalis ac politica potestas matrimonialis contractus, et eorum quae ad validum vel invalidum reddendum pertinent, vel quae civilem contractum perinde sequuntur ac sequerentur, si Sacramentum non esset, curam gerat. Spiritualis vero et sacerdotalis rerum illarum temporibus fines transiliens, et ultimum aeternae vitae intuens, Sacramento aliisque rebus, quas Deus contractui matrimonii iam legitimi peracto superadiecit, ordinandis disponendisque incumbat."*[160]

Die Folge dieser Lehre war, daß der Staat in die Gestaltung des vom Sakrament abtrennbaren Ehevertrages eingreifen konnte, der nun wie jeder andere Vertrag der Gesetzgebungsgewalt des Staates unterlag. Eheschließungsform und Ehehindernisse waren nunmehr der staatlichen Regelung offen. In der *„Clerici gallicani de ecclesiastica potestate declaratio"* des Jacques Bénigne Bossuet von 1682 heißt es, daß *„... reges et principes in temporalibus nulli ecclesiasticae potestati Dei ordinatione subiici, neque auctoritate clavium ecclesiae directe vel indirecte deponi."* Damit war eine konkurrierende staatliche Gewalt über die Eheschließung konstituiert, die fortan den Kompetenzanspruch der Kirche in Ehesachen drastisch einschränkte und so die heute charakteristische Lage einer Doppelnatur der Ehe entstehen ließ, wo weltliche und kirchliche Ehe

---

chen kirchlicher und staatlicher Jurisdiktion in Zusammenhang, sondern war motiviert durch seine Auffassung vom Priester als Spender des Ehesakramentes. Vgl. dazu Corecco, E., Die Lehre der Untrennbarkeit des Ehevertrages vom Sakrament im Lichte des scholastischen Prinzips 'Gratia perficit, non destruit naturam', in: AfkKR 143/1974, S. 379-442, 386ff.

[160] Opera omnia, tom. I, pars II, Coloniae Allobrogum 1731, 881; zit. bei Conrad, H., Das tridentinische Konzil und die Entwicklung des kirchlichen und weltlichen Eherechts, in: Das Weltkonzil von Trient, hrsg. v. G. Schreiber, Bd. I, Freiburg 1951, S. 297-324, 314f.

nebeneinander stehen, ohne daß beide viel miteinander zu tun hätten.[161]

Die gallikanische Lehre wurde verständlicherweise von den Philosophen der Aufklärung begeistert begrüßt. Nach Voltaire ist die Ehe ein naturrechtlicher oder bürgerlicher Vertrag, zu dem das Sakrament nur zur Bewirkung geistlicher Gnaden hinzutreten kann; das Sakrament wird so zum *accessorium*, das für die staatliche Gemeinschaft keine Bedeutung hat.[162] Gültigkeit gewinnt die kirchliche Eheschließung demzufolge im Grunde nur durch die staatliche Gesetzgebung: *„Le mariage, dans l'ordre civil, est une union légitime de l'homme et de la femme pour avoir des enfants, pour les élever, et pour leur assurer les droits des propriétés sous l'autorité de la loi. Afin de constater de cette union, elle est accompagnée d'une cérémonie religieuse, regardée par les uns comme un sacrement, par les autres comme une pratique du culte public; vraie logomachie qui ne change rien à la chose. Il faut donc distinguer deux parties dans le mariage, le contrat civil ou l'engagement naturel, et le sacrement ou la cérémonie sacrée. Le mariage peut donc subsister avec tous les effets naturels et civils, indépendamment de la cérémonie religieuse. Les cérémonie même de l'église ne sont devenues nécessaires dans l'ordre civil que parce que le magistrat les a adoptées."*[163]

---

[161] Der Vorgang der Säkularisierung kann also im doppelten Sinne als eine Verweltlichung verstanden werden. Zum einen handelt es sich um eine formale Verweltlichung, indem der Staat den kirchlichen Anspruch zurückwies und eine eigene Ordnungsbefugnis für die Ehe beanspruchte, zum anderen jedoch auch um eine materielle Verweltlichung, da die Ehe und das Eherecht nun nach ´irdischen´ und weltimmanenten Zielsetzungen geregelt wurden (dies wird ausführlich dargestellt bei Schwab, D., Grundlagen und Gestalt der staatlichen Ehegesetzgebung in der Neuzeit bis zum Beginn des 19. Jahrhunderts, Bielefeld 1967, S. 53ff., 138ff.).

[162] Vgl. Plöchl, W. M., Geschichte des Kirchenrechts, Bd. IV, Wien 1966, S. 193.

[163] Dictionnaire philosophique, Art. zu 'droit canonique', section VI.

Die Säkularisation der Ehe und des Eherechts setzte sich im Zuge der französischen Revolution fort und führte schließlich zur Zivilehe und dem eingangs anhand der rechtlichen Lage in Deutschland dargestellten Verhältnis von kirchlicher und staatlicher Eheschließung. Das von der französischen Revolution geschaffene Eheschließungsrecht wurde in den *code civil* von 1804 aufgenommen und auch von der Restauration nicht abgeschafft. Mit den napoleonischen Eroberungen fand dieses Recht Eingang in zahlreiche europäische Rechtssysteme. Unter gallikanischem Einfluss kam es jedoch z.B. auch in Österreich zu ähnlichen Regelungen. Bereits Kaiser Joseph II. stützte sich in seinem Ehepatent von 1783 auf die Ansicht, daß die Ehe an sich ein bürgerlicher Vertrag sei und damit der Staat das Recht habe, Regelungen über die Eingehung der Ehe und die aus ihr fließenden Rechte zu erlassen. In der Konstitution der jungen französischen Republik hieß es dann: *„La loi ne considère le mariage que comme contrat civil. Le pouvoir législatif établira pour tous les habitants, sans distinction, le mode par lequel les naissances, mariages et décès seront constatés; et il désignera les officiers publics qui en recevront et conserveront les actes."*[164] In Deutschland wurde die Zwangszivilehe schließlich zuerst in Frankfurt am Main (1850), in Baden (1869) und in Preußen (1874) eingeführt.[165] Das Deutsche Reich erklärte die Zwangszivilehe 1875 durch das Reichsgesetz über die Beurkundung des Personenstandes und die Eheschließung für verbindlich.

Damit kann eine durchgehende Linie von den Eherechtsvorschriften des Konzils von Trient bis zu den Bestimmungen über die Zivilehe der modernen Gesetzbücher gesehen werden. In der modernen Zivilehe „... lebt heute noch die tridentinische Eheschlie-

---

[164] Zit. bei Conrad, H., Das tridentinische Konzil und die Entwicklung des kirchlichen und weltlichen Eherechts, in: Das Weltkonzil von Trient, hrsg. v. G. Schreiber, Bd. I, Freiburg 1951, S. 297-324, 316.

[165] Vgl. dazu die Ausführungen in der Untersuchung von Buchholz, St., Eherecht zwischen Staat und Kirche. Preußische Reformversuche in den Jahren 1854 bis 1861, Frankfurt/Main 1981.

ßungsform fort, allerdings in säkularisierter Gestalt; denn an die Stelle des die Eheschließungserklärungen entgegennehmenden Geistlichen des ist der staatliche Standesbeamte getreten. Anstatt des kirchlichen Aufgebots zur Ermittlung von Ehehindernissen wird ein staatliches Aufgebot erlassen. Die staatlich geschlossene Ehe wird in staatliche Bücher eingetragen, die die Stelle der Kirchenbücher einzunehmen bestimmt sind. Auch heute noch wirkt die Willensübereinstimmung der Brautleute rechtsbegründend. Doch begründet diese nur einen bürgerlichen Vertrag, dem keinerlei Bedeutung für den religiösen Bereich zukommen soll."[166]

Damit ist eine entscheidende Determinante für die weitere Entwicklung des kirchlichen Eherechtes gegeben. Die Kirche konnte fortan nicht mehr darauf vertrauen, dass ihre Gesetzgebung eo ipso als Bestandteil des einheitlichen Rechtes verstanden werden könnte. Der Status des Kirchenrechts war nunmehr bestimmt durch dessen Geltung nur innerhalb der kirchlichen Sphäre. Daraus ergaben sich weitreichende Folgen für die Durchsetzbarkeit kirchenrechtlicher Bestimmungen. Als Sanktionen standen nun nur solche Mittel zur Verfügung, die für die Menschen von Bedeutung sind, die im Schoße der Kirche verblieben waren. Auch die Androhung der Exkommunikation im Falle des Nichtbeachtens kirchenrechtlicher Formvorschriften bei der Eheschließung kann nur die beeindrucken, denen der christliche Glaube und die Aufgabe der Kirche am Heilsgeschehen nicht gleichgültig geworden sind.

Des weiteren muss die Kirche den Anspruch, der mit der kirchlichen Eheschließung verbunden wird, gegenüber einer weitgehend säkularisierten Welt anders verdeutlichen, als dies in einer Zeit notwendig war, in der von einer Übereinstimmung mit den Grundgewißheiten des Glaubens selbstverständlich ausgegangen werden konnte.[167] Dazu gehört insbesondere das sakramentale Verständnis der

---

[166] Conrad, H., Das tridentinische Konzil und die Entwicklung des kirchlichen und weltlichen Eherechts, in: Das Weltkonzil von Trient, hrsg. v. G. Schreiber, Bd. I, Freiburg 1951, S. 297-324, 322.

[167] Vgl. dazu Mikat, P., Kirche und Staat in nachkonziliarer Sicht, in:

Ehe, das nun einem weltlichen und vorwiegend naturrechtlich begründeten Verständnis gegenübersteht. Damit ist aber auch der Vertragscharakter der Eheschließung berührt, den ja bürgerliches und kirchliches Eherecht als Grundlage für das Zustandekommen einer Ehe anerkennen. Wenn der Ehevertrag im bürgerlichen Recht prinzipiell den gleichen Status wie ein sachenrechtlicher Vertrag besitzt, so kann das Kirchenrecht nicht mehr von einem allgemeinen Verständnis dafür ausgehen, dass die kirchliche Auffassung des Vertragscharakters der Ehe durch die Lehre von der Sakramentalität der Ehe durchdrungen und überformt ist. Vor diesem Hintergrund wird sich auch das kirchliche Eherecht neu bestimmen müssen, indem es den fundamentalen Unterschied zu den formal verwandt erscheinenden staatlichen Formvorschriften verdeutlicht und sich auf der Grundlage seiner letztlich spirituellen Idee von der weltlichen Auffassung über Ehe und Eheschließung abgrenzt.

Dass das weltliche Eheschließungsrecht von den auf dem Konzil von Trient beschlossenen verbindlichen Formen der Eheschließung inspiriert wurde und auf säkularisierte Weise wesentliche Bestandteile dieser Formvorschriften übernommen hat, kann eine solche Abgrenzung und Standortbestimmung eher erschweren als erleichtern. Damit erscheint die kirchliche Eheschließung zu leicht als Verdoppelung der zivilrechtlichen Eheschließung. Wenn kirchliche und staatliche Trauung aber als rechtliche Akte gleicher Natur verstanden werden, so wird die kirchliche Eheschließung mehr und mehr als feierliche Umrahmung eines Aktes aufgefasst werden, der als solcher bereits zivilrechtlich zustandegekommen ist. Einen Ausweg aus dieser Lage bietet nur die Rückbesinnung auf die letztlich sakramentale Fundierung der kirchlichen Formvorschriften für die Eheschließung. Der kirchliche Zwang zur Einhaltung bestimmter Formen der Eheschließung wird sich als spezifisch kirchenrechtliche Vorschrift nur verständlich machen lassen, wenn das Kirchenrecht

---

ders., Religionsrechtliche Schriften. Abhandlungen zum Staatskirchenrecht und Eherecht, hrsg. v. J. Listl, 1. Halbband, Berlin 1974, S. 217-235.

hier weder als konkurrierendes Rechtssystem zu dem staatlich gesetzten Recht auftritt noch sich zu einem innerorganisatorischen Verwaltungsrecht mit dem Status von Verfahrensregeln für Organisationsmitglieder degradieren läßt.

Das kirchliche Eherecht wird aus diesem Dilemma nur herausfinden, wenn es seine Formvorschriften aus der Sakramentalität der Ehe selbst erklären kann. Dazu muss es die Konsensabgabe vor einem kirchlichen Amtsträger als Bestandteil jenes Konsenses ausweisen können, der allein geeignet ist, eine spezifisch christliche Ehe zu begründen. Da auch der christliche Ehekonsens durch die Abgabe übereinstimmender Willenserklärungen zustandekommt, wird das kirchliche Eherecht seinen legitimen Rechtscharakter also nur nachweisen können, wenn es gelingt, die Willenserklärung vor einem kirchlich bevollmächtigten Amtsträger als notwendig für die Abgabe einer solchen Willenserklärung verständlich zu machen, die überhaupt erst einen Ehevertrag mit seiner Sakramentalität entstehen lässt.

Von fundamentaler Bedeutung für die Abgrenzung und Unterscheidung des kirchlichen Eherechts und seiner Formvorschriften wird es also sein, ein Verständnis für die Notwendigkeit einer solchen Willenserklärung als allein dem Wesen einer sakramentalen Ehe genügend zu wecken. Es kann bezweifelt werden, ob das Konzil von Trient sich dieser Anforderungen bewusst war, die ja unter anderem erst durch die Fortwirkungen seiner Beschlüsse erzeugt wurden. Aus späterer Sicht scheint das Konzil hier versagt zu haben. Es muss jedoch berücksichtigt werden, dass das Konzil damals vor einer anderen Problemlage stand als das kirchliche Recht heute nach dem Gang durch Säkularisierung und Aufklärung.

Der problematische Status des Kirchenrechts in einem laizistischen Staat macht die Aufgabe einer Neudefinition und Verdeutlichung der eherechtlichen Formvorschriften als Resultat des christlichen Verständnisses von der Sakramentalität der Ehe zu einer immer dringlicheren Aufgabe, wenn das Kirchenrecht sich seine Zuständigkeit für diese Materie im Bewusstsein nicht nur des Klerus, sondern auch der Gläubigen und darüber hinaus der Gesellschaft, in der es wirkt, erhalten will.

6. Die Vereinheitlichung des katholischen Eheschließungsrechtes im 20. Jahrhundert

6.1 Das Dekret *Ne temere* (1908)

Die erwähnten Mängel der eherechtlichen Vorschriften des Konzils von Trient ließen eine Reform schon sehr bald notwendig erscheinen. Als erster Versuch dazu kann die bereits erwähnte Deklaration des Papstes Benedikt XIV. betreffend die Eheschließung unter Protestanten in den Niederlanden gelten (sogenannte *Declaratio Benedictina*, 1741). Hier bestand allerdings Unsicherheit darüber, ob es sich dabei um ein rechtsetzendes Dekret oder nur um einen Dispens handeln sollte. In der Praxis wurde die *Benedictina* jedoch bald als neue Rechtsnorm aufgefasst. Ihre Gültigkeit wurde in der Folge nicht auf Holland und Belgien beschränkt, sondern auf Kanada, die tridentinischen Gebiete der Vereinigten Staaten, die ehemaligen katholischen Kolonialgebiete, Rußland, Irland und große Teile Deutschlands ausgedehnt.[1] Dass die *Benedictina* die maßgebende Auslegung der kirchlichen Ehegesetzgebung war, wurde 1805 durch Papst Pius VII. festgestellt, als er Kaiser Napoleon die Annullierung einer in Baltimore geschlossenen Ehe seines Bruders Jérôme Bonaparte verweigerte. Begründet wurde diese Entscheidung mit dem Hinweis, das Dekret *Tametsi* sei in Baltimore nicht verkündet worden, und auch wenn es verkündet worden wäre, so würde es doch keine gemischte Ehe ungültig machen.[2]

Ergänzt wurde die *Declaratio Benedictina* 1765 durch die sog. *Declaratio Clementina*, die die Eheschließung in weiten Teilen Deutschlands regelte. In mehreren Gebieten wurde die für die Begründung eines zur Eheschließung notwendigen Aufenthaltsortes erforderliche Aufenthaltsdauer auf einen Monat herabgesetzt. Das Dekret *Provida Sapientique Cura*, das 1906 in Kraft trat und nur für

---

[1] Vgl. Plöchl, W. M., Geschichte des Kirchenrechts, Bd. IV, Wien 1966, S. 275f.

[2] Vgl. Joyce, G. H., Die christliche Ehe, Leipzig 1934, S. 129.

Deutsche innerhalb des Deutschen Reiches gelten sollte, bestimmte, daß für alle Ehen zwischen deutschen Katholiken die tridentinische Form gelten sollte. Alle außertridentinisch geschlossenen Mischehen wurden jedoch als gültig anerkannt. Diese Regelung erstreckte sich auch auf alle zukünftigen Eheschließungen zwischen katholischen und nicht-katholischen Christen.

Die letzte Stufe vor der endgültigen Vereinheitlichung des Eheschließungsrechts im neuen kirchlichen Gesetzbuch wurde mit dem Dekret *Ne temere* erreicht (promulgiert 1907, in Kraft getreten 1908). Dieses Dekret steht bereits in engem zeitlichen und sachlichen Zusammenhang mit der Erarbeitung des neuen kirchlichen Gesetzbuches. Es ist „... zugleich ein dringend notwendiges Provisorium bis zur Promulgation des CIC als auch eine Probe gewesen, ob die in Aussicht genommenen Normen des CIC sich in der Praxis bewähren würden."[3]

Das Dekret *Ne temere* regelte vor allem die genaue Zuständigkeit der kirchlichen Amtsträger in Angelegenheiten der Eheschließung. Die Tendenz ging dahin, an Stelle des *parochus proprius* den *parochus loci* zu setzen. Als Ortspfarrer war dabei nicht jeder amtierende Pfarrer einer kanonisch errichteten territorialen Pfarre anzusehen, sondern jeder Priester, der innerhalb eines bestimmten Kirchensprengels die Seelsorgeaufnahmen wahrnahm, die in der Regel einem Pfarrer zustehen. In gültiger Weise konnte der so definierte Ortspfarrer jeder Eheschließung assistieren. In erlaubter Weise durfte er dies jedoch für Eheschließende, von denen wenigstens einer in seinem Sprengel wohnhaft war oder sich wenigstens einen Monat lang dort aufgehalten hatte. Vorrang hatte bei Konkurrenz der Pfarrer der Braut. Abweichend von den Vorgaben nach dem Dekret *Tametsi* konnte der Ortspfarrer seine Pfarrangehörigen nicht mehr ohne weiteres außerhalb seines Sprengels trauen, sondern bedurfte dazu einer Lizenz (*sacerdoti determinato ac certo*).

---

[3] Plöchl, W. M., Geschichte des Kirchenrechts, Bd. IV, Wien 1966, S. 277.

Darüber hinaus wurde auch der Charakter der Eheassistenz des Priesters neu definiert. Zunächst sollte eine den kirchlichen Formvorschriften entsprechende und damit gültige Eheschließung nur dann zustandekommen, wenn der Priester freiwillig der Trauung assistierte. Außerdem sollte das bloße Anhören des Ehekonsenses nicht mehr ausreichen, vielmehr wurde die passive Eheassistenz ausgeschlossen und zur Pflicht gemacht, daß der Priester aktiv den Ehekonsens erfragen mußte.[4] Dies sollte zunächst Überraschungsehen ausschließen. Es kann darin jedoch auch eine Rückbesinnung auf die durch die Sakramentalität der Ehe geforderte besondere Vertragsform der Eheschließung gesehen werden, aus der sich letztlich auch alle Formpflichten ableiten müssen, wenn deren Nichteinhaltung begründet zur Nichtigkeit führen soll.

Des weiteren brachte das Dekret *Ne temere* eine Beschränkung der Jurisdiktion der Kirche auf ihre unmittelbaren Angehörigen. Es wurde also von vornherein festgelegt, daß die Formpflichten nicht für nichtkatholische Christen galten, womit zahlreiche Probleme beseitigt wurden, die sich seit dem Inkrafttreten des Dekrets *Tametsi* nach dem Konzil von Trient ergeben hatten. Die Kirche zog damit auch die Konsequenz aus ihrer grundlegend veränderten Stellung in einer Welt, in der sie in der Zwischenzeit zu einer Glaubensgemeinschaft unter anderen geworden war und damit keine Jurisdiktion über ihren Bereich hinaus mehr beanspruchen konnte.

Das Dekret *Ne temere* enthielt außerdem Vorschriften für Notformen der Eheschließung. Zum einen wurde bei Todesgefahr die gültige Eheschließung vor jedem - also nicht nur dem trauungsberechtigten - Priester erlaubt und zum anderen wurde es gestattet, in bestimmten Fällen eine Eheschließung gültig auch ohne Priester vornehmen zu können. Die entsprechende Bestimmung lautete wie folgt:

---

[4] Vgl. Plöchl, W. M., Geschichte des Kirchenrechts, Bd. VI, Wien 1966, S. 279.

VIII. *„Si contingat, ut in aliqua regione parochus locive ordinarius aut sacerdos ab eis delegatus, coram quo matrimonium celebrari queat, haberi non possit, eaque rerum conditio a mense iam perseveret, matrimonium valide ac licite potest emisso a sponsis formali consensu coram duobus testibus."*[5]
Diese Formulierung ließ viele Fragen offen. Zentral war das Problem, ob die Unmöglichkeit, einen trauungsberechtigten Priester hinzuzuziehen, nur bei dessen physischer Unerreichbarkeit bestand, oder ob dies auch schon bei der moralischen Unmöglichkeit bzw. bei Vorliegen von nicht erfüllbaren Bedingungen gegeben war. Auch die Bestimmung über die Notformen der Eheschließung führt zurück auf das zentrale Problem, das mit der Identifizierung von Sakrament und Vertrag gegeben war und zu einer Spannung zwischen der theologischen Begründung des Charakters der christlichen Ehe und den kirchenrechtlichen und für die Gültigkeit einer solchen Ehe notwendig zu erfüllenden Formvorschriften für die Eheschließuung führte.[6] Der tiefe Grund für das in den Bestimmungen über die Notformen der Eheschließung angelegte Spannungsverhältnis liegt deshalb darin, „... daß die Ehe ein Sakrament ist, dessen Spender die Nupturienten sind und dessen Spendung unter kirchlicher Aufsicht möglichst allen zugänglich gemacht werden soll, um Mißbrauch zu vermeiden. Es soll aber auch überall dort gespendet werden können,wo Gewissensnot von der Einhaltung der von der Kirche vorgeschriebenen regelmäßigen Formen befreien muß."[7]

Auch das Dekret *Ne temere* ließ jedoch die Frage offen, ob die tridentinische Formpflicht auch solche katholisch Getaufte bindet, die vom Glauben abgefallen sind. Bereits 1859 hatte das Heilige Offizium entschieden, dass der tridentinischen Formpflicht solche

---

[5] Zit. bei Plöchl, W. M., Geschichte des Kirchenrechts, Bd. IV, Wien 1966, S. 281.

[6] Zur Diskussion des eherechtlichen Vertragsbegriffes im 19. Jahrhundert vgl. Scherer, R. v., Handbuch des Kirchenrechts, Bd. 2, Graz 1898, S. 92f.

[7] Plöchl, W. M., Geschichte des Kirchenrechts, Bd. IV, Wien 1966, S.

katholisch Getaufte nicht unterliegen sollten, die von früher Kindheit an in Häresie aufgewachsen waren oder sich zu häretischen Überzeugungen bekannten bzw. als Apostaten zu nichtkatholischen Glaubensgemeinschaften übergetreten waren. 1908 erklärte die Konzilskongregation jedoch, dass auch solche katholisch Getaufte bei einer Eheschließung mit Katholiken an die tridentinische Formpflicht gebunden waren. Danach wäre wieder jeder katholisch Getaufte zu dieser Form der Eheschließung verpflichtet, was zur Folge hätte, dass seine Ehe bei einem Verstoß gegen diese Formvorschriften kirchenrechtlich für nichtig erklärt werden konnte, egal, ob er bona fide oder mala fide gehandelt hatte. Im CIC von 1917 wurden solche Personen schließlich wieder von der kanonischen Eheschließungsform ausgenommen (vgl. c. 1099 § 2). Diese Regelung wurde jedoch 1948 durch ein Motu Proprio erneut aufgehoben, da sich die Schwierigkeiten in Zusammenhang mit der Feststellung des Sachverhaltes als zu groß erwiesen hatten.[8] Auch in der daraus ersichtlichen Unsicherheit des kirchlichen Gesetzgebers spiegelt sich nicht nur die historisch veränderte Situation der Kirche in einer säkularisierten Welt, sondern auch wiederum die grundsätzliche Problematik, für ein in Vertragsform gespendetes Sakrament Formpflichten zu verlangen, bei deren Nichtbeachtung die Rechtsfolge der Nichtigkeit eintreten soll.

6.2 Die Promulgation des CIC (1917)

Bis zum Inkrafttreten des CIC im Jahre 1918 war das *Corpus Iuris Canonici* die Hauptquelle des katholischen Kirchenrechts.[9] Es stellte eine Sammlung von Texten dar, die zwischen 1139 und 1500

283.

[8] Vgl. Zapp, H., Kanonisches Eherecht, 7. Auflage, Freiburg 1988, S. 178.

[9] Vgl. Zapp, H., Kanonisches Eherecht, 7. Auflage, Freiburg 1988, S. 178.

verfasst worden waren. Dazu kamen die zahlreich ergangenen Beschlüsse von Konzilien und Erlasse von Päpsten und der Kurialbehörden, die in einer Vielzahl von Sammlungen nichtoffiziellen Charakters verstreut waren. Daraus ergab sich die Notwendigkeit einer Sichtung, Neuordnung und Zusammenfassung des kirchlichen Rechtes, die von Pius X. kurz nach seinem Amtsantritt eingeleitet wurde.

Der 1917 promulgierte *Codex Iuris Canonici* enthielt die Vorschriften über das Eherecht im Abschnitt über das Sakramentenrecht unter dem Titel *De rebus*. Darunter ist all das zu verstehen, was als Mittel zur Verwirklichung der spezifischen Zwecke der Kirche dient: *praecipua et sanctificationis et salutis media* (vgl. c. 731 § 1 CIC 1917).[10] Das Wesen der Eheschließung wurde in c. 1012 als ein Vertrag speziellen Inhalts verstanden:

§ 1: *„Christus Dominus ad sacramenti dignitatem evexit ipsum contractum matrimonialem inter baptizatos."*

§ 2: *„Quare inter baptizatos nequit matrimonialis contractus validus consistere quin sit eo ipso sacramentum."*

Der Inhalt dieses Vertrages wurde in c. 1081 § 2 als *„... ius in corpus, perpetuum et exclusivum, in ordine ad actus per se aptus ad prolis generationem"* bestimmt.[11] Das *ius in corpus* kann demnach als das Formalobjekt des Ehevertrages angesehen werden. Der CIC von 1917 betonte den Charakter des Ehevertrags als Einräumung eines Verfügungsrechts über den Leib des anderen bzw. eines Besitzrechtes am Leib des anderen.[12] Das Konsensverständnis wird also vor allem unter einer sachlich-dinglichen Zweckperspektive

---

[10] Vgl. Eichmann, E., Lehrbuch des Kirchenrechts aufgrund des Codex Iuris Canonici, Bd. I, Paderborn 1934, S. 385f.

[11] Vgl. dazu Haring, J.-B., Grundzüge des katholischen Kirchenrechts, Bd. 2, Graz 1924, S. 412.

[12] Vgl. dazu Eichmann, E., Lehrbuch des Kirchenrechts aufgrund des Codex Iuris Canonici, Bd. I, Paderborn 1934, 503; Linneborn, J., Grundriß des Eherechts nach dem Codex Iuris Canonici, Paderborn 1933, S. 300f; Lohmann, W., Der innere Vorbehalt gegen Wesensbestandteile der Ehe nach katholischem Kirchenrecht, Dortmund 1935, S. 28.

gesehen.[13] Die Erzeugung und Erziehung von Nachkommen stellt den *finis primarius* der Ehe dar, während *mutuum adiutorium* und *remedium concupiscentiae* den *finis secundarius* bilden (vgl. c. 1013 § 1). Die Nebenzwecke sollten jedoch durch ihre ganze Natur auf den Hauptzweck hingeordnet sein. Die zentralen Bestimmungen der Ehe im CIC von 1917 lassen deshalb den Schluss zu, dass die Gatten hier als Zeugungspaar aufgefasst werden und die personale ebenso wie die erotische Beziehung als Funktion dieser Aufgabe gesehen werden.[14] Diese Sicht beeinflusst schließlich auch die Begründung des ausschließlichen Rechtes der Monogamie. Auch diese Wesenseigenschaft der christlichen Ehe wird nicht unter personalen Gesichtspunkten eingeführt, sondern aus der an Sozialfunktionen orientierten Zwecksetzung der Ehe abgeleitet. Ähnliches gilt für die Unauflösbarkeit der gültig geschlossenen Ehe. Über die Begründung in den neutestamentlichen Lehren hinaus sind im CIC von 1917 und in dessen kirchenrechtlicher Kommentierung auch naturrechtliche Argumente von großer Bedeutung, die sich vor allem auf die Fortpflanzungsfunktion der Ehe stützen.[15]

Bezüglich der Formvorschriften der Eheschließung ist vor dem Hintergrund der nach dem Konzil von Trient entstandenen Probleme insbesondere die Regelung der Mischehenfrage im CIC von 1917 von Interesse. Grundsätzlich hatte die Kirche die Mischehe bis dahin stets abgelehnt, gleichzeitig jedoch die Gültigkeit solcher Ehen bejaht. Noch 1748 erklärte Papst Benedikt XIV. in der Enzyklika *Magnae nobis*, dass für Mischehen ein Dispens erteilt werden müsse. Dieser Dispens sollte voraussetzen, daß der nichtkatholische

---

[13] Vgl. Pree, H., Die Ehe als Bezugswirklichkeit. Bemerkungen zur Individual- und Sozialdimension des kanonischen Eherechts, in: ÖAKR 3/1982, 339-396, 348f.

[14] Vgl. Arenhold, W., Kurze Darstellung des katholischen Eherechts nach dem neuen Codex Iuris Canonici für die praktischen Seelsorger, Fulda 1918, S. 6.

[15] Vgl. Eichmann, E., Lehrbuch des Kirchenrechts aufgrund des Codex Iuris Canonici, Bd. I, Paderborn 1934, 453; Müssener, H., Das katholische Eherecht in der Seelsorgspraxis, Düsseldorf 1950, S. 18.

christliche Partner der Häresie abschwört und in die katholische Kirche aufgenommen wird und in der Folge eine katholische Erziehung der Nachkommen gewährleistet sei.[16] Später wurde von dem katholischen Partner noch verlangt, an der Rückkehr des nichtkatholischen Partners in die katholische Kirche mitzuwirken. Dieses Bekehrungsversprechen wurde noch 1888 als Voraussetzung für die Erteilung der Trauungserlaubnis angesehen.

Eine erste Abkehr von diesen Bedingungen ist in der Erlaubnis zu sehen, im Falle der Verweigerung der cautiones den Ehekonsens ohne kirchliche Zeremonie passiv entgegenzunehmen. Diese passive Assistenz bei der Eheschließung war Ende des 18. Jahrhunderts jedoch noch schwer von einer aktiven Assistenz zu unterscheiden. Die Pflicht zur aktiven Assistenz des Priesters als Voraussetzung für das Zustandekommen einer gültigen Ehe wurde erst mit dem Dekret *Ne temere* 1908 eingeführt. Passive Assistenz konnte also zuvor nur den Verzicht auf katholische Riten und Zeremonien bedeuten, womit die Missbilligung der Mischehe durch die Kirche zum Ausdruck gebracht werden konnte, nicht jedoch eine Rechtsfolge entstand.

Auch der CIC von 1917 betrachtete die Bekenntnisverschiedenheit als ein verbietendes Ehehindernis. Zu einer gültigen katholischen Eheschließung konnte es folglich nur kommen, wenn ein Dispens eingeholt wurde, der wiederum an bestimmte Bedingungen gebunden war. Allgemein war ein schwerwiegender Grund erforderlich; daneben mußten weitere Bedingungen für die Erteilung eines Dispens erfüllt sein (vgl. cc. 1060-1065):[17]

- Es musste die moralische Gewißheit gegeben sein, daß die bekenntnisverschiedene Ehe auf Dauer und uneingeschränkt in der katholischen Kirche beheimatet ist.
- Der katholische Partner musste die katholische Taufe und Erziehung seiner Kinder sowie auch sein behutsames Bemühen um eine Konversion seines Ehepartners versprechen.

---

[16] Vgl. Plöchl, W. M., Geschichte des Kirchenrechts, Bd. IV, Wien 1966, S. 297.

- Der nichtkatholische Partner musste ebenso positiv versprechen, seine Kinder katholisch taufen und im katholischen Glauben erziehen zu lassen; darüber hinaus mußte er auch das Zugeständnis machen, seinen katholischen Ehepartner nicht vom katholischen Glauben abbringen zu wollen.
- Die Eheschließung mußte nach katholischem Recht, also in der kanonischen Eheschließungsform erfolgen.
- Wurde die Trauung in der kanonischen Form nicht eingehalten oder das Versprechen der katholischen Kindertaufe nicht erfüllt, traf den katholischen Ehepartner die Höchststrafe seiner Kirche, die auch noch von selbst eintrat: die Exkommunikation (vgl. c. 2319 § 1 n. 1).

6.3 Die Entwicklung bis zum Zweiten Vatikanischen Konzil

Kanonistische Anstöße für ein neues Eheverständnis ergaben sich nach der Promulgierung des CIC von 1917 bereits durch die Diskussion, die eine Entscheidung des *Corto d'Appello civile di Milano* auslöste, wonach eine Ehe auch dann gültig zustandekommt, wenn zwar die *potentia coeundi*, nicht aber die *potentia generandi* vorhanden ist.[18] Diese Diskussion erbrachte bedeutende Folgen für das Gesamtverständnis der Ehe. Allgemein kann ihr Ergebnis in der Tendenz so formuliert werden: „Die Fortpflanzung ist nicht wie in der üblichen Interpretation wesentlicher, innerer Zweck, sondern lediglich Resultat der copula, d.h. zwar finis operis und primarius bzw. principalis, aber nur akzidentieller und äußerer Effekt oder Zweck, insofern er eine Veräußerlichung, eine äußere dauerhafte Sichtbarmachung der psychophysischen Ergänzung der Gatten darstellt, die in der ehelichen Begegnung aktualisiert wird."[19] Damit

---

[17] Krämer, P., Kirchenrecht I, Stuttgart 1992, S. 118.

[18] Vgl. zu dieser Diskussion Lüdecke, N., Eheschließung als Bund, Würzburg 1989, 1. Teilband, S. 119ff.

[19] Lüdecke, N., Eheschließung als Bund, 1. Teilband, Würzburg 1989,

wird die Lehre von den Ehezwecken von der sachlich-zwecklichen Dimension weg und in Richtung einer Betonung der personalen Dimension gelenkt.[20] Der *actus per se aptus ad prolis generationem* aus dem CIC von 1917 (vgl. c. 1081 § 2) soll nun verstanden werden als *actus, ad quem natura sua ordinatur contractus matrimonialis et quo coniuges fiunt una caro*. Die *una caro* wird demnach als Ehekonsensobjekt im Sinne einer leib-seelischen Ergänzung der Gatten aufgefasst. Es war danach gerade die Impotenz-Debatte innerhalb der italienischen - kanonischen und zivilrechtlichen - Eherechtslehre, die dazu führte, die personale Dimension des Ehevertrages stärker zu berücksichtigen, als dies aus den entsprechenden Bestimmungen des CIC von 1917 zu entnehmen ist. Darüber hinaus tendierte die moral- und pastoraltheologische Diskussion ebenfalls in Richtung eines personalen Verständnisses der Ehe.[21]

Auf diese personalistischen Tendenzen in der Diskussion reagierte das kirchliche Lehramt mit einer Stellungnahme, in der die im CIC von 1917 festgelegte Ehezweckhierarchie betont wurde. Im Dekret des Heiligen Offiziums vom 1.4.1944 werden die Schriften verurteilt, die die Priorität der Zeugung unter den Ehezwecken leugnen.[22] Es wird im Gegenteil das wesentliche Unterordnungsverhältnis der personalen Werte zu dem Fortpflanzungszweck hervorgehoben. Obwohl die personale Dimension der Sexualität durchaus wahrgenommen wird, bleibt bei Papst Pius XII. doch die Dominanz der Fortpflanzungsfunktion der Ehe bestimmend. Für die

---

S. 122.

[20] Vgl. Schnyder, S., Das Objekt des Ehewillens. Zur Lehre der Tradition im Mittelalter und zu ihrer Entwicklung bis zur Fragestellung in der neuesten Diskussion, DisBrig 1982, S. 286ff.

[21] Vgl. z.B. Hildebrand, D. v., Die Ehe, München 1929, der eine Unterscheidung zwischen Schöpfungssinn und Schöpfungszweck der Ehe vornimmt. Sinn der Ehe ist danach die eheliche Liebe als Wesen der Beziehung, während die Fortpflanzung ihren herausragenden Zweck darstellt. Vgl. auch Doms, H., Vom Sinn und Zweck der Ehe, Breslau 1935.

[22] Sacra Congregatio Sancti Officii, Dekret vom 1.4.1944, ähnlich die Enzyklika 'Sacra virginitas' von 1954, in: Acta Apostolicae Sedis 46/1954, S. 161-191.

Ehelehre Papst Pius XII., die für die Zeit zwischen dem CIC von 1917 und dem CIC von 1983 prägend war, läßt sich also zusammenfassend sagen, dass sie „... durchaus eine Wahrnehmung der personalen Seite der Ehe entwickelt, daß sie personale Werte und die partnerschaftlichen Aspekte registriert, was sich im Gebrauch eines zum Teil eher personal-anthropologisch gefärbten Vokabulars niederschlägt. In aller Deutlichkeit bringt Pius XII. aber anderseits im Konfliktfall die Abhängigkeit, Zweitrangigkeit und wesentliche Unterordnung der personalen Dimension der Ehe zum Ausdruck. Juristische Relevanz gewinnt sie keinesfalls. Die mit der Vertragsbegrifflichkeit gekoppelte Dominanz des prokreativ-juridischen Moments der Ehe und damit der Sozial- über die Individualdimension bleibt in voller Geltung und erfährt eine beachtliche Bestätigung."[23] Der Betonung personaler und ganzheitlicher Sichtweisen des Charakters der Ehe und entsprechender Forderungen nach kirchenrechtlicher Ausgestaltung durch Änderung oder Neuinterpretation des kanonischen Eherechts zur Vermeidung eines „... juridischen Impersonalismus"[24] steht in der Zeit zwischen Promulgation des CIC von 1917 und dem Zweiten Vatikanischen Konzil ein Beharren der kirchenamtlichen Lehre auf den Grundsätzen des Vorrangs der Zeugungsfunktion gegenüber, die das Verständnis der Ehe prägten und zu einer entsprechenden Kodifizierung im CIC von 1917 führte. Die innovative personale Sichtweise gewann keine normierende Kraft und konnte die Rechtsdoktrin nicht in Frage stellen.

Eine wichtige kirchenrechtliche Entwicklung fand jedoch in dieser Zeitperiode in Zusammenhang mit der rechtlichen Behandlung der bekenntnisverschiedenen Ehen statt. Durch die Kongregation für die Glaubenslehre wurde 1966 im Auftrag von Papst Paul VI. die

---

[23] Lüdecke, N., Eheschließung als Bund, 1. Teilband, Würzburg 1989, S. 245f. In diesem Werk finden sich darüber hinaus auf den S. 231ff. zahlreiche Belege aus Ansprachen von Papst Pius XII.

[24] Vgl. Ford, J. C.; Kelly, G., Contemporary Moral Theology, vol. 2, Westminster 1964, 36.

Instruktion *Matrimonii Sacramentum* ausgearbeitet.[25] Während nach dem CIC von 1917 der nichtkatholische Partner positiv versprechen musste, seine Kinder katholisch taufen und erziehen zu lassen, musste er nunmehr nur noch ein Negativversprechen abgeben mit der Zusage, den katholischen Ehepartner nicht an der Einhaltung seines Versprechens zu hindern. Außerdem wurde die Tatstrafe der Exkommunikation für die nichtkatholische Trauung abgeschafft.

Eine weitere Reform der kirchenrechtlichen Vorschriften über die konfessionsverschiedene Ehe brachte das Motu proprio '*Matrimonia mixta*' von 1970.[26] Auch hier wurde das Eingehen einer solchen Ehe prinzipiell als Ehehindernis angesehen. Die Voraussetzungen, unter denen ein Dispens erteilt werden kann, sind allerdings beträchtlich erleichtert worden:[27]

- Der nichtkatholische Partner musste überhaupt kein Versprechen mehr abgeben, sondern wurde nur noch über die Pflichten seines katholischen Partners unterrichtet.
- Der katholische Partner musste nicht mehr eine rechtlich einklagbare Garantie der katholischen Taufe und Erziehung seiner Kinder geben, sondern nur ein Versprechen abgeben, das ihn in seinem Gewissen verpflichtet, nach Kräften für die katholische Taufe und Erziehung seiner Kinder zu sorgen.
- Für die kanonische Eheschließungsform wurde eine weitgehende Dispensmöglichkeit vorgesehen.
- Kirchenrechtliche Sanktionen für den Fall nichtkatholischer Trauung wurden überhaupt aufgehoben.

Da *Matrimonia mixta* ein Rahmengesetz darstellte, das von den nationalen Bischofskonferenzen auszufüllen war, konnte die Deutsche Bischofskonferenz kurz darauf Ausführungsbestimmungen

---

[25] Acta Apostolicae Sedis 58/1966, 235-239; vgl. dazu Geringer, K. Th., Die konfessionsverschiedene Ehe im kanonischen Recht, in: Die konfessionsverschiedene Ehe, hrsg. v. F. Böckle; K. Th. Geringer u.a., Regensburg 1988, S. 67-82.

[26] Acta Apostolicae Sedis 62/1970, S. 257-263.

[27] Krämer, P., Kirchenrecht I, Stuttgart 1992, S. 120.

erlassen, die das Eingehen konfessionsverschiedener Ehen noch weiter erleichtern sollten:[28]

- Für Deutschland galt die konfessionelle Zersplitterung als genereller Dispensierungsgrund.
- Die Dispensbefugnis wurde innerhalb der Ämterhierarchie weiter nach unten delegiert: für die Befugnis, vom Ehehindernis der Konfessionsverschiedenheit zu dispensieren, an alle Seelsorger mit allgemeiner Trauungsvollmacht, für die Befugnis, von der Verpflichtung auf die kanonische Form der Eheschließung zu dispensieren, auf den Ortsordinarius.

Der CIC von 1983 hat auf diesem Gebiet eine wichtige Neuregelung vorgenommen. Das Eingehen einer bekenntnisverschiedenen Ehe ist nun überhaupt kein Ehehindernis mehr, sondern wird nur noch als eine erlaubnisgebundene Handlung angesehen, für die beim Ortsordinarius eine *licentia* eingeholt werden muß.[29] Die Differenz scheint nur sprachlicher Natur zu sein und wirkt sich auch in der Praxis kaum aus. Dennoch sollte nicht ganz übersehen werden, „... daß in der Sichtweise der bekenntnisverschiedenen Ehe weg vom Ehehindernis hin zur erlaubnisgebundenen Handlung die positive Beurteilung einer bekenntnisverschiedenen Ehe als eine ökumenische Chance wegen des gemeinsamen Glaubensgutes zum Tragen kommt."[30] Die Voraussetzungen für eine solche Lizenz sind die gleichen wie in *Matrimonia mixta* für die Dispenserteilung vorgesehen (vgl. c. 1125):[31]

- Der katholische Ehepartner soll sich bereit erklären, die Gefahr, den Glauben zu verlieren, zu beseitigen, und er soll das aufrichtige Versprechen abgeben, nach Kräften alles zu tun, daß

---

[28] Vgl. dazu Stoffel, O., Die Theologie der Ehe und das Problem der Mischehe, in: Schweizerische Kirchenzeitung 147/1979, S. 36-41.

[29] Vgl. Zapp, H., Kanonisches Eherecht, 7. Auflage, Freiburg 1988, S. 198ff.

[30] Krämer, P., Kirchenrecht I, Stuttgart 1992, S. 121.

[31] Sebott, R., Das neue kirchliche Eherecht, Frankfurt/Main 1983, S. 172; vgl. auch Lüdicke, K., Eherecht, Essen 1983, S. 136f.

alle seine Kinder in der katholischen Kirche getauft und erzogen werden;

- Von diesem Versprechen des katholischen Partners soll der andere Partner alsbald in der Weise unterrichtet werden, daß daraus hervorgeht, daß er um das Versprechen und die Verpflichtung des katholischen Ehepartners weiß;
- Beiden Ehepartnern sollen die Zwecke und Wesenseigenschaften der Ehe dargelegt werden, welche von keinem der beiden Kontrahenten ausgeschlossen werden dürfen.

Das neue kirchliche Mischehenrecht enthält auch eine Änderung der Verbindlichkeit der tridentinischen Formpflicht. Diese Änderung ist durch die Möglichkeit des Dispenses gegeben, für die relativ allgemeine Voraussetzungen bestehen müssen (vgl. c. 1127 § 2):[32]

Wenn erhebliche Schwierigkeiten bezüglich der Einhaltung der kanonischen Eheschließungsform entstehen, hat der Ortsordinarius des katholischen Teiles das Recht, von der kanonischen Eheschließungsform in einzelnen Fällen zu befreien. Dabei muss allerdings der Ortsordinarius, in dessen Gebiet die Ehe geschlossen wird, befragt werden, und es bedarf zur Gültigkeit der Ehe einer sonstigen Trauungsfeier in öffentlicher Form. Es ist Aufgabe der Bischofskonferenz, gesetzliche Regelungen aufzustellen, nach denen die genannte Befreiung in einheitlicher Weise erteilt wird.

Bis zu einem gewissen Grade wird damit die wichtigste und folgenreichste Regelung des Dekretes *Tametsi* des Konzils von Trient zurückgenommen. Obwohl prinzipiell weiter die aktive Assistenz des bevollmächtigten Priesters erforderlich ist, kann davon nun relativ leicht dispensiert werden.[33] Darin dürfte sich auch ein Reflex auf die gewandelte Bedeutung der kirchlichen Eheschließung zeigen. Solange die kirchliche Trauung die einzige rechtlich geregelte Form

---

[32] Sebott, R., Das neue kirchliche Eherecht, Frankfurt/Main 1983, S. 177.

[33] Vgl. dazu die Ausführungsbestimmungen der Deutschen Bischofskonferenz zum Motu proprio 'Matrimonia mixta'; zusammengefasst in Sebott, R., Das neue kirchliche Eherecht, Frankfurt/Main 1983, S. 178.

zum Nachweis für das Zustandekommen einer Ehe war, solange war die Kirche auch verpflichtet, für die nötige Rechtssicherheit zu sorgen. Seit der säkular-gesetzlichen Regelung der Zwangszivilehe ist diese Aufgabe praktisch bedeutungslos geworden. Folglich konnte das Kirchenrecht die Vorschriften über die Formpflicht auch noch mehr lockern, als es in der Entwicklung nach dem Konzil von Trient sowieso schon der Fall gewesen war.

6.4 Der CIC von 1983 - ehetheologischer Paradigmenwechsel und rechtliche Auswirkungen

Das Zweite Vatikanische Konzil bereitete die Neufassung der eherechtlichen Passagen des *Codex Iuris Canonici* durch entscheidend neue Perspektiven auf die Wirklichkeit und die theologische Bedeutung der Ehe vor: „Der Blick von der Institution herab auf die Person, die einseitige Fügung der letzteren in die vorgegebene Ordnung der ersteren konnte nun umgekehrt und die Person zum perspektivischen Ausgangspunkt auch des Entwurfs eines erneuerten Eheverständnisses gewählt werden."[34] Dies bedeutete nicht nur eine Abkehr von der Zweckhierarchie des CIC von 1917, die mit der prokreativen Funktion einen bestimmten sozial und deshalb rechtlich relevanten Ehewert in den Mittelpunkt stellte, sondern auch die Einbeziehung anderer Aspekte des Soziallebens in die rechtliche Regelungsform der Ehe. Statt der Sozialfunktion der Fortpflanzung wurde nun die partnerschaftliche Lebensgestaltung betont, in die die weiterhin als Wesenselement der Ehe betrachtete *generatio prolis* einzufügen ist. Dies schloß die Beibehaltung des *ius in corpus* als zentraler Charakterisierung der Ehe aus.[35]

---

[34] Lüdecke, N., Eheschließung als Bund, 2. Teilband, Würzburg 1989, S. 737.

[35] Vgl. Lüdicke, K., Eine Wiedergeburt der Ehezwecke? in: Theologische Revue 92/1996, S. 450-460.

Die Konzilskonstitution *Gaudium et Spes* stellte ins Zentrum ihres Verständnisses des Menschen als Ebenbild Gottes den einen und ganzen Menschen, mit Leib und Seele, Herz und Gewissen, Vernunft und Willen.[36] Dieses Personmodell wurde in den Dimensionen Individualität, Sozialität und Kreativität entfaltet.[37] Unter dem Aspekt der Individualität wurde die Ganzheit der menschlichen Person betont. Eherechtlich schloß dies die Beschränkung oder Konzentration des Eheverständnisses auf die körperliche Beziehung aus. Damit war die durch den Begriff des *ius in corpus* bezeichnete Haltung des CIC von 1917 nicht länger zu vertreten. Eine der rechtlichen Folgen war die Formulierung von c. 1135:

Utrique coniugi aequum officium et ius est ad ea quae pertinent ad consortium vitae coniugalis.

An die Stelle von *ius in corpus* ist nun das *consortium coniugale* getreten.[38] C. 1112 CIC 1917 ist ersatzlos weggefallen.

Unter dem Aspekt der Sozialität forderte das nun im Zentrum stehende Personmodell eine Abkehr von der Betonung der Funktion der Erzeugung von Nachkommen. Zwischen Person und Gemeinschaft wird nun eine wechselseitige Verantwortung festgestellt; als Wurzelgrund, Träger und Ziel aller gesellschaftlichen Institutionen wird die Person gemacht.[39] Geschlechtlichkeit und Ehe werden damit nicht mehr ausschließlich biologisch und fortpflanzungsorientiert

---

[36] Vgl. 'Gaudium et Spes' 3, 1, 1037: „Homo igitur, et quidem unus ac totus, cum corpore et anima, corde et conscientia, mente et voluntate, totius nostrae explanationis cardo erit." Vgl. dazu Ratzinger, J., Zum Personverständnis der Dogmatik, in: Das Personverständnis in der Pädagogik und ihren Nachbarwissenschaften, hrsg. v. J. Speck, Münster 1966, S. 157-171.

[37] Vgl. Lüdecke, N., Eheschließung als Bund, 2. Teilband, Würzburg 1989, S. 728ff.

[38] Vgl. dazu Mussinghoff, H., Familienrecht im Codex Iuris Canonici, in: ÖAKR 34/1983, 96-130; Gallagher, J. F., Marriage and the Family in the Revised Code, in: Studia Canonica 17/1983, S. 149-170.

[39] Vgl. 'Gaudium et Spes' 25, 1, 1045: „Etenim principium, subiectum et finis onmium institutorum socialium est et esse debet humana persona, quippe quae, suapte natura, vita sociali omnino indigeat."

eingeordnet.[40] Damit ist die partnerschaftliche Dimension der Ehe mindestens ebenso bedeutend geworden wie die erotische bzw. im engeren Sinne sexuelle. Die Ehe ist nun hingeordnet *ad bonum coniugum atque ad prolis generationem et educationem ordinatum* (vgl. c. 1055). Damit wird der Begriff der ehelichen Liebe aus seiner sexuellen Verengung befreit: „... Für die per definitionem interpersonale, also relationale Realität der Ehe kommt die zentrale Bedeutung der Person näherhin im Phänomen der ehelichen Liebe zur Geltung; sie ist es, die den personalen Ansatz der Konstitution hier zu einem personalen Eheverständnis spezifiziert."[41]

Das neue Personverständnis des Konzils liegt auch der Wendung zugrunde, weg von einer Sicht der Ehe, die durch den formalrechtlichen Vertragsbegriff bestimmt war und noch die eherechtlichen Bestimmungen des CIC von 1917 prägte, hin zu einem Verständnis der Ehe als Bund. Dies ist weniger aus dem neuen CIC von 1983 selbst zu ersehen, als vielmehr aus den Konzilstexten, auf deren Grundlage die eherechtlichen Passagen erarbeitet wurden. Auch im Kirchenrecht muss die Interpretation des Gesetzestextes von dem Willen des Gesetzgebers geleitet werden (mens legislatoris). Dieser Wille ist in den Konzilstexten niedergelegt, die die kirchenamtliche Lehre zu den betreffenden Rechtsbereichen formulieren. Auch die konziliaren Lehraussagen zur Ehe sind also prinzipiell von rechtlicher Natur.[42] Somit die Ehe im CIC von 1983 nun als Vertrag und Bund bezeichnet wird, so ist zu berücksichtigen, daß in den für die kirchliche Ehelehre grundlegenden Texten der Konzilskonstitution *Gaudium et Spes* (47-52) der Vertragsbegriff

---

[40] Vgl. Ratzinger, J., Kommentar zum ersten Kapitel des ersten Teils von 'Gaudium et Spes', in: LThK-Konzilskommentar, Freiburg 1966-1968, S. 313-354.

[41] Lüdecke, N., Eheschließung als Bund, 2. Teilband, Würzburg 1989, S. 749.

[42] Vgl. Bertrams, W., Die Bedeutung des 2. Vatikanischen Konzils für das Kirchenrecht, in: ÖAKR 23/1972, 125-162; sowie Schmitz, H., Der CIC und das konziliare und nachkonziliare Kirchenrecht, in: Grundriß des nachkonziliaren Kirchenrechts, Regensburg 1980, S. 22-30.

überhaupt nicht vorkommt. Dagegen findet sich dort sechsmal der Begriff Bund (*foedus*).

Dieser Begriff führt auf dem Gebiete des kanonischen Eherechts zu der Frage, ob es sich um eine Konzession an den Zeitgeist handelt oder ob dahinter tatsächlich ein gewandeltes Verständnis der christlichen Ehe steht, das sich aus einer neuen Sicht der zentralen katholischen Lehren begründet. Wenn die Wendung vom Vertragscharakter der Ehe zu ihrem Verständnis als 'Bund' mehr sein soll als ein oberflächliches *aggiornamento*[43], so muss auch die kanonistische Ausformung dieses Verständnisses von einem neuen Versuch getragen sein, die Zeichen der Zeit im Lichte des Evangeliums zu deuten.[44]

Hier ist eine gewisse Spannung zu erkennen zwischen der Auffassung in den einschlägigen Passagen der Konzilskonstitutionen (wo der Bundesbegriff betont wird) und den Formulierungen in den ehrechtlichen Bestimmungen des neuen CIC von 1983, die neben dem Bundesbegriff weiter den Begriff des Vertrages verwenden. Dabei zeigt sich die grundsätzliche Problematik, auf der Grundlage des Bundesbegriffes überhaupt zu rechtlichen Regelungen zu kommen. Damit führt die konziliare Grundorientierung der eherechtlichen Bestimmungen des neuen CIC von 1983 geradewegs zurück zu der grundsätzlichen Frage nach der Berechtigung einer eigenen kirchenrechtlichen Auffassung der Ehe als Vertrag.

---

[43] Mit diesem Ausdruck hatte Papst Johannes XXIII. am 25.1.1959 die Reform auch des kirchlichen Gesetzbuches angekündigt (Acta Apostolica Sedis 51/1959, 68f.); der Begriff war danach zur gängigen Bezeichnung für die Bestrebungen dieses Papstes geworden.

[44] Vgl. 'Gaudium et Spes' 4, 1, 1027: „Ad tale munus exsequendam, per omne tempus Ecclesiae officium incumbit signa temporum perscrutandi et sub Evangelii luce interpretandi."

7. Ekklesiologische Geltungsgrundlagen des kirchlichen Eherechts nach dem Zweiten Vatikanischen Konzil

7.1 Die Ekklesiologie des *sensus fidelium*

Das Zweite Vatikanische Konzil war für die katholische Kirche ein Ereignis von größter Bedeutung auch für die kanonische Rechtstheorie und damit für die Geltungstheorie des Kirchenrechts. In Verbindung mit den Arbeiten an einer Neukodifikation des Kirchenrechts kann von einem neuen Abschnitt der Kirchenrechtsgeschichte gesprochen werden. Dies lässt sich zunächst schon aus dem Konzilstext über die Kirche *Lumen Gentium* ersehen. In Nr. 37 heißt es: *„Laici, sicut omnes christifideles, illa quae sacri Pastores, utpote Christum repraesentantes, tamquam magistri et rectores in Ecclesia statuunt, christiana oboedientia prompte amplectantur, Christi exemplum secuti, qui, sua oboedientia usque ad mortem, beatem libertatis filiorum Dei viam omnibus hominibus aperuit."* Hier wird der Gehorsam der Gläubigen in einer Weise herausgestellt, dass man vordergründig darin ein Beharren auf der Geltung der Zwangstheorie sehen könnte. Dieser Eindruck ist jedoch nicht gerechtfertigt. Denn, so führt der Kommentator Klostermann aus, dieser Gehorsam „ ... ist also ein Gehorsam, der eigentlich kein menschliches Gegenüber hat, schon gar nicht einen nach Willkür und Laune diktierenden Despoten (vgl. Lk 22, 25f.), sondern den Herrn selbst".[1] Diese Gehorsamsverpflichtung übersteigt also einerseits die jurististische Verbindlichkeit im üblichen Verständnis, andererseits bleibt sie weit dahinter zurück. Es steht dem freien, einsichtigen christlichen Gehorsam die Forderung gegenüber, gegebenenfalls bis zur Selbstentäußerung nach dem Beispiel Christi zu handeln. In Nr. 37 des Konzilstextes *Lumen Gentium* wird ergänzt: *„Sacri vero Pastores laicorum dignitatem et responsibilitatem in Ecclesia agnoscant et promoveant; libenter eorum prudenti consilio utantur, cum confidentia eis in servitium*

---

[1] LThK II. Vat. Konzil, Bd. I, Freiburg/Br. 1966, S. 281.

Ecclesiae officia committant et eis agendi libertatem et spatium relinquant, immo animum eis addant, ut etiam sua sponte opera aggrediantur." Diese Ergänzung erscheint auch angebracht, wenn man die Äußerung derselben Konstitution in *caput II* der Enzyklika *De Populo Dei* in die Erwägungen miteinbezieht. Hier heißt es: *„Populus Dei sanctus de munere quoque prophetico Christi participat, vivum eius testimonium maxime per vitam fidei ac caritatis diffundendo ....*"[2] Diese Teilhabe am prophetischen Amt Christi findet ihren Ausdruck darin, dass *„... universitas fidelium, qui unctionem habent a Sancto, in credendo falli nequit, atque hanc suam peculiarem proprietatem mediante supernaturali sensu fidei totius populi manifestat, cum ab Episcopis usque ad extremos laicos fideles universalem suum consensum de rebus fidei et morum exhibet*".[3] Diese Infallibilität der Gesamtheit der Gläubigen wird weiter betont, wenn es heißt: *„Populus ille Messianicus ... habet pro conditione dignitatem liberatemque filiorum Dei, in quorum cordibus Spiritus Sanctus sicut in templo inhabitat."*[4]

Eine bereits in dem Konzilstext *Lumen Gentium* gezogene Konsequenz ist die Betonung der Teilhabe des gesamten Volkes Gottes am priesterlichen, prophetischen und königlichen Amt Christi, eine Teilhabe *suo modo* allerdings.[5] Obwohl die Aussagen in dem Konzilstext vieles offenlassen, ist die Tendenz dieser Stellen eindeutig: Die Verantwortung um die Kirche und in der Kirche liegt bei allen Gläubigen; sie alle sind Träger dieser Kirche. Auch einige relevante Stellen aus der Dogmatischen Konstitution über die göttliche Offenbarung *Dei Verbum* weisen in diese Richtung, da sie ebenfalls die Stellung des Lehramtes in der Gesamtheit der Gläubigen berühren. Es heißt dort in Nr. 10: *„Sacra Traditio et Sacra Scriptura unum verbi Dei sacrum depositum constituunt Ecclesiae*

---

[2] LG 12.

[3] LG 12.

[4] LG 9.

[5] Vgl. dazu Hallermann, H., Die Funktion des Rechts in der Communio, in: AfkKR 166/1997, 453-467, bes. 460f.

commissum, cui inhaerens tota plebs sancta Pastoribus suis adunata in doctrina Apostolorum et communione, fractione panis et orationibus iugiter perseverat, ita ut in tradita fide tenenda, exercenda profitendaque singularis fiat antistitum et fidelium conspiratio. Munus autem authentice interpretandi verbum Dei scriptum vel traditum soli vivo Ecclesiae magisterio concreditum est, cuius auctoritas in nomine Iesu Christi exercetur. Quod quidem magisterium non supra verbum Dei est, sed eidem ministrat, docens nonnisi quod traditum est, quatenus illud, ex divino mandato et Spiritu Sancto assistente, pie audit, sancte custodit et fideliter exponit, ac ea omnia ex hoc uno fidei deposito haurit quae tamquam divinitus revelata credenda proponit." Auch hier kommt das Ringen um eine Lösung, die das Lehramt in die Kirche integriert und es nicht über der Kirche stehen lässt, zum Ausdruck. Das Hervorheben von '*audire*' und '*custodire*' vor '*exponere*' wird als ein deutlicher Hinweis auf die Dienstfunktion des Amtes auch gegenüber der Gemeinschaft gesehen. Im Rahmen dieses Dienstes an der Gemeinschaft ist es Aufgabe der Vorsteher, den Einklang zu suchen, denn er ist die Voraussetzung für den der Kirche verheißenen Geistesbeistand.

Ohne Einsicht in die jeweilige ekklesiologische Basis des Kirchenrechts führt die Behandlung juristischer Grundlagenprobleme zur unhistorischen Verabsolutierung rechtlicher Strukturen, was bei Umbrüchen in der Ekklesiologie besonders deutlich zum Ausdruck kommt.[6] In diesem Zusammenhang kann bereits auf Grundmann verwiesen werden, der ausführte, daß die Theologie als Deduktionsbasis des Kirchenrechts unangetastet bleiben muß, dass „... Voraussetzung dafür aber ist, daß die Theologie in der für das jeweilige kirchenrechtliche Problem relevanten Frage eine solche Deduktionsbasis tatsächlich bereitstellt. Das tut sie dann, wenn sie ihrerseits ein für die Lösung des kirchenrechtlichen Problems hinreichendes Maß an Übereinstimmung erzielt hat. Ist das nicht der Fall, so bleibt dem Kirchenrechtler nichts anderes übrig, als selbst dem theologi-

[6] Vgl. dazu Gerosa, L., Das Recht der Kirche, Paderborn 1995, S. 30f.

schen Fachgespräch nachzugehen. Dabei hat er sich indes des Zwecks dieses Nachspürens ständig zu erinnern. Es ist nicht seine Aufgabe, in dieses Gespräch aktiv einzugreifen, sondern sich über den Diskussionsstand zu orientieren und sich dadurch eine Meinung zu bilden, um diese kirchenrechtlich auszuwerten, wobei es dann freilich geschehen kann, daß er mit der Lösung seiner eigenen kirchenrechtlichen Aufgabe auf das theologische Gespräch zurückwirkt und es klärend befruchtet."[7]

Deshalb muss der ekkesiologische Ausgangspunkt für die neuen kirchenrechtlichen Überlegungen skizziert werden. Die Schwierigkeiten, die sich aus der Gegenüberstellung der beiden Wissenschaften ergeben, werden dadurch verstärkt, dass das Abgehen von einseitig juristischen Methoden dazu führt, daß Kanonistik und Ekklesiologie durch die Ähnlichkeit des methodischen Vorgehens stärker miteinander verbunden werden. Im Folgenden sollen die Überlegungen deshalb auf einen zentralen Begriff konzentriert werden, der einerseits aus der Tradition kommt und anderseits besonders für die nachkonziliare Ekklesiologie von Bedeutung ist, nämlich den *sensus fidelium*, den Glaubenssinn des Volkes im Rahmen einer *Communio*-Ekklesiologie.[8] Aus den Arbeiten von Tillard[9] und Coulson[10] wird deutlich, wie sehr die Gedanken von John Henry Kardinal Newman diese Ekklesiologie beeinflusst haben, wobei in erster Linie seine Arbeit „On consulting the Faithful in Matters of Doctrine"[11] bedeutsam wurde. Zu den fünf charakteristischen Merkmalen des

---

[7] Grundmann, S., Das Gesetz als kirchenrechtliches Problem, in: ZevKR 8/1961/62, 327; Wehrhahn, H., Der Stand des Methodenproblems in der evangelischen Kirchenrechtslehre, in: ZevKR 1/1951, S. 59f.

[8] Vgl. Bertolino, R., Sensus fidei, Charismen und Recht im Volk Gottes, in: AfkKR 163/1994, S. 28-73.

[9] Tillard, J. M. R., A propos du sensus fidelium, in: PrOrChr 25/1975, 113-134.

[10] Coulson, J., Das Lehramt der einen Kirche und sein Verhältnis zum sensus fidelium, in: Concilium 11/1975, S. 568f.

[11] Veröffentlicht in: The Rambler 1859, S. 198ff.; wiederveröffentlicht durch Coulson, J., London 1961.

sensus fidelium zählt Newman ein kollektives Phromena, das im Schoße des mystischen Leibes Christi wirksam wird. Er betont ausdrücklich den dialektischen Charakter des *sensus fidelium*, indem er von einer *pastorum et fidelium conspiratio* spricht. In dieser Verknüpfung des Hirtenamtes mit der Gemeinschaft soll der Dualismus von Normativität und Faktizität aufgehoben werden. Diese beiden Begriffe sollen in einer dialektischen Sicht des *sensus fidelium* überhaupt keinen Platz haben, weshalb verfehlt wäre, wollte man Normativität als Ausdruck der lehramtlichen Tätigkeit der Faktizität der Wirklichkeit christlichen Lebens gegenüberstellen. Die *pastorum et fidelium conspiratio* schließt nicht nur ein starres Gegenüberstellen von normativem Sollen und faktischem Sein aus, sondern auch den Versuch, hier einen dialektischen Brückenschlag zu finden. Die Dialektik besteht zwischen Lehramt und Gemeinschaft;[12] der Begriff des *sensus fidelium* sollte aber nicht als ein dem Lehramt gegenüberstehender Glaubenssinn verstanden werden, sondern als Glaubenssinn der Gesamtkirche.

Ebensowenig wie die Träger des Lehramtes die Kirche ausmachen, gibt es einen *sensus fidelium* unter Ausschluss der Träger des kirchlichen Lehramtes. Unmissverständlich wird dies in LG 12 formuliert: *„Universitas fidelium, qui unctionem habent a Sancto (...), in credendo falli nequit, atque hanc suam peculiarem proprietatem mediante supernaturali sensu fidei totius populi manifestat, cum 'ab Episcopis usque ad extremos laicos fideles' (Cf. S. Augustinus, De Praed. Sanct. 14, 27; PL 44, 980) universalem suum consensum de rebus fidei et morum exhibet."* Seckler drückt dies so aus: „Dem Lehramt als dem Organ der Kontrolle in der fortschreitenden reflexiven Bewusstwerdung des Glaubensgegenstandes fällt gegenüber dem Glaubenssinn die authentisch-kritische Interpretation zu. Es steht aber seinerseits in Abhängigkeit vom Glaubenssinn, da es nur dem Glauben der Tradition Ausdruck verleiht, also selbst auf den

---

[12] Vgl. Hilberath, B. J., Communio hierarchica. Historischer Kompromiß oder hölzernes Eisen? in: ThQ 177/1997, 202-219.

Glauben der Kirche zurückgreift. Der Glaubenssinn ist an sich unfehlbar, aber sein Wirksamsein läßt sich sicher nur aus dem moralisch einstimmigen Zeugnis (consensus) des gesamten Glaubenskörpers erkennen."[13] Luf weist darauf hin: „Es ist altes katholisches, biblisch begründetes Glaubensgut, daß die göttliche Zusage an die Kirche, in der Wahrheit zu bleiben, nicht bloß an die Amtsträger allein, sondern an die kirchliche Gemeinschaft in ihrer Gesamtheit gerichtet ist, und eschatologisch durch den Glaubenssinn der Gesamtkirche realisiert wird."[14] Schillebeeckx schließt sich dem prinzipiell an: „Das hermeneutische Subjekt oder der Träger der theologischen Hermeneutik ist die christliche Gemeinschaft, die Kirche als Interpretationsgemeinschaft. Deshalb gehört in irgendeiner Form die Aufnahme einer neuen Glaubensinterpretation durch die Glaubensgemeinde zu den Faktoren, an denen man eine christusgetreue theologische Interpretation erkennen und wiedererkennen kann."[15]

Welche Probleme der Stellenwert des *sensus fidelium* in und für die Gesamtkirche bereitet, vor allem in Bezug auf das Verhältnis der Begriffe Normativität und Faktizität, soll am Beispiel einer Auseinandersetzung Mays mit Rahner dargelegt werden.[16] Es geht dabei um die sogenannte Normative Kraft des faktischen Glaubens, die Rahner als wirkmächtiges Element einer zukünftigen Kirche sieht, denn „... das aktuelle faktische Glaubensbewußtsein der Kirchen heute verbietet eine institutionelle Einigung der Kirchen nicht." Es heißt bei Rahner weiter: „Der kirchenlehramtliche Glaube kann also letztlich seine normative Kraft für den faktischen Glauben der Kirche nicht als eine schlechthin von diesem verschiedene Größe haben,

---

[13] Seckler, M., Glaubenssinn, in: LThK Bd. 4, Sp. 947.

[14] Luf, G., Grundrechte und kirchlicher Rechtsschutz-Erwägungen zu einer hermeneutischen Rechtstheologie, in: ÖAKR 26/1975, S. 37.

[15] Schillebeeckx, E., Glaubensinterpretation - Beiträge zu einer hermeneutischen und kritischen Theologie, Mainz 1971, S. 33f.

[16] May, G., Normative Kraft des faktischen Glaubens als Weg zur Einheitskirche der Zukunft? Bemerkungen zu einer Vision Karl Rahners, in: AkKR 142/1973, 3-16; Rahner, K., Ist Kircheneinigung dogmatisch möglich? in: ThQ 153/1973, S. 103-118.

sondern nur darum, weil er und insofern er der geglückte, den Glauben vieler Menschen, vieler Glaubenserfahrungen und vieler Zeiten in sich einbeziehende Reflex eben des faktischen Glaubens der Kirche ist." Diese Formulierung wird jedoch dadurch abgeschwächt, dass das Verhältnis zwischen normativem und faktischem Glauben in der Sicht Rahners dialektisch missdeutet werden könnte, denn er fährt fort: „... dieses Lehramt bedeutet ja gerade die konkrete, gesellschaftlich institutionalisierte Weise, in der das logisch zu ihm immer frühere faktische Glaubensbewußtsein der Kirche deutlicher zu sich selbst kommt und seine verpflichtende Bedeutung auf den einzelnen hin geltend macht. Es bleibt somit dabei, daß das faktische Glaubensbewußtsein der Kirche seine normative Kraft und seine kritische Instanz letztlich in sich selbst hat und nicht von einer kirchenlehramtlichen Lehre her bezieht." Dieses zeitlich differenzierte Gegenüberstellen von Normativität und Faktizität wird auch in einer weiteren Bemerkung Rahners deutlich, wenn er feststellt, dass seine Auffassung „... das übliche Verständnis zwischen faktischem und kirchenamtlichem Glauben gewissermaßen umkehrt." Einer Dialektik müsste es aber eher um die Aufhebung eines Gegensatzes als um die Umkehrung gehen.

Aus der entgegengesetzten Position setzt May dagegen die Trennung von Normativität und Faktizität. „Dem faktischen Glauben ist fortwährend aufgegeben, nach Deckungsgleichheit mit dem normativen Glauben zu streben." „Er (d.h. der faktische Glaube – Anm. des Verf.) bleibt als solcher immer ein Faktum und wird niemals eine Norm." Während Rahner die Faktizität des Normativen also zumindest als zweitrangig ansieht, verneint May ausdrücklich die Normativität des Faktischen. Der *sensus fidelium* der Gesamtkirche wird jedoch nur dann wirksam, wenn er auf das Handeln im Namen Christi ausgerichtet ist, dem Christus diesen Beistand verheißt. In diesem Sinne führt Mikat aus: „In der Inkarnation Christi liegt zugleich Gottes Ja zur anthropologisch gegebenen Hinordnung des Menschen auf das Recht beschlossen, das sich im Bau seiner Kirche fortsetzt."[17] Diese Ausrichtung muss betont werden, denn „... der Glaubenssinn des gläubigen Volkes dürfte nicht so verstanden werden, als ob der Glaube der Gläubigen die Offenbarung Christi darstellte, zeugte und normierte und nicht umgekehrt der Glaube der Gläubigen von der Offenbarung Christi gezeugt würde und sich nach der Offenbarung zu richten habe."[18] Für diese Ausrichtung christlichen Selbstverständnisses könnte der von Fuchs geprägte Begriff der christlichen Intentionalität bzw. der gläubigen Intention herangezogen werden.[19] Die Betonung der Bezugnahme auf den Glauben könnte eine wichtige Präzisierung darstellen, denn das „... Christentum ist kein rein hermeneutisches Unterfangen, keine Frage bloßer Theorie, sondern letztlich eine Frage gläubigen Tuns."[20] Dieses unverfügbare, weil auf der Gnade Gottes beruhende Element christlichen Handelns vor Augen, kann man mit Habermas diese gläubige Intention als das tradierte Selbstverständnis verstehen, in dessen Rahmen der Konsens von Handelnden möglich wird.[21] Die gläubige Intention der im Namen Christi Handelnden als das tradierte Selbstverständnis des sensus fidelium der Gesamtkirche kommt aber gerade durch diese Selbstreflexion in Zweifel und es könnte vermutet werden, dass der heute geschichtlich transparente Normbildungsprozess, dem der Konsens des *sensus fidelium* der Gesamtkirche zugrundeliegt, in seiner Rationalität nicht mehr traditionellem katholischen Verständnis entspricht. Dem ist entgegenzuhalten, dass dieser Prozess „... solange nicht

---

[17] Mikat, P., Zur theologischen Ortsbestimmung des Kirchenrechts, in: ders., Religionsrechtliche Schriften. Abhandlungen zum Staatskirchenrecht und Eherecht, hrsg., v. J. Listl, 2. Halbband, Berlin 1974, S. 705-717, 709.

[18] Küng, H., Die Kirche, München 1977, S. 287.

[19] Fuchs, J., Gibt es eine spezifisch christliche Moral? In: StdZ 185/1970, S. 101f.

[20] Schillebeeckx, E., Glaubensinterpretation-Beiträge zu einer hermeneutischen und kritischen Theologie, Mainz 1971, S. 63.

[21] Habermas, J., Erkenntnis und Interesse, Frankfurt/Main 1969, S. 221.

profan ist, als er von gläubigen Menschen in einem bewußt theonomen Verweisungszusammenhang geschieht."[22] Dieser theonome Verweisungszusammenhang, jene gläubige Intention also, hebt den damit erreichbaren Konsens besonders heraus.

Hier ist ein Vergleich mit den rechtstheoretischen Erwägungen der juristischen Hermeneutik aufschlussreich. Esser stellt die Bedeutung der Herstellung eines Konsenses über die Vernünftigkeit von Lösungen heraus, denn „... die Hermeneutik dient ja nicht dem Verlangen nach ontologischer Wert- und Wahrheitsbegründung, sondern der Einsicht in Sinn, Grenzen und Bedingungen unserer Richtigkeitsaussagen bei Objekten, deren Existenz für uns auf unsere Vorstellungs-, Denk- und Sprachwelt angewiesen ist, und die also durch diese und durch den Zugriff im Erkenntnis- und Urteilsakt, im Verstehen und Anwenden jeweils erst verifizierbar und mitteilbar werden."[23] Diese Ausführungen machen auch die Grenzen deutlich, die für die Übernahme einer so verstandenen juristischen Hermeneutik für die Lehre vom *sensus fidelium* und damit für das Kirchenrecht gesetzt sind. Der Konsens, wie er sich im und durch den Glaubenssinn ergibt, beruht im Wesentlichen nicht auf einer gemeinsamen Überzeugung von der Vernünftigkeit der Lösungen. Seckler weist in diesem Zusammenhang darauf hin, dass Glaubenssinn und Glaubenskonsens voneinander zu unterscheiden sind. Der consensus fidelium bezeichnet „... die aus dem Glaubenssinn sich ergebende einheitliche Glaubensäußerung der Gesamtheit der Glaubenden; er ist nicht Organ, sondern Resultat und setzt den Glaubenssinn in jedem Fall voraus."[24] Der Rückgriff „... auf die aufkläreri-

---

[22] Böckle, F., Heutige Legitimität einer theologischen Materialethik, in: Natur und Naturrecht, hrsg. v. A. Müller u.a., Köln 1972, S. 309.

[23] Esser, J., Vorverständnis und Methodenwahl in der Rechtsfindung, Frankfurt/Main 1970, S. 9f.

[24] Seckler, M., Glaubenssinn, in: LThK Bd. 4, S. 946. Wenn Seckler daran jedoch anschließt: „Der consensus fidelium ist statistisch festzustellen, der sensus fidei theologisch zu begründen", so scheint das entscheidende ekklesiologische Problem der theologischen Begründung des Stellenwertes des consensus fidelium allerdings ausgeblendet.

sche Annahme einer Gemeinsamkeit in der Ebene der Vernunft"[25] als alleinige Basis für die Möglichkeit eines Konsenses ist für die Kirche und das Kirchenrecht unannehmbar. Einerseits ist zwar eine Gemeinsamkeit auf der Ebene der Vernunft durchaus dem katholischen Denken vertraut; sie ist ein Element katholischen Denkens, das sich von Thomas von Aquin bis zum Zweiten Vatikanischen Konzil in der katholischen Anthropologie zeigt. Allerdings ist die katholische Rationalität thomasischer und thomistischer Tradition eine voraufklärerische Rationalität. Wenn dagegen die Rationalität im aufklärerischen Sinn gestellt wird, so ist eine Profanierung des Normbildungsprozesses dann nicht zu befürchten, wenn diese aufklärerische Rationalität so transzendiert wird, dass sie eine Basis für jene gläubige Intention darstellen kann, die ihrerseits den Konsens im *sensus fidelium* ermöglicht.

Ein entscheidender Vorstoß in Richtung auf die Fruchtbarmachung der Ekklesiologie des *sensus fidelium* und der *communio* für die Kanonistik ist der durch Mörsdorf begründeten deutschen Kanonistenschule zu verdanken. Im Mittelpunkt dieser Lehre steht der als geistliche Vollmacht verstandene Begriff der *sacra potestas*, die eine Bindung des Lehramtes an ein Handeln im Rahmen des *sensus fidelium* der Gesamtkirche impliziert. Denn, so führt Mörsdorf aus, „... das Recht der Kirche ist nicht in einer mit hierarchischen Organen ausgestatteten Gesellschaft, sondern in der geistgewirkten Gemeinschaft des neuen Gottesvolkes selbst zu suchen."[26] Am weitesten in Richtung auf eine rechtstheoretische Aufarbeitung fortgeführt hat den Ansatz der Mörsdorf-Schule Aymans.[27] Er stellt fest, dass die Apostolische Autorität zugleich rechtlich legitimierte Sachautorität und sachgebundene Rechtsautorität ist; und weiter:

---

[25] Esser, J., Vorverständnis und Methodenwahl in der Rechtsfindung, Frankfurt/Main 1970, S. 9f.

[26] Mörsdorf, K., Kanonisches Recht als theologiche Disziplin, in: AfkKR 145/1976, S. 45-58, 58.

[27] Aymans, W., Apostolische Autorität im Volke Gottes, in: TThZ 86/1977, 279-295, S. 279ff.

„Demnach ist auch das in geistlicher Vollmacht autoritative Lehramt keineswegs nach Art einer Einbahnstraße zu verstehen, die zu den Gläubigen hinführt. Vielmehr gestaltet sich das Glaubensleben der Kirche aus den qualitativ verschiedenen Rollen, die dem *magisterium* und dem *sensus fidelium* in einer Weise zufallen, dass ihr Tätigwerden dem Bezugsverhältnis von *legislatio/receptio* und *consuetudo/consensus* entspricht."

Menschliche Freiheit, menschlicher Intellekt und menschliches Gewissen stellen seitens der Gläubigen die unabdingbaren Voraussetzungen dar, um mit gläubiger Intention jenen Konsens zu erreichen, dem die göttliche Zusage, in der Wahrheit zu bleiben, verheißen ist. Dieser Konsens ist aber anderseits abhängig von der göttlichen Zusage, und insoweit ist mit der gläubigen Intention notwendig das Wissen verbunden, daß die Kirche „... eine Wahrheit hat, die sie nicht in Freiheit sich selbst gibt, sondern die ihr von Gott zuwächst."[28] Das entscheidende Andere der kirchlichen Wirklichkeit ist nun, dass sie auf diese Wahrheit dauernd verwiesen ist. Demgegenüber ist die Wirklichkeit, auf die sich das Recht in der allgemeinen Rechtstheorie als „konsensfähiges Ordnungsprogramm"[29] verwiesen sieht, von anderer Qualität. Die kirchliche Wirklichkeit muss davon bestimmt sein, dass sie Bereiche erfasst, deren Existenz für uns zwar nur über unsere Vorstellungs-, Denk- und Sprachwelt fassbar wird, mit denen aber auch das Wissen verbunden ist, sie nicht völlig erfassen zu können. Kirchliche Wirklichkeit ist die Wirklichkeit des sich in seiner Geschichte durch sein Handeln mit gläubiger Intention verwirklichenden Gottesvolkes, das in seiner Gesamtheit Träger des prophetischen Amtes Christi ist.[30]

---

[28] Congar, Y., Erneuerung des Geistes und Reform der Institution, in: Concilium 8/1972, 171.

[29] Esser, J., Vorverständnis und Methodenwahl in der Rechtsfindung, Frankfurt/Main 1970, S. 14ff.

[30] LG 12.

7.2 Konsens und Rezeption

Nach Habermas konstituiert sich Wahrheit in der Übereinstimmung von Kommunikationsteilnehmern. Zu dem grundsätzlich traditionellen Gehalt dieser Theorie stellt Oehler fest: „Es ist eine der merkwürdigen Paradoxien der Geistesgeschichte, daß, je wirkungsmächtiger und folgenreicher sich ein Gedanke im Laufe von Jahrhunderten oder Jahrtausenden erwiesen hat, desto unaufgeklärter und verborgener oft sein eigentlicher Ursprung ist. Ein Beispiel dafür ist die Vorstellung, daß die übereinstimmende Ansicht der Mehrzahl der Menschen oder aller Menschen die richtige Meinung sei. Daraus wurde im Laufe der Zeit ein regelrechtes Argument. Dieses als *argumentum e consensu omnium* in die Geschichte der Philosophie eingegangene Beweisverfahren ist über den engeren Kreis der Philosophiegeschichte hinaus in der religiösen und politischen Geschichte des Abendlandes von so eminenter Bedeutung gewesen, daß die Frage nach der Entstehungsgeschichte dieses Argumentes aus historischen und sachproblematischen Gründen berechtigt ist."[31] Nach dem Aufsuchen der wichtigen aristotelischen Wurzel dieses Gedankens, dessen Ergänzung durch stoisches Denken und dem Hervorheben seiner politischen Bedeutung für die Herrschaftslegitimation für den römischen Prinzipat, erfolgt ein Verweis auf die entscheidende Funktion dieses Prinzips für frühchristliche Verfassungsstrukturen.

Habermas schreibt: „Die Bedingung für die Wahrheit von Aussagen ist die potentielle Zustimmung aller anderen."[32] Die kontrafaktische Annahme dieser über Raum und Zeit gehenden, die Menschheitsgeschichte umfassenden Zustimmung aller wird so zu einer

---

[31] Oehler, K., Der consensus omnium als Kriterium der Wahrheit in der antiken Philosophie und der Patristik, in: ders., Antike Philosophie und byzantinisches Mittelalter - Aufsätze zur Geschichte des griechischen Denkens, München 1969, S. 234ff.

[32] Habermas, J., Vorbereitende Bemerkungen zu einer Theorie der kommunikativen Kompetenz, in: ders., Luhmann, N., Theorie der Gesellschaft oder Sozialtechnologie - Was leistet die Systemforschung?, Frankfurt/Main 1971, S. 124.

transzendentalen Bedingung für Wahrheit, und zwar in Gestalt einer ergänzenden Bedingung, dem Gegebensein der idealen Sprechsituation. Diese Bedingung wird nötig, um zu verhindern, dass bei einem zufällig faktisch erreichten Konsens haltgemacht werden muss.[33] Die ideale Sprechsituation ist nun jene, die einen herrschaftsfreien Dialog ermöglicht, denn „... es sind nur Sprecher zugelassen, die als Handelnde gleiche Chancen haben, Repräsentativa zu verwenden."[34] Die Antwort auf die Frage, wie sich dieser vieldiskutierte Ansatz für das Problem der Wahrheitsfindung in der Kirche fruchtbar machen läßt,[35] muss grundsätzlich durch die göttliche Zusage des Geistesbeistandes an die Kirche bestimmt sein. Es zeigt sich zunächst, dass die katholische kirchliche Theorie mit ihrem Wahrheitskriterium dem Ansatz von Habermas sehr nahe kommt, soweit sie im Zeugnis der Kirche über Raum und Zeit hinweg einen Wahrheit konstituierenden Charakter sieht. In der Kirche wird so aus der kontrafaktischen Annahme einer die Menschheitsgeschichte umfassenden Zustimmung aller, die in der Tradition festgehaltenene und die gesamte Kirchengeschichte umfassende Zustimmung der Gläubigen.

---

[33] Vgl. dazu die Kritik von Neumann, U., Wissenschaftstheorie der Rechtswissenschaft, in: Einführung in Rechtsphilosophie und Rechtstheorie der Gegenwart, hrsg. v. A. Kaufmann, W. Hassemer, Heidelberg u. Karlsruhe 1977, S. 186.

[34] Habermas, J., Vorbereitende Bemerkungen zu einer Theorie der kommunikativen Kompetenz, in: ders., Luhmann, N., Theorie der Gesellschaft oder Sozialtechnologie - Was leistet die Systemforschung?, Frankfurt/Main 1971, S. 138.

[35] Zum Versuch einer Rezeption von Habermas in der Theologie vgl. Keller, A., Über Mitteilbarkeit von Wahrheit - Zum philosophiegeschichtlichen Kontext eines erkenntnistheoretischen Problems, in: ZKTh 99/1977, 417ff.; Siebert, R., Herrschaftsfreie Kommunikation, in: Concilium 14/1978, 53ff.; Dullaart, L., Kirche und Ekklesiologie. Die Institutionenlehre Arnold Gehlens als Frage an den Kirchenbegriff in der gegenwärtigen systematischen Theologie, München, Mainz 1975 sowie Peukert, H., Wissenschaftstheorie – Handlungstheorie - Fundamentale Theologie. Analysen zu Ansatz und Status theologischer Theoriebildung, Düsseldorf 1978.

Diese Übereinstimmung im Handeln der kirchlichen Gemeinschaft über Raum und Zeit hinweg hat nicht nur Wahrheit indizierenden Charakter, da sie auf Grund der göttlichen Zusage des Geistesbeistandes „... die Gewähr hat, mit einem faktisch erzielten Konsensus den Anspruch des wahren Konsensus verbinden zu dürfen."[36] Was also bei Habermas der Vorgriff auf die ideale Sprechsituation ist, ist für die Kirche die Zusage des Geistesbeistandes, der damit zur metakommunikativen Voraussetzung jedes Handelns der kirchlichen Gemeinschaft wird. D.h., dass die transzendentale Bedingung der Möglichkeit der Wahrheit des Konsenses von kommunikativ Handelnden für die mit gläubiger Intention handelnde kirchliche Gemeinschaft im Glauben fassbar wird. Der Konsens gilt dann als „... Zeichen für das Walten des Heiligen Geistes und somit auch als eine Gewähr für die Wahrheit."[37] Obwohl diese Wahrheit vom im Glauben erfassbaren Sein Gottes bestimmt wird und kirchliche Wahrheit damit eine ontologische Sphäre berührt, steht diese kirchliche Theorie der Konsensustheorie näher als einer ontologischen Wahrheitstheorie. Hinter der Ebene, auf der das Handeln mit gläubiger Intention zur Wahrheitsfindung führt, steht keine Metaebene mit einer menschlichen Beurteilungskompetenz über kirchliches Handeln zur Verfügung.

Mit dieser Bedeutung des Konsenses sollte jedoch nicht die Auffassung verbunden werden, das Recht beschränke die menschliche Freiheit. Gerade für das Kirchenrecht muss die Funktion des Rechts als notwendige Bedingung der Möglichkeit von Freiheit betont werden. Es gibt jedoch Ausdrucksformen des Juridismus, die als schwere Beeinträchtigungen kirchlichen Lebens verstanden werden: eine zu große Vermehrung rechtlicher Regeln, der Miss-

---

[36] Habermas, J., Vorbereitende Bemerkungen zu einer Theorie der kommunikativen Kompetenz, in: ders.; Luhmann, N., Theorie der Gesellschaft oder Sozialtechnologie - Was leistet die Systemforschung?, Frankfurt/Main 1971, S. 136.

[37] Congar, Y., Die Rezeption als ekklesiologische Realität, in: Concilium 8/1972, 500-514, 505.

brauch der Bestimmungen *sub gravi*, das Aufrechterhalten alter Normen, sowie die Verhinderung von Reformen durch das geltende Recht. Demgegenüber erscheint der Legalismus als das geringere Übel, denn „*... taxer les autorités ecclésiastiques de légalisme, c'est leur reprocher de manquer d' équité dans l'application de la loi.*"[38] Ähnlich unterscheidet De Naurois zwei Aspekte der Krise des Kirchenrechts, einerseits eine totale *récusation du droit* und andererseits die Feststellung der *inadaptation du droit sa mission*.[39] Zwischen der Ablehnung dieser beiden besteht natürlich eine Verbindung, denn die im Legalismus enthaltene verkürzte Sicht des Rechts provoziert die Zurückweisung des Rechts in der Kirche mit dem Vorwurf des Juridismus. Es ist also der Juridismus, der zur *récusation du droit* in der Kirche geführt hat, weshalb das zentrale Problem die Notwendigkeit einer Überwindung des normativistisch-positivistischen Rechtsverständnisses als Voraussetzung für die Einsicht in die Möglichkeiten des Rechts in der Kirche und für sie darstellt.

Mit Bezug auf den Themenkreis Rezeption - Konsens sind hier besonders zwei Arbeiten interessant. Die beiden Autoren sind Alberigo und Congar.[40] Alberigo vertritt die Meinung, daß ein technisch-juridisches Erfassen der Themen Wahl, Konsens und Rezeption nicht sinnvoll erscheint. Dafür müsste die substantielle Bedeutung dieser Probleme zuvor gründlicher erforscht werden. Wenn zunächst die Schwierigkeiten der Juristen mit der Ekklesiologie betont wurden, so ist nunmehr das Problem, dass die juristische Reflexion nicht erwünscht ist, solange die Ekklesiologen keinen Konsens gefunden haben. Hier wird die theologische Reflexion in ihrer

---

[38] Wagnon, H., Le droit canonique dans l' Eglise d'aujourd'hui, in: RThL 1/1970, S. 123.

[39] De Naurois, L., Crise du droit canonique?, in: NRTh 97/1975, S. 503, 508.

[40] Alberigo, G., Wahl – Konsens - Rezeption im christlichen Leben, in: Concilium 8/1972, 477ff.; Congar, Y., Die Rezeption als ekklesiologische Realität, in: Concilium 8/1972, 500ff.; ders., La „réception" comme réalité ecclésiologique, in: RSPhTh 56/1972, S. 369ff.

Entfaltung behindert gesehen, denn sie könne sich nicht auf eine endgültige, bestätigte Gesetzgebung stützen. Der (evangelische) Kirchenrechtler v. Kahl stellte Ende des vorigen Jahrhunderts fest: „Dagegen bietet die Gewöhnung rechtlicher Betrachtungsweise der Dinge ein heilsames Correktiv. Denn bei der Rechtskritik wird jedes Verhältnis aus seiner Isolierung losgelöst. Es wird unter die Kontrolle der abstrakten Gerechtigkeitsidee einer- und der konkreten Gesetzesbestimmung anderseits gestellt."[41] Man sollte die Möglichkeit des technisch-juridischen Erfassens also als dauernd zu befragendes Korrektiv betrachten, wenn man sich nicht vom abstrakten Dualismus von Normativität und Faktizität lösen will. Daraus ergibt sich auch der wesentlichste Einwand gegen die Auffassungen Alberigos. Es zeigt sich in seinen Formulierungen ein dem Normativen undifferenziert entgegengestellter Wirklichkeitsbegriff, der in der Rechtswissenschaft dazu führt, dass die „... sozialen Ordnungsgehalte, auf die sich die Rechtsordnung verwiesen sieht, pauschal als außerrechtlich und metajuristisch qualifiziert werden."[42] Weiter ist in Bezug auf die „... drei bezeichnenden Akte, die im Leben der Kirche eine große Bedeutung haben ...", also *electio, consensus* und *receptio*,[43] ein Aufsatz H. Müllers über Rezeption und Konsens in der Kirche zu berücksichtigen, in dem er feststellt: „Die bisherige Diskussion der Problematik zeigt, daß die Begriffe Rezeption und Konsens ... eine außerordentlich komplexe, nicht eindeutig definierte Wirklichkeit des kirchlichen Lebens umspannen und in sehr unterschiedlichem Zusammenhang gebraucht werden."[44]

---

[41] Kahl, W. v., Lehrsystem des Kirchenrechts und der Kirchenpolitik, Freiburg/Br. u. Leipzig 1894, S. 9.

[42] Müller, F., Normstruktur und Normativität. Zum Verständnis von Recht und Verbindlichkeit in der juristischen Hermeneutik, entwickelt an Fragen der Verfassungsinterpretation, Berlin 1966, S. 79.

[43] Alberigo, G., Wahl - Konsens - Rezeption im christlichen Leben, in: Concilium 8/1972, S. 477.

[44] Müller, H., Rezeption und Konsens in der Kirche - Eine Anfrage an die Kanonistik, in: ÖAKR 27/1976, S. 5.

Alberigo und Congar entwickelten zwei Definitionen des kirchlichen Rezeptionsbegriffes. Congar schreibt, es handle sich um einen „... Prozeß, worin eine kirchliche Körperschaft sich eine Bestimmung, die sie sich nicht selbst gegeben hat, zu eigen macht, indem sie in der promulgierten Maßnahme eine Regel anerkennt, die ihrem Leben entspricht." Ähnlich nennt Alberigo eine Rezeption „... die ausdrückliche Annahme von Beschlüssen, die ohne Beteiligung derer gefaßt wurden, welche die Rezeption vollziehen."[45] Von diesen beiden Definitionen erscheint die von Alberigo als die passendere. Obwohl Congar den auf exogene Rechtsbildung beschränkten Rezeptionsbegriff, wie ihn die Rechtsgeschichte kennt, für die kirchlichen Rezeptionsvorgänge als zu eng ablehnt, bleibt in seiner Definition ein Rest dieser Auffassung erhalten. Sie bringt in nicht genügender Weise ein Charakteristikum der kirchlichen Rezeption zum Ausdruck, nämlich dass in der überwiegenden Zahl der Fälle die promulgierte Maßnahme für die rezipierende Körperschaft gedacht ist. Diesem Aspekt scheint sich die Definition Alberigos eher zu erschließen. Noch besser trifft die Definition H. Müllers den Rezeptionsvorgang, wenn er Rezeption als kreativen Prozess versteht, in dem sich eine Gemeinschaft das ihr Verkündete gestaltend zu eigen macht.[46] Man darf allerdings nicht vergessen, dass auch im kirchlichen Bereich exogene Rezeptionsvorgänge ursprünglich im Vordergrund standen, was in den Definitionen seinen Niederschlag gefunden haben mag.

Der Rezeptionsbegriff wurde in der kirchengeschichtlichen, ekklesiologischen und kanonistischen Literatur überwiegend am Beispiel der ökumenischen Konzile, und zwar vor allem im Zusammenhang mit dem Konzil von Chalkedon (451) entwickelt.[47]

---

[45] Congar, Y., Die Rezeption als ekklesiologische Realität, in: Concilium 8/1972, 501; Alberigo, G., Wahl – Konsens - Rezeption im christlichen Leben, in: Concilium 8/1972, S. 478f.

[46] Müller, H., Rezeption und Konsens in der Kirche - Eine Anfrage an die Kanonistik, in: ÖAKR 27/1976, S. 13.

[47] Grillmeier, A., Konzil und Rezeption. Methodische Bemerkungen zu

Auf den ersten ökumenischen Konzilen, stand die Rezeption von Konzilsbeschlüssen durch die nichtbeteiligten Kirchen im Vordergrund. Diese Konzile mussten seitens der an ihnen nicht beteiligten Kirchen auf Synoden rezipiert werden. Solche Vorgänge sind abhängig von sprachlichen und auch nachrichtentechnischen Schwierigkeiten, vor allem aber von den allgemeinen politischen Ereignissen, und gehen daher langsam und unvollständig vor sich. Die Beschlüsse von Ephesos (431) und insbesonders des Chalzedonense etwa wurden von bedeutsamen Kirchen innerhalb und außerhalb des Reiches nicht oder erst sehr spät rezipiert.[48] Eine andere und ekklesiologisch bedeutsamere Ebene der Rezeption ist die Verbreitung der Konzilsbeschlüsse beim christlichen Volk. Immer wieder ergab sich in den Randgebieten der christlichen Ökumene die Schwierigkeit, Konzilsbeschlüssen, die im Widerspruch zu früh stabilisierten Formen kirchlicher Wirklichkeit standen, zur Geltung zu verhelfen. Die Teilnahme und Zustimmung des Bischofs am Konzil bedeutete noch lange nicht, dass die betreffende Ortskirche die Beschlüsse rezipierte. Der Widerstand des Volkes gegen die Bischöfe, die auf den mittelalterlichen Unionskonzilen mit der Westkirche zugestimmt hatten, zeigte für die Orthodoxie das zentrale Problem der Rezeption von Konzilen auf.

Auch für die evangelische Ekklesiologie und das evangelische Kirchenrecht ist das Phänomen der Rezeption von Bedeutung, wobei hier in erster Linie die Rezeption durch die Gemeinde in Betracht gezogen werden muss. Dies wird bei Sohm deutlich, der in der Rezeption einen zentralen Begriff der altkatholischen Kirche sah.[49] Nach altkatholischen Grundsätzen musste immer zu der bischöfli-

---

einem Thema der ökumenischen Diskussion, in: ThPh 45/1970, 321ff.; ders., Die altkirchliche Christologie und die moderne Hermeneutik, in: Theologische Berichte 1/1972, Zürich u.a. 1972, S. 69ff.

[48] Vgl. Krikorian, M., Die Rezeption der Konzilien, in: Die Kirche in der Sicht der Christenheit des Ostens und des Westens, hrsg. v. J. Madey, Paderborn 1974, S. 134.

[49] Sohm, R., Das altkatholische Kirchenrecht und das Dekret Gratians, München u. Leipzig 1918, S. 131.

chen und auch zu der päpstlichen Entscheidung der *consensus ecclesiae*, die Zustimmung der unorganisierten Ekklesia, also des gesamten christkatholischen Volkes auf Erden, nicht bloß der Kleriker, sondern auch der Laien, hinzutreten. Der *consensus ecclesiae* bedeutete den *consensus fidelium*. Die Rezeptionsgewalt war in der altkatholischen Kirche letztlich bei der unvertretenen katholischen Christenheit der Welt, bei der *universalis ecclesia* im vollen Sinne des Wortes. Sohm führt dazu aus: „Auch die ökumenische Synode ist grundsätzlich nicht mehr als eine Versammlung der Kirche Gottes, der eine andere Synode als Versammlung derselben Kirche Gottes gegenübertreten kann. Keine Synode ist das Volk Gottes. Jeder Synodalbeschluss bedarf noch der Annahme durch das Volk Gottes, durch die unvertretene (unorganisierte) Christenheit, damit sein Inhalt als autoritäre gemein-christliche, durch Gewohnheit, Überlieferung der Christenheit bezeugte Wahrheit (*catholica veritas*) sich durchsetze. Über die Geltung des Beschlusses - sei es einer großen, sei es einer kleinen Synode entscheidet - niemals der Beschluss als solcher, sondern immer erst die Rezeption, die Annahme seines Inhalts durch die gemeine Christenheit, durch ihre Übung, sei es in Lehre, sei es in praktischem Verhalten, also durch den tatsächlich vollzogenen consensus ecclesiae."[50]

Diesen Rezeptionsbegriff kritisiert Dombois, der darauf hinweist, dass „... Rezeption ein kategorialer Rechtsbegriff ist ..."[51] und daß diese Eigenschaft bereits in der nachapostolischen Zeit deutlich zutage tritt. Er führt aus: „... In der Lage der gesamten nachapostolischen Kirche besitzt der Vorgang der Rezeption überragende Bedeutung. Denn ihr Lebensproblem ist ja gerade die Frage, ob das Handeln und Entscheiden der Teilkirchen und Gemeinden hier und dort echtes, evangeliumsgemäßes Handeln ist, eine Frage, die gegenüber der unmittelbaren Autorität der Auferstehungszeugen so

---

[50] Sohm, R., Kirchenrecht, Bd. II, München u. Leipzig 1923, S. 71.

[51] Dombois, H., Das Recht der Gnade, Witten 1969, S. 826.

nicht auftritt."[52] Kirchenrecht vollzieht sich demnach in weitem Ausmaß als wechselseitige Anerkennung geistlicher Entscheidung. Dies führt schließlich zu folgender Zusammenfassung des Rezeptionsbegriffs bei Dombois: „... Der Vorgang der Rezeption entfaltet sich in der Kirche demnach in drei einander ergänzenden und bedingenden Grundsätzen:

- Jede Ekklesia, ob groß oder klein, ob Gemeinde oder allgemeine Synode, steht als gottesdienstlich ´im Heiligen Geist versammelt´ kraft des ihr verheißenen Geistes für die ganze Kirche.
- Was jedoch die einzelne Ekklesia, was auch das ökumenische Konzil beschließt, hat nur soweit verbindliche Kraft, als es von den anderen Ekklesien angenommen, rezipiert ist.
- Keine Gemeinde oder Teilkirche kann für sich allein bestehen, sich allein auf ihren Geistbesitz berufen, wenn sie nicht gewiss ist, mit der allgemeinen Kirche in Gemeinschaft zu leben, koinonia, Altargemeinschaft und Lehrübereinstimmung zu besitzen. Sie kann also nicht dahingestellt sein lassen, ob sie in der Kirche ist."[53]

Gerade deshalb kann kirchliches Geschehen nicht als außerrechtlich und metajuristisch qualifiziert und können die in der kirchlichen Wirklichkeit enthaltenen Ordnungsgehalte nicht einem starren Normativitätsverständnis undifferenziert gegenübergestellt werden. Auch Congar sieht das Recht in der Kirche als etwas von der Wirklichkeit Isoliertes an, wenn er sagt: „Die Rezeptionsidee hat darunter gelitten, daß sie auf verfassungsrechtlicher Ebene, als Rechtstheorie aufgestellt und vorgelegt wurde." Dies hatte zum Ergebnis, daß in dem Moment, „... als man an die Stelle von all dem (gemeint ist die ortskirchlich-pneumatologisch, auf dem Communio-Denken aufgebaute ältere Ekklesiologie – Anm. d. Verf.) ein ganz pyramidal gestuftes Bild der Kirche stellte als einer Masse, die völlig von ihrem Gipfel bestimmt wird ...", der Rezeptionsbegriff

[52] Dombois, H., Das Recht der Gnade, Witten 1969, S. 828.

[53] Dombois, H., Das Recht der Gnade, Witten 1969, S. 829.

ausgemerzt wurde.[54] Dieses gestörte Verhältnis zum Recht hat eigentümliche Konsequenzen, bedeutet es doch nichts anderes, als daß nicht etwa die veränderte Ekklesiologie (das pyramidal gestufte Bild der Kirche), sondern erst die sich daraus ergebenden Konsequenzen für das Kirchenrecht für die Veränderungen verantwortlich zu machen wären. D.h. nichts anderes, als dem Recht vorzuwerfen, Konsequenzen aus der Entwicklung der Ekklesiologie gezogen zu haben. Neumann schreibt dazu: „Der Ruf nach der Theologisierung des kanonischen Rechts hat hier seine vielleicht ungewollten, zweifellos aber unguten Folgen gezeigt und zeigt sie bis in die Gegenwart. Die kirchliche Rechtsordnung ist nun nicht mehr pragmatisch variierbare Norm, sondern gottgewollte und von ihm gegebene Grundsatzentscheidung."[55] Dass derartige Gefahren auch in der gegenwärtigen Situation verborgen sind, wo man alles Rechtliche von sich wegschieben möchte, betont Neumann mit gutem Grund: „... durch die Begründung des Rechtes im Sakramentalen, durch seine Rückbeziehung auf den in der Kirche wirksamen Geist Gottes ist vielmehr in gewisser Weise sogar einer Sakrifizierung des Rechtes und einer Verrechtlichung des Sakramentalen eine Tür geöffnet: die Gefahr ist deshalb ernst zu nehmen, weil noch kein Weg gewiesen wird für eine rechtstheologische Grundlegung oder für eine Rechtstheologie überhaupt."[56] Diese Warnung gilt einerseits den Kanonisten, aber Neumann fordert auch, dass die Nichtkanonisten unter den Theologen diesen Gegensatz auflösen und erkennen, dass das „... Recht als eine Kategorie der Wirklichkeit zur Abbildhaftigkeit der Kirche gehört."[57]

---

[54] Congar, Y., Die Rezeption als ekklesiologische Realität, in: Concilium 8/1972, 507f.

[55] Neumann, J., Das Kirchenrecht - Chance und Versuchung, Graz 1972, 35; vgl. dazu auch Dordett, A., Kirche zwischen Hierarchie und Demokratie, Wien 1974, S. 12f.

[56] Neumann, J., Das Kirchenrecht - Chance und Versuchung, Graz 1972, S. 291.

[57] Neumann, J., Das Kirchenrecht - Chance und Versuchung, Graz

Hier kann an die Bemerkungen zum Stellenwert des Konsenses in der kirchlichen Wirklichkeit angeschlossen werden. Ausgangspunkt war dort, dass der kirchlichen Wirklichkeit die gläubige Intention des sich in seiner Geschichte verwirklichenden Gottesvolkes zugrundeliegt. Neben dieser Wirklichkeit kann der kirchlichen Rechtsnorm keine unabhängige Existenz in ihrem Geltungsanspruch zugestanden werden. Es muss deshalb an die Feststellung Essers erinnert werden, der unter dem Titel Normativität und Faktizität betont, daß die Rechtsnorm eine von der sozialen Wirklichkeit unabhängige Existenz in ihrem grundsätzlichen Geltungsanspruch hat,[58] und zwar deshalb, weil der kirchlichen Rechtsordnung Aufgaben gestellt sind, die über den Ordnungsauftrag zur Konfliktlösung hinausgehen. Es ist daher problematisch, wenn man, wie Lombardia im Zusammenhang mit der Grundrechtsproblematik in der Kirche dies tut, eine Konzeption der Grundrechte zurückweist, „... die von einer dialektischen und spannungsgeladenen Haltung der Gemeinschaft gegenüber bestimmt wird ...", und darin „... ein Attentat auf die Einheit des Leibes Christi *quod est Ecclesia* (Kol I, 18)" sieht.[59] Dem ist mit Luf entgegenzuhalten, dass, wenn mit ´dialektisch´ und ´spannungsreich´ das Problem der Vermittlung der Einheit im geschichtlichen Prozess angesprochen wird, sich darin adäquat der Weg auch für das kirchliche Recht zeigt.[60]

Für die Kanonistik sind die Schwierigkeiten groß, die sich aus der Notwendigkeit ergeben, mit Hilfe des Kirchenrechts diese inneren Spannungen und Konflikte zu bewältigen bzw. zu kanalisieren. Da die Spannungen zwischen denen entstehen, die in der Kirche das (institutionalisierte) Charisma der Apostel besitzen, und den

---

1972, S. 21f.

[58] Esser, J., Vorverständnis und Methodenwahl in der Rechtsfindung, Frankfurt/Main 1970, S. 32.

[59] Lombardia, P., Die Grundrechte des Gläubigen, in: Concilium 5/1969, 610.

[60] Luf, G., Grundrechte und kirchlicher Rechtsschutz - Erwägungen zu einer hermeneutischen Rechtstheologie, in: ÖAKR 26/1975, 43.

sogenannten Charismatikern, wird man, sobald die Billigung seitens der Träger des institutionalisierten Charismas vorhanden ist, nicht mehr von einer Spannung sprechen können, denn dann hat sich bereits eine Spannung in einem Konsens gelöst. Es ist in diesem Zusammenhang auch bemerkenswert, dass eine Stelle aus dem Dekret *Lumen Gentium* (II, 12 b) unter Berufung auf 1 Thess, 5, 12 und 19-21 eigentlich eine andere Aussage trifft: „*Dona autem extraordinaria non sunt temere expetenda, neque praesumptuose ab eis sperandi sunt fructus operarum apostolicarum; sed iudicium de eorum genuinitate et ordinato exercitio ad eos pertinet, qui in Ecclesia praesunt, et quibus speciatim competit, non Spiritum exstinguere, sed omnia probare et quod bonum est tenere* (cf. 1 Thess. 5, 12 et 19-21)."[61] Wenn es heißt, daß denen, die die Leitung in der Kirche haben, es in besonderer Weise zukommt, den Geist nicht auszulöschen, sondern alles zu prüfen und das Gute zu behalten, so wird durch dieses Verfahren vorausgesetzt, dass abweichende Meinungen und damit Spannungen ihre Berechtigung haben, ehe die Träger des institutionalisierten Charismas dazu Stellung genommen haben.

Damit wird der Pluralismus in der Kirche legitimiert, der ja die Voraussetzung dafür erst schafft, dass die, die die Leitung der Kirche haben, alles prüfen können und das Gute behalten.[62] Wichtige Feststellungen zum Pluralismus in der Kirche enthält die Adhortatio Apostolica Papst Pauls VI. zum Heiligen Jahr 1975 *Paterna cum benevolentia*, in der der Papst zwar die Grenzen des Pluralismus unter Hinweis auf die einheitsstiftende Funktion des Lehramtes, dessen Anerkennung er als Voraussetzung des Pluralismus benennt, deutlich macht, dann aber festhält: „*Pretiosissima etiam bona agnoscimus, quae pluralismus tam in spiritualis vitae christianae, ecclesiasticarum*

---

[61] LG 12 b.

[62] Vgl. Aymans, W., Vom Grundstatut zum Gemeinstatut aller Gläubigen. Ein Beitrag zur kirchlichen Rechtssprache, in: Iuri Canonico Promovendo, Festschrift für H. Schmitz, hrsg. v. W. Aymans, K.-Th. Geringer, Regensburg 1994, S. 3-22.

religiosarumque institutionum provinciam, quam in regionem formarum liturgicarum disciplinaeque normarum invexit: agitur enim de bonis, ad eam in unum conspirantem varietatem confluentibus, quae indivisae Ecclesiae catholicitatem luculentius demonstrat."[63] Aus diesen Bemerkungen wird bereits im Ansatz klar, welche Funktion dem Kirchenrecht im Zusammenhang mit den notwendigen Spannungen in der Kirche hauptsächlich zugestanden wird, nämlich die Grenzen zu bestimmen, innerhalb derer Spannungen positiv bewertet werden. Dass die Institutionalisierung von Spannungen auch eine andere Funktion hat, führt dagegen Setién aus: „Die Institutionalisierung hat die Spannungen innerhalb von Grenzen zu halten, die sie mit dem allgemeinen Wohl vereinbaren lassen und es verhüten, daß sie zu einem destruktiven, anarchistischen Kampf ausarten. Doch dies ist bloß der negative Aspekt der Institutionalisierung; der ihm vorangehende positive Aspekt ist die Verteidigung der Gesellschaftsdynamik, welche die Existenz der Spannungen ermöglicht."[64] Die Frage, die sich das Kirchenrecht zu stellen hat, lautet daher auch: Ist Dynamik normierbar? Dies wird nur dann von Erfolg begleitet sein, wenn das Kirchenrecht alle Möglichkeiten einer offenen Rechtsfortbildung im Rahmen der Garantie, Spannungen und Konflikte legitimerweise austragen zu können, einbezieht.

7.3 Die Offenheit der Konzilsaussagen und das Problem der Rechtshermeneutik

Bei dem Versuch, einen Ansatz für eine kirchenrechtliche Geltungstheorie aus den Konzilsaussagen herzuleiten, stößt man auf das Problem der Offenheit der Konzilsaussagen, die eindeutigen juristischen Formulierungen aus dem Wege gehen. Neumann

---

[63] AAS 67/1975, 13f.

[64] Setién, J. M., Spannungen in der Kirdie, in: Concilium 5/1969, S. 606.

formuliert das Problem so: „Das Zweite Vatikanische Konzil hat es allerdings unterlassen, seine Aussagen, die für die Formung der kirchlichen Rechtsordnung bedeutsam sind, rechtssprachlich klar und eindeutig zu fassen. Für die Würdigung und das rechte Verständnis der Konzilstexte wirkt dies sehr erschwerend, da wir uns nicht an einzelne Begriffe halten können, vielmehr jede Aussage in ihrem Zusammenhang wie in ihrer Tendenz zu würdigen haben."[65] Dies kann zu Missverständnissen führen, wenn man meint, die Konzilsaussagen können nicht als solche bereits als Aussagen über die Sache Kirchenrecht verstanden werden. Jedoch sind auch Konzilsaussagen grundsätzlich als Rechtssätze zu verstehen, allerdings ist deren besondere Form und Struktur zu beachten. Bertrams weist darauf hin: „Das Konzil selbst war pastoral, insofern es in seiner Lehre und in seinen Beschlüssen alles darauf abstellte, daß die Kirche ihre Aufgabe, den Menschen zum Heile zu sein, möglichst wirksam erfülle. Und diese Lehre und diese Beschlüsse haben rechtlichen Charakter: Die Dokumente des Konzils sind Dokumente rechtlicher Natur."[66] Es ist zwar richtig, dass die Konzilsaussagen meist weit von der traditionellen Struktur von Rechtsnormen entfernt sind.[67] Man darf jedoch nicht übersehen, dass sie im Regelfall durchaus präskriptiven Charakter haben, wenn auch die Sprache mehr optativ als imperativ ist. Es ist dagegen in der kirchenrechtlichen Literatur im Zuge ihrer normativistischen Tendenz die Meinung vorherrschend, dass offenbar unjuristisch formulierte Aussagen so lange rechtlich irrelevant bleiben, als sie nicht in eindeutig rechtliche Formen gebracht werden. Konzilsaussagen könnten also auch dann nicht bereits als Rechtssätze verstanden werden, wenn sie eindeutig

---

[65] Neumann, J., Die Rechtsprinzipien des zweiten Vatikanischen Konzils als Kritik an der traditionellen Kanonistik, in: ThQ 147/1967, S. 261.

[66] Bertrams, W., Die Bedeutung des 2. Vatikanischen Konzils für das Kirchenrecht, in: ÖAKR 23/1972, S. 128.

[67] Vgl. zu diesem Problem Kramer, H., Behutsamkeit im Umgang mit Normen in der Kirche, in: Theologia et ius canonicum. Festschrift für H. Heinemann, hrsg. v. H. J. F. Reinhardt, Essen 1995, S. 151-166.

präskriptiven Charakter haben, sondern erst, wenn sie im besonderen die imperative Form von Gesetzen haben.

Die Ablehnung der Möglichkeit, Konzilsaussagen als Rechtssätze besonderer Art zu verstehen, könnte jedoch letztlich eine Verneinung der Möglichkeit des Kirchenrechts überhaupt implizieren. Es ist daher notwendig, sich jener theoretischen Grundlagen zu bedienen, die die Konzilsaussagen trotz ihrer Nichtübereinstimmung mit den traditionellen Vorstellungen von klaren und eindeutigen rechtssprachlichen Formulierungen als Rechtssätze, d.h. als Sätze, die von der Sache Recht in der Kirche sprechen, verstehen lassen. Die Gefahr, dass über die rechtliche Qualität der Konzilsaussagen voreilig geurteilt wird, nähert sich dem Kirchenrecht gleichsam von zwei Seiten. Einerseits werden die Formulierungen von der traditionellen Kanonistik abgelehnt, anderseits gehen aber Vertreter des nachkonziliaren Antijuridismus auf Grund der gleichen prinzipiellen Vorstellungen vom Recht davon aus, daß die juristische Betrachtungsweise der nachkonziliaren Kirche nicht adäquat sein könne. Es ist dagegen darauf hinzuweisen, daß die Formulierungen in den Konzilsaussagen, denen es an Klarheit und Eindeutigkeit mangelt und die vielleicht in ihren rechtlichen Implikationen nicht ohne weiteres überschaubar sind im Sinne eines traditionellen Gesetzesverständnisses, trotz allem, von einem methodisch erneuerten Kirchenrecht zumindest erfassbar sind.

Hier ist vor allem an die Präzisierung durch Rahner zu denken, der von einer „offenen Vorläufigkeit" spricht.[68] Da jedoch der offene Charakter dieser Formulierungen wichtiger erscheint als ihre Vorläufigkeit, könnte man auch von einer vorläufigen Offenheit sprechen, um die Vorläufigkeit nicht zu sehr in den Vordergrund zu stellen. Das Entscheidende an den Aussagen des Zweiten Vatikanischen Konzils ist ihr Offensein für die zukünftige Entfaltung der Kirche. Das Vorläufigsein dieser Offenheit kann sich daher nur darauf beziehen, daß es

---

[68] Rahner, K., Ist Kircheneinigung dogmatisch möglich? in: ThQ 153/1973, S. 110f.

immer wieder aufs Neue der Konkretisierung dieser Aussagen bedarf. Die Ursachen für die Offenheit vieler Konzilsaussagen sind zum Teil darin zu sehen, dass sie oft im Kompromisswege entstanden sind, was häufig Mehrdeutigkeiten zur Folge hat. Es entsteht so der Eindruck, dass nach zwei Schritten in eine bestimmte Richtung sofort ein korrigierender Schritt zurück erfolgt ist, um für beide Äußerungen einen Konsens zu erreichen. Neben dieser unbeabsichtigten Ursache von Offenheit in den Formulierungen findet sich jedoch auch eine andere wichtige Ursache von Offenheit, nämlich dort, wo bewusst Akzente gesetzt werden sollen für eine im Fluß befindliche Entwicklung. Diese Konzilsaussagen erhalten so den Charakter von Richtlinien, von Direktiven.[69]

Es ist interessant, diese Aussagen im Lichte der neueren Methodendiskussion in der Rechtswissenschaft zu betrachten. Das Bedauern wegen der mangelnden rechtssprachlichen Klarheit und Eindeutigkeit der Konzilsaussagen und mancher juristisch offenbar relevanter nachkonziliarer Enuntiationen macht deutlich, dass wichtige Einsichten der allgemeinen Rechtstheorie der letzten Jahrzehnte nicht in die Kirchenrechtswissenschaft Eingang gefunden haben. Diese Einsichten waren wesentlich durch die Entwicklung der modernen Sprachtheorie bestimmt. Ein zu großer Abstand zwischen Rechtssprache und Umgangssprache ist demnach nicht nur unzweckmäßig, sondern ab einem bestimmten Grad sogar unmöglich: Die Objektsprache, Rechtssprache, hat sich also nicht zu weit von der Metasprache, Umgangssprache, zu entfernen, selbst wenn man davon ausgeht, dass gesetzliche Formulierungen hauptsächlich von Juristen als objektsprachlichen Spezialisten verstanden werden müssen. Eine sich von der Umgangssprache stark abhebende juri-

---

[69] Vgl. Hollerbach, A., Neuere Entwicklungen des katholischen Kirchenrechts, Heft 18 der Schriftenreihe der Juristischen Studiengesellschaft, Karlsruhe 1974, 13; ähnlich äußerte sich bereits Heimerl, H., Einige formale Probleme des postkonziliaren allgemeinen Rechts, in: ÖAKR 24/1973, S. 149.

stische Objektsprache brächte die Gefahr eines Verlustes der zeitlichen Dimension einer kontinuierlichen Rechtsfortbildung mit sich, die dann nur mehr durch ununterbrochenes Tätigsein des Gesetzgebers ausgeglichen werden könnte, der, um die soziale Relevanz der Bestimmungen zu erhalten, zur dauernden Neubestimmung von Inhalt und Umfang objektsprachlicher Festsetzungen gezwungen würde.

Esser gibt den Hinweis: „In unserem Rechtssystem wird mit guten Gründen der Sprache eine offene Bedeutung zugestanden."[70] Das soll jedoch nicht heißen, dass man sich nicht um Klarheit des sprachlichen Ausdrucks zu bemühen hat, sondern nur, dass man sich in diesem Bemühen der gegebenen Grenzen immer bewusst sein muss, dass man bei den sprachlichen Festsetzungen umgangssprachliche Begriffe also so weit als möglich zu berücksichtigen hat. Dieses fundamentale sprachliche Problem hat entscheidend die Sicht von Interpretation und Lückenfüllung in der modernen Rechtstheorie bestimmt. Die Frage nach der Möglichkeit einer Grenzziehung durch den Wortlaut des Gesetzes hat vor allem Bedeutung für den Versuch, Auslegung und Lückenfüllung voneinander abzugrenzen. Canaris betont in diesem Zusammenhang, dass sich „... trotz der fließenden Übergänge ... in den Kernbereichen Auslegung und Lückenfüllung mit Hilfe des möglichen Wortsinns klar trennen lassen."[71] Stärker hermeneutisch ausgerichtete Theoretiker gehen darüber hinaus. So weist Mennicken darauf hin, dass „... die herkömmlichen Auslegungsmittel (grammatisch, systematisch, logisch) topoi sind, die niemals verabsolutiert werden dürfen." Daraus folgt, dass der Wortlaut keine Grenzziehungsfunktion mehr hat.[72] Radikale herme-

---

[70] Esser, J., Vorverständnis und Methodenwahl in der Rechtsfindung, Frankfurt/Main 1970, S. 47.

[71] Canaris, C.-W., Die Feststellung von Lücken im Gesetz, Berlin 1964, 23.

[72] Mennicken, A., Das Ziel der Gesetzesauslegung, Bad Homburg v. d. H. u.a. 1970, S. 104.

neutische Positionen führen schließlich zur völligen Ablehnung des Begriffs Wortsinn im traditionellen Gebrauch.[73]

Mit der Übernahme dieser Sicht ergibt sich für das Kirchenrecht, dass die traditionelle Terminologie von den Bereichen *secundum, praeter* und *contra legem* nicht mehr zu halten ist. Es ist auch für das Kirchenrecht mit Esser von einer „Scheinproblematik des Judizierens contra legem oder praeter legem" zu sprechen.[74] Gerade für das nachkonziliare Kirchenrecht mit seinen offenen Formulierungen wird daher die Verwendung dieser Terminologie problematisch. Die Einsichten der Sprachtheorie stellen einen wichtigen Anstoß dar für ein neues Verständnis der Gesetzesnormen. Das Gesetz wird als „... Programmierung..." verstanden, die „... in vieler Hinsicht unklar oder unvollständig und auf die Rückinformation aus dem Anwendungsprozeß angewiesen ist."[75] Die Kompliziertheit und Unüberschaubarkeit der zu regelnden Materien bekommt ebenfalls entscheidenden Einfluß auf die Gesetzestechnik. Diese Überlegungen haben im Zusammenhang mit der Kritik am Positivismus dazu geführt, den Richtliniencharakter von Gesetzesnormen in den Vordergrund zu stellen. Dieser besondere Charakter liegt wesentlich der Auslegungstheorie der Rechtshermeneutik zugrunde, die entscheidend durch das Zurückweisen des Verständnisses von Auslegung als einer reproduktiven Tätigkeit bestimmt wird. Insoweit es um das Herstellen von Sinnzusammenhängen im Bewusstseinshorizont des Verstehenden geht, kann die Gesetzesnorm in Bezug auf

---

[73] Hruschka, J., Das Verstehen von Rechtstexten, München 1972; Schmidlin, B., Die Einheit der Rechtsquellen und der Rechtsanwendung im Privatrecht, Verhandlungen des fünften österreichischen Juristentages, Wien 1973, S. 74f.; Böhm, P., Zur Interpretationstheorie der Reinen Rechtslehre im Lichte ihrer gegenwärtigen Vertreter, in: JBl 97/1975, S. 1ff.

[74] Esser, J., Vorverständnis und Methodenwahl in der Rechtsfindung, Frankfurt/Main 1970, S. 117.

[75] Esser, J., Vorverständnis und Methodenwahl in der Rechtsfindung, Frankfurt/Main 1970, S. 113.

das Ergebnis dieser Horizontverschmelzung nur den Charakter einer Richtlinie haben.

Wenn nun, wie im Fall der nachkonziliaren kirchenrechtlichen Rechtsfortbildung, der Gemeinschaft eine entscheidende Rolle zugestanden wird, so bekommt der Richtliniencharakter der Normsetzung einen wichtigen zusätzlichen Aspekt. Dadurch wird die Einsicht, dass der Prozess des Verstehens notwendig mit einer schöpferischen Tätigkeit des Verstehenden verbunden ist, durch das Postulat einer bewussten Gestaltung durch den Verstehenden ergänzt. Der Stellenwert, den der *sensus fidelium* der mit gläubiger Intention handelnden Kirche erhalten hat, läßt ein nur reproduktives Verständnis vorgegebener Normen nicht zu. Adäquate Normsetzung und Rechtsfortbildung müssen unter dieser Voraussetzung vom Richtliniencharakter von Gesetzesnormen ausgehen. Die nachkonziliare Gesetzgebung hat dieser Entwicklung sowohl in der legistischen Technik als auch in der Terminologie Rechnung getragen. Neue Bestimmungen werden immer häufiger ausdrücklich als Richtlinien überschrieben. Das Problem bleibt jedoch die rechtliche Erfassung dieses Phänomens angesichts der normativistischen Tradition des Kirchenrechts.

Der hervorragende Stellenwert, den der Begriff des *sensus fidelium* in und für die nachkonziliare Kirche bekam, führte auch zu der Wiederentdeckung der zentralen ekklesiologischen Bedeutung der Rezeption. Für die Umsetzung von offenen Normen im Rechtsanwendungsprozess und für die Vermittlung der Rechtsidee in aktuellen Entscheidungen hat in der rechtstheoretischen Literatur der letzten Jahrzehnte der Begriff der Konkretisierung einen festen Platz erhalten. Die beiden Begriffe, Rezeption und Konkretisierung, sind aufeinander bezogen von entscheidender Bedeutung für ein hermeneutisches Verständnis jenes Vorganges, der im nachkonziliaren Kirchenrecht zu registrieren ist. Die nachkonziliare Entscheidung muss sich als konkretisierende Rezeption des Konzils verstehen können. Es fällt jedoch auf, dass der in der juristischen Literatur bekannte Begriff der Konkretisierung in das kanonistische

Schrifttum kaum Eingang gefunden hat. Nur selten und dann in ganz allgemeinen Bemerkungen werden die beiden Begriffe miteinander verknüpft; so z.B., wenn Hollerbach davon spricht, dass sich die Neukodifikation des Kirchenrechts „... die Chance wird wahren müssen, in die konkreten Lebensvollzüge der Kirche rezipiert zu werden."[76]

Das Bewusstsein um die *acceptatio* - und damit *receptio-populi* ging lange Zeit nicht verloren. Mit der Ausbildung des neuzeitlichen Staatskirchentums, besonders mit dem *placetum regium* wurde eine neue Dimension in den Rezeptionsbegriff eingeführt, die im Gallikanismus durchaus ekklesiologisch fundiert war. Die weit in die Neuzeit hineinreichende Rezeption der Bestimmungen des Konzils von Trient geben davon ebenfalls Zeugnis. Aber auch die Bestimmungen des Ersten Vatikanischen Konzils haben der Rezeption bedurft, wie Dombois zu Recht herausstellt. So verändert sich zwar für die katholische Ekklesiologie der Schwerpunkt des Rezeptionsverständnisses immer wieder, die Bedeutung der Rezeption als ekklesiologisch-kanonistischer Grundstruktur konnte jedoch nie zur Gänze verdeckt werden. Nach dem Zweiten Vatikanischen Konzil sind Rezeptionsvorgänge auf allen Ebenen und aller Art wieder in den Vordergrund getreten, sowohl auf der für die Entwicklung des Rezeptionsbegriffes so wichtigen ökumenischen Ebene als auch auf der für die Verwirklichung des Konzils entscheidenden Ebene der innerkirchlichen Rezeption.[77]

Die durch ihre vorläufige Offenheit ausgezeichneten Aussagen des Zweiten Vatikanischen Konzils könnten jedoch dazu führen, dass ausgehend von Konzilstexten die kirchliche Wirklichkeit Formen annimmt, die mit den ursprünglichen Inhalten wenig oder gar nichts

---

[76] Hollerbach, A., Neuere Entwicklungen des katholischen Kirchenrechts, Heft 18 der Schriftenreihe der Juristischen Studiengesellschaft, Karlsruhe 1974, S. 17.

[77] Vgl. dazu Kasper, W., Gerechtigkeit und Barmherzigkeit. Überlegungen zu einer Applikationstheorie kirchenrechtlicher Normen, in: Iustitia in caritate, hrsg. v. R. Puza, A. Weiß, Frankfurt/Main u.a. 1997, S. 59-66.

gemeinsam haben, die jedoch dessen ungeachtet als Rezeption der Konzilsbeschlüsse verstanden werden.[78] Es stellt sich dann die Frage, ob es sich hier noch um eine Rezeption des Konzils handelt oder nur um die Reaktion auf die Möglichkeit, unter dem Schlagwort der Rezeption des Geistes des Konzils aus den unbestimmten Formulierungen das herauszulesen, was dem Rezipienten gefällt. Inwieweit es möglich ist, die Rezeptionsvorgänge nach dem Zweiten Vatikanischen Konzil zu erfassen, ist wesentlich durch das für die allgemeine Rechtstheorie zentrale Problem des Verhältnisses von Gesetz und Gesetzestext bestimmt. Allerdings wird die Beantwortung dieser Frage für das nachkonziliare Kirchenrecht durch die radikale Offenheit der Konzilsaussagen problematisch.[79]

Auch ein normativistisches Konzept von einem stufenweise funktionierenden geschlossenen System, in dem jeweils auf der nächsten Stufe von dem zuständigen Organ im offengelassenen Rahmen durch einen Willensakt Entscheidungen getroffen werden, muß vor der inneren Struktur der Konzilsaussagen kapitulieren, weil sie zu sehr sprachlich darauf angelegt sind, Bereiche zu eröffnen anstatt Bereiche zu bestimmen. Rezipiert kann daher nur der durch die Konzilsaussagen vermittelte Geist des Konzils werden. Diesen Rezeptionsvorgang zu erfassen, scheint nur vermittels eines hermeneutischen Denkens möglich zu sein. Die „... positivistische Verkürzung der Gesetzesnorm auf den Gesetzestext..."[80] ist bezüglich der Konzilstexte aus sprachlichen Gründen bereits deshalb zum Scheitern verurteilt, weil rechtssprachliche Klarheit meist nicht

---

[78] Vgl. Mörsdorf, K., Das konziliare Verständnis vom Wesen der Kirche in der nachkonziliaren Gestaltung der kirchlichen Rechtsordnung, in: AfkKR 144/1975, S. 401.

[79] Zu den verschiedenen Arten der Interpretation kirchlicher Gesetze, insbes. zur sog. 'authentischen Interpretation', vgl. Müller, L., Authentische Interpretation-Auslegung kirchlicher Gesetze oder Rechtsfortbildung?, in: AfkKR 164/1995, 353-375.

[80] Schmidlin, B., Die Einheit der Rechtsquellen und der Rechtsanwendung im Privatrecht, Verhandlungen des fünften österreichischen Juristentages, Wien 1973, S. 64.

einmal in Ansätzen gegeben ist. Der nachkonziliare kanonistische Rezeptionsbegriff verlangt daher nach einer wichtigen Ergänzung, durch die das im Rezeptionsvorgang enthaltene gestaltende Element erfasst wird.

Eine Rezeption der Aussagen des Zweiten Vatikanischen Konzils ist also nur möglich, wenn die Rezipierenden aktiv gestaltend eingreifen. Die Unschärfe der konziliaren Aussagen kann dann als Ausdruck der dialogischen Bemühungen der Kirche verstanden werden.[81] Die ekklesiologische Grundlage dafür ist durch die Lehre vom *sensus fidelium* gegeben. Das gestaltende Moment im Erfassen von Sinnzusammenhängen stellt sich als das zentrale Moment des Verstehens in der allgemeinen und vor allem in der juristischen Hermeneutik dar. Seit der grundlegenden Arbeit von Engisch ist dieses hermeneutische Problem in der Rechtswissenschaft untrennbar mit dem Begriff der Konkretisierung verbunden.[82] Die bereits von Engisch angeführten vielfältigen Bedeutungsmöglichkeiten des Konkretisierungsbegriffes[83] waren nach Meinung von Esser mit ein Grund, dass er so schnell die methodologische Literatur erobert hat. Er stellt zwar einen „... gewissen Fortschritt gegenüber der bloßen Anwendungsidee ..." dar, lässt es aber völlig offen, in welcher Hinsicht und unter Zuhilfenahme welcher Urteile sich eine solche Konkretisierung vollzieht.[84] Diese Schwierigkeiten müssen bei der Erfassung der

---

[81] Vgl. Mikat, P., Das Verhältnis von Staat und Kirche nach der Lehre der katholischen Kirche, in: ders., Religionsrechtliche Schriften. Abhandlungen zum Staatskirchenrecht und Eherecht, hrsg. v. J. Listl, 1. Halbband, Berlin 1974, S. 331-376, 336.

[82] Vgl. Gadamer, H.-G., Wahrheit und Methode. Grundzüge einer philosophischen Hermeneutik, Tübingen 1972, S. 481; Ryffel, H., Grundprobleme der Rechts- und Staatsphilosophie, Neuwied u. Berlin 1969, S. 348; Larenz, K., Methodenlehre der Rechtswissenschaft, Berlin u.a. 1975, S. 230.

[83] Engisch, K., Die Idee der Konkretisierung in Recht und Rechtswissenschaft unserer Zeit, Heidelberg 1953, S. 4ff.

[84] Esser, J., Vorverständnis und Methodenwahl in der Rechtsfindung, Frankfurt/Main 1970, S. 72.

Rezeption des Konzils als Konkretisierung im Auge behalten werden. Nicht übersehen darf man des weiteren, dass der Konkretisierungsbegriff in der allgemeinen Rechtstheorie fast ausschließlich im Zusammenhang mit dem Verhältnis von Gesetzgebung und Rechtsprechung verwendet wird,[85] wodurch die Einheitlichkeit des Konkretisierungsvorganges überlagert und verdeckt erscheint durch die Frage der Abgrenzung von Gesetzgebung und Rechtsprechung.

In einen allgemeinen Zusammenhang stellt Ryffel den Konkretisierungsprozess, wenn er feststellt, dass „... die Normen in zunehmendem Maße konkretisiert werden, von den obersten allgemeinen und abstrakten Normen, die vielleicht in der Verfassung nur die zur Setzung der Normen zuständige Instanz bezeichnen, über verschiedene Stufen (Gesetz und Verordnung) bis zum Urteil oder Verwaltungsakt."[86] In diesem Sinn ist der Begriff der Konkretisierung als kontinuierlicher Prozess für die nachkonziliare Kanonistik von Bedeutung, also als Besonderung von Allgemeinem und als Bestimmung von Einzelnem. Dieser Begriff der Konkretisierung soll helfen, den bereits bei der Erörterung der nachkonziliaren Ekklesiologie angesprochenen Vorgang zu erfassen, nämlich das Zusammenwirken des Lehramtes in der Kirche im *sensus fidelium* mit dem gesamten Volk Gottes. In der Konkretisierung sind die dialektischen Zusammenhänge zu beachten, die zwischen dem Allgemeinen, näher zu Bestimmenden jenes Typs lehramtlicher Äußerungen, der für das Konzil und die nachkonziliare Kirche charakteristisch ist, und dem Besonderen, Bestimmten im Lebensvollzug des Volkes Gottes bestehen. Vom Ausgangspunkt in der Konzilsäußerung kommt es also zu einer laufenden Verdichtung in der kirchlichen Wirklichkeit.

---

[85] Ryffel, H., Grundprobleme der Rechts- und Staatsphilosophie, Neuwied u.a. 1969, S. 54, führt dazu aus: „In aller Regel ergeben sich Notwendigkeit und Richtung der Konkretisierung erst, wenn der zu lösende Fall vorliegt und die Anwendung der in Betracht kommenden Norm erwogen wird."

[86] Ryffel, H., Grundprobleme der Rechts- und Staatsphilosophie, Neuwied u.a. 1969, S. 412f.

Konkretisieren heißt damit wesentlich auch zur Wirklichkeit werden; und es ist darauf hinzuweisen, dass Konkretisierung nicht nur Anpassung an die Wirklichkeit ist.[87] Die Aussagen des Zweiten Vatikanischen Konzils werden also in der Konkretisierung durch den auf göttliche Zusage sich stützenden *sensus fidelium* des Volkes Gottes zur kirchlichen Wirklichkeit. Da hier ein dialektischer Prozess vorliegt, muss dieser Konkretisierungsbegriff auch die Gegenbewegung erfassen. Er stellt keine Einbahnstraße dar, sondern es gilt, auch den Weg vom Besonderen zum Allgemeinen miteinzubeziehen. Die Notwendigkeit der Rezeption der Konzilsaussagen führte etwa auf den verschiedenen teilkirchlichen Ebenen zu einer Vielfalt synodaler Aktivitäten. Hier war also zunächst der Ort der Konkretisierung. Diese Reihenfolge hat allerdings auch kritische Stimmen hervorgerufen, da darin ein Grund für die rasche nachkonziliare Entwicklung gesehen wird. Congar führt dazu aus: „... Vielleicht rührt es auch daher, daß die Reform des Zweiten Vatikanischen Konzils den seltenen Fall einer von oben gemachten Reform darstellt, die nicht an der Basis vorbereitet war. Die Regionalsynoden folgten auf das Konzil, anstatt ihm vorauszugehen, während es vor dem unvergleichlich weniger erneuernd wirkenden Ersten Vatikanischen Konzils zahlreiche Regionalkonzile gegeben hatte, die selbst allerdings ebenfalls sehr wenig Neues gebracht haben."[88]

---

[87] Engisch, K., Die Idee der Konkretisierung in Recht und Rechtswissenschaft unserer Zeit, Heidelberg 1953, S. 100.

[88] Congar, Y., Erneuerung des Geistes und Reform der Institution, in: Concilium 8/1972, S. 174.

8. Der Ehekonsens als Vertrag und Bund

8.1 Der CIC von 1917: Ehe als Ehevertrag

Nach der Ehelehre des Zweiten Vatikanischen Konzils stiften die Ehepartner durch den Konsens einen Ehebund, in dem sie sich als Personen einander schenken. Im Unterschied dazu stimmen sie nach dem Eheverständnis des CIC von 1917 einem Ehevertrag zu, der zu einer Übertragung von Rechten, insbesondere des Rechtes am eigenen Körper auf den anderen Ehepartner führt. Entsprechend definierte Knecht: „... Unter Ehe: matrimonium, coniugium, connubium, nuptiae, im natürlichen und naturrechtlichen Sinne verstehen wir die rechtmäßige Verbindung von Mann und Weib zu gegenseitiger Lebens- und Leibesgemeinschaft."[1] Das Zweite Vatikanische Konzil dagegen bezeichnet die Ehe als *intima communitas vitae et amoris coniugalis* (GS 48), also als Lebens- und Liebes-Gemeinschaft, nicht in erster Linie als Leibes-Gemeinschaft. Lüdecke beschreibt diese Veränderung so: „Dem Wechsel von der Vorstellung der Eheschließung als Rechtsübergabe (an dem Körper – Anm. d. Verf.) zu einer Schenkung der Personen sollte auf der begrifflichen Ebene der Wechsel vom Vertrags- zum Bundesbegriff korrespondieren."[2]

Bezüglich des erforderlichen Konsenses führt er aus, dass „... der Vertragsbegriff als Zentralkategorie des Eherechts im CIC 1917 den Konsens der Eheleute als eigentlich ehestiftendes Element zwar einführt, aber zugleich wieder verdeckt, weil er dem sachlichen Aspekt der Eheschließung den Vorrang einräumt gegenüber dem personalen".[3] Ähnlich kritisch Baumann: „... Den Kanonisten

---

[1] Knecht, A., Handbuch des katholischen Eherechts, Freiburg 1928, S. 37.

[2] Lüdecke, N., Eheschließung als Bund. Genese und Exegese der Ehelehre der Konzilskonstitution „Gaudium et Spes" in kanonistischer Auswertung, Würzburg 1989, S. 808.

[3] Lüdecke, N., Eheschließung als Bund. Genese und Exegese der Ehelehre der Konzilskonstitution „Gaudium et Spes" in kanonistischer Aus-

anvertraut, wird der Konsens aber umgehend zu einem abstrakten Rechtsprinzip, das vom tatsächlichen Leben und der Lebensgestalt einer Ehe absehen kann und sich in der Praxis nur noch mit dem Recht auf Erfüllung der ehelichen Pflicht beschäftigt."[4] Der CIC von 1917 enthält zwar keine Legaldefinition der Ehe, aber es kann doch aus seinen zentralen rechtlichen Bestimmungen und den Kommentierungen der kanonistischen Literatur das Verständnis von Eheschließung und Ehe umrissen werden, wie es dem Gesetzgeber vor Augen stand.

Grundsätzlich führt hier der rechtmäßige Konsensaustausch zu einem Ehevertrag. Ein rechtmäßiger Konsensaustausch liegt generell dann vor, wenn die Bestimmungen der cc. 1082 bis 1093 CIC 1917 beachtet wurden. Dazu gehört vor allem, dass nicht geleugnet wird, dass eine Ehe eine lebenslange Gemeinschaft zwischen einem Mann und einer Frau ist mit dem Zweck, Kinder zu zeugen (vgl. c. 1082 § 1). In den rechtlichen Bestimmungen über die Ehe im 3. Buch (*De rebus*), Teil 1 im Titel 5 des CIC von 1917 wird die Ehe im c. 1012 einleitend als Ehevertrag (*contractus matrimonialis*) bezeichnet und damit rechtlich für die ganze Kirche definiert:

„*§ 1. Christus Dominus ad sacramenti dignitatem evexit ipsum contractum matrimonialem inter baptizatos.*

§ 2. Quare inter baptizatos nequit matrimonialis contractus validus consistere, quin sit eo ipso sacramentum."

Damit wurde einer besonders im 19. Jahrhundert geführten Diskussion um die Wirklichkeit von Ehe und Eheschließung im Vertragsbegriff Rechnung getragen.[5] Sowohl die Eheschließung (*matrimonium in fieri*) als auch die Ehe in ihrem weiteren Verlauf, das Eheband (*matrimonium in facto esse*) werden unter dem Vertragsaspekt

---

wertung, Würzburg 1989, S. 91.

[4] Baumann, U., Die Ehe - ein Sakrament? Zürich 1988, S. 214.

[5] Vgl. Lüdecke, N., Eheschließung als Bund. Genese und Exegese der Ehelehre der Konzilskonstitution „Gaudium et Spes" in kanonistischer Auswertung, Würzburg 1989, S. 79-92; Baumann, U., Die Ehe - ein Sakrament? Zürich 1988, S. 80-94; Vorgrimmler, H.,

gesehen: *„Matrimonium in fieri est contractus legitimus inter marem et feminam individuam vitae consuetudinem afferens. Matrimonium in facto esse est inde resultans vitae consuetudo, et nominatim vinculum matrimoniale."*[6] In der Kommentierung und der konsequenten Anwendung der Vertragstheorie werden die Eheleute hier in gewissem Sinne als Materialobjekt (*obiectum materiale*) bezeichnet.[7] Als solche übertragen sie das jedem Individuum zustehende Recht am eigenen Körper (*ius in corpus*) in der Ehe dem Partner als ein verfügbares Rechtsgut. Dem entspricht in der Vertragstheorie das Formalobjekt des Ehevertrages: *„Essentia matrimonii in fieri consistit in mutuo consensu rite comparti manifeste in vitae consuetudinem, nominatim ius in corpus in ordine ad actus perse aptus ad prolis generationem."*[8] Beide Gatten sind hier Gebende und Empfangende des *ius in corpus*, es steht also beiden in gleicher Weise zu: *„Utrique coniugi ab ipso matrimonii initio aequum ius et officium est quod atlinet ad actus proprios coniugalis vitae"* (vgl. c. 1111). Deshalb ist die Ehe „... ein synallagmatischer Vertrag ... ; denn nach c. 1081 § 2 gibt und empfängt jeder der beiden Ehegatten durch die Eheschließung (Konsensaustausch) das lebenslängliche, ausschließliche Recht auf den Leib des anderen zum Zwecke der Kinderzeugung."[9]

Der Gebrauch des *ius in corpus* ist aber nicht nur zielgerichtet, sondern noch einmal in sich gewichtet. Die Eheziele (*fines*) bestimmt der c. 1013 § 1 so: *„Matrimonii finis primarius est procreatio atque educatio prolis; secundarius mutuum adiutorium et remedium concupiscentiae."* Der Inhalt des Entscheidungsaktes und damit der Kon-

---

Sakramententheologie, Düsseldorf 1987, S. 328f.

[6] Gasparri, P., Tractatus canonicus de matrimonio, Paris 1892, I, n. 201, S. 118.

[7] So bei Gasparri, P., Tractatus canonicus de matrimonio, Paris 1892, I, n. 206, S. 119.

[8] Gasparri, P., Tractatus canonicus de matrimonio, Rom 1932, I, n. 8, S. 16.

[9] Triebs, F., Praktisches Handbuch des geltenden kanonischen Eherechts, Breslau 1933, S. 28.

sens der Eheleute erstreckt sich also nach der Zweckhierarchie des CIC von 1917 einmal auf die Zustimmung, dem Partner das Recht zur geschlechtlichen Vereinigung zu übertragen und zum anderen auf das Einverständnis, den Geschlechtsakt vorrangig mit dem Zweck der Kindererzeugung auszuüben. Die gegenseitige Hilfe der Ehegatten dagegen ist dem Zweck der Prokreation und Erziehung der Nachkommen untergeordnet.[10]

Im Anschluss daran weist die Eheenzyklika Papst Pius XI. *Casti Connubii* vom 31.12.1930, die an die fünfzig Jahre zuvor erschienene Eheenzyklika Papst Leo's XIII. *Arcanum Divinae Sapientiae* anknüpft, der Zeugung und Erziehung der Nachkommen entsprechend der traditionellen Drei-Güter-Lehre die erste Stelle zu und bestätigt unter ausdrücklicher Berufung auf den c. 1013 CIC 1917 die Rangordnung der Ehezwecke.[11] Diese Ordnung, insbesondere die Einheit und Unauflöslichkeit der Ehe sowie der Vorrang der Nachkommenschaft, ist dem Menschen von Gott vorgegeben und durch kein menschliches Gesetz einschränkbar; sie stellt deshalb den Willensanteil Gottes zur Gemeinschaft der Ehe dar. Der menschliche Willensanteil, also der Konsens der Ehepartner, erstreckt sich einmal auf die Standeswahl, also die freie Entscheidung zur Ehelosigkeit oder zur Ehe, zum anderen kommt dem Menschen die unersetzbare Fähigkeit zum Konsens mit einer bestimmten Person zu, die Ehe schließen zu wollen. Pius XI. führt dazu aus: *„itaque germani conubii sacrum consortium divina simul et humana voluntate constuitur: ex Deo sunt ipsa matrimonii institutio, fines, leges, bona: Deo autem dante atque adiuvante, ex hominibus est, per generosam quidem propriae personae pro toto vitae tempore factam alteri traditionem,*

---

[10] Lüdecke, N., Eheschließung als Bund. Genese und Exegese der Ehelehre der Konzilskonstitution „Gaudium et Spes" in kanonistischer Auswertung, Würzburg 1989, S. 736.

[11] Der Text der Enzyklika Arcanum Divinae Sapientiae findet sich in den Acta 11, 10-40, die deutsche Übersetzung bei Ulitzka, C., Lumen de caelo, Ratibor 1934, S. 120-138, der Text von Casti Connubii in der autorisierten Ausgabe des CC.

particulare quodlibet matrimonium cum officiis ac bonis a Deo statutis coniunctum."[12]

In dieser Enzyklika findet sich allerdings nicht nur der Anschluss an die traditionelle Lehre von der Ehe, wie sie dem CIC von 1917 zugrunde liegt. Es findet sich darin auch ein personaler Ansatz, der sich aus den Ausführungen über die eheliche Liebe bei der Darstellung des zweiten Gutes, der Treue, entnehmen läßt. Der *finis primarius* (c. 1013) der Zeugung und Erziehung von Nachkommen wird durch eine *primaria matrimonii causa et ratio* ergänzt, die in der gegenseitigen Gestaltung des Innenmenschen und dem Streben der Ehegatten besteht, einander zu vervollkommnen: *„Haec mutua coniugum interior conformatio, hoc assiduum sese invicem perficiendi studium, verissima quadam ratione, ut docet Catechismus Romanus, etiam primaria matrimonii causa et ratio dici potest, si tamen matrimonium non pressius ut institutum ad prolem rite procreandam educandamque, sed latius ut totius vitae communio, consuetudo, societas accipiatur."*[13] Dem engeren (*pressius*) Ehebegriff, dessen erster Zweck die Prokreation ist, wird also ein weiterer (*latius*) entgegengestellt, bzw. es wird der erstere durch den zweiteren ergänzt oder erläutert. Der innere Sinn dieses weiteren Begriffes ist die *totius vitae communio*.

Doms hat in Bezug auf diese Enzyklika behauptet, sie sei mit einem inneren Widerspruch behaftet, was die Hierarchie von Sinn und Zweck der Ehe angeht, einerseits nämlich werde sie als *institutem ad prolem rite procreandam educandamque* bezeichnet, andererseits aber als *totius vitae communio*. Die Meinung ist, der Papst habe hier die Tradition der vorkonziliaren Ehelehre durchbrochen, indem er „... unweigerlich die allumfassende Lebens- und Liebesgemeinschaft zwecks gegenseitiger Vervollkommnung zum konstitutiven Zweck und damit zum finis primarius ..." erhebt und „... die Erzeugung und Erziehung von Nachkommenschaft als ein

---

[12] CC, autorisierte Ausgabe, 10.

[13] CC, autorisierte Ausgabe, 22.

Moment dieser vollkommenen Lebensgemeinschaft ..." auffasst.[14] Lüdecke wendet dagegen ein, dass die Ausführungen über die Liebe, die das ganze eheliche Leben durchformen soll, zuerst dem Abschnitt über das zweite Gut der Ehe, der Treue, nachgeordnet eingefügt sind, und diese wiederum dem ersten Gut, der Nachkommenschaft, untergeordnet ist.[15] Zu dieser Hierarchie der Güter der Ehe kommt noch der Umstand, dass der Vorrang der Prokreation rechtlich im Ehevertrag zu fassen ist, während die eheliche Liebe das eheliche Leben adelt und die christliche Ehe über alle anderen Verbindungen erhebt. Das rechtliche Spezifikum der christlichen Ehe ist also unverändert der Ehevertrag mit seinen unabdingbaren Konsequenzen. Die umfassende Lebensgemeinschaft dagegen stellt sich zwar als im höchsten Maße erstrebenswertes, aber nicht notwendiges Gut dar. Dennoch besitzen die Ausführungen über die wechselseitige Bedingtheit von Lebensgemeinschaft und ehelicher Liebe in der Enzyklika *Casti connubii* von Pius XI. für die Entwicklung der kirchlichen Eheauffassung eine erhebliche vorbereitende Wirkung für die Lehre des Zweiten Vatikanischen Konzils.

Es ist jedoch zu beachten, dass die *Suprema S. Congregatio Sancti Officii* (SCS Off) bereits mit ihrem Dekret vom 1. April 1944 der Behauptung verschiedener Autoren widersprochen hat, es gebe keine essentielle Unterordnung des zweiten unter den ersten Ehezweck. Sie hat damit die Rangfolge der Ehezwecke bestätigt, wie sie im CIC von 1917 festgelegt worden war. Zu den widersprochenen Autoren zählt auch Doms, dessen Auffassung „Vom Sinn und Zweck der Ehe"[16] 1935 zwar mit kirchlicher Druckerlaubnis publiziert worden war, die 1940 aber wegen des Konfliktes mit der kirchlichen Lehre zurückgezogen wurde. Doms

---

[14] Doms, H., Vom Sinn und Zweck der Ehe, Breslau 1935, S. 83f.

[15] Lüdecke, N., Eheschließung als Bund. Genese und Exegese der Ehelehre der Konzilskonstitution „Gaudium et Spes" in kanonistischer Auswertung, Würzburg 1989, S. 224ff.

[16] Vgl. Ford, J.C., Adnotationes, in: PerRMCL 33/1944, S. 218-228.

gestand der Ehe zwar Vertragscharakter zu, betonte jedoch zugleich: „... Gegenstand und Inhalt des lebendigen ehelichen Verhältnisses sind die Personen als Personen mit besonderer Rücksicht auf ihre Geschlechtsfähigkeit, aber nicht nur ihr Leib oder ihr leiblich-sinnliches Leben, vielmehr durchaus und selbstverständlicherweise auch die Achtung vor ihrer menschlichen personalen Würde, ihre Vollendung als sittliche Persönlichkeiten, die volle Lebensgemeinschaft zweier personaler Wesen."[17] Da die Sexualität beim Menschen nur gesamtpersonal gesehen werden könne, lehnt er die Fortpflanzung, die nur auf der biologischen Ebene klar als Primärzweck erkannt werden kann, wegen der notwendigen Integration der personalen Ebene als ersten Zweck der Ehe, ab. Der Geschlechtsakt diene vielmehr gleichermaßen der Vollendung der Gatten wie der Erzeugung von Nachkommen.[18]

Bereits zuvor hatte Schwendinger, auf den sich Doms im Vorwort zu seinem Buch ausdrücklich beruft, dass „... auch im objektiven Sinn der Ehe ... Primäre ..." so zusammengefasst: „Ehe meint primär Liebesvereinigung zwischen Ich und Du unmittelbar. ... Und wenn die Ehe geschlossen ist, dann gibt und empfängt jeder Teil nicht bloß den Wert des anderen, sondern auch die ganze Persönlichkeit. Diese Gegenseitigkeit und Gemeinschaft des Besitzens und Gehörens, des Gebens und Nehmens zwischen zwei Menschen ist der erste Wert und Sinn des Ehebundes."[19] Prinzipiell ähnlich bestimmte Krempel die Ehe so: „Die durch freie Zustimmung zustandekommende Gemeinschaft zweier geschlechtsverschiedener Menschen zum Zweck der Lebensvereinigung."[20] Obwohl die Begriffe Besitzen und Gehören offensichtlich von der im c. 1081 § 2 CIC 1917 ausgedrückten Übergabe und Annahme des *ius in corpus* beeinflußt sind, nehmen beide Autoren mit Doms – und in

[17] Doms, H., Vom Sinn und Zweck der Ehe, Breslau 1935, S. 16.

[18] Doms, H., Vom Sinn und Zweck der Ehe, Breslau 1935, S. 40.

[19] Schwendinger, F., Um die Erlaubtheit der periodischen Enthaltung, in: ThGl 25/1933, 724-735, 726.

[20] Krempel, B., Die Zweckfrage der Ehe, Einsiedeln u.a. 1941, S. 259.

Opposition zur damaligen kirchenamtlichen Meinung - die grundlegende Sinngebung für die Ehe vorweg, die das Zweite Vatikanische Konzil in der innigen Vereinigung als gegenseitiges Sichschenken zweier Personen (GS 48: *„Quae intima unio, utpote mutua duarum personarum donatio, sicut et bonum liberorum..."*), der Nichtbevorzugung der Prokreation vor den anderen Ehezielen (GS 50: *„... non posthabitis ceteris matrimonii finibus ..."*) und der Sinnhaftigkeit auch kinderloser Ehen ausdrückt und schließlich Ehebund nennt. Daraus ist zu entnehmen, dass der Vertragsbegriff allein als Definition für Eheschließung und Ehe in Anlehnung an die Gedanken der genannten Autoren schließlich nicht mehr als geeignet angesehen wurde, das Wesen der Ehe angemessen zu verstehen und zum Ausdruck zu bringen.

Der Grund für diese Beschränkung des Vertragsbegriffs kann vor allem darin gesehen werden, dass der Vertragsgedanke rechtlich relevant nur Zwecke, Rechte und Pflichten erfasst. Und dies, obwohl der personale Akt der Brautleute (= der Konsens, mit einem bestimmten Menschen den Stand der Ehe ausschließlich und auf Lebenszeit einzugehen) gleichsam unverzichtbare Voraussetzung ist. Bis zu einem gewissen Grad kann demnach mit Recht auch von einer Ambivalenz des vorkonziliaren Eheverständnisses gesprochen werden. Dieser Dualismus zeigte sich nach der einen Seite in einer rechtlich relevanten Sicht auf die Ehe, die ihre sachliche Seite ausdrückte. Ihr Gegenstand im rechtlich Wesentlichen, das *„obiectum essentiale matrimonialis contractus"*[21], war die andauernde und ausschließliche Übertragung des *ius in corpus* zum vorrangigen Zweck der Erzeugung und Erziehung von Nachkommen. Die andere Seite wurde deutlich in einem anthropologischen, allerdings rechtlich unwesentlichen Ansatz, der in erster Linie das Leben in der Ehe betraf, also nach ihrer personalen Seite in der Gestaltung der Lebensgemeinschaft durch die eheliche Liebe.

---

[21] Gasparri, P., Tractatus canonicus de matrimonio, Rom 1932, n. 7, S. 16.

Lüdecke kommt deshalb zu dem Ergebnis: „Ob durch die Zweckhierarchie des CIC von 1917, die in kontraktualistischer Perspektive nur die sozial und deshalb rechtlich relevanten Ehewerte als wesentlich gelten ließ, oder durch die 'Perspektivenhierarchie' der Enzyklika Casti connubii, die eine wesentliche und unwesentliche Sichtweise der Ehe kannte - immer war die Folge ein dualistisches Nebeneinander zweier Eheverständnisse, von denen das jeweils eigentliche ausschließlich die prokreative, nicht aber die personale Seite der Ehe als rechtsrelevant ansah; strikt oder eng, anthropologisch-unwesentlich oder rechtlich-wesentlich, institutionell oder personal - immer galt: Das für die Ehe Wesentliche war getrennt von der Wirklichkeit, diese selbst vermochte sich nicht mehr im geltenden kirchlichen Wesensverständnis der Ehe zu entdecken."[22] Der Konsens der Brautleute stellt im vorkonziliaren Verständnis also eine einseitige Zustimmung zu einer vorstrukturierten Eheordnung dar[23], deren Wesen sich in ihrem Vertragscharakter und dem rechtlichen Gehalt der Übergabe und Annahme des *ius in corpus ... in ordine ad actum per se aptum ad prolis generationem* (c. 1081 § 2) ausdrückt, und die einen eindeutigen Vorrang der Prokreation (c. 1013 § 2) beinhaltet.

Der Umstand, das das geschlechtliche Unvermögen den göttlichen Auftrag zum „Wachset und mehret euch" (Gen 1, 28) verhindert, stellt im Bereich des altkodikarischen Rechts die Begründung für die ehetrennende Wirkung *ipso naturae iure* (c. 1068 §) dar und macht das Hindernis indispensabel. Dabei ließen zwei von den drei Theorien, die sich mit der Interpretation des im c. 1068 § 1 CIC 1917 unpräzise gebrauchten Begriffes *impotentia* beschäftigten und den Umfang des Hindernisses festzulegen versuchten, durchaus

---

[22] Lüdecke, N., Eheschließung als Bund. Genese und Exegese der Ehelehre der Konzilskonstitution „Gaudium et Spes" in kanonistischer Auswertung, Würzburg 1989, S. 736f.

[23] Vgl. dazu die Interpretation dieses consensus als assensus durch Lüdecke, N., Eheschließung als Bund. Genese und Exegese der Ehelehre der Konzilskonstitution „Gaudium et Spes" in kanonistischer Auswertung, Würzburg 1989, S. 807.

Personen zur Ehe zu, bei denen eine Zeugung wegen defekter oder fehlender Generationsorgane vollkommen ausgeschlossen war. So verlangt die sogenannte Beischlaftheorie von den Partnern lediglich die Fähigkeit zum Geschlechtsverkehr, sofern die Ejakulation beim Mann für diesen eine befriedigende Wirkung auslöst. Die Gemischte Theorie setzt für die Ehefähigkeit auf seiten des Mannes das Vermögen zum *vere seminandum*, auf seiten der Frau nur die Beischlaffähigkeit voraus. Während sich diese beiden Theorien als Grundlage für die kirchliche Lehre (Beischlaftheorie) bzw. der Rechtsprechung (Gemischte Theorie) durchsetzten, fehlte der sogenannten Impotenztheorie, die den rechtlichen Zusammenhang von Prokreationsvorrang und geschlechtlichem Unvermögen am konsequentesten berücksichtigt, der Einfluss auf die kirchliche Lehre und Rechtsprechung.

Triebs als Vertreter der zuletzt genannten Theorie (Impotenztheorie) weist darauf hin, dass - wenn die Ehe als Fortpflanzungsinstitut begründet ist - das Hindernis der *impotentia* absolut sein muss, weil sonst auch die Erfüllung nur der anderen Ehezwecke zur Ehefähigkeit ausreiche.[24] Wenn nämlich auch für den Fall, dass die Fortpflanzung ausgeschlossen ist, die Ehe doch noch möglich wäre, solange die Gatten nur beischlaffähig seien, weil ja dann noch die Befriedigung des Geschlechtstriebes, ein zweiter Zweck der Ehe, erreichbar sei, so müsste konsequenterweise auch eine Ehe auch dann noch möglich sein, wenn sowohl die Fortpflanzung als auch die Begattung ausgeschlossen sind, weil ja dann immer noch der andere *finis secundarius*, die gegenseitige Unterstützung, erreichbar wäre. Es müsste dann auch eine Ehe kirchlich gültig sein, die von fortpflanzungs- und beischlafunfähigen Kontrahenten eingegangen wird. Letzteres lehnt Triebs mit dem Argument ab, dass seit den Bestimmungen des kodifizierten kirchlichen Rechtes, (also eigentlich erst) durch die positive

---

[24] Triebs, F., Praktisches Handbuch des kanonischen Eherechts, Breslau 1933, S. 275.

Festlegung in c. 1068 § 1 CIC 1917, die naturrechtliche Begründung des Hindernisses feststehe.

Damit ist die Problemlage treffend beschrieben; eine dogmatisch sichere Auflösung der Differenzen erscheint nur möglich, wenn sich die katholische Kirche darauf einlässt, dass es neben der Zeugung und Erziehung von Nachkommen auch ein anderes, gleichberechtigtes Ziel der ehelichen Partnerschaft gibt und kein naturrechtlicher Zusammenhang zwischen geschlechtlichem Unvermögen und Ehefähigkeit besteht.

8.2 Die Ehelehre des Zweiten Vatikanischen Konzils

Was nach heutiger Auffassung der katholischen Kirche das Wesen der Ehe ausmacht, ist grundlegend und rechtserheblich[25] dargestellt in der Pastoralkonstitution *Gaudium et Spes* (GS), des Zweiten Vatikanischen Konzils vor allem in in den Kapiteln 47 bis 52 (Förderung der Würde von Ehe und Familie).[26] Auf diesem konziliaren Text bauen die Enzykliken *Humanae Vitae* (HV) von Papst Paul VI. (1968) und *Familiaris Consortio* (FC) von Papst Johannes Paul II. (1981) auf. Die im Konzil vorgenommenen Aussagen und die Auslegungen der Enzykliken sind die Rechtsgrundlage für die

---

[25] Obwohl das Konzil insgesamt wie auch die Konstitution ´Gaudium et Spes´ als ´pastoral´ bezeichnet werden, gilt, „... daß nicht nur allgemein weder ein Gegensatz zwischen pastoraler und doktrineller Intention des Konzils konstruierbar ist noch daraus folgernd der Verbindlichkeitscharakter seiner Aussagen in Frage gestellt werden kann" (Lüdecke, N., Eheschließung als Bund. Genese und Exegese der Ehelehre der Konzilskonstitution „Gaudium et Spes" in kanonistischer Auswertung, Würzburg 1989, S. 712); vgl. zur Begründung S. 692-714; die kanonistische Bedeutung der Konzilsbeschlüsse wird eingehend erläutert von Gehr, J., Die rechtliche Qualifikation der Beschlüsse des Zweiten Vatikanischen Konzils, St. Ottilien 1997; vgl. dazu auch Lüdicke, K., Zur Rezeption der Konzilslehre über die Ehe im kanonischen Recht, in: Theologische Revue 90/1994, S. 199-206.

[26] Zum Thema relevante Aussagen des Konzils über die Ehe finden sich auch in Lumen Gentium 11, 35, 41 und in Apostolicam actuositatem 11.

Entscheidung, ob eine Verbindung von Mann und Frau die erste Form personaler Gemeinschaft und damit dem Wesen nach eine Ehe darstellt.

Auf die grundlegende Frage nach dem Sein und Wesen des Menschen antwortet das Konzil mit der Schöpfungsgeschichte, wonach Gott den Menschen nicht als Einzel-, sondern als Beziehungswesen, als Mann und Frau, erschaffen hat. *„At Deus non creavit hominem solum: nam inde a primordiis masculum et feminam creavit eos* (Gen. 1,27), *quorum consociatio primam formam efficit communionis personarum."* (GS 12 d). Die Begriffe *consociatio* (innige Verbindung) und *communio* (Gemeinschaft) im Konzilstext zeigen, so Ratzinger in seiner Kommentierung, dass es darum geht, „... schon hier einen Ausgangspunkt für die Theologie der Geschlechter und die darauf aufbauende Theologie der Ehe vorzubereiten und anzudeuten, daß die geschlechtliche Differenzierung des Menschen in Mann und Frau weit mehr als eine bloß biologische Gegebenheit zum Zwecke der Fortpflanzung ist, die mit dem eigentlich Menschlichen des Menschen nichts zu tun hätte: In ihr vollzieht sich jene Verwiesenheit des Menschen auf das Du, die für sein Wesen als Mensch konstitutiv ist."[27] Die erste Form der Gemeinschaft von Personen, zu der der Mensch als von Gott zur Relation geschaffenes und auf Beziehungen angewiesenes Wesen fähig ist, ist die innige Verbindung von Mann und Frau, die Ehe. Die Aufnahme einer solchen personalen Gemeinschaft ist das Ergebnis der freien Entscheidung des Menschen, seines Entschlusses: „... *intima communitas vitae et amoris ... foedere coniugii seu irrevocabili consensu personali instauratur."* (GS 48 a). Ferner: „... *Quare non agitur solum de mero vel naturae vel afectuum impetu, sed etiam ac praesertim de liberae voluntatis actu, eo scilicet tendente, ut per coditianae vitae guadia et dolores non modo perseveret, sed praeterea augeatur; ita nimirum ut coniuges veluti cor unum et anima una fiant, suamque humanam perfectionem una*

[27] GS, Kommentar, S. 318.

simul adipiscatur." (HV 9 b) und „... Diese Hingabe ist in ihrer ganzen Wahrheit einzig und allein im Raum der Ehe möglich, im Bund ehelicher Liebe, auf dem Boden der bewußten und freien Entscheidung, mit der Mann und Frau die innige, von Gott gewollte Lebens- und Liebesgemeinschaft eingehen, die nur in diesem Licht ihren wahren Sinn enthüllt.", (FC 11). Die Freiheit und damit die Fähigkeit zum freien Entschluss ist Geschenk der Gotteseben-bildlichkeit des Menschen und entspringt Gottes Schöpfungswillen selbst; deshalb entspricht es der Menschenwürde, daß er zwar von innen her bewegt und geführt, aber frei und nicht gezwungen, d.h. personal handelt: *„Dignitas igitur hominis requirit ut secundum consciam et liberam electionem agat, personaliter scilicet ab intra molus et inductus, ei non sub caeco impulsu interno vel sub mera externa coactione."*, (GS 17). Von dieser inneren Bewegung und Führung her erfährt der Mensch Orientierung für seine Entscheidungen, und dort erkennt er auch, woher und von wem er die Maßstäbe für sein Handeln gewinnt: *„Conscientia est nucleus secretissimus atque sacrarium hominis, in quo solus est cum Deo, cuius vox resonat in intimo eius. Conscientia modo mirabili illa lex innotescit, quae in Dei et proximi dilectione adimpletur."*, (GS 16).

Dem Menschen will das Konzil helfen, indem es als die Berufung der Kirche erkennt, die Grundfragen der Menschheit auszusprechen und sich dabei auch der Erkenntnisse der anthropologischen Wissenschaften zu bedienen: *„Super tempora quoque humanus intellectus dominium suum quodammodo dilatat; in praeteritum ope cognitionis historicae, in futurum arte prospectiva et planificatione. Progredientes scientiae biologicae, psychologicae et sociales non solum homini ad meliorem sui cognitionem opem ferunt, sed ipsum etiam adiuvant ut, technicis methodis adhibitis, in vitam societatum directe influxum exerceat."*, (GS 5 b). Zur Deutung dieser Aussagen muß das Evangelium herangezogen werden, so dass im Rahmen der religiösen Sendung der Aufbau einer menschenwürdigen Gesellschaft gefördert werden kann: *„...lux et vires fluunt quae* *communitati hominum secundum Legem divinam constituendae et firmandae inservire possunt."*, (GS 42 b).

Aus diesem Selbstbewusstsein geht die Kirche auch die Selbstverpflichtung ein, die Würde und die Freiheit der Gewissensentscheidung zu respektieren: *„Hoc enim Evangelium libertalem filiorum Dei annuntiat ei proclamat, omnem servitutem ex peccato ultimatim fluentem respuit, dignitatem conscientiae eiusque liberam decisionem sancte veretur."*, (GS 41 b.) Damit wird eine Vorgabe für jedes Recht gewonnen, weltliches wie kirchliches, sozusagen ein Naturrecht der Entscheidungsfreiheit: *„Quod legi fundamentali oeconomiae christianae correspondet. Etsi enim idem Deus sit Salvator qui et Creator, idem quoque Dominus et historiae humanae et historiae salutis, tamen in hoc ipso ordine divino iusta creaturae autonomia et praesertim hominis nedum auferatur, potius in suam dignitatem restituitur atque in ipsa firmatur."*, (GS 41 b). Lüdecke führt dazu aus: „Die Objektivität des Naturrechts darf nicht im Sinne aprioristischer Vorschriften und Gebote (miß)verstanden werden, sondern meint vielmehr die Person selbst in ihrer Beanspruchung vor Gegebenem und ihrer vernünftigen Kreativität; Naturrecht kann im neuzeitlichen Sinne nur verstanden werden als Personenrecht."[28] Die Grenzen dieses Rechts sind zum einen die vorgegebenen Begrenzungen des natürlichen und göttlichen Rechts. Dieses Recht sichert, dass die menschlichen Entscheidungen und das Handeln im Dienst Gottes und zum Wohl der Menschheit geschehen: *„... omnia talenta humana in Dei servitium hominumque bonum reduplicare indesinenter monet, omnes denique omnium commendans caritati."*, (GS 41 b). Zum anderen ist das gleiche Recht des anderen Menschen zu beachten. Dies wird im Konzil sehr treffend so ausgedrückt: *„Ad practica urgentioraque consectaria descendens, Concilium reverentiam inculcat erga hominem, ita ut singuli proximum, nulio exepto, tamquam alterum seipsum considerare debeant, de*

---

[28] Lüdecke, N., Eheschließung als Bund. Genese und Exegese der Ehelehre der Konzilskonstitution „Gaudium et Spes" in kanonistischer Auswertung, Würzburg 1989, S. 816.

eius vita et de mediis ad illam digne degendam necessariis rationem imprimis habentes, ne divitem illum imitentur, qui pauperis Lazari nullam curam egit.", (GS 27 a). Dem Konzil geht es also um den einen und ganzen Menschen, um die Rettung der menschlichen Person: *„Hominis enim persona salvanda est humanaque societas instauranda. Homo igitur, et quidem unus ac totus, cum corpore et anima, corde et conscientia, mente et voluntate, totius nostrae explanationis cardo erit."*, (GS 3 a).

Die Person aber ist auch von Gott zur Gemeinschaft mit anderen Menschen berufen.[29] Insbesondere gilt: *„Etenim principium, subiectum et finis omnium institutorum socialium est et esse debet humana persona, quippe quae, suapte nalura vita sociali omnino indigeat ... Ex socialibus vinculis, quae homini excolendo necessaria sunt, uti familia et communitas politica, intimae eius naturae immediatius congruunt."*, (GS 23-32, 25). Wegen der herausragenden Stellung der Ehe als erster Form personaler Gemeinschaft ist es nicht verwunderlich, dass das erste Kapitel der wichtigen Einzelfragen zu diesem Thema in der Pastoralen Konstitution *Gaudium in Spes* der Förderung der Würde der Ehe und Familie gewidmet ist. Die Entscheidungsfähigkeit des Menschen und seine Freiheit, die integrale Bestandteile seiner Personenwürde sind, nehmen in der Definition der Ehe durch das Konzil eine zentrale Stellung ein. Die Ehe wird durch einen menschlichen Akt, durch eine unwiderrufliche personale Übereinstimmung der Eheleute gestiftet: *„Intima communitas vitae et amoris coniugalis ... foedere coniugii seu irrevocabili consensu instauratur. Ita actu humano, quo coniuges sese mutuo tradunt atque accipiunt, institutum ordinatione divina firmum oritur, etiam coram societate; hoc vinculum sacrum intuitu boni, tum coniugum et prolis tum societatis, non ex humano arbitrio*

---

[29] Vgl. dazu Mikat, P., Grundelemente katholischer Staatsauffassung, in: ders., Religionsrechtliche Schriften. Abhandlungen zum Staatskirchenrecht und Eherecht, hrsg. v. J. Listl, 2. Halbband, Berlin 1974, S. 627-647, 632f.

pendet.", (GS 48 a). Dieser personale, freie und lebensbindende Akt wird im Text der Konstitution mit dem Begriff *consensus* bezeichnet.

Nun ist der Begriff *consensus* kein neuer, erst auf dem Zweiten Vatikanischen Konzil entstandener Terminus. Die freie Willensäußerung der Ehepartner und die beiderseitige Zustimmung zur Aufnahme einer Ehe waren immer schon christliches Proprium des Eheschließungaktes. Folgerichtig gab der CIC von 1917 diesem gegenseitigem Einverständnis eine unabdingbare rechtliche Bedeutung, indem der c. 1081 § 1 für die Eheschließung rechtsfähiger Personen bestimmte: *„Matrimonium facit partium consensus inter personas iure habiles legitime manifestatus; qui nulla humana potestate suppleri valet."* Keine menschliche Macht vermag den Konsens der Eheleute zu ersetzen. Mit der Aufnahme dieser Aussage in den Kodex entscheidet sich der innerkirchliche Streit um den Beginn der Ehe, also die Frage, ob der Konsens oder die Kopula die Ehe beginnen lässt, zugunsten des freiwilligen, gegenseitigen Einverständnisses der Nupturienten.[30] Der Wortlaut sagt jedoch schon aus, daß diese Konsensfähigkeit nur Personen vorbehalten ist, die *iure habiles legitime*, also rechtsfähig sind. Etwa sind im altkodikarischen Recht Menschen, die vom Defekt der Beischlafunfähigkeit betroffen sind, in bezug auf die kirchliche Eheschließung rechtsunfähige Personen, vergleichbar mit den aus gleichem Grund *illegitimae personae* in der mittelalterlichen Kanonistik. Auch das neue kirchliche Gesetzbuch von 1983 bestimmt in c. 1057, dass eine Ehe durch den Konsens der Partner zustande kommt, falls sie zu einem solchen Konsens befähigt und rechtlich nicht an einer Eheschließung gehindert sind (c. 1058). C. 1084 § 1 CIC 1983 sagt aber, mit dem Begriff *impotentia coeundi* präziser als c. 1068 § 1 CIC 1917, aber sonst genau wie dieser, dass Beischlafunfähige nicht ehefähig und damit rechtlich an einer Eheschließung gehindert sind.

Damit stellt sich die Frage, ob es nicht Unterschiede zwischen dem Inhalt eines vorkonziliaren Konsensbegriffes und dem des

---

[30] Vgl. Baumann, U., Die Ehe - ein Sakrament? Zürich 1988, S. 214.

Zweiten Vatikanischen Konzils gibt, besonders im Hinblick darauf, wozu die Partner ihre Zustimmung geben müssen oder können. Das ist die Frage nach der *natura matrimonii*, dem Wesen der Ehe, nach der vorkonziliaren Ehedefinition und der Sicht der Ehe durch das Zweite Vatikanische Konzil. Die Frage nach der Bedeutung der geschlechtlichen Vereinigung für die Gültigkeit einer Ehe muss zum einen die Bedeutung der geschlechtlichen Vereinigung der Ehegatten berücksichtigen, wie sie sich nach Auffassung des Zweiten Vatikanischen Konzils aus dem Wesen der Ehe ergibt. Zum anderen muss in Verbindung damit der Stellenwert von Zeugung und Erziehung von Nachkommen unter den Zielen der Ehe aufgezeigt werden. Die Frage ist also: Ist die geschlechtliche Vereinigung der Ausdruck, der die Liebe von Mann und Frau zur ehelichen macht, stellt die Fähigkeit dazu gleichsam ein naturrechtlich begründetes und daher rechtlich zu fassendes Konstitutivum der Ehe dar, wie das in der *traditio et acceptio iuris in corpus* der Fall war? Und weiter: Besteht ein klarer Vorrang der prokreativen vor der partnerschaftlichen Dimension der Ehe?[31]

Es ist hier zu beachten, dass in den Ehekapiteln von *Gaudium et Spes* anders als in der Enzyklika Papst Pius XI. *Casti Connubii* der Ausdruck *natura matrimonii*, der aus der Formulierung *„ex ipsa eius natura"* im c. 1084 CIC 1983 abgeleitet werden kann, vermieden und an seiner Stelle der Begriff *indoles* verwendet wird. Wenn im CC vom Gesamtwesen, sozusagen von der Natur der Ehe, aber auch des ehelichen Aktes die Rede ist, so drückt dies die Enzyklika mit dem Begriff *natura matrimonii*[32] bzw. *natura actus coniugii*[33] aus. Die Termini *indoles matrimonii* und *ratio coniugii* bezeichnen dagegen einzelne, wenn auch wichtige und unverzichtbare Aspekte im Sinne von Eigenschaften der Ehe oder der Ehepartner. In GS 47, 2 heißt

[31] Vgl. Lüdicke, K., Matrimonium ordinatum ad prolem. Ehe und Nachkommenschaft nach dem Recht des CIC 1983, in: Revue de droit canonique 43/1993, 99-117.

[32] CC, autorisierte Ausgabe, S. 6, 8, 10, 42.

[33] CC, autorisierte Ausgabe, S. 44, 48.

es: *„indoles instituti, institutum"*, so ist dies erklärt als *institutum matrimonialis familiarisque*; in GS 48, 1 steht: *indoles sua naturalis* in Verbindung mit *institutum matrimonii amorque coniugalis*; in GS 50, 1 steht *indoles sua* wieder in Verbindung mit *matrimonium et amor coniugalis*. In GS 50, 1 wird in nahezu analoger Weise der Begriff *ratio* verwendet, wenn von der *tota ratio vitae familiaris* in Zusammenhang mit dem *cultus amoris coniugalis* die Rede ist. Die Verwendung von *indoles* in GS 51, 3 bezeichnet nicht das Wesen der Ehe, sondern einmal die Eigenart der menschlichen Sexualität (*indoles sexualis hominis*) und die Art und Weise moralischen Handels (*indoles moralis rationis agendi*). Der in diesem Abschnitt ebenfalls erwähnte *natura*-Begriff bezieht sich auf den Menschen und sein Handeln (*natura personae et eiusdem actuum*). Die Vermeidung des *natura*-Begriffes geschieht mit Absicht und stellt einen klaren sprachlichen Hinweis auf eine inhaltliche Neufassung des Ehebegriffes dar und ist offensichtlich in der Sorge begründet, dass aufgrund der Mehrdeutigkeit des Begriffes eine zu große Nähe oder gar eine Synonymität von Natur und Naturrecht aus dem Text herausgelesen werden kann. In der Diskussion um die Begriffe *natura* und *indoles* wurde auf der 4. Sitzungsperiode des Zweiten Vatikanischen Konzils (1965) die Entscheidung für *indoles* wie folgt begründet: *„Loco: 'matrimonium sua natura ad prolis procreationem ordinatur' dicitur: 'talis est matrimonii et amoris coniugalis indoles, ut ex semetipsis ad prolem ordinentur'. Vocabulum 'natura' in nostro contextu sat ambiguum esset; mentio de matrimonio instituto addita est, ut elementum iuridicum cum vita personali amoris coniugatur."*[34]

Nach der Definition ist die Ehe damit die *intima communitas vitae et amoris coniugalis*, also die innige eheliche Gemeinschaft des Lebens und der Liebe. In konsequenter Anwendung der Konzilsaussagen über die Freiheit der menschlichen Entscheidung entsteht diese Lebens- und Liebesgemeinschaft durch den Ehebund

[34] Vgl. Lüdecke, N., Eheschließung als Bund. Genese und Exegese der Ehelehre der Konzilskonstitution „Gaudium et Spes" in kanonistischer Auswertung, Würzburg 1989, S. 529f., 783, Anm. 61.

(*foedus coniugii*), der ein unwiderrufliches personales Einverständnis darstellt (*irrevocabilis consensus personalis*). Diese Zustimmung ist ein eigentümlich menschlicher Akt (*actus humanus*); sie ist menschlich und personal, weil sie das Ergebnis einer freien Entscheidung, einer frei gewählten und bejahten Zuneigung von Person zu Person, darstellt.[35] Damit verändert sich die Perspektive, da sich integral rechtlich wie anthropologisch die ganze Wirklichkeit der Ehe von der Personalität der Eheleute her erschließt, und zwar durchgehend in bezug auf die Eheschließung (*matrimonium in fieri*) und das Eheleben (*matrimonium in facto esse*).[36] Der freie Entscheidungsakt der menschlichen Person erschöpft sich also nicht mehr in einem einseitigen Konsens zu einer vorgegebenen Ordnung, die dann für die vertraglich gebundenen Partner alles weitere regelt, er schafft sozusagen durch den Ehebund wie durch die unwiderrufliche personale Zustimmung eine neue Wirklichkeit, indem sich die Eheleute in eine neue Einheit hineinschenken und damit ihren Status verändern, das heißt *„una caro"* (Mt 19, 6) werden. Konsequenz ist, dass nach der Ehelehre des Zweiten Vatikanischen Konzils die Ehepartner nach dem konsensualen Eheschließungsakt die Ehe nicht mehr nur als Vertragserfüllung im Gehorsam gegenüber einer Rechtsordnung vollziehen, die wesentlich in der Gewährung und im Gebrauch des Rechts am Körper besteht. Die Eheleute gestalten vielmehr in Verantwortung gegenüber der Schöpfungsord-

---

[35] Vgl. dazu die Ausführungen von Landau, P., Reflexionen über Grundrechte der Person in der Geschichte des kanonischen Rechts, in: Theologia et ius canonicum. Festschrift für H. Heinemann, hrsg. v. H. J. F. Reinhardt, Essen 1995, S. 517-532.

[36] Vgl. Lüdecke, N., Eheschließung als Bund. Genese und Exegese der Ehelehre der Konzilskonstitution „Gaudium et Spes" in kanonistischer Auswertung, Würzburg 1989, S. 741; Primetshofer, B., Impotenz, trennendes Ehehindernis aufgrund des Naturrechts? in: RDC 35/1985, 139-155, 147ff.; Baumann, U., Die Ehe - ein Sakrament? Zürich 1988, S. 95; Heimerl, H.; Pree, H., Kirchenrecht. Allgemeine Normen und Eherecht, Wien u. New York 1983, S. 159f.; Zapp, H., Das kanonische Eherecht, Freiburg 1988, 19 f; Häring, B., Krise um Humanae vitae, in: Theologische Brennpunkte Bd. 17, hrsg. v. V. Schurr, B. Häring, Frankfurt/Main 1968, S. 38 -40.

nung Gottes ihre ganze Ehewirklichkeit als Selbstschenkung (Eheschließung - *matrimonium in fieri*) und Übereignetsein (Ehe - *matrimonium in facto esse*). Im Wechsel von der Gehorsamsverantwortung zur Gestaltungsverantwortung stellt die eheliche Liebe das Strukturprinzip der Ehe dar, weil sie das Wohl der ganzen menschlichen Person umfasst und alle ihre körperlich-seelischen Lebensvollzüge adelt.

Lüdecke schreibt dazu: „Ehebund meint in diesem Sinne das unbedingte öffentliche Ja zum Partner im Hinblick auf eine gesamtpersonale Lebens- und Liebesgemeinschaft, die auf Partnerschaft und Nachkommenschaft hingeordnet ist, als dem statusverändernden Akt der Eheschließung einerseits und das matrimonium in facto esse als öffentlich anerkannter Status, dessen konkrete existentielle Verwirklichung der sittlichen Verantwortungsfreiheit der Partner aufgegeben ist, andererseits, wobei beide Aspekte der einen Ehewirklichkeit unter der Verheißung und gnadenvollen Zuwendung Gottes stehen, die die christliche Hoffnung auch in Situationen schwerster Belastung nicht vorschnell aufgeben läßt."[37] Zapp führt aus: „Kennzeichnend für dieses neue Eheverständnis ist die Charakterisierung der Ehe als engste, alles umfassende Lebensgemeinschaft der Gatten; damit rückte das Konzil klar von der Überbetonung der Leibesgemeinschaft in der Ehe ab, wie sie der Eheauffassung des kirchlichen Gesetzbuches von 1917 zugrunde lag. Ehe ist danach entschieden mehr als Leibesgemeinschaft zur Zeugung von Nachkommen, sie ist die engste, die gesamte Lebenswirklichkeit umfassende Gemeinschaft."[38] Und schließlich kann noch Baumann angeführt werden: „Bemerkenswert vor allem (ist) die personale Ausrichtung des Eheverständnisses. Ehe ensteht durch den personal freien Akt, in dem sich die Eheleute gegenseitig schenken und annehmen. Damit wird die traditionelle, einseitig sexuell-funktionale

---

[37] Lüdecke, N., Eheschließung als Bund. Genese und Exegese der Ehelehre der Konzilskonstitution „Gaudium et Spes" in kanonistischer Auswertung, Würzburg 1989, S. 891f.

[38] Zapp, H., Das kanonische Eherecht, Freiburg 1988, S. 20.

Sichtweise (gegenseitige Hingabe, beziehungsweise Annahme des ius in corpus) durchbrochen, Ehe als Lebens- und Liebesgemeinschaft ganzheitlich ernstgenommen."[39]

Diese Liebe ist keine menschliche Erfindung, sie ist von Gott begründet, ihr Vor-Bild ist die göttliche Liebe. So heißt es in GS 24, 3: *„Immo Dominus Iesus, quando Patrem orat ut 'omnes unum sint ... sicut et nos unum sumus'* (Io. 17, 21-22), *... aliquam similitudinem innuit inter unionem personarum divinarum et unionem filiorum Dei in veritate et caritate. Haec similitudo manifestat hominem ... plene seipsum invenire non posse nisi per sincerum sui ipsius donum."* Entsprechend sagt GS 48, 2: *„Christus Dominus huic multiformi dilectioni, e divino caritatis fonte exortae."* Und in HV 8, 1 heißt es: *„tamvero coniugalis amor tunc nobis maxime veram suam naturam nobilitatemque ostendet, si illum, quasi a supremo quodam fonte, a Deo manare, qui Caritas est, quique Pater est, ex quo omnis paternitas in caelis et in terra nominatur."* Damit wird die eheliche Liebe im Tiefsten trinitarisch begründet: So wie der eine Gott in sich selbst ein Geheimnis personaler Liebesgemeinschaft lebt, haben die Eheleute in der Ehe eine Möglichkeit, ein Ab-Bild der göttlichen in der ehelichen Liebe zu leben.

Der materialen Sichtweise von Eheschließung und Ehe, die sich in der Übertragung des Rechts am eigenen Körper an den Partner ausdrückte, sowie in der lebenslangen Einhaltung dieses Vertrages, setzt damit die Ehelehre des Zweiten Vatikanischen Konzils ihr personales Ehekonzept entgegen, das sich nicht mehr unvollständig im Ehevertrag, sondern ganzheitlich im Ehebund darstellt.[40] Die Veränderung der vorkonziliaren Auffassung von Eheschließung als wechselseitige Rechtsübertragung in die konziliare Sichtweise einer

---

[39] Baumann, U., Die Ehe - ein Sakrament? Zürich 1988, S. 95.

[40] Es stellt sich jedoch die Frage, ob hier nicht ein Rest an unauflöslicher Spannung zwischen Moral und Recht verbleiben muss; vgl. dazu Demmer, K., Katholische Rechtstheologie - ein Desiderat, in: Der Mensch ist der Weg der Kirche. Festschrift für J. Schasching, hrsg. v. H. Schambeck, R. Weiler, Berlin 1992, S. 139-150.

gegenseitigen Schenkung der Personen, der mit dem Wechsel der Begriffe Ehevertrag zum Ehebund korrespondiert, bedeutet aber nicht, dass mit der Aufgabe des im Recht erprobten Vertragskonzepts im Bund eine Ehekonzeption eingeführt wurde, die sich aufgrund des Wechsels von materiellen Vertragsgegenständen zu personalen Ehewerten einer präzisen rechtlichen Fassung entzieht und Gefahr läuft, besonders die Wesenseigenschaften der Lebensbindung und Exklusivität zu relativieren. Der Materialaspekt der ehelichen Treue war vor dem Konzil die sexuelle Treue; sexuelle Beziehungen mit anderen Personen als dem Ehepartner begründeten den Ehe- als Vertragsbruch, da sie sich gegen die Bestimmung von c. 1081 § 2 CIC 1917, die Übergabe des *„ius in corpus, perpetuum et exclusivum, in ordine ad actum per se aptum ad prolis generationem"* richteten.[41] Die personale Sichtweise der Ehe durch das Zweite Vatikanische Konzil schließt natürlich auch den Ehebruch aus; doch das begründet sich nicht in einem Bruch von Rechten und Pflichten, die im Ehekonsens vereinbart wurden, durch einen der Partner.

Das fundamentale Geschehen im Ehekonsens nach konziliarer Auffassung ist die gesamtpersonale Selbstschenkung. Sie ist ein Akt der Liebe und meint die ganze Persönlichkeit des geliebten Menschen. In ihrer Totalität beschränkt sie sich nicht nur auf den geschlechtlichen Vollzug und die Wahrung der exklusiven Geschlechtsgemeinschaft. Diese Selbstschenkung stellt vielmehr das unbedingte Ja zum anderen und eine selbstgewählte Verpflichtung zu einer Gemeinschaft des Lebens und der Liebe mit ihm dar. Dieser Akt umfasst alle Lebensbereiche und stellt ein statusveränderndes Geschehen dar. Weil die Gatten in ihrer Liebe nicht mehr dahinter zurückgehen wollen, wollen sie ihre Liebe in Wahrheit leben, d.h. sie wollen einander treu sein, weil sie sich selbst treu bleiben wollen.[42]

---

[41] Vgl. Lüdecke, N., Eheschließung als Bund. Genese und Exegese der Ehelehre der Konzilskonstitution „Gaudium et Spes" in kanonistischer Auswertung, Würzburg 1989, S. 831f.

[42] Lüdecke, N., Eheschließung als Bund. Genese und Exegese der Ehe-

Die innige Vereinigung als gegenseitigem Sichschenken zweier Personen wie auch das Wohl der Kinder verlangen die unbedingte Treue der Gatten und fordern ihre unauflösliche Einheit. „Diese Unbedingtheit der Bejahung beinhaltet als solche notwendig die Momente der Exklusivität und der unbegrenzten Dauer."[43] Hier wird deutlich, daß der Wechsel von der Gehorsamsverantwortung zur Gestaltungsverantwortung keineswegs die Verbindlichkeit schmälert: Wenn auch die materiale Sicht des *ius in corpus* überwunden ist, so ergibt die personale Sicht der Ehe ein *„ius ad communionem vitae."*, (GS 48, 1) und begründet die Rechtspflicht zur Treue; denn einer solchen Liebes- und Lebensgemeinschaft ist jede Unverbindlichkeit unangemessen, sie verlangt nach Bindung ohne Bedingung und zeitliche Begrenzung, nach Objektivierung und Veröffentlichung. Das geschieht durch den Konsens bei der Eheschließung. Der Konsens ist damit ein Rechtsakt, der den Partnern objektiv und öffentlich den personenrechtlichen Status als Eheleute verleiht; dessen Veränderbarkeit im Hinblick auf Einheit und Unauflöslichkeit bleibt den Beteiligten entzogen: *„Hoc vinculum sacrum instuitu boni, tum coniuqum et prolis tum societatis, non ex humano arbitrio pendet."*, (GS 48, 1)[44].

Die konkrete Ausformung des Lebens in der Ehe jedoch, also die Verwirklichung der Gatten- und Kindersorge, geschieht in der dynamischen Perspektive der Liebe und entzieht sich damit einer rechtlichen Verpflichtung auf einen Rechte- und Pflichtenkatalog. Das Konzil führt vielmehr Grundhaltungen der Ehegatten an für die Lebensgemeinschaft, die ihnen zur sittlichen Gestaltung aufgegeben ist. Das Wohl der Gatten soll sich in Handlungen vollziehen, in der

---

lehre der Konzilskonstitution „Gaudium et Spes" in kanonistischer Auswertung, Würzburg 1989, S. 833.

[43] GS 48, 1; vgl. auch Lüdecke, N.: Eheschließung als Bund. Genese und Exegese der Ehelehre der Konzilskonstitution „Gaudium et Spes" in kanonistischer Auswertung, Würzburg 1989, S. 842.

[44] Vgl. auch Lüdecke, N., Eheschließung als Bund. Genese und Exegese der Ehelehre der Konzilskonstitution „Gaudium et Spes" in kanonistischer Auswertung, Würzburg 1989, S. 857f., 865.

„... sich Mann und Frau ... in inniger Verbundenheit der Personen und ihres Tuns gegenseitige Hilfe und gegenseitigen Dienst ..." gewähren, die das „... Wohl der ganzen Person ..." umgreift, „... die sich in zarter Zuneigung und in der Tat bewährt ..." und „... durch ihre Selbstlosigkeit in Leben und Tun ..." verwirklicht. Auch das Wohl der Kinder, in denen sich die Gatten als Mitwirkende am Schöpfungswerk Gottes erfahren, ist in ihre Gestaltung übertragen. Sie müssen in Bezug auf die Zeugung und Erziehung von Kindern „... in menschlicher und christlicher Verantwortlichkeit ihre Aufgabe erfüllen und in einer auf Gott hinhörenden Ehrfurcht durch gemeinsame Überlegung versuchen, sich ein sachgerechtes Urteil zu bilden ...". Dieses Urteil müssen „... im Angesicht Gottes die Eheleute letztlich selbst fällen.", (GS 50, 2).

Der Konsens bewirkt also nicht nur eine rechtlich zu fassende Statusänderung bei der Eheschließung. Der Ehebund als personale Liebes- und Lebensgemeinschaft gewinnt notwendigerweise nur dann seine rechtliche Geltung, wenn die Gatten auch den Willen haben, die konkreten Lebensvollzüge in der Ehe, d.h. die Sorge um das Wohl der Gatten und der Kinder, geleitet von einem am göttlichen Gesetz orientierten Gewissen immer wieder gemeinsam und einvernehmlich zu gestalten.[45] So wird der Begriff des Bundes sowohl der Freiheit der menschlichen Entscheidung und seiner Fähigkeit zu einer eigenverantwortlichen, sittlichen Gestaltung des Lebens in der Ehe, also einem personalen Eheverständnis, wie auch deren rechtlicher Objektivierung gerecht; denn: „Ehebund meint in diesem Sinne das unbedingte öffentliche Ja zum Partner im Hinblick auf die eine gesamtpersonale Lebens- und Liebesgemeinschaft, die auf Partnerschaft und Nachkommenschaft hingeordnet ist, als dem statusverändernden Akt der Eheschließung einerseits und das matri-

---

[45] Vgl. Lüdecke, N., Eheschließung als Bund. Genese und Exegese der Ehelehre der Konzilskonstitution „Gaudium et Spes" in kanonistischer Auswertung, Würzburg 1989, S. 861f; Lüdecke, K., Matrimonium ordinatum ad prolem. Ehe und Nachkommenschaft nach dem Recht des CIC 1983, in: RDC 43/1993, S. 99-117, 115f.

monium in facto esse als öffentlich anerkannter Status, dessen konkrete existentielle Verwirklichung der sittlichen Verantwortungsfreiheit der Partner aufgegeben ist, anderseits, wobei beide Aspekte der einen Ehewirklichkeit unter der Verheißung und gnadenvollen Zuwendung Gottes stehen, die die christliche Hoffnung auch in Situationen schwerer Belastung nicht vorschnell aufgeben läßt."[46]

Aus der Verwirklichung der ehelichen Liebe als einem freien Akt der menschlichen Person, die sich leib-seelisch erfährt und deren freie Übereignung an den Gatten sich als außerordentliches (*singulariter*) Element der Gattenliebe auch leiblich ausdrücken kann, erhält die Sexualität und in diesem Lebensvollzug die geschlechtliche Vereinigung der Eheleute als Höhepunkt ihre Legitimation: *„Haec dilectio proprio matrimonii opere singulariter exprimitur et perficitur. Actus proinde, quibus coniuges intime et caste inter se uniuntur, honesti ac digni sunt et, modo vere humano exerciti, donationem mutuam significant et fovent, qua sese invicem laeto gratoque animo locupletant."*, (GS 49, 2). Diese eigentümlich menschliche Liebe geht in frei bejahter Neigung von Person zu Person, umgreift das Wohl der ganzen Person, vermag so den leib-seelischen Ausdrucksmöglichkeiten eine eigene Würde zu verleihen und sie als Elemente und besondere Zeichen der ehelichen Freundschaft zu adeln: *„Indoles vero sexualis hominis necnon humana generandi facultas mirabiliter exsuperant ea quae in inferioribus vitae gradibus habentur; proinde ipsi actus vitae coniugali proprii, secundum germanam dignitatem humanam ordinati, magna observantia reverendi sunt."*, (GS 51, 2). Damit wird der sexuellen Erfüllung der Ehepartner als einem Teil der Freude an der Liebe, die Mann und Frau in gleicher Weise zusteht, eine klare Aufwertung zuteil, da das Konzil jene abwertende Auffassung, geschlechtliche Lust sei als Begierde des Fleisches sündhaft und nur durch den Willen zur Zeugung zu entschuldigen, aufgibt. Die ganzheitliche Sicht der ehelichen Liebe benötigt für ihren körperlichen

---

[46] Lüdecke, N., Eheschließung als Bund. Genese und Exegese der Ehelehre der Konzilskonstitution „Gaudium et Spes" in kanonistischer Auswertung, Würzburg 1989, S. 892, 912f.

Vollzug keine Entschuldigung, da auch dieser ein Element jenes Abbildes der göttlichen Liebe darstellt, und auch die leibliche Vereinigung der Gatten ein wichtiger Ausdruck dafür ist, daß die Gattenliebe Menschliches und Göttliches in sich eint. Häring drückt dies so aus: „Sprechen die Gatten in ihrer leiblichen Vereinigung sich selbst ihre liebende Hingabe aus und vertiefen sie so das unwiderrufliche Ja des Ehebundes, dann sprechen sie ein Wort, das ein Echo des dreieinigen Gottes ist."[47]

Wenn das Konzil eine Hinordnung der Ehe auf Kinder betont, dann macht der Text nachdrücklich darauf aufmerksam, dass die Ehe nicht nur zur Zeugung von Nachkommen eingesetzt wurde.[48] Die anderen Eheziele dürfen nicht vernachlässigt oder untergeordnet werden.[49] So ist es dem Gattenwohl oft nicht zuträglich, wenn die Sexualität nicht gelebt und das intime eheliche Leben unterlassen wird, etwa, wenn es nicht zu verantworten ist, die Zahl der Kinder weiter zu vergrößern. Nach der klaren Aussage des Konzils steht es dann durchaus in der Gewissensentscheidung und Verantwortung der Gatten, ihre Sexualität auch ohne die Absicht der Zeugung zu leben. In GS 50, 2 heißt es: *„In officio humanam vitam transmittendi atque educandi ... coniuges ... humana et christiana responsabilitate suum munus adimplebunt ac docili erga Deum reverentia, communi consilio atque conatu, rectum iudicium sibi efformabunt, attendentes tum ad suum ipsorum bonum tum ad bonum liberorum ..., dignoscentes temporum et status vitae condiciones tum materialis tum spirituales, ac denique rationem servantes boni communitatis familiaris, societas temporalis ipsiusque Ec-*

---

[47] Häring, B., Frei in Christus. Moraltheologie für die Praxis des christlichen Lebens, Freiburg u.a. 1981, Bd. II, S. 467.

[48] Vgl. GS 50, 3; vgl. zu diesem Problem Burke, C., Die Zwecke der Ehe: institutionelle oder personalistische Sicht? in: Monitor Ecclesiasticus 120/1995, S. 449-478; sowie Colagiovanni; E., Le 'Bonum Coniugum' (c. 1055 § 1). Les antécédents philosophiques et ecclésio-sociologique du personnalisme canonique, in: Monitor Ecclesiasticus 120/1995, S. 432-448.

[49] Vgl. GS 50, 1.

clesiae. Hoc iudicium ipsi ultimatim coniuges coram Deo ferre debent."[50] Lüdicke schreibt dazu: „... Sorgsam vermeidet das Konzil, eine Hinordnung des einzelnen Geschlechtsaktes auf die Zeugung von Nachkommenschaft auszusagen, was den Verzicht auf die enge Koppelung von Sexualität und Fruchtbarkeit nur noch deutlicher macht."[51] In diesem Sinne scheinen die Aussagen von HV (1968) (11, 13, 14) und deren Bestätigung durch FC (1981) (21) einen Rückschritt hinter die konziliare, personale Sicht des Verhältnisses von Sexualität und Fortpflanzung darzustellen, da die Enzykliken z.B. mit der Formulierung, dass „... jeglicher geschlechliche Akt der Ehe aus sich heraus bestimmt bleiben muß, menschliches Leben zu zeugen ..." (HV 11, FC 29), trotz der Berufung auf die Pastorale Konstituition *Gaudium et Spes* Gefahr laufen, die eheliche Liebe wieder auf die Prokreation zu finalisieren und so der Zeugung von Nachkommenschaft wieder einen Vorrang einzuräumen.[52]

Das Zweite Vatikanische Konzil verzichtet auf jede einseitige Zweckbestimmung der Sexualität, wie dies in der vorkonziliaren Sicht mit dem *finis primarius procreationis atque educationis prolis* der Fall war (vgl. das Dekret der SCS Off vom 1. April 1944 als letzte offizielle Äußerung, die bis zum Konzil nicht korrigiert oder zurückgenommen wurde). Dem partnerschaftlichen Aspekt des ehelichen Aktes, der in der sexuellen Erfüllung und Beglückung der Ehepartner erlebt werden kann, wird durch das Konzil ein Eigenwert zugewiesen gegenüber jenem Wert, der in der Weitergabe und Erziehung menschlichen Lebens, also der Mitwirkung am Schöpfungswerk Gottes besteht: „Unabhängig voneinander, als

---

[50] Vgl. auch Lüdecke, N., Eheschließung als Bund. Genese und Exegese der Ehelehre der Konzilskonstitution „Gaudium et Spes" in kanonistischer Auswertung, Würzburg 1989, S. 759f.

[51] Lüdicke, K., Familienplanung und Ehewille. Der Ausschluß der Nachkommenschaft im nachkonziliaren kanonischen Eherecht, Münster 1983, S. 143.

[52] Vgl. dazu auch Zapp, H., Das kanonische Eherecht, 37 und Lüdicke, K., Familienplanung und Ehewillen. Der Ausschluß der Nachkommenschaft im nachkonziliaren kanonischen Eherecht, Münster 1983, S. 143f.

gleichrangige Eigenwerte, markiert das Konzil damit den partnerschaftlichen und den prokreativen Wert des ehelichen Aktes als Ausdruck der umfassenden ehelichen Liebe."[53] Sie wird durch diese ganzheitliche Sicht einmal davor bewahrt, als unleibhaftige eheliche Freundschaft spiritualisiert, zum anderen davor, als Vorwand für ein egoistisches sexuelles Ausleben missbraucht zu werden.[54]

Die Sexualität und in ihr als Höhepunkt der eheliche Akt erfahren durch die Ehelehre des Zweiten Vatikanischen Konzils neben einer Aufwertung aber auch eine Relativierung. Anders als im altkodikarischen Recht, in dem die Eheschließung als Vertrag angesehen wurde und dessen Inhalt auf die wechselseitige Übertragung des *ius in corpus* zum vorrangigen Zweck der Erzeugung und Erziehung von Nachkommen konzentriert war, ist die geschlechtliche Vereinigung der Ehegatten nicht der alleinige Ausdruck der ehelichen Liebe. Die Liebe von Mann und Frau qualifiziert sich nicht deshalb als ehelich, weil nach der Eheschließung der Gebrauch der Geschlechtlichkeit erlaubt ist. Die Sexualität ist weder bloße Beigabe zur ehelichen Partnerschaft noch das legitimierende Zeichen dieser Lebensgemeinschaft. Leibesgemeinschaft, und das bedeutet die Aufwertung der Sexualität, folgt als ein hervorragendes und nicht erst besonders zu rechtfertigendes Element der Liebesgemeinschaft der Gatten; ihre Relativierung erfährt die Geschlechtlichkeit dadurch, „... daß dasjenige, was die eheliche Liebe als eheliche qualifiziert, nicht die Sexualität, sondern die Totalität dieser Liebe ist."[55] So muss aus der

---

[53] Lüdecke, N., Eheschließung als Bund. Genese und Exegese der Ehelehre der Konzilskonstitution „Gaudium et Spes" in kanonistischer Auswertung, Würzburg 1989, S. 759.

[54] Vgl. Lüdecke, N., Eheschließung als Bund. Genese und Exegese der Ehelehre der Konzilskonstitution „Gaudium et Spes" in kanonistischer Auswertung, Würzburg 1989, S. 755, 763; vgl. GS 49, 1: „Longe igitur exsuperat meram eroticam inclinationem, quae egoistice exculta, citius et misere evanescit."

[55] Lüdecke, N., Eheschließung als Bund. Genese und Exegese der Ehe-

Sicht der Ehelehre des Zweiten Vatikanischen Konzils die Frage, ob die Beischlaffähigkeit das Kriterium für die eheliche Liebe und damit ein unverzichtbares, naturrechtlich begründetes Konstitutivum darstellt, klar verneint werden. Der Geschlechtsakt der Eheleute ist nicht der alleinige, Liebe von ehelicher Liebe unterscheidende Akt, sondern ist ein wichtiger Ausdruck dieser Liebe neben anderen. Die Beantwortung der Frage, ob das Zweite Vatikanische Konzil in der Ehe weiterhin einen Vorrang der Zeugung und Erziehung von Nachkommen, also des prokreativen Ehewertes, vor der Sorge der Gatten um das gegenseitige Wohl, also des partnerschaftlichen Ehewertes feststellt, ist durch die Diskussion des Verhältnisses von ehelicher Liebe und Sexualität weitgehend vorbereitet.[56]

Aus den Texten des Ehekapitels der Pastoralkonstitution *Gaudium et Spes* geht klar hervor, dass das Konzil auf eine Hierarchie von Ehezwecken verzichtet und der prokreativen Dimension des ehelichen Aktes keinen Vorrang einräumt. Immer, wenn die der Ehe eigentümliche Hinordnung auf die Zeugung und Erziehung von Nachkommen aufgeführt und das Kind gleichsam als Krönung der Ehe bezeichnet wird, verweist der Text im Anschluss daran sofort auf den Wert des Gattenwohls oder stellt fest, dass durch die besondere Erwähnung des Kindersegens das Element der Partnerschaft nicht vernachlässigt werden darf. In GS 48, 1 wird zuerst der Wert der Nachkommenschaft erwähnt: *„Indole auteni sua naturali, ipsum institutum matrimonii amorque coniugalis ad procreationem et educationem prolis ordinantur iisque veluti suo fastigio coronantur."* Im nächsten Satz wird das *Una-caro*-werden um das Element des Gattenwohls erweitert, ohne dass eine Spur einer Über- oder Unterordnung von Prokreation und Partnerschaft zu

---

lehre der Konzilskonstitution „Gaudium et Spes" in kanonistischer Auswertung, Würzburg 1989, S. 755.

[56] Vgl. Lüdecke, N., Eheschließung als Bund. Genese und Exegese der Ehelehre der Konzilskonstitution „Gaudium et Spes" in kanonistischer Auswertung, Würzburg 1989, S. 765f., 770ff., 793, 804; Heimerl, H.; Pree, H., Kirchenrecht. Allgemeine Normen und Eherecht, Wien u. New York 1983, S. 159.

entdecken wäre: „*Vir itaque et mulier, qui foedere coniugali 'iam non sunt duo, sed una caro'* (Matth, 19,6), *intima personarum atque operum coniunctione mutuum sibi adiutorium et servitium praestant, sensumque suae unitatis experiuntur et plenius in dies adipiscuntur.*" In GS 50, 1 heißt es zuerst: „*Matrimonium et amor coniugalis indole sua ad prolem procreandam et educandam ordinatur.*" Dann fährt der Text fort: „*... non posthabilis ceteris matrimonii finibus ...*" Und in GS 50, 3 heißt es: „*Matrimonium vero, non est tantum ad procreationem institutum; sed ipsa indoles foederis inter personas indissolubilis atque bonum prolis exigunt, ut mutuus etiam coniugum amor recto ordine exhibeatur, proficiat et maturescat. Ideo etsi proles, saepius tam optala, deficit, matrimonium ut totius vitae consuetudo et communio perseverat, suumque valorem atque indissolubilitatem servat.*"[57]

Wie der Wert der Nachkommenschaft dem Wert der Partnerschaft nicht vorgeordnet ist, so bewahrt die Betonung, dass Kinder die vorzüglichste Gabe für die Ehe darstellen, auch vor der Interpretation, den Wert der Nachkommenschaft dem der Partnerschaft unterzuordnen.[58] Das Wohl der Gatten und das Wohl der Nachkommenschaft bedingen, dass die Ehe nicht mehr menschlicher Willkür ausgeliefert sein darf: „*Hoc vinculum sacrum intuitu boni, tum coniugum et prolis tum societas, non ex humano arbitrio pendet.*", (GS 48, 1). Das gegenseitige Sichschenken der Gatten und das Wohl der Kinder verlangen volle Treue und unlösbare Einheit: „*Quae intima unio, utpote mutua duarum personarum donatio, sicut et bonum liberorum, plenam coniugum fidem exigunt atque indissolubilem eorum unitatem urgent.*", (GS 48, 1). Bei der letztlich ihnen überlassenen Entscheidung über die Anzahl der Kinder

---

[57] Vgl. Lüdecke, N., Eheschließung als Bund. Genese und Exegese der Ehelehre der Konzilskonstitution „Gaudium et Spes" in kanonistischer Auswertung, Würzburg 1989, S. 794-800.

[58] Vgl. Lüdecke, N., Eheschließung als Bund. Genese und Exegese der Ehelehre der Konzilskonstitution „Gaudium et Spes" in kanonistischer Auswertung, Würzburg 1989, S. 793.

sollen die Gatten ihr eigenes Wohl und das Wohl der schon geborenen und erwarteten Kinder bedenken; schließlich ist die Ehe nicht nur zur Zeugung von Kindern eingesetzt, sondern die Eigenart des Ehebundes und das Wohl der Nachkommen fordern Raum, Wachstum und Reife der ehelichen Liebe.

Nachdem auch die Frage, die die Rangordnung der Werte von Partnerschaft und Nachkommenschaft zum Inhalt hat, mit der Feststellung beantwortet werden kann, dass sich die eheliche Liebe als Strukturprinzip der Ehe gleichrangig im Wert des partnerschaftlich verwirklichten Gattenwohls und in der verantwortlichen Mitwirkung der Ehegatten mit der schöpferischen Liebe Gottes im Wert der Nachkommenschaft entfaltet, fordert auch hier das Zweite Vatikanische Konzil für das zu reformierende kirchliche Recht eine Abkehr von der traditionellen und kontraktuellen Vorstellung der Ehe, in der die Übertragung des *ius in corpus in ordine ad actum per se aptum ad prolis generationem* der Vertragsgegenstand und rechtlicher Mittelpunkt war. Das zu formulierende Recht muss also einmal die anthropologisch wichtige konziliare Erkenntnis von der verantworteten menschlichen Entscheidungsfreiheit berücksichtigen, zum anderen die Konzilsaussage, dass die Liebe das Strukturprinzip der ganzen Ehewirklichkeit ist, dass die Sexualität als Ausdruck ehelicher Liebe an sich gut ist und nicht durch den Zeugungszweck entschuldigt werden muss, dass kein naturrechtlich begründeter Erstzweck der Zeugung ausgedrückt wird und schließlich, dass sich die eheliche Liebe gleichberechtigt in den Werten der Partnerschaft und der Nachkommenschaft entfaltet.

Die Beantwortung der Frage nach der Konzeption des reformierten Kirchenrechts, „Vertrag" oder „Bund", wird durch die in den einleitenden und das grundsätzliche Verständnis der Ehe darlegenden cc. 1055 bis 1057 des CIC von 1983 verwendete Begrifflichkeit erschwert, da dort sowohl der Begriff Ehebund (*matrimoniale foedus* (vgl. c. 1055 § 1), und *foedus irrevocabilis* (vgl. c. 1057 § 2) als auch der Terminus Ehevertrag (*matrimonialis contractus* (vgl. c. 1055 § 2) vorkommt. Während die cc. 1055 § 1 und 1057 § 2 rechtliche Neufassungen darstellen und bis in die Wortwahl die konziliaren Aussagen über Eheschließung und Ehe wiedergeben, ist der § 2 c. 1055 eine wortgleiche Übernahme der entsprechenden rechtlichen Bestimmung aus § 2 c. 1012 des CIC von 1917. Diese unterschiedliche Wortwahl birgt die Gefahr in sich, dem konziliaren *foedus*-Begriff wegen seiner personalen Dimension die Möglichkeit seiner präzisen rechtlichen Fassung abzusprechen und dafür wieder auf den bewährten contractus-Begriff zurückgreifen zu müssen, um schließlich eine Synonymität der Begriffe *foedus* und *contractus* zu konstatieren, da der Ehebund immer auch ein Vertrag ist, wenn auch einer sui generis. So führt Zapp aus: „... Unmißverständlich kommt der Vertragscharakter auch des Ehebundes durch die im Einleitungskanon zum Eherecht enthaltene Gleichsetzung von Vertrag und Bund zum Ausdruck ... " Er betont zwar, daß sich der Inhalt des durch die Eheschließung begründeten Rechtsverhältnisses qualitativ verändert hat, stellt dann aber für die Rechtsform eindeutig fest: „... Die für das kanonische Eherecht traditionelle Vertragslehre hat aber erneut ihre Bekräftigung gefunden."[59] Eine solche Auffassung kann sich zudem noch auf einen weiteren Wortbefund berufen. Wenn von Eheschließen die Rede ist, dann herrscht im Text des CIC von 1983 das Verb: *contrahere* vor. Würde sich also diese Sicht als zutreffend erweisen, dann hätte die Ablösung des altkodikarischen Vertragskonzeptes durch das konziliare Bundesmodell im CIC von 1983, der Wechsel vom Sachlichen zum Personalen nicht stattgefunden.

Gegen eine solche Ansicht spricht jedoch der Textbefund als Ganzes. Die Ehelehre des Zweiten Vatikanischen Konzils stellt die Liebe als Strukturprinzip der Ehe heraus und erfasst die Ehewirklichkeit personal und ganzheitlich im Ehebund als *intima communitas vitae et amoris coniugalis* oder *totius vitae consuetudo et communio*. Dieser Bund verwirklicht sich in der Selbstschenkung

---

[59] Zapp, H., Das kanonische Eherecht, Freiburg 1988, S. 22; vgl. dazu auch Lüdecke, N., Eheschließung als Bund. Genese und Exegese der Ehelehre der Konzilskonstitution „Gaudium et Spes" in kanonistischer Auswertung, Würzburg 1989, S. 892ff.

des einen Partners an den anderen, exklusiv und ohne zeitliche Begrenzung. Dieses Übereignetsein ist hingeordnet auf die gegenseitige Beglückung der Partner und auf Kinder als Ausdruck dieser Liebe. Die Eheschließung darf sich nicht in der Übertragung von Rechten und Pflichten, vor allem des *ius in corpus*, erschöpfen; durch den Ehebund soll eine Gemeinschaft des Lebens und der Liebe begründet werden und als Ehebund weiter bestehen, der einmal in seinen Wesenseigenschaften Einheit und der Unauflöslichkeit Wirklichkeit wird, zum anderen durch die Ehewerte der Partnerschaft und der Nachkommenschaft, die in ihrer Bedeutung für die Ehewirklichkeit gleichrangig und nicht hierarchisch strukturiert sind. Genau das drücken die einleitenden cc. 1055 bis 1057 eindeutig aus: „Der Ehekonsens ist ein Willensakt, durch den Mann und Frau sich in einem unwiderruflichen Bund gegenseitig schenken und annehmen." Wenn c. 1056 Einheit und Unauflöslichkeit als Wesenseigenschaften der Ehe benennt und c. 1055 § 1 die Ehe als „Gemeinschaft des ganzen Lebens" definiert, lässt der Wortlaut keinen Zweifel daran, dass die konziliare Vorstellung von der Gleichrangigkeit der Ehewerte von Partnerschaft und Nachkommenschaft in das neue kirchliche Recht Eingang gefunden hat: *„Matrimoniale foedus, quo vir et mulier inter se totius vitae consortium constituunt, indole sua naturali ad bonum coniugum atque ad prolis generationem et educationem ordinatum, a Christo Domino ad sacramenti dignitatem inter baptizatos evectum est"* (c. 1055 § I). Dazu ist auch die im konziliaren Sinne verlaufende Entwicklungslinie zu vergleichen, die vom c. 295 § 2 SchemaSacr (1975): *„Consensus matrimonialis est actus voluntatis quo vir et mulier foedere inter se constituunt consortium vitae coniugalis, perpetuum et exclusivum, indole sua naturali ad prolem generandam et educandam ordinatum"* zum c. 1008 § 1 SchemaCIC (1980) führt: *„Matrimoniale foedus, quo vir et mulier intimam inter se constituunt totius vitae communionem, indole sua ad bonum coniugum atque ad prolis procreationem et educationem ordinatum ..."*.

Die Sorgfalt, mit der die Ehekonzeption des Zweiten Vatikanischen Konzils ungeschmälert als rechtliche Grundlage übernommen wurde und die durch den zu *communitas/communio* synonymen Begriff consortium nicht beeinträchtigt wird,[60] zeigt sich gerade auch in der Umschreibung des Begriffes Wesen der Ehe. Hier zitiert der reformierte Kodex die konziliare Wortwahl *„indole sua naturali"* aus der Patoralkonstitution *Gaudium et Spes*, Kapitel 48. Das neue kirchliche Gesetzbuch geht sogar noch einen entscheidenden, die Ehelehre des Konzils präzise interpretierenden Schritt weiter: Während in den Konzilstexten, in GS 48 und 50, zuerst nur die Rede davon ist, dass die Ehe „ihrem (natürlichen) Wesen nach auf die Zeugung und Erziehung des Kindes hingeordnet ist", und die Gleichrangigkeit des Partnerschaftwertes danach aus dem folgenden Text und im Zusammenhang der Konzilsaussagen erschlossen werden muss, verbindet c. 1055 § 1 Gattenwohl und Kindersegen als Ausdruck dessen, was das Wesen der Ehe ausmacht. Der im c. 1055 § 2 erwähnte Vertragsbegriff und die Verwendung des Wortes *contrahere* im Titel VII des neuen kirchlichen Gesetzbuches stellen also höchstens eine sprachliche Kontinuität zu einer vorkonziliaren Auffassung der Ehe dar - ein Ergebnis, das letztlich eine inkonsequente Durchformung des Gesamtprojekts Eherechtsreform offenbart.[61]

Die Fundamentalcanones des CIC von 1983 nehmen dagegen die Eheschließung und nachfolgend die Ehe rechtlich als Ehebund wahr.[62] Er ist gültig, wenn die Partner in einem personalen Akt, dem Konsens, öffentlich den Beginn einer ehelichen Gemeinschaft der

---

[60] Vgl. Lüdecke, Eheschließung als Bund. Genese und Exegese der Ehelehre der Konzilskonstitution „Gaudium et Spes" in kanonistischer Auswertung, Würzburg 1989, S. 921.

[61] Vgl. Lüdecke, N., Eheschließung als Bund. Genese und Exegese der Ehelehre der Konzilskonstitution „Gaudium et Spes" in kanonistischer Auswertung, Würzburg 1989, S. 908.

[62] Vgl. Lüdecke, N., Eheschließung als Bund. Genese und Exegese der Ehelehre der Konzilskonstitution „Gaudium et Spes" in kanonistischer Auswertung, Würzburg 1989, S. 930.

Liebe und des Lebens bejahen, die nicht zeitlich begrenzt (*indissolubililas*) und die auf den geliebten Partner beschränkt ist (*unitas*). Diese Wesenseigenschaften der Ehe sind absolut und nicht durch die Ehepartner gestaltbar. Zur Gültigkeit der Eheschließung und der Ehe gehören weiter die Bejahung der Ehewerte des *bonum coniugum* und des *bonum prolis* und die Übereinstimmung der Eheleute, sie gemeinsam, gleichberechtigt und einvernehmlich auszugestalten, da - anders als in einer reinen Vertragskonzeption - diese Ehewerte inhaltlich nicht von einem einklagbaren Rechte- und Pflichtenkatalog bestimmt werden, sondern den Ehepartnern zur Gestaltung aufgegeben sind. Die Verwirklichung der ehelichen Liebe bedingt aus sich heraus den Respekt vor der Andersartigkeit des Partners, und es entspricht der Achtung seiner personalen Würde, daß keiner von beiden ein alleiniges Entscheidungsrecht in Bezug auf die Hinordnungskomplexe, das Gattenwohl und das Wohl des Kindes, für sich allein beansprucht, sondern mit dem Partner darin übereinstimmt, für die Ausgestaltung dieser Ehewerte immer wieder nach einem Konsens zu suchen. Zu den daraus resultierenden berechtigten Erwartungshaltungen des einen an den anderen Ehepartner gehört aufgrund der Übernahme der konziliaren Eheauffassung in die grundlegenden Canones des reformierten Kodex die Möglichkeit, Sexualität und besonders die geschlechtliche Vereinigung verwirklichen zu können.

Das personale Eheverständnis des Konzils und seine Übernahme in das neue kirchliche Eherecht bedingen aber eben auch eine Relativierung der Sexualität und des ehelichen Aktes als einen wichtigen, aber nicht als entscheidenden Ausdruck der Liebe, der sie zur ehelichen macht. So sehr also der Partner berechtigterweise die Verwirklichung der Sexualität und besonders des ehelichen Aktes erwarten kann, so stellt die Fähigkeit dazu keine absolute Voraussetzung für eine gültige Ehe dar. Einheit, Unauflöslichkeit und der Wille, das *bonum coniugum* und das *bonum prolis* gemeinschaftlich auszugestalten, gehören zu den Wesenseigenschaften (*proprietatis essentialis*) und zu den Wesenselementen (*elementum essentiale*), deren Ausschluss nach c. 1101 § 2 eine Ehe ungültig macht.[63] Das neue kirchliche Eherecht kennt also keine Zweckhierarchie. Partnerschaft, die sich auch in der wechselseitigen Beglückung der Partner durch die Sexualität legitim ausdrücken kann und nicht als *remedium concupiscentiae* entschuldigt werden muss, und Nachkommenschaft sind gleichrangige Ehewerte. Lüdicke merkt dazu an: „Wenn man bedenkt, daß erst das zweite Vatikanum vom Wert der Ehe und der intimen Beziehungen sprechen konnte, ohne die Ausrichtung auf die Nachkommenschaft zum Kriterium der Werthaftigkeit zu machen, erkennt man, daß mit dem Ehebegriff der Codex-Reform die Hinordnung auf Kinder erneut nicht als einziger tragender Grund für die Ehe ausgesagt ist. Die Ehe ist zunächst Gattengemeinschaft. Die *ordinatio ad prolem* bezieht sich auf diese Gemeinschaft, auf das Zusammenleben der Partner in nicht anderer Weise als das Wohl der Gatten."[64]

---

[63] Vgl. Lüdecke, N., Eheschließung als Bund. Genese und Exegese der Ehelehre der Konzilskonstitution „Gaudium et Spes" in kanonistischer Auswertung, Würzburg 1989, S. 912-947, besonders 937ff.; Lüdicke, K., Familienplanung und Ehewille. Der Ausschluß der Nachkommenschaft im nachkonziliaren kanonischen Eherecht, Münster 1983, S. 338f.

[64] Lüdicke, K., Familienplanung und Ehewille. Der Ausschluß der Nachkommenschaft im nachkonziliaren kanonischen Eherecht, Münster 1983, S. 168ff.

9. Die Ehe als Vertrag und das Problem der Mischehe

Neben den speziellen Vorschriften zum Mischehenrecht (cc. 1124-1128 CIC 1983) enthält das neue kirchliche Gesetzbuch zahlreiche Regelungen, die mittelbare Konsequenzen für konfessionsverschiedene Ehen und Familien haben. Diese Regelungen beziehen sich auf Fragen, die seit dem CIC von 1917 ungelöst sind und ein schweres Hindernis für ein ökumenisches Mischehenrecht darstellen. In Bezug auf den Vertragscharakter der Ehe ist hier insbesondere der Ehewille des evangelischen Ehegatten von Bedeutung. Nach katholischem Verständnis kommt eine Ehe ja nur unter drei Bedingungen gültig zustande: Es dürfen keine Ehehindernisse vorhanden sein; es muss die richtige kanonische Form eingehalten werden, und die Ehepartner müssen bei der Eheschließung den hinreichenden Ehewillen haben. Diese letzte Voraussetzung stellt eines der größten Probleme des Mischehenrechts dar. Für die Frage nach dem Vertragsstatus der Ehe lautet das Problem hier: Können evangelische Christen aus katholischer Sicht einen ausreichenden Ehewillen haben, insofern sie gerade die für Katholiken so wichtige Unauflöslichkeit und Sakramentalität der Ehe ablehnen? Wenn dies nicht der Fall ist, so wird es zum Problem, ob sie aus katholischer Sicht überhaupt wirksam eine Ehe mit einem Katholiken eingehen können.[1]

Nach c. 1082 CIC 1917 und c. 1098 § 1 CIC 1983 ist es zur Gültigkeit einer Eheschließung zwingend erforderlich, dass die

---

[1] Die Frage der sog. Mischehe wurde von Beykirch in der historischen Entwicklung ausführlich dargestellt (vgl. Beykirch, U., Von der konfessionsverschiedenen zur konfessionsverbindenden Ehe? Eine kirchenrechtliche Untersuchung zur Entwicklung der gesetzlichen Bestimmungen, Würzburg 1987). Im folgenden wird dagegen der Zielsetzung der hier vorgelegten Arbeit entsprechend größerer Wert auf die Vertragsproblematik auf der Grundlage der Konzeptionen über die Ehe als Vertrag gelegt. Beykirch macht darauf aufmerksam, dass weder im lateinischen noch im deutschen Sprachgebrauch der Begriff *matrimonium mixtum* bzw. die Entsprechung *Mischehe* in einer eindeutigen Bedeutung verwendet wird. Sie verwendet deshalb grundsätzlich den Begriff *konfessionsverschiedene Ehe*.

Ehepartner wissen, dass die Ehe eine dauerhafte Gemeinschaft zwischen Mann und Frau darstellt und auf Nachkommenschaft hingeordnet ist. Ohne dieses Grundwissen fehlt es am Ehewillen der Partner, so dass eine Eheschließung ungültig wäre. Es könnte also zunächst fraglich sein, ob ein evangelischer Ehepartner in diesem Sinne überhaupt über das nötige Grundwissen über das Wesen der Ehe und insbesondere über deren Unauflöslichkeit verfügt. Katholische Kirchenrechtler betonen in diesem Zusammenhang immer wieder, daß es für die Frage der Kenntnis nicht darauf ankommt, ob die volle rechtliche Ausprägung der Ehe erkannt wird. Es reiche vielmehr ein Grundwissen von der Ehe, sofern nicht die Wesensmerkmale der Ehe und insbesondere deren Unauflöslichkeit ausdrücklich verneint werden. Insofern fehle es bei Protestanten deshalb im Regelfall nicht am erforderlichen Grundwissen über die Ehe. Tatsächlich kommt es bei c. 1082 CIC 1917 und c. 1096 CIC 1983 nur auf das objektive Wissen, nicht aber auf das subjektive Wollen der Ehegatten an. Es geht bei diesen Vorschriften nicht darum, ob und was der evangelische Ehepartner an Wesenselementen der katholischen Ehe ablehnt. Vielmehr ist unter dieser Perspektive nur zu prüfen, wieviel er vom katholischen Eheverständnis weiß.[2] Bei Mischehen kennt der evangelische Partner aber alle Wesenselemente einer katholischen Ehe, dies schon deshalb, weil nach c. 1125 Nr. 3 CIC 1983 bei Mischehen beiden Ehegatten die Zwecke und Wesenseigenschaften der Ehe darzulegen sind: *„ambae partes edoceantur de finibus et proprietatibus essentialibus matriminonii."* Insofern kann es dem evangelischen Partner im Regelfall nicht an der erforderlichen Kenntnis der katholischen Ehelehre fehlen.

Nach c. 1086 § 2 CIC 1917 und c. 1101 § 2 CIC 1983 ist eine Eheschließung jedoch auch ungültig, wenn einer oder beide Ehepartner durch positiven Willensakt die Ehe selbst oder ein wesentliches Element bzw. eine wesentliche Eigenschaft der Ehe ausschließen

---

[2] Vgl. MünstKomm, c. 1096 Rdn. 2, 4; sowie Zapp, H., Kanonisches Eherecht, Freiburg 1988, S. 148.

(Partialsimulation). Weiterhin bestimmt c. 1125 Nr. 3 CIC 1983, dass eine Erlaubnis zur Eingehung der Mischehe nur erteilt werden kann, wenn die Ehegatten die Zwecke und Eigenschaften der Ehe nicht ausschließen: *„a neutro contrahente excludendis."* Nach c. 1056 CIC 1983 zählen Einheit und Unauflöslichkeit zu den Wesenseigenschaften der christlichen Ehe, so dass ein Ausschluss dieser Eigenschaften vor bzw. bei der Eheschließung zur Nichtigkeit der Ehe führt.[3] Dabei wird nach gängiger kanonistischer Interpretation die Unauflöslichkeit der Ehe bereits dann ausgeschlossen, wenn die Absicht besteht, sich bei Scheitern der Ehe vor einem staatlichen Ehegericht scheiden zu lassen.[4] Deshalb ergibt sich hier die Frage, inwieweit evangelische Ehepartner bei Eingehung einer Mischehe einen hinreichenden Ehewillen haben. Ein großer Teil der kanonistischen Literatur und Rechtsprechung geht davon aus, dass ein evangelischer Ehegatte die Unauflöslichkeit der Ehe nicht anerkenne und insofern keinen ausreichenden Ehewillen habe.[5] Folglich sei die Eingehung einer Mischehe mit einem evangelischen Christen im Regelfall nichtig.

Dagegen kann jedoch gefragt werden, ob die Vorstellung der Kanonisten von der evangelischen Ehelehre in diesem Punkt tatsächlich ausreicht, um zu diesem Schluss zu kommen. Auch die evangelische Theologie betont ja die Unauflöslichkeit der christlichen Ehe.[6] So geht schon Luther unter Berufung auf Matth. 19, 3ff. davon aus, dass die Ehe ihrem Wesen nach unauflöslich sei. In diesem Sinne heißt es im siebenten Kapitel Pauli zu den Corinthern, aus dem Jahre

---

[3] Vgl. Dombois, H., Unscheidbarkeit und Ehescheidung in den Traditionen der Kirche, München 1976, S. 22ff.

[4] Vgl. MünstKomm, c. 1101 Rdn. 9b; sowie Primetshofer, B., Der Ehekonsens, in: HbdKathKR, S. 776.

[5] Vgl. vor allem Armbruster, H., Der Ehewille evangelischer Christen im Lichte des kanonischen Prinzips der Unauflöslichkeit der Ehe, München 1959, S. 94ff; sowie Scheuermann, A., Der Ehewille der Nichtkatholiken und der nicht praktizierenden Katholiken, in: ÖAKR 9/1958, 269ff.

[6] Vgl. Suppan, K., Die Ehelehre Martin Luthers, München 1971, S. 99ff.

1523, dass die „... Christen sollen ... yhre weyber behallten yhr lebenlang."[7] Kommt es zu Streitigkeiten in der Ehe, so müssen die Eheleute diese Probleme als von Gott auferlegtes Kreuz ertragen.[8] Nur wegen der menschlichen Schwachheit und wegen der Gefahr größerer Schäden hält Luther eine Scheidung ausnahmsweise für gerechtfertigt.[9] Dazu muss aber ein Verschulden eines Ehepartners die Scheidung rechtfertigen; ein solches Verschulden kann etwa bei Vorliegen eines Ehebruches, bei Verweigerung der ehelichen Pflichten oder in dem Fall bejaht werden, wenn ein Mann seine Frau bewusst verlässt.[10] Luther wendet sich allerdings auch gegen jedes menschliche Verbot der Ehescheidung. Insbesondere die katholische Kirche hat nach Luther nicht das Recht, über die Unauflöslichkeit oder Auflöslichkeit einer Ehe zu bestimmen. Dies begründet er damit, daß die Ehe eine Stiftung Gottes sei, Gott aber habe im Alten Testament selbst die Möglichkeit einer Ehescheidung eröffnet.[11]

Nach diesem Verständnis ist die Ehe auch für evangelische Christen grundsätzlich unauflöslich; nur wenn eine Ehe endgültig gescheitert ist, ist es zur Vermeidung größerer Schäden möglich und zulässig, die Ehe zu scheiden.[12] Die evangelische Position zur Frage der Unauflöslichkeit der Ehe kann deshalb so zusammengefasst werden: „Die Ehe ist nach Gottes Willen unauflöslich. Die Scheidung einer Ehe verletzt Gottes Ordnung. ... Trotz des klaren Gebots Jesu kommt es auch zwischen Christen zur Scheidung ... Kommt es aber

---

[7] Luther, Weimarer Ausgabe 12, 119, 4.

[8] Luther, Weimarer Ausgabe 6, 559.

[9] Luther, Vom ehelichen Leben, Weimaer Ausgabe 10 II, 291, 15.

[10] Vgl. dazu Dieterich, H., Das protestantische Eherecht in Deutschland bis zur Mitte des 17. Jahrhunderts, München 1970, S. 69ff; sowie Suppan, K., Die Ehelehre Martin Luthers, München 1971, S. 108ff.

[11] Luther, Vom ehelichen Leben, WA 10 II, 288, 1; vgl. Dieterich, H., Das protestantische Eherecht in Deutschland bis zur Mitte des 17. Jahrhunderts, München 1970, S. 49f.

[12] Vgl. dazu Beykirch, U., Von der konfessionsverschiedenen zur konfessionsverbindenden Ehe? Würzburg 1987, S. 373ff.; Lachner, G., Die Kirchen und die Wiederheirat Geschiedener, Paderborn 1991, S. 74ff.

zur Scheidung, so soll sich die Gemeinde vor Gott beugen, weil der Schaden dieser Ehe in ihrer Mitte nicht geheilt werden konnte; es ist aber nicht ihre Aufgabe, über die Schuld eines oder beider Ehegatten zu richten, sondern ihnen beizustehen."[13]

Daraus ergibt sich, dass der evangelische Partner einer Mischehe gemäß den kanonistischen Begriffen von der Unauflöslichkeit der Ehe in der Tat nicht einen hinreichenden Ehewillen aufweist, da er zwar grundsätzlich von der Unauflöslichkeit seiner Ehe ausgehen muß, im Falle des Scheiterns seiner Ehe aber doch eine Scheidung nicht ausschließen braucht. Es ist deshalb verständlich, dass viele Lehrer der Kanonistik die Auffassung vertreten, ein evangelischer Christ könne die Unauflöslichkeit der Ehe im katholischen Sinne nicht akzeptieren, weshalb beim Eingehen einer Mischehe ein Willensmangel vorhanden sei. Konsequenterweise müsste man daher zu dem Ergebnis kommen, dass in der Regel alle Mischehen aus katholischer Sicht ungültig sind.[14] Hier ist jedoch der Gedanke heranzuziehen, daß in der Kanonistik eine Unterscheidung zwischen Verpflichtungs- und Erfüllungswillen vorgenommen wird. Das katholische Kirchenrecht differenziert zwischen dem Willen, die Wesenselemente einer Ehe als verpflichtend anzuerkennen (Verpflichtungswille) und dem Willen, dieser Verpflichtung in allen Lebenssituationen nachzukommen (Erfüllungswille).[15] Für die Erfüllung des Ehewillens reicht es aus, wenn die Ehepartner den Verpflichtungswillen haben, selbst wenn sie sich die Befolgung im Einzelfall offenhalten. Lehnen sie aber generell eine Verpflichtung zur Realisierung

---

[13] Ordnung des kirchlichen Lebens der Evangelisch-Lutherischen Kirche in Bayern in der Fassung vom 28.4.1980, KABl 1980, 96, Abschnitt VII, Nr. 7.

[14] Zu dieser Problematik vgl. die grundsätzlich bedeutsamen Ausführungen von Henseler, R., Das Ärgernis der kirchlichen Eheprozesse? in: Theologie der Gegenwart 34/1991, 211-223; sowie Heimerl, H., Für und wider den Sinn kirchlicher Eheprozesse, in: ÖAKR 41/1992, 141-162.

[15] Vgl. dazu Wegan, M., La distinction 'ius et uses iuris' dans la jurisprudence recente du tribunal de la Rote, in: RDC 29/1979, 97-113.

der Wesenselemente der Ehe ab, so ist ihre Ehe mangels ausreichenden Ehewillens ungültig.

Man kann nun versuchen, diese Differenzierung auf Mischehen zu übertragen. Aus dieser Perspektive könnte man argumentieren, dass der evangelische Ehepartner durchaus einen ausreichenden Ehewillen auch und gerade im Hinblick auf die Unauflöslichkeit der Ehe hat, da er ja nicht die Unauflöslichkeit der Ehe als solche ablehnt, sondern sich auch nach evangelischem Eheverständnis dazu bereit erklärt, seinem Partner die Treue zu halten, bis dass der Tod sie scheidet. In diesem Sinne liegt ein genereller Wille zur Bejahung der Unauflöslichkeit vor, der nach katholischen Maßstäben als hinreichender Verpflichtungswille einzustufen wäre. Dass sich der evangelische Partner darüber hinaus die Möglichkeit einer späteren Scheidung im Einzelfall offenhält, wäre demgegenüber als bloßes Fehlen des Erfüllungswillens einzustufen, was aber aus kanonistischer Sicht für die Frage des Ehewillens irrelevant ist.[16] Demnach verfügen also auch die evangelischen Partner einer Mischehe über einen ausreichenden Ehewillen auch hinsichtlich der Unauflöslichkeit der Ehe, da sie die Unauflöslichkeit grundsätzlich bejahen und damit einen entsprechenden Verpflichtungswillen besitzen.

Es wurde bereits erwähnt, dass der Ausschluss einer wesentlichen Eigenschaft oder eines Wesenselementes der Ehe zur Nichtigkeit der Eheschließung führt (c. 1086 § 2 CIC 1917 und c. 1101 § 2 CIC 1983). Es stellt sich daher auch die Frage, ob der Ausschluss der Sakramentalität der Ehe unter diese Regelung fällt. Ruf und Prader weisen darauf hin, daß die Sakramentalität zu den Wesenselementen der Ehe gehört.[17] Hier ist zur Begründung auf c.

---

[16] Dagegen hält Primetshofer, B., Der Ehekonsens, in: HbdKathKR, S. 765-782, eine Anwendung der Unterscheidung zwischen Verpflichtungs- und Erfüllungswillen auf die Frage der Unauslöslichkeit der Ehe nicht für möglich.

[17] Vgl. Ruf, N., Das Recht der katholischen Kirche nach dem neuen Codex Iuris Canonici für die Praxis erläutert, Freiburg 1983, S. 271; Prader, J., Das religiöse Eherecht der christlichen Kirchen, der Mohammedaner und der Juden unter besonderer Berücksichtigung der

1055 § 1 zu verweisen, der neben dem Recht auf Nachkommenschaft und auf eheliche Lebensgemeinschaft auch die Sakramentalität als Wesenselement bezeichnet. Der Ausschluss der Sakramentalität durch einen Ehepartner führt demnach zwangsläufig zur Ungültigkeit der Eheschließung. Ähnlich argumentiert auch Lüdicke. Zwar sei es nicht erforderlich, daß die Ehegatten ihre Eheschließung als Sakrament im katholischen Sinn verstehen. Wenn ein evangelischer Ehepartner aber jede religiöse Dimension der Eheschließung ausdrücklich ablehne, so sei die Ehe gem. c. 1101 § 2 ungültig.[18] Allerdings gehen die meisten Kanonisten davon aus, daß der sakramentale Charakter nicht zu den Wesenselementen der Ehe gehöre und ein Ausschluss der Sakramentalität daher unschädlich sei.[19] Die Kanonistik beschäftigt sich allerdings kaum mit der Frage, ob der evangelische Ehepartner einer Mischehe ggf. die Sakramentalität der Ehe ablehnt und damit eine nach katholischem Verständnis gültige Ehe nicht eingehen kann. Insbesondere Prader und Ruf müssten aufgrund ihrer Einstufung der Sakramentalität als Wesenselement der Ehe zu dem Ergebnis kommen, dass unter Umständen alle Mischehen wegen Ausschlusses dieses Elementes ungültig sind.

Nun gibt es in der Tat im evangelischen Bereich die Auffassung, jegliche Sakramentalität der Ehe sei abzulehnen.[20] Dabei liegt dieser Ablehnung die klassische scholastische Sakramentenlehre der katholischen Kirche zugrunde, wonach die Ehe zu den sieben Sakramenten zählt und diese Sakramente als Instrumente göttlicher Gnadenmitteilung galten.[21] Damit ist aber noch nicht gesagt, dass

---

Staaten im Vorderen Orient, Frankfurt/Main 1973, S. 108; Sebott, R., Das neue kirchliche Eherecht, Frankfurt/Main 1990, S. 119.

[18] MünstKomm, c. 1101 Rdn. 9 d.

[19] Vgl. etwa Zapp, H., Kanonisches Eherecht, Freiburg 1989, S. 160ff.

[20] Vgl. Bühler, W., Katholisch-evangelische Mischehen in der Bundesrepublik nach dem geltenden katholischen und evangelischen Kirchenrecht, Heidelberg 1963, S. 51; Lengsfeld, P., Das Problem Mischehe, Münster 1970, S. 82ff.

[21] Vgl. Echternach, H., Gemeinsamkeiten und Unterschiede im evange-

die Ehe aus evangelischer Sicht nur ein weltlich Ding darstellt. Luther identifiziert den Begriff weltlich auch nicht als gottlos oder a-religiös.[22] Luther bezeichnet an mehreren Stellen die christliche Ehe als „geistlichen“, „seligen“ oder „göttlichen“ Stand.[23] Dementsprechend schrieb er in: Traubüchlein „Denn ob's (die Ehe) wol ein welltlicher Stand ist, so hat er dennoch Gottes Wort für sich und ist nicht von Menschen errichtet und gestiftet ...“[24] In ähnlicher Weise betont Luther in der Schrift: Vom ehelichen Leben, dass die christliche Ehe ein „... stand ist, den gott eyngesetzt hatt, unnd da gottis wort und wolgefallen ynnen ist, da durch alle werck, weßen und leyden solchs stands heylig, gotlich und kostlich werden.“[25] Aus heutiger Zeit lässt sich der Anschluss daran etwa der Kirchenordnung der Evangelischen Kirche von Westfalen entnehmen, derzufolge die kirchliche Trauung nach Art. 199 S. 1 der Kirchenordnung dem Brautpaar zum Zeugnis dafür dient, „... daß der Ehestand von Gott gestiftet ist und der Ehebund nach seinem Willen nur durch den Tod gelöst werden soll.“[26] Nach evangelischem Eheverständnis ist die Ehe daher auf der einen Seite zwar kein Stand, dem eine besondere Erlösungs- oder Heilskraft zukommt und es findet sich auch keine Lehre von einer göttlichen Einsetzung des Ehesakraments. Andererseits ist die christliche Ehe auch nach evangelischem Verständnis von Gott getragen und auf Gott ausgerichtet, so dass Luther eine solche Ehe definieren kann als „... *divina*

---

lischen und römisch-katholischen Eheverständnis, in: ÖR 34/1985, 155-170; Grote, H., Sakramentalität der Ehe, in: Materialdienst des konfessionskundlichen Instituts Bensheim 39/1988, 26-29.

[22] Vgl. dazu Dieterich, H., Das protestantische Eherecht in Deutschland bis zur Mitte des 17. Jahrhunderts, München 1970, S. 41ff.

[23] Luther, Traubüchlein, WA 30 III, 75, 18; Predigten, WA 34 I, 59, 18; Sermon vom ehelichen Stand WA 2, 170, 35; Traubüchlein, WA 30 III, 75, 14.

[24] Luther, Weimarer Ausgabe 30, III, 75, 15.

[25] Luther, Vom ehelichen Leben, WA 10 II, 297.

[26] Vgl. Schöpsdau, W., Konfessionsverschiedene Ehe. Ein Handbuch, Göttingen 1987, S. 28.

et legitima coniunctio maris et foeminae spe prolis, vel saltem vitandae fornicationis et peccati causa ad gloriam Dei."[27] Insoweit kann von einem Pendant zur Sakramentalität der Ehe auch aus evangelischer Sicht die Rede sein.[28] Dombois führt dazu aus: „... Eben dies ist das Geheimnis der Ehe, das Gott mit, neben und unter einem höchst zufälligen und willkürlichen menschlichen Handeln bewirkt, daß zwei Menschen sich in einer ganz einzigartigen, unwiederholbaren Weise begegnen und einander zum exemplarischen Nächsten werden. Gerade die natürliche Ehe ist in Gottes Wort gefaßt und mit Gottes Wort verbunden. Man könnte sie, wenn man den belasteten Ausdruck nicht scheut, als ein Sakrament des Alten Bundes bezeichnen."[29]

Trotz allem scheint fraglich, ob dieses evangelische Eheverständnis dem Sakramentenverständnis der katholischen Kirche vollständig entspricht, denn es bleibt zweifellos ein Wesenszug der evangelischen Lehre, dass die Ehe als solche kein Sakrament ist, sondern allenfalls sakramentale Elemente enthält.[30] Lengsfeld führt zu diesem Problem aus: „... Während katholische Theologie die Ehe selbst als Sakrament ansieht, ist die Ehe nach evangelischem Verständnis eine irdische Lebensgemeinschaft von Personen, die auf Wort und Sakrament angewiesen sind. Der Katholik weiß sich (neben den anderen Sakramenten) auch durch die Ehe mit seinem Partner von Gottes Gnade getragen und geheiligt, während der evangelische Christ Gottes Gnade nicht durch, sondern

---

[27] Luther, Genesis-Vorlesungen, Weimarer Ausgabe 43, 310, 24.

[28] Vgl. Echternach, H., Gemeinsamkeiten und Unterschiede im evangelischen und römisch-katholischen Eheverständnis, in: ÖR 34/1985, 155-170; Grote, H., Sakramentalität der Ehe, in: Materialdienst des konfessionskundlichen Instituts Bensheim 39/1988, 26-29; Beykirch, U., Von der konfessionsverschiedenen zur konfessionsverbindenden Ehe, Würzburg 1987, S. 367ff.

[29] Dombois, H., Unscheidbarkeit und Ehescheidung in den Traditionen der Kirche, München 1976, 192f.

[30] Vgl. Voeltzel, R., Das eheliche Band im protestantischen Raum, in: Die Ehe - Band oder Bund? hrsg. v. R. Metz, J. Schlick, Aschaffenburg 1971, 101-141, 112f.

in der Ehe durch Wort und Sakrament (Taufe, Abendmahl) empfängt."[31] Damit stellt sich weiter die Frage, ob ein evangelischer Christ beim Eingehen einer Mischehe nicht die Sakramentalität der Ehe im katholischen Sinne ablehnt, so dass seine Ehe nach katholischem Kirchenrecht ungültig sein muß. Es ist also doch die entscheidende Frage, ob die Sakramentalität nach dem CIC von 1983 überhaupt ein Wesenselement der Ehe darstellt. Die CIC-Reformkommission war sich hinsichtlich der Wesenselemente keineswegs einig. Daher sah die Kommission ausdrücklich vor, dass die genaue Klärung dieser Frage Lehre und Rechtsprechung überlassen werden sollte.[32] Zunächst hatte die Kommission allerdings geplant, den Ausschluss der Sakramentalität in c. 1101 § 2 ausdrücklich als Nichtigkeitsgrund aufzuführen. Sie hat jedoch später auf diese Regelung verzichtet. Dies gerade, um zu verhindern, daß alle Mischehen mit evangelischen Ehepartnern ungültig sind.

Hier ist nun der Inhalt des c. 1055 § 1 heranzuziehen, der die Wesenselemente einer Ehe aufführt. In dieser Vorschrift heißt es: *„Matrimoniale foedus, quo vir et mulier inter se totius vitae consortium constituunt, indole sua naturali ad bonum coniugum atque ad prolis generationem et educationem ordinatum, a Christo Domino ad sacramenti dignitatem inter baptizatos evectum est."* Danach ist eine sakramentale Ehe durch drei Elemente ausgezeichnet: die Ehe wird als Gemeinschaft des ganzen Lebens (*totius vitae consortium*) aufgefasst; sie besteht unter Getauften (*inter baptizatos*) und sie ist auf das Wohl der Gatten sowie die Zeugung und die Erziehung von Kindern ausgerichtet. Man könnte daraus schließen, dass eine Ehe von der Rechtsfolge her sakramental ist, wenn diese drei Bedingungen erfüllt sind. Diese Sakramentalität kommt der Ehe aber nicht aus ihr selbst zu, sondern wird ihr von Christus als Gnade und Geschenk gegeben. Daraus folgt, dass die Sakramentalität kein Wesenselement sein kann, das ein Ehegatte annehmen oder

---

[31] Lengsfeld, P., Das Problem Mischehe, Münster 1970, S. 89.

[32] Vgl. MünstKomm, c. 1101 Rdn. 9.

ablehnen könnte. Dieses Merkmal einer christlichen Ehe entzieht sich der Disposition der Ehegatten. Wenn ein evangelischer Christ demnach beim Eingehen einer Mischehe die Sakramentalität der Ehe im katholischen Sinne verneint und ablehnt, so hat dies unter der genannten Perspektive keinen Einfluss auf die Gültigkeit seiner Ehe. Die entscheidende Bedeutung kommt vielmehr dem Konsens der Ehegatten zu (c. 1957 § 1).

Es ist also von grundsätzlicher Bedeutung für den Vertragscharakter einer Mischehe, ob und inwiefern das theologische Vorverständnis von Sinn und Bedeutung des Kirchenrechts zu einer unterschiedlichen Ausgestaltung des Mischehenrechts in den christlichen Kirchen führen muss. Hier ist zunächst festzustellen, dass die Kirchenrechtler beider Kirchen im Laufe der Jahrhunderte unterschiedlichste Argumentationsansätze zur theologischen Begründung des Rechts entwickelt haben.[33] Es können deshalb nur einige rechtstheologische Unterschiede angeführt werden, die für die rechtliche Einstufung des Problems der konfessionsverschiedenen Ehe und ihres Vertragscharakters direkt von Bedeutung sind.

Richtig ist, dass von fast allen katholischen Autoren Kirchenrecht auch als theologische Größe betrachtet wird.[34] Etwa weist Corecco auf die „... Existenz eines theologischen Statuts des kanonischen Rechts ..." hin; aufgrund dieses Statuts müsse die kanonistische Wissenschaft „... mit Strenge die theologische Methode anwenden und der juristischen nur die Rolle einer Hilfswissenschaft überlassen."[35] Ansätze, die demgegenüber eine

---

[33] Vgl. Corecco, E., Theologie des Kirchenrechts. Methodologische Ansätze, Trier 1980, S. 2ff.; Steinmüller, W., Evangelische Rechtstheologie, Graz 1968, S. 3ff.

[34] Vgl. etwa Heimerl, H.; Pree, H., Kirchenrecht. Allgemeine Normen und Eherecht, Wien 1983, S. 20ff.; May, G.; Egler, A., Einführung in die kirchenrechtliche Methode, Regensburg 1986, S. 17ff.; Mörsdorf, K., Lehrbuch des Kirchenrechts, München 1967, Bd. I, S. 38.

[35] Corecco, E., Theologie des Kirchenrechts. Methodologische Ansätze, Trier 1980, S. 98; vgl. dazu Müller, L., Ordo Ecclesiae. Theologische Grundlegung und Theologie des kanonischen Rechts nach Eugenio Corecco, in: AfkKR 163/1994, 96-120.

Enttheologisierung des Kirchenrechts forderten und Kanonistik als rein juristische Disziplin begriffen, sind vereinzelt geblieben und konnten sich nicht durchsetzen.[36] Die Annahme einer theologischen Dimension des Kirchenrechts wird mit der Behauptung einer besonderen Heiligkeit oder Übernatürlichkeit dieses Rechts verbunden. Bereits Papst Paul VI. hat immer wieder vom Kirchenrecht als *ius sacrum, prosus distinctum a iure civili* und vom *ius societatis visibilis quidem, sed supernaturalis* gesprochen.[37] In diesem Sinne beschreibt auch Corecco das kanonische Gesetz als *ordinatio fidei* und verweist zur Begründung darauf, dass dieses Gesetz „... nicht von irgendeinem menschlichen Gesetzgeber geschaffen ist, sondern von der Kirche."[38] Das Kirchenrecht ist unter dieser Perspektive als „... Recht im analogen Sinne ..." zu verstehen.[39] Dieser Charakter ergibt sich auf der Grundlage der Auffassung, das das Kirchenrecht von übernatürlicher Dimension sei, „... weswegen es lediglich als analoges Recht in Frage kommt."[40] Auch wenn das Kirchenrecht große Ähnlichkeiten mit dem weltlichen Recht hat, so ist es doch zugleich „... dem weltlichen Recht in dem selben Maße unähnlich ... , in welchem es die Gnade ist in bezug auf die Natur."[41] Entsprechend geht die Kanonistik davon aus, dass kirchlichen Normen ein größerer Rang als dem weltlichen Recht zukomme. So heißt es etwa in c. 22 CIC 1983, daß weltliche Gesetze innerkirchlich nur verbindlich sind, wenn das

---

[36] Vgl. Fürst, C. G., Vom Wesen des Kirchenrechts, in: SKZ 6/1977, S. 496-506.

[37] Ansprache an den 1. Internationalen Kanonistenkongreß vom 20. Januar 1970, AAS 62 (1970), 106-111, 107; Ansprache an die Richter der SRR vom 8. Februar 1973, AAS 85 (1973), S. 95-103.

[38] Corecco, E., Theologie des Kirchenrechts. Methodologische Ansätze, Trier 1980, S. 106.

[39] Vgl. Müller, L., Der Rechtscharakter der kirchlichen Rechtsordnung, in: AfkKR 159/1990, S. 3-18.

[40] Schwarz, R., Vom Geist des Kirchenrechts, in: ÖAKR 31/1980, S. 223-240.

[41] Schwarz, R., Vom Geist des Kirchenrechts, in: ÖAKR 31/1980, S. 223-240.

Recht der Kirche darauf verweist (*remittit*) und sofern nicht etwas anderes im kanonischen Recht vorgesehen ist (*nisi aliud iure canonico caveatur*).

Wenn also auch Einigkeit über den theologisch-sakralen Charakter des Kirchenrechts besteht, so muss dies doch nicht als Einigkeit über die Frage aufgefasst werden, wie sich dieser Charakter im einzelnen begründen läßt.[42] Teilweise wird versucht, das Kirchenrecht über Wortverkündigung und Sakramentenspendung theologisch zu verankern. Nach dieser Auffassung sind Wort und Sakrament die Elemente, die die Kirche konstituieren. Gleichzeitig kommt ihnen ein rechtliches Element zu, da sie von Christus gestiftet sind und von den kirchlichen Amtsträgern in der Vollmacht Christi vorgenommen werden. Andere Ansätze verweisen darauf, dass die Frage nach dem Wesen des Kirchenrechts eine „metakanonistische Frage" sei, die auf die Heils- und Gnadengerechtigkeit und damit auf einen spezifisch theologischen Gedanken verweist.[43] Unter wieder anderen Gesichtspunkten wird versucht, das Kirchenrecht aus der Menschwerdung Christi abzuleiten. So wie Christus Mensch geworden ist, so nimmt die Kirche menschliche und damit rechtliche Natur an.[44] Auch hier wird also das Kirchenrecht ontologisch-naturrechtlich begründet.

Bereits auf dem Konzil von Trient wurde als Glaube der Kirche bestimmt, dass alle Gesetze auf Christus als Gesetzgeber zurückzuführen sind.[45] Auf dieser Grundlage wird eine Hierarchie dreier unterschiedlicher Gesetzesformen aufgebaut.[46] Den Kern-

---

[42] Vgl. dazu Corecco, E., Theologie des Kirchenrechts, in: HbdKathKR, § 2, S. 12-32, 19ff.

[43] Söhngen, G., Grundfragen der Rechtstheologie, München 1962, S. 61ff.

[44] Stickler, A.M., Das Mysterium der Kirche im Kirchenrecht, in: Mysterium der Kirche, hrsg. v. F. Holböck, Th. Sartory, Salzburg 1962, Bd. 2, 570-647.

[45] Vgl. dazu Stein, A., Evangelisches Kirchenrecht, Darmstadt 1985, 12.

[46] Mörsdorf, K., Lehrbuch des Kirchenrechts auf Grund des Codex Iuris Canonici, München u.a. 1964, Bd. I, S. 4ff.

bereich des Kirchenrechts bilden die Normen göttlichen Offenbarungsrechts (*ius divinum positivum*), d.h. die biblisch grundgelegten und lehramtlich bezeugten Grundprinzipien der katholischen Kirche. Außerhalb dieses Bereichs findet sich das göttliche Naturrecht (*ius naturale* bzw. *ius divinum naturale*). Dieses Recht kann aus der Natur abgeleitet werden und ist jedem Menschen mittels seiner vom Glauben erleuchteten Vernunft erkennbar. Es dient der Konkretisierung der Gebote des göttlichen Offenbarungsrechts. Das göttliche Offenbarungs- und Naturrecht bindet nach dieser Auffassung jeden Menschen, auch wenn er nicht der katholischen Kirche oder einer anderen christlichen Religionsgemeinschaft angehört (vgl. c. 748 § 1 CIC 1983). Das göttliche Recht kann auch vom kirchlichen Gesetzgeber nicht abgeändert werden; ansonsten wären seine Gesetze als *corruptio legis* nichtig. Die rein kirchlichen Gesetze (*leges mere ecclesiastici* bzw. *ius humanum ecclesiasticum*) dagegen verpflichten nur die Kirchenangehörigen und sind jederzeit änderbar. Allerdings ist die Grenzziehung zwischen rein kirchlichen Gesetzen und göttlichem Recht schwer. Aymans führt dazu aus: „Auch die in dem Recht der Kirche festgelegte Ordnung beruht in ihrem wesentlichen Grundgefüge auf der Offenbarung und ist insoweit in gleicher Weise unabänderlich wie die Glaubenslehren der Kirche."[47] Das *ius divinum* spielt im CIC von 1983 eine bedeutende Rolle und taucht an zahlreichen Stellen des Gesetzbuches auf. So binden etwa weltliche Gesetze die Kirche nicht, sofern sie göttlichem Recht zuwiderlaufen (c. 22). Gleiches gilt für die Bindung an Gewohnheiten (c. 24 § 1), an Verträge (c. 1290) und für die Anerkennung staatlicher Urteile (c. 1692 § 2). Kraft göttlichen Rechtes beanspruchen die katholische Kirche und der Apostolische Stuhl den Rechtsstatus einer moralischen Person (*moralis personae*; c. 113 § 1). Auch die wesensmäßige Trennung von Klerikern und Laien beruht auf göttlichem Recht (cc. 207 § 1

---

[47] Mörsdorf, K., Lehrbuch des Kirchenrechts auf Grund des Codex Iuris Canonici, München u.a. 1964, Bd. I, S. 17.

und 1008), ebenso wie das Amt des Papstes und der Bischöfe (cc. 330 und 375 § 1). Zum *ius divinum* zählen ferner die sieben Sakramente (c. 840 und c. 841), insbesondere auch das Sakrament der Ehe (c. 1055 § 1) sowie einige Ehehindernisse (cc. 1075 § 1, 1163 § 2, 1165 § 2).

Durch diese Unterscheidung von göttlichem und weltlichem Recht ist ein weiteres Charakteristikum des katholischen Kirchenrechts gegeben. Das Kirchenrecht wird von oben über die kirchliche Hierarchie abgeleitet. Christus ist nach dieser Konzeption als oberster „Leiter seines Volkes"[48] und als oberster Gesetzgeber anzusehen. Diese Ordnungsfunktion hat Christus weitgehend der Kirche anvertraut, damit diese unter dem ständigen Beistand des Heiligen Geistes die geoffenbarte Wahrheit treu verkündigt (c. 747 § 1). Dabei bezeichnet der Begriff der Kirche die „um heiligen Dienst Erwählten", worunter das kirchliche Lehramt des Papstes und der Bischöfe zu verstehen ist. Aufgabe des Lehramtes ist es, die kirchlichen Lehren an alle Gläubigen und darüber hinaus an alle Menschen weiterzugeben. Diese Hierarchie wird von katholischen Kirchenrechtlern als „heilig" und „ontologisch" begriffen.[49] Zur Begründung wird meist auf den Apostel Paulus hingewiesen, der bereits im Epheser- und im Kolosserbrief das Bild von der Kirche als Leib Christi geprägt und die Kirche als eine hierarchisch strukturierte Gemeinschaft verstanden habe. Dieser Leib-Christi-Begriff wird dann argumentativ mit der Eucharistiefeier verknüpft, so dass die von Christus eingesetzte Eucharistiefeier als Urbild für die hierarchische Grundstruktur der kirchlichen Verfassung angenommen wird. An ihr sind zwar alle Gläubigen aktiv beteiligt; konstitutiv für den Vollzug dieser Feier ist

[48] Mörsdorf, K., Lehrbuch des Kirchenrechts auf Grund des Codex Iuris Canonici, München u.a. 1964, Bd. I, S. 13.

[49] Mörsdorf, K., Lehrbuch des Kirchenrechts auf Grund des Codex Iuris Canonici, München u.a. 1964, Bd. I, S. 12; Corecco, E., Theologie des Kirchenrechts. Methodologische Ansätze, Trier 1980, S. 9, 94f.

jedoch die Wirksamkeit des mit heiliger Vollmacht ausgestatteten geistlichen Dienstes, ohne die die Feier ungültig ist.[50]

Nach katholischem Verständnis kann und muss das Kirchenrecht deshalb alle Bereiche kirchlichen Lebens bis hin in die Privatsphäre regeln. Dies zeigt sich besonders bei der Gestaltung des Eherechts im neuen CIC von 1983. Der CIC regelt ausführlich jede Frage der Eheschließung, insbesondere im Hinblick auf die Ehehindernisse (cc. 1073-1094) und den Ehekonsens (cc. 1095-1107). Dieser so begründete umfassende Geltungsanspruch des katholischen Kirchenrechts zeigt sich vor allem an dem Rechtsinstitut des *'forum internum'*. So gelten die Regelungen des CIC von 1983 nicht nur für den äußeren Sozialbereich, sondern auch für den inneren Bereich des Gewissens. Etwa verweist c. 130 auf die kirchliche Leitungsgewalt auch *pro solo foro interno*. Kraft seiner Autorität kann ein Priester in der Beichte, ja sogar außerhalb der Beichte intern einen Dispens von geheimen Ehehindernissen erteilen (c. 1079 § 3 i.V.m. c. 1074). Es hat sich also die Erkenntnis durchgesetzt, dass das *forum internum* nicht einen reinen Gewissensbereich darstellt, der nur Gegenstand der Moral wäre; es wird vielmehr als ein rechtlicher Bereich aufgefasst, der Gegenstand der rechtlichen Leitungsgewalt ist, die dabei primär das Heil des einzelnen intendieren muß, und dies im Zusammenhang der Rechtsordnung und des Gemeinwohls. Letztlich könnte man auf diesen Gedanken die Probleme zurückführen, die auf katholischer Seite bei einer Ehe auftreten müssen, bei der aufgrund des Glaubens von einem der Partner davon ausgegangen werden kann, daß nicht alle Elemente des für den sakramentalen Bund bzw. Vertrag der Eheschließung notwendigen Konsenses gegeben sind.

---

[50] Vgl. Aymans, W., 'Volk Gottes' und 'Leib Christi' in der Communio-Struktur der Kirche, in: TThZ 81/1972, 321-334; Mörsdorf, K., Wort und Sakrament als Bauelemente der Kirchenverfassung, in: AfkKR 134/1965, S. 72-79.

10. Der Vertragscharakter der Ehe im kirchlichen Recht in historischer und systematischer Perspektive

10.1 Ehe als Konsens

Die Ehe kommt als ein Vertragssakrament nach herrschender Lehre zustande durch den rechtmäßig erklärten Ehekonsens der beiden ehefähigen Partner. Unter Ehekonsens versteht man die bekundete Übereinstimmung zweier Akte freien Willens, durch die sich die Eheschließenden in ihrem gegenseitigen Liebesangebot und ihrer gegenseitigen Liebesannahme auf die Wesensinhalte einer Ehe verpflichten. Der Ehekonsens kann Mängel im Erkennen wie im Wollen aufweisen, welche ihn nach geltendem Recht ungültig machen können (cc. 1081-1093).[1] Etwa kann es einem Menschen ganz oder teilweise an der notwendigen Erkenntnis eines Sachverhaltes fehlen, oder er kann sich irren, d.h. ein falsches aber mit persönlicher Überzeugung von der Richtigkeit festgehaltenes Urteil in einer Differenz zwischen eigener Vorstellung und objektivem Sachverhalt abgeben. Das kirchliche Eherecht hat mit Rücksicht auf diese Erkenntnissituationen des Menschen bestimmte Rechtswirkungen mit dem Nichtwissen und dem Irrtum im Unterschied zur arglistigen Täuschung verknüpft.[2]

Als Grundlage eines Ehekonsenses wird zunächst ein bestimmtes Maß an Wissen hinsichtlich des Vertragsgegenstandes verlangt. C. 1082 § 1 präzisiert dieses Mindestmaß so: „Die Eheschließenden dürfen sich wenigstens darüber nicht in Unkenntnis befinden, daß die Ehe eine dauerhafte Gemeinschaft von Mann und Frau zum Zwecke der Kinderzeugung ist". Die kirchliche Rechtsprechung

---

[1] Vgl. Lüdicke, K., Zur Systematik der Konsensmängel im CIC 1983, in: Neue Positionen des Kirchenrechts, hrsg. v. K. Lüdicke u.a., Graz 1994, S. 29-48.

[2] Vgl. zum folgenden Flatten, H., Irrtum und Täuschung bei der Eheschließung nach kanonischem Recht, Paderborn 1957, S. 24f. sowie Primetshofer, B., Die Fähigkeit zum Ehekonsens nach kanonischem Recht, in: Il Diritto Ecclesiastico 106/1995, S. 706-731.

arbeitete ergänzend dazu zwei weitere Kriterien für das Wissen um das Vertragsobjekt aus. Zum einen muss ein Bewusstsein davon bestehen, daß die eheliche Gemeinschaft nur zwischen Mann und Frau möglich und auf das Kind ausgerichtet ist; sie ist nicht frei auflösbar und bindet auf Dauer. Zum anderen ist Gegenstand des Ehevertrages das *ius in corpus*, dessen Ausübung jedoch einer spezifischen *cooperatio corporum* der Ehepartner bedarf. Ein darüber hinausgehendes spezielles Wissen über Sexualität ist nicht erforderlich. Das Fehlen dieses Mindestwissens wird bei Kindern vor Eintritt der Pubertät von Rechts wegen vermutet (c. 1082 § 2). Ein fehlender oder ungenügender Vernunftgebrauch zur Zeit der Eheschließung macht den Ehekonsens wegen Mangels im Erkennen nichtig. Die herrschende Lehre nimmt einen solchen Mangel an bei dauernd geistig Gestörten, nicht aber schon bei solchen Menschen, die längere lichte Augenblicke haben, in denen die Fähigkeit zu einer echten Konsensleistung besteht. Bei nur vorübergehend Geistes- bzw. Bewusstseinsgestörten kann eine zeitweilige Fähigkeit zur Konsensabgabe bestehen, die jedoch von Fall zu Fall nachzuweisen ist.

Das falsche Urteil im Irrtum kann sich als *error iuris* auf das Wesen und die Eigenschaften der Ehe selbst sowie als *error facti* auf die Person und die Eigenschaften der Eheschließenden beziehen. Der Irrtum ist immer dann wesentlich, wenn er das Wesen eines Rechtsgeschäftes betrifft oder einen Umstand, der durch eine Vertragspartei zur eigentlichen Bedingung gemacht wurde (*conditio sine qua non*). Im Einzelnen unterscheidet man den Rechtsirrtum als Irrtum über das in c. 1082 beschriebene Wesen der Ehe oder über den Ehekontrakt als solchen vom sogenannten einfachen Irrtum als unzutreffendes Verstandesurteil, das ohne eigentlichen Einfluss auf einen Willensakt bleibt und nicht die Einheit, die Unauflöslichkeit und die Sakramentalität der Ehe betrifft, so dass durch letzteren der Konsens nicht ungültig wird. Dies auch dann nicht, wenn dieser Irrtum das Motiv zur Eheschließung darstellen sollte (c. 1084). Das Vorliegen des einfachen Irrtums wird vermutet - die positive

Einschränkung des Ehewillens, welche einen echten Konsensmangel beinhalten würde, müsste dagegen bewiesen werden. Darüber hinaus kann ein Tatsachenirrtum vorliegen als Irrtum in der Person des Ehepartners (z.B. Verwechslung), der die Eheschließung ebenso ungültig macht (c. 1083 § 1) wie ein Irrtum hinsichtlich einer persönlichen und individualisierenden Eigenschaft des Partners, falls dieses Falschurteil auf einen Irrtum in der Person hinausläuft (c. 1083 § 2 n. 1). Die Ehe wird jedoch nicht durch einen sonstigen Eigenschaftsirrttum ungültig, selbst wenn dieser das Motiv der Eheschließung ist oder durch arglistige Täuschung hervorgerufen wurde (c. 1083 § 2). Ein Wissen um die Nichtigkeit oder die irrtümliche Annahme der Ungültigkeit der Ehe etwa wegen Vorliegens eines trennenden Ehehindernisses oder wegen Formmangels schließt den Ehekonsens nicht notwendig aus (c. 1085).

Die Eheschließung ist trotz der äußeren Kundgabe des inneren (aber mangelhaften) Konsenses ungültig, wenn der innere Ehewille ganz fehlt oder wenn wesentliche Inhalte der Ehe ausgeschlossen werden.[3] Allerdings ist die Übereinstimmung des inneren Willens mit der äußeren Erklärung als die Regel anzusehen. Daher wird immer angenommen, dass die innere Willenshaltung mit der nach außen durch Worte oder Zeichen bekundeten übereinstimmt (c. 1086 § 1). Das Gegenteil muss bewiesen werden und das ist in vielen Fällen praktisch unmöglich. Der Konsensmangel kann in der Form der Simulation (c. 1086 § 2) oder in Form einer Bedingung (c. 1092) auftreten, bzw. er kann verursacht sein durch Zwang und Furcht (c. 1087).[4] Das kirchliche Eherecht hat dementsprechend verschiedene Rechtsfolgen festgelegt.

Die Simulation stellt einen inneren Vorbehalt gegen die Ehe selbst (Totalsimulation) oder gegen das eine oder andere Wesensgut

---

[3] Vgl. Oehmen-Vieregge, R., Die Mindestintention zum Empfang des Ehesakramentes und das Recht auf Ehe, in: Iustitia in caritate, hrsg. v. R. Puza, A. Weiß, Frankfurt/Main u.a. 1997, S. 265-281.

[4] Vgl. Mosiek, U., Kirchliches Eherecht unter Berücksichtigung der nachkonziliaren Rechtslage, Freiburg i.Br. 1971, S. 209ff.

der Ehe (Partialsimulation) dar. Der Ausschluss der Ehe selbst bzw. eines ihrer Güter kann in die Form eines einfachen positiven Willensaktes, einer Futurbedingung gegen das Wesen der Ehe (c. 1092 n. 2) oder einer förmlichen Absprache gekleidet sein und macht die Eheschließung wegen eines Konsensmangels nichtig. Im Einzelnen gilt nach herrschender Lehre: Inhalt des Ehevertrages ist das *ius in corpus perpetuum et exclusivum*. Wird das volle Recht auf den ehelichen Verkehr durch Vorbehalt des Rechtes auf Nichtgebrauch oder Missbrauch für immer oder nur für bestimmte Zeit ausgeschlossen, so ist die Ehe nicht zustande gekommen.[5] Falls der eine oder auch beide Partner sich nicht auf alle Hauptinhalte der Ehe verpflichten wollen (Nichtverpflichtungswille), ist die Ehe nichtig. Umstritten bleibt jedoch die Abgrenzung eines sogenannten Nichterfüllungswillens vom Nichtverpflichtungswillen, der darin bestehen soll, dass zwar die Verpflichtungen bejaht werden, jedoch der Wille fehlt, sie auch einzuhalten.[6] Ein derartiger Mangel im Erfüllungswillen soll die Eheschließung noch nicht ungültig machen. Bei zeitweiligem Ausschluss der Zeugung von Nachkommenschaft (etwa wegen Begrenzung der Kinderzahl für die ersten Ehejahre) besteht eine Vermutung für den Nichterfüllungswillen. Die Unterscheidung zwischen Verpflichtung und Erfüllung könnte auch bei der Beurteilung der Partialsimulation in Form einer *exclusio boni fidei* Anwendung finden, nicht aber bei der *exclusio boni sacramenti*. Im letzteren Fall ist zu beachten, daß nur ein positiver Willensentschluss einen Konsensmangel darstellt, nicht aber der bloße Irrtum oder irrige Auffassungen von der Unauflöslichkeit der Ehe.

Da von der Natur des Konsensualvertrages her das Ehesakrament nur auf einer wirklich freien Willensübereinkunft beider ehefähiger Partner beruhen kann, ist eine Ehe nichtig, die aufgrund von Zwang oder wegen schwerer, von außen her und ungerecht einge-

---

[5] Vgl. Hanstein, H., Kanonisches Eherecht, Paderborn 1965, S. 150.

[6] Vgl. Mosiek, U., Kirchliches Eherecht unter Berücksichtigung der nachkonziliaren Rechtslage, Freiburg i. Br. 1971, S. 211; Hanstein, H., Kanonisches Eherecht, Paderborn 1965, S. 160.

flößter Furcht eingegangen wurde, falls jemand, um sich von einer solchen Furcht zu befreien, genötigt war, die Ehe zu wählen (c. 1087 § 1). Da nach c. 1087 § 2 keine andere Art von Furcht, auch wenn sie das bestimmende Motiv für die Eheschließung ist, die Nichtigkeit der Ehe bewirken kann, müssen die vom kirchlichen Gesetzgeber festgelegten Kriterien für Furcht im eherechtlichen Sinn beachtet werden: Sie muss schwer sein, von außen (also nicht durch bloßen Gewissenszwang oder pure Einbildung) und ungerecht eingeflößt werden, d.h. das angedrohte Übel muss ein Unrecht darstellen oder auf ungerechte Weise angedroht werden. Daneben muss sie so beschaffen sein, dass der Bedrohte sich nur durch Eingehung der Ehe von ihr befreien kann. Der sogenannte *metus reverentialis*, also eine Furcht, die bei Personen vorkommen kann, die zu anderen in einem Abhängigkeitsverhältnis stehen (Kinder-Eltern), wird nicht schon als solcher unter diese Kriterien subsumiert, sondern muss als schwere Furcht eigens nachgewiesen werden. Zu beachten ist auch, dass selbst eine Furcht, die nach c. 1087 § 2 keine irritierende Wirkung hat, den Grund für einen simulierten Konsens abgeben kann, so daß die Gültigkeit der eingegangenen Ehe wegen Simulation angefochten werden könnte. Dagegen schließen sich Totalsimulation und Furcht gegenseitig aus und können nur alternativ als Nichtigkeitsgründe geltend gemacht werden.[7]

Im Unterschied zum ostkirchlichen und zum deutschen bürgerlichen Recht kennt das Eherecht der katholischen Kirche die Möglichkeit einer bedingten Eheschließung. Unter einer Bedingung im weiteren Sinn versteht man einen ungewissen Umstand, der in der Vergangenheit, Gegenwart oder Zukunft liegt und von dessen Vorliegen oder Nichtvorliegen der Handelnde die Gültigkeit seines Rechtsgeschäftes abhängig macht. Während der CIC von 1983 manche Rechtsgeschäfte als bedingungsfeindlich einstuft, hat er in c. 1092 besondere Anweisungen für die bedingte Ehe getroffen. Eine einmal

---

[7] Vgl. dazu Flatten, H., Die Koppelung der Klagegründe metus und simulatio im Ehenichtigkeitsurteil, in: ÖAKR 10/1959, S. 235ff.

beigefügte und nicht widerrufene Bedingung hat die folgenden Rechtswirkungen.

Wenn sie einen in der Zukunft liegenden Umstand betrifft und dieser notwendig eintritt oder unmöglich oder unsittlich ist, jedoch nicht gegen das Wesen der Ehe verstößt, gilt diese Bedingung als nicht beigefügt. Bezieht sich die Bedingung auf einen in der Zukunft liegenden und gegen das Wesen der Ehe gerichteten, also etwa das *ius in corpus* ausschließenden Umstand, so macht sie die Ehe ungültig. Ist die Bedingung erlaubt und bezieht sie sich auf die Zukunft, so bleibt die Gültigkeit der Ehe bis zu ihrer Erfüllung oder Nichterfüllung in der Schwebe. Eine Bedingung, welche einen in der Vergangenheit oder Gegenwart liegenden Umstand betrifft, macht die Ehe sofort gültig oder ungültig, je nachdem der verlangte Umstand der Vergangenheit oder Gegenwart vorliegt oder nicht. Solange die Eheschließenden jedoch keine sichere Kenntnis von der Gültigkeit ihrer Ehe haben, dürfen sie von den ehelichen Rechten keinen Gebrauch machen. Die sog. Potestativbedingungen, welche die Wirksamkeit des Ehevertrages von einem zukünftigen freiwilligen Tun oder Unterlassen abhängig machen, werden von der Rechtsprechung als *conditio de praesenti* angesehen.[8]

Der Konsens des einen Partners muss noch fortdauern, wenn die Willenserklärung des anderen hinzukommt.[9] Der einmal geleistete Konsens dauert solange an, als er nicht ausdrücklich oder stillschweigend zurückgezogen wird. Auch wenn die Ehe wegen eines trennenden Ehehindernisses ungültig ist, wird die Fortdauer des gegebenen Ehewillens vermutet, bis dessen Zurücknahme feststeht (c. 1093). Der innere Ehekonsens muss nach außen hin kundgegeben werden. Der CIC von 1983 verlangt für diese Kundgabe in c. 1088 § 2 die entsprechenden Worte; gleichbedeutende Zeichen sind nur bei Stummen zulässig. Für die gültige Eheschließung ist ferner die Anwesenheit der Eheschließenden, sei es in eigener Person oder

---

[8] Vgl. Mosiek, U., Kirchliches Eherecht unter Berücksichtigung der nachkonziliaren Rechtslage, Freiburg i. Br. 1971, S. 227f.

durch Stellvertreter, vorgeschrieben (c. 1088 § 1). Soll die Eheschließung durch einen Stellvertreter vorgenommen werden, so sind die Rechtsförmlichkeiten der cc. 1089 und 1091 zu beachten. Die z. T. vom staatlichen Recht ermöglichten sogenannten Ferntrauungen werden in der Regel vom kirchlichen Recht wegen Verstoßes gegen die Vorschriften der cc. 1088 § 1 und 1089 als nichtig angesehen. Die beiden ehefähigen Partner müssen ihren Konsens also in der vorgeschriebenen rechtmäßigen Form erklären. C. 1094 erläutert diese Verpflichtung näher. Unter Beibehaltung der Ausnahmen der cc. 1098 und 1099 sind nur jene Ehen gültig, die vor dem Pfarrer oder dem Ordinarius des Trauungsortes oder einem delegierten Priester und wenigstens zwei Zeugen geschlossen wurden.

10.2 Ehe als Vertragssakrament

Gedankengänge über eine Theologie der Ehe sind seit langem hauptsächlich in den Disziplinen der Moraltheologie und des Kirchenrechtes und weniger in der Exegese und der Dogmatik ausgearbeitet worden. Dies hatte zur Folge, dass zugunsten der Lehre vom Ehevertrag und den Ehezwecken die Wesensfragen nach Natur und Charakter einer ehelichen Gemeinschaft unter Christen weniger berücksichtigt wurden. Darauf ist unter mehreren Aspekten hinzuweisen. Es kann dabei davon ausgegangen werden, dass eine ausschließlich kanonistisch geprägte Begrifflichkeit der Wirklichkeit und dem Wesen der Ehe nicht gerecht werden kann. Etwa könnte eine durch lehramtliche Äußerungen wie etwa das kirchliche Gesetzbuch (cc. 1012 f., 1081 § 2) abgesicherte Definition von Ehe lauten: „Die Ehe ist eine von Gott eingesetzte Natureinrichtung, die von Christus zum Sakrament erhoben wurde; sie ist diejenige in Vertragsform ausgestaltete Verbindung zweier geschlechtsverschiedener

[9] Vgl. Hanstein, H., Kanonisches Eherecht, Paderborn 1965, S. 143.

ehefähiger Personen, durch welche sich diese freigewollt zu einer kraft eines unauflöslichen Ehebandes unteilbaren Lebens- und Liebesgemeinschaft mit dem Zweck der Zeugung und Erziehung von Nachkommenschaft zusammenschließen und dadurch sakramentale Gnade für die Erfüllung ihrer Standespflichten erlangen"[10]. Eine solche Definition wirkt heute jedoch in der Verknüpfung von Glaubens- und Rechtsaussagen sprachlich verschlossen und dogmatisch und darüber hinaus rechtlich verkürzt. Schwierigkeiten bereitet insbesondere der Begriff vom Ehesakrament.[11] Sakramentalität der Ehe soll grundsätzlich und in einem theologisch umfassenden Sinn besagen, dass die in der Ehe als einem Knotenpunkt menschlicher Existenz gefasste Schöpfungsordnung, eben das Zu- und Miteinander von Mann und Frau, nicht neutral und gleichsam weltlich neben das Bundesgeheimnis Jesu Christi gestellt werden kann, sondern selbst so in die Bundesordnung des Gottesvolkes übergeführt ist, dass sich in ihr die Einheit von Schöpfung und Bund konkretisiert.[12] Hilberath fasst dies so zusammen: „... Die Ehe ist Sakrament, weil sie erstens eine Verpflichtung zu lebenslanger Treue enthält, weil sie zweitens Abbild der Verbindung zwischen Christus und der Kirche ist bzw. sein kann und weil sie drittens als Urform menschlicher Beziehungen eine besondere Weise ist, in welcher den Menschen Gnade und Heil zuteil werden kann."[13]

Wenn aber erst der Bund das eigentlich Schöpfungsgemäße ermöglicht, indem er das Natürliche aus der immer nahen geschichtlichen Verfremdung heraus- und in die exemplarische, irreversible

---

[10] Vgl. dazu Ratzinger, J., Zur Theologie der Ehe, in: Theologie der Ehe, hrsg. v. H. Greeven u.a., Regensburg u. Göttingen 1969, 82; O'Callaghan, D., Die Sakramentalität der Ehe, in: Concilium 6/1970, S. 349.

[11] Kasper, W., Die Verwirklichung der Kirche in Ehe und Familie, in: Die neue Gemeinde. Festschrift für Th. Filthaut, hrsg. v. A. Exeler, Mainz 1967, S. 115.

[12] Vgl. dazu Ratzinger, J., Zur Theologie der Ehe, in: Theologie der Ehe, hrsg. v. H. Greeven u.a., Regensburg u. Göttingen 1969, S. 91f.

[13] Hilberath, B.J., Sakramentalität und Unauflöslichkeit der Ehe aus dogmatischer Sicht, in: ThQ 175/1995, S. 124-135, 131.

Bundesgeschichte hineinführt, so lassen sich aus dem Keim der sakramentalen Vorstellung, dem Ineinander von Bund und Schöpfung, einige Komponenten genauer fassen. Die Bundestreue Gottes wird demnach in der Ehe aus dem Glauben heraus in Gnade als Bündnistreue der menschlichen Partner dargestellt und besiegelt. Die Nachkommenschaft kann als Bundessegen begriffen werden. Die Bundessatzung stellt sich unter dieser Perspektive als soziale Form des Miteinanderlebens dar. Hier muss dann auch die Grundlage der Ehemoral und des Eherechts gesehen werden. Wenn also die Ehepartner in dieser Weise als Partner des Bundesgottes verstanden werden und sich selbst so verstehen sollen, weil dieser sie als Personen in der Verschiedenheit der Geschlechter geschaffen und in seinen Bund gerufen hat, so erklären sich die ´Standespflichten´ aus dieser Berufung.[14]

Die Ehezwecke und die Ehegüter sind demnach keine zum Bund hinzutretenden oder gar ihn entschuldigenden Komponenten der Ehe, sondern sie stellen diese selbst dar. Die sakramentale ´Standesgnade´ stammt aus der Bundestreue Gottes und der Gatten und hilft erst dadurch im christlichen Sinne Schuld und Kreuz zu tragen.[15] Auch die Sexualität gehört damit in das Personsein vor dem Schöpfergott. Sittlichkeit im geschlechtlichen Bereich lässt sich dann nicht mehr aus einer oft nur zeitbedingten Natürlichkeit ableiten, sondern entfaltet sich aus dem Humanen im christlichen Sinne selbst, d.h. aus einer Personalisierung, die ohne soziale Bezüge unvollkommen und damit unmenschlich bleiben muss. Die eheliche Partnerschaft zweier Menschen ist auf Individualität ebenso wie auf Öffentlichkeit hin bezogen, wie es der Ausdruck Bundessatzung bereits andeutet. Das Ehekonstitutivum ist also das vor dem Wir

---

[14] Vgl. dazu insbesondere Ratzinger, J., Zur Theologie der Ehe, in: Theologie der Ehe, hrsg. v. H. Greeven u.a., Regensburg u. Göttingen 1969, S. 97ff.

[15] Auch Johannes Paul II. verwendet deshalb den Begriff der Heiligkeit der Ehe; vgl. etwa Ansprache an die Mitglieder der Rota Romana vom 29. Januar 1993, in: AfkKR 163/1993, S. 149.

verantwortete Ja von Ich und Du, das von der Bundesgemeinschaft aufgenommen und in ihr beheimatet ist. Dies könnte als Eherecht im weiteren Sinn verstanden werden.

Es dürfen jedoch auch nicht die Schwierigkeiten außer Acht gelassen werden, die sich aus der Lehre vom Vertragssakrament der Ehe ergeben, in der eine sachliche Identität von Ehevertrag und Ehesakrament ausgesagt wird. Diese Theorie stellt zwar keine definitorische Aussage dar, ist in ihren juristischen Konsequenzen jedoch bedeutsam. Sie benutzt das rechtliche Hilfsmodell Vertrag zur Deutung eines sakramentalen Geschehens und gerät von daher nicht selten in die Gefahr, nur rechtlich adäquat fassbare Komponenten als Faktoren des Sakraments aufzufassen. Bei einer mehr theologisch orientierten Auffassung des Ehesakramentes stellen sich zunehmend Bedenken ein, das bisherige Vertragsmodell als exklusive Form einer ständigen Aufnahme der Ehepartner in die Bundesgemeinschaft anzuerkennen. Wenn auch eine schlüssige Alternative dazu aussteht, so kann doch gesagt werden, dass eine Bundessatzung mehr ist als ein Vertrag, weil sie diesen übersteigt und korrigiert. Die Institution Ehe muss somit unter der Perspektive der Personalität befragt werden, also in Bezug auf die Personen, die darin zu Partnern werden, indem sie sich auf eine sie übergreifende Bundestreue verpflichten. Die Lehre von der Ehe muss demnach an der Stelle der alleinigen Gültigkeit des Rechtsmodelles die Personen in den Mittelpunkt stellen, die sich im Glaubenssinn vielleicht als weniger oder auch als mehr ehefähig herausstellen könnten als sie es nach geltenden Rechtskategorien sind. Die Verpflichtung auf den Vertrag kann nichtsdestoweniger als ein bestimmter, wenn auch nicht ausschließlicher Dienst an eben diesen Partnern gelten.

Wenn demnach das Ehesakrament wegen seiner Überhöhung als Teil der Bundesordnung Gottes für die Menschen ein *ius sui generis* darstellt, vor welchem jedes bloß juristische Modell zu kurz greifen muss, so werden einige Grundzüge der Vertragslehre problematisch. Es kann etwa gefragt werden, ob manche der heutigen Ehehindernisse, den Ehevertrag auch ohne Wissen und Wollen der

Partner nichtig machen, auch in jedem Fall eine Eheunfähigkeit im Glaubenssinn mit sich bringen müssen, die eine Aufnahme in die eheliche Bundesordnung absolut unmöglich macht, oder ob sie nicht vielleicht eher als Richtlinien aufgefasst werden sollten, welche von der Bundesgemeinschaft der Kirche für diejenigen erlassen wurden, die ihre Ehe als Bund im Vollsinn zu gestalten wünschen. In diesem Fall könnte auf den exkommunikativen Charakter solcher Richtlinien verzichtet werden. Generell könnte alles, was nicht explizit einer Gemeinschaft von Christen zuzugehören braucht, mehr und mehr der staatlichen Regelung überlassen werden. Darüber hinaus müsste die Ehefähigkeit möglicherweise nicht punktuell auf den Eheabschluss begrenzt werden, sondern könnte sich auch auf das langsame Wachsen der partnerschaftlichen Bindung vor und nach der Eheschließung erstrecken.

Die Fixierung auf den Zeitpunkt der Eheschließung kommt zwar dem juristischen Denken mit der Betonung einer prozessualen Überprüfbarkeit entgegen, wird aber dem Lebensvorgang der Ehe und den Partnern, deren Fähigkeit eine Ehe aufrechtzuerhalten ebenso hoch eingeschätzt werden muss wie die, eine solche einzugehen, nur wenig gerecht. Der Ehekonsens, der doch zumindest auch eine solche Fähigkeit bekunden soll, umschließt demnach mehr als das juristisch abwägbare *ius in corpus*. Er muss sich vor allem auf das beziehen, was die Ehe im Hinblick auf die in ihr auf sakramentale Weise geweihte Liebe zwischen zwei Menschen ausmacht, also auf die wechselseitig geschuldete Fürsorge, Ehrfurcht, Treue, Verantwortlichkeit und auf dieser Grundlage auf die Bereitschaft zu leiblicher Einheit.[16] Diese Liebe kann nicht zu den sekundären Ehezwekken gezählt werden und sie ist nicht nur ein Zweck der Ehe, sondern muß als diese wesentlich ausmachend angesehen werden. Ein derart komplexes Phänomen, wie es die menschliche Liebesbeziehung des *amor coniugalis* darstellt, kann nicht allein dem Recht überlassen

---

[16] Vgl. Catoir, J. T., Was ist ein Ehekontrakt?, in: Wie unauflöslich ist die Ehe? hrsg. v. J. David, F. Schmalz, Aschaffenburg 1969, S. 50.

bleiben. Deshalb muss die Frage gestellt werden können, ob nicht eine eheliche Liebesbindung vor Gott trotz juristischer Unstimmigkeiten im Vertrag bestehen könne und ob andererseits trotz rechtlich einwandfreier Ehekonsensabgabe eine wirkliche sakramentale Bindung auch nicht zustandekommen könnte.

Wenn demnach beim Ehesakrament das *signum efficax* nicht in einem rituellen Vorgang gesehen werden kann, sondern im Phänomen der personal getragenen, gegenseitigen Hingabe der Partner, das in spirituellem Sinn die Hingabe Christi an die Kirche bezeichnet,[17] so ergibt sich daraus auch, dass die zu einem Sakrament gehörende Präsenz der Kirche vor allem in den Personen der ehelichen Bundespartner gesehen werden muß.[18] Die besondere liturgische Feier stellt dann ein explizites Zeichen des Bekenntnisses dar, das den Bundesglauben manifestiert, in dem die Partner sakramental und die weltliche Dimension übersteigend geborgen sind. Damit wäre sie allerdings nicht mehr als solche konstitutiv für das Sakrament. Die Kirche könnte also im Glauben an die in der Taufe der Partner begründete und weiterwirkende Präsenz des Bundesgottes auf die besondere Eheschließungsform, wie sie mit dem Konzil von Trient verbindlich geworden ist, verzichten, ohne dadurch das Ehesakrament als solches zu profanieren.[19]

Nach der traditionellen Auffassung wurde die Ehe als Teil einer unbedingten Ordnung aufgefasst, welche auf göttlicher wie menschlicher Gesetzgebung basierte; die neuere Sicht der Ehe dagegen bemüht sich, sie als Evangelium, d.h. als göttliche Gabe eines geschichtlichen Lebensvollzuges zu begreifen, in dem der Mensch nach Gottes Willen zu sich in seiner vollen Menschlichkeit kommt.[20] Unter

---

[17] Vgl. Böckle, F., Pastoraltheologie der Ehe, in: Handbuch der Pastoraltheologie, Bd. IV, Freiburg u.a. 1969, S. 17-44, 40.

[18] Vgl. dazu Puza, R., Der Abschluß des Ehebundes "Spenden" oder „proklamieren" des Ehesakramentes, in: ThQ 173/1993, S. 81-98.

[19] Vgl. Neumann, J., Vom „Gesetz" zur Ordnung in der Freiheit des Glaubens, in: Abschied von Trient. Theologie am Ende des kirchlichen Mittelalters, hrsg. v. J. Bielmeier, Regensburg 1969, S. 49f.

[20] Vgl. Baltensweiler, H., Zur aktuellen Entwicklung der Ehetheologie in

diesem Aspekt müssen auch alle Überlegungen zur Unauflöslichkeit der Ehe verstanden werden, welche in der Diskussion angeboten werden. Die Begründungen für eine absolute Unauflöslichkeit der vollzogenen sakramentalen Ehe, welche die Dogmatik und die Kanonistik vorlegen, müssen sich demnach daran messen lassen, ob sie tatsächlich aus den Quellen der Schrift und der Tradition bzw. aus der Natur der Sache heraus eine solche Unauflöslichkeit schlüssig erweisen können. Dazu müssen sie darlegen können, welche Vollmachten die Kirche in dieser Angelegenheit hat und weshalb sie gerade die hat oder haben kann, welche sie nach geltendem Recht ausübt. Dabei wird es nicht genügen, Gottes Handeln nach Art eines menschlichen Gesetzgebers zu verstehen und in die entsprechenden Kategorien zu bringen. Es wird vielmehr zur Aufgabe, den Gläubigen mit guten Gründen zu verdeutlichen, warum die Forderung nach Unauflöslichkeit überhaupt erhoben wird und inwiefern sie gerade in die rechtliche Form eines unkündbaren Vertrages gekleidet sein muss.

Besonders deutlich wird diese Problemlage mit der Frage nach dem Ehevollzug, der die Unauflösbarkeit der Ehe ja schon deswegen nur schwer begründen kann, weil er nach herrschender Lehre und im Unterschied zum Ehekonsens nicht wesentlich zur Ehe gehört.[21] Dazu muss insbesondere geklärt werden, ob der Fortbestand des sogenannten Ehebandes, von dem die Ehetheorie derzeit spricht, bei einer unheilbar zerrütteten Ehe mehr sein kann als eine Hilfsvorstellung, ob es also noch als eine rechtliche Realität verstanden werden kann, die durch die gesellschaftliche Institution aus Gründen des Gemeinnutzens zu schützen ist, obwohl diesem Band in der konkreten Beziehung der Partner, deren Konsens ja zurückgenommen sein dürfte, nichts Reales mehr entspricht.[22] Es handelt sich also um

---

den Kirchen der Reformation, in: Concilium 6/1970, S. 369.

[21] Vgl. dazu Molinski, W., Artikel „Ehe", in: SM Bd. I, Sp. 977; Gall, R., Fragwürdige Unauflöslichkeit der Ehe? Würzburg 1970, S. 172.

[22] Vgl. Gerhartz, J. G., Unauflöslichkeit der Ehe und kirchliche Ehescheidung in heutiger Problematik, in: Die Ehe - Band oder Bund? hrsg. v. R.

die Frage, ob einleuchtende Gründe für das Weiterdauern eines Ehebandes im Falle einer praktisch aufgegebenen Ehebindung angegeben werden können, und dies wird vor allem hinsichtlich der Verbindung von Individual- und Sozialinteressen aufgeklärt werden müssen.[23]

Man könnte diese Problematik auch als die Frage nach dem Zusammenhang einer inneren mit einer äußeren Unauflöslichkeit bezeichnen. Auf der Grundlage des Glaubens ist darauf zu verweisen, daß die Ehe bei der Unmöglichkeit einer rein naturrechtlichen Ableitung ihrer Unauflöslichkeit und bei allen Schwierigkeiten der rechtlichen Konstruktion eines Ehebandes doch als Konkretisierung der göttlichen Bundestreue in Form der menschlichen Treue zum Partner die Endgültigkeit des göttlichen Ja in der von der Gnade getragenen Unwiderrufbarkeit des Ja der beiden Menschen zum Ausdruck bringe. Eine solche Glaubensüberzeugung kann sich dann auch in bestimmten Formen eines Glaubensrechtes manifestieren. Das Recht der Bundesgemeinschaft muss sich dann aber als Bundessatzung verstehen, die im Grunde ohne einen genuin evangelischen Charakter, also ohne Beziehung auf den gnädigen Bundesgott der Schrift, als solche undurchführbar ist und zum bloß menschlichen Gesetz werden muss. Die Bundestreue der Menschen wird also erst vom Glauben an einen sie immer tragenden Gott her einsichtig und praktikabel. Zu diesem Glauben gehört auch, dass dieser Gott selbst eine Grenze seiner Gerechtigkeit kennt in der Liebe zum Schuldiggewordenen.[24] Wenn die kirchliche Lehre und Praxis nur die Unauflöslichkeit als Manifestation der Bundestreue

---

Metz, J. Schlick, Aschaffenburg 1969, S. 169.

[23] Dieses Problem wird näher diskutiert bei Puza, R., Die gescheiterte Ehe. Eine Anfrage an die kanonistische Lehre und Praxis, in: ThQ 175/1995, S. 97-108.

[24] Vgl. dazu Müller, H., Barmherzigkeit in der Rechtsordnung der Kirche? in: AfkKR 159/1990, S. 355-367.

verkündigen, so erfüllen sie ihren Auftrag nicht voll, soweit sie diese Komponente göttlichen Wollens übergehen.[25]

10.3 Das Ehesakrament als Bund und Vertrag

Wenn die Ehe als ein Konsensualvertrag aufgefasst wird (c. 1057 § 1CIC 1983), so soll dies zum Ausdruck bringen, daß sie nur durch den inneren Ehewillen der Partner zustandekommen kann. Sie setzt also die Willensübereinstimmung zweier Personen in Bezug auf die wesentlichen Inhalte dieses bestimmten Rechtsgeschäftes voraus. Die Bestimmtheit dieses Rechtsgeschäftes aber ist kirchenrechtlich vorgegeben. Der Willensakt muss demnach inhaltlich auf das gerichtet sein, was die Ehe nach der Lehrmeinung der katholischen Kirche ist. Grundlage der Eheschließung ist demzufolge der *actus voluntatis, „... quo vir et mulier foedere irrevocabili sese mutuo tradunt et accipiunt ad constituendum matrimonium"* (vgl. c. 1057 § 2 CIC 1983). Damit ist nach dem neuen CIC von 1983 im Grunde eine völlig andere Bestimmtheit des ehekonstituierenden Willensaktes gefordert als dies im CIC von 1917 der Fall war. Dort war dieser Willensakt bestimmt als *actus voluntatis, „... quo utraque pars tradit et acceptat ius in corpus, perpetuum et exclusivum, in ordine ad actum per se aptum ad prolis generationem"* (vgl. c. 1081 § 2 CIC 1917). Wenn der Willensakt, durch den allein der Konsensualvertrag Ehe zustandekommt, aber nunmehr ganz anders bestimmt ist, so lässt sich daraus ableiten, daß nunmehr auch der Charakter des kanonischen Rechtsinstitutes Ehe anders aufgefasst werden muss.

Das Verhältnis der Begriffe „Bund" und „Vertrag" zur Kennzeichnung der ehelichen Verbindung darf demnach so verstanden werden, dass der Bundesbegriff im neuen CIC von 1983 den Inhalt des Ehewillens bestimmt, der allein für das Zustandekommen des

---

[25] Vgl. Ratzinger, J., Zur Theologie der Ehe, in: Theologie der Ehe, hrsg. v. H. Greeven u.a., Regensburg u. Göttingen 1969, S. 111ff.

Konsensualvertrages der Ehe maßgeblich ist. Eine Eheschließung, bei der mindestens einer der Partner nicht den Willen besitzt, der in dem Willensakt zum Ausdruck kommt, „... *quo vir et mulier foedere irrevocabili sese mutuo tradunt et accipiunt ad constituendum matrimonium.*", würde demzufolge nicht auf dem Konsens beruhen, der kirchenrechtlich für das Zustandekommen einer gültigen Ehe erforderlich ist. Wenn der Wille zum Eingehen einer Ehe gemäß dem Bundesgedanken nicht vorhanden ist, so wäre möglicherweise daraus auf die Nichtigkeit der Eheschließung mangels hinreichender Bestimmtheit des Ehekonsenses zu schließen. Es scheint deshalb fraglich, ob die beiden Begriffe „Bund" und „Vertrag" nur als Beschreibung von zwei Dimensionen der Ehe aufgefasst werden können.[26] Nach einer solchen Auffassung würde der Begriff des Ehebundes mehr die personale und religiöse Wirklichkeit der Ehe betonen, wobei unter personaler Dimension das Sich-gegenseitig-übereignen und unter religiöser Dimension der Bund als Zeichen für die Liebe Gottes zu verstehen ist. Der Begriff des Ehevertrages dagegen würde mehr die freie Willensentscheidung der Partner als rechtliche Dimension zum Ausdruck bringen.[27] Es scheint auch fraglich, ob der Vertragscharakter der Ehe als Teilaspekt des Bundescharakters aufzufassen ist und der Ehebund als Bund auch Vertrag ist, wodurch auch ein Rechtsverhältnis zwischen den Partnern entsteht, aus dem gegenseitige Verpflichtungen und Rechte entstehen.[28] Ähnlich problematisch erscheint vor dem Hintergrund der inhaltlichen Bestimmung des Ehewillens, wie sie der CIC von 1983 für das Zustandekommen des Ehekonsenses fordert, eine

---

[26] Vgl. dazu Ahlers, R., Bund oder Vertrag? Zur Diskussion um den Ehebegriff, in: Iustitia in caritate, hrsg. v. R. Puza, A. Weiß, Frankfurt/Main u.a. 1997, S. 193-207.

[27] Vgl. Krämer, P., Kirchenrecht I, Stuttgart 1992, S. 102.

[28] Vgl. Zapp, H., Kanonisches Eherecht, 7. Auflage, Freiburg 1988, S. 21f.; sowie Heimerl, H.; Pree, H., Kirchenrecht. Allgemeine Normen und Eherecht, Wien 1983, S. 172f.

Auffassung von Bund und Vertrag als einander ausschließender Betrachtungsweisen.[29]

Wenn gefordert wird, der Begriff Bund solle zum Ausdruck bringen, die Ehe umfasse mehr als ein reines Rechtsgeschäft und sei mehr als ein bloßer Vertrag,[30] und reiche damit über eine gegenseitige zweckbestimmte Rechtseinräumung hinaus,[31] so werden damit sicherlich wesentliche Intentionen des Zweiten Vatikanischen Konzils festgehalten. Allerdings wird damit nicht berücksichtigt, dass die Eheschließung als Konsensualvertrag die Willensübereinstimmung zweier Personen in Bezug auf die wesentlichen Inhalte eines bestimmten Rechtsgeschäftes erfordert, das sich gegenüber anderen Rechtsgeschäften dadurch unterscheidet, dass die inhaltliche Gestaltung den Kontrahenten nicht freigestellt ist. Es handelt sich also um einen *contractus sui generis*. Die genannten Auffassungen über das Verhältnis von Bund und Vertrag beruhen daher im Grunde auf einem verengten Verständnis des Rechtsinstituts Vertrag. Ein solches Verständnis lässt unberücksichtigt, dass der *contractus sui generis* das Zustandekommen des Vertrages Bedingungen unterwirft, die in der Bestimmtheit des konsensbildenden Ehewillens selbst enthalten sind. Zu dieser Bestimmtheit gehört aber nach dem CIC von 1983 auch der Bundescharakter der Ehe.

Es könnte folglich mit mehr Recht vom Bundescharakter als Teilaspekt des Vertragscharakters gesprochen werden. Das setzt allerdings voraus, den Begriff des Vertrages in seiner ursprünglichen Bedeutung als einen aufgrund freier Willensentscheidung zustandegekommenen Konsens aufzufassen, der gerade aufgrund des

---

[29] Vgl. Kaiser, M., Wiederverheiratete Geschiedene. Ein kirchenrechtlich-theologisches Problem, in: Recht im Dienste des Menschen (Festschrift für Hugo Schwendenwein), hrsg. v. K. Lüdicke u.a., Graz 1986, S. 363-376.

[30] Vgl. Sebott, R., Das neue kirchliche Eherecht, Frankfurt/Main 1983, S. 17.

[31] Vgl. Heimerl, H.; Pree, H., Kirchenrecht. Allgemeine Normen und Eherecht, Wien 1983, S. 160.

Konsenses eine bindende Wirkung erhält. Dabei kommt es nicht darauf an, ob die Bindungswirkung durch staatliche oder kirchliche Sanktionen gesichert wird. Von einer Bindungswirkung kann sogar dann gesprochen werden, wenn der Ehekonsens in theologischer Perspektive als bindend durch den alle menschliche und natürliche Wirklichkeit übersteigenden göttlichen Willen angesehen wird. Dass die Ehe ein Vertrag ist, kommt demnach bereits dadurch zum Ausdruck, dass die Eheschließung als ein Ergebnis des Konsenses der Partner aufgefasst wird, der ihnen dann jedoch nicht mehr frei disponibel ist. Ein Vertrag ist die Ehe also, weil sie als ein Konsens angesehen wird, dem aufgrund göttlichen Willensentschlusses eine weitreichende Bindungswirkung zukommt. Diesen die Bindungswirkung begründenden Willensentschluss Gottes entnimmt die Kirche dem Zeugnis des Neuen Testamentes. Damit ist die juridische Auffassung von der Ehe im Grunde schon in ihrem biblisch begründeten theologischen Verständnis angelegt. Kirchenrechtlichen Regelungen ist die Ehe folglich zugänglich, weil sie ihrem Wesen nach ein Vertrag ist, nämlich ein *contractus sui generis*, dessen Inhalt und Bindungswirkung der Disponibilität entzogen ist.[32]

Ein Bund im konziliaren Verständnis kann die Ehe also nur sein, weil sie ein Vertrag ist. Auch die in erster Linie pastoraltheologisch ausgerichteten Aussagen des Konzils wollten die Ehe weder ihres Charakters als eines Konsensualvertrages noch ihrer bindenden Wirkung berauben. Wenn die Ehe aber in diesem Sinne weiter ein

---

[32] Diese Auffassung ist freilich nicht mehr zu vertreten, wenn die rechtsgeschäftliche Privatautonomie als konstituierendes Merkmal eines Vertrages angesehen wird; damit ist ein contractus sui generis, der für die zum Konsens führenden Willen eine vorgegebene Bestimmtheit fordert, nicht mehr möglich. Vgl. Szentirmai, A., Ist die Eheschließung ein Vertrag?, in: TThZ 71/1962, S. 302-315, 314f.: „Der Vertragsbegriff läßt sich nicht mit dem Begriff der Ehe und des Eheabschlusses in Einklang bringen, weil der Vertrag ein Schuldverhältnis begründet, also ein Forderungsrecht ins Leben ruft, begriffsnotwendig nur zwischen den Vertragsschließenden Rechtsfolgen erzeugt und die auf gesetzlicher Ermächtigung oder Anerkennung beruhende, rechtsgestaltende Privatautonomie der Parteien voraussetzt."

contractus sui generis sein soll, dann kann die neue Auffassung als Bund nur als Bestandteil der Bestimmtheit aufgefasst werden, die zu den beiden Willen gehört, durch die der sie konstituierende Konsens gebildet wird.[33]

Die Ablehnung des Vertragsbegriffes geht demnach weitgehend davon aus, dass dieser Begriff nur in der Lage sei, sachliche Bezüge zu umfassen, nicht aber den personalen Charakter der ehelichen Beziehung zum Ausdruck bringen könne. Ein solches Verständnis liegt etwa zugrunde wenn von den Ergebnissen des Zweiten Vatikanischen Konzils behauptet wird: „Ein als unvollständig eingesehenes Ehemodell (*contractus*) wurde durch ein anderes ersetzt (*foedus*), dessen Eignungspriorität sich in systematischer Reflexion bestätigt hat."[34]

Nichtsdestoweniger kann es nicht Aufgabe des kanonischen Eherechts sein, in seinen Begriffsbestimmungen eine allen Aspekten gerecht werdende Wesens-Charakterisierung der Ehe zu geben.[35] Das Rechtsinstitut des Vertrags ist jedoch seinem ganzen Charakter nach fähig, auch die konziliare Wesensbestimmung der Ehe als Bund aufzunehmen, indem die den Bundesbegriff bestimmende personale Dimension in die Bedingungen eines Willens aufgenommen wird, der zu einem Ehekonsens im Sinne des kirchenrechtlich definierten *contractus sui generis* führt. Die vermeintliche Spannung zwischen Bund und Vertrag ist dagegen im Wesentlichen auf ein Missverstehen des Vertragsbegriffes zurückzuführen.

Gegenüber der neueren Auffassung als Bund ist das Verständnis der Ehe als Sakrament ein wesentlich älterer Bestandteil der katholi-

---

[33] Vgl. dazu Hierold, A. E., Neue Normen und Perspektiven im Eherecht des reformierten CIC, in: Katholisches Militärbischofsamt, Hrsg., 27. und 28. Gesamtkonferenz der hauptamtlichen katholischen Militärgeistlichen in Kloster Reute, Bonn 1984, S. 105-125.

[34] Lüdecke, N., Eheschließung als Bund, 2. Teilband, Würzburg 1989, S. 895.

[35] Vgl. Zapp, H., Kanonisches Eherecht, 7. Auflage, Freiburg 1988, S. 19.

schen Lehre.[36] C. 1055 § 1 sagt vom *matrimoniale foedus*, dass es *„a Christo Domino ad sacramenti dignitatem inter baptizatos evectum est."* Daraus folgert § 2: *„Quare inter baptizatos nequit matrimonialis contractus validus consistere, quin sit eo ipso sacramentum."* Damit wird zum Ausdruck gebracht, dass katholische Christen nur dann eine gültige Ehe eingehen, wenn diese zugleich auch Sakrament ist. Dieser Auffassung wird zwar vorgeworfen, damit sei die Erlösungsgnade verobjektiviert und kirchlich verfügbar geworden; die Gleichsetzung von Ehevertrag und Sakrament sei vor allem ein Ausdruck kirchlichen Machtstrebens.[37]

Festzuhalt4en ist, dass die Ehe von ihrem Wesen her nicht nur eine private, sondern auch eine öffentlich-kirchliche Angelegenheit ist.[38] Die Bindung der Ehegatten hat auch eine sichtbare, gesellschaftliche und kirchliche Dimension.[39] Nun wird die Sakramentalität der Ehe nach katholischer Lehre gerade nicht durch die Öffentlichkeit der Eheschließung konstituiert, sondern das Sakrament wird in der gültigen Ehe der katholischen Gläubigen von den Ehepartnern wechselseitig gespendet, indem sie durch übereinstimmende Willenserklärung den Ehekonsens entstehen lassen, der als *contractus sui generis* bestimmte Inhalte der Willen fordert. Die kirchliche Beteiligung kommt folglich nur deshalb zustande, weil die Ehepartner sich dieses Sakrament in ihrer Eigenschaft als Glieder der Kirche spenden, die von Jesus selbst als Wahrerin des durch die Sakramente bezeugten Bundes Gottes mit den Menschen eingesetzt worden ist. Nur auf diese Weise kann begründet werden, dass die Kirche bei jeder sakramentalen Ehe engagiert ist und damit auch die

---

[36] Vgl. dazu Puza, R., Die Ehe als Sakrament und Vertrag, in: Theologische Quartalsschrift 167/1987, S. 128-136.

[37] Vgl. Klein, J., Skandalon. Um das Wesen des Katholizismus, Tübingen 1958, S. 239ff.

[38] Vgl. Kasper, W., Zur Theologie der christlichen Ehe, Mainz 1977, S. 49.

[39] Vgl. Reinhardt, K., Sakramentalität und Unauflöslichkeit der Ehe in dogmatischer Sicht, in: Reinhardt, K.; Jedin, H., Ehe - Sakrament in der Kirche des Herrn, Berlin 1971, S. 7-59, 52f.

Verpflichtung hat, Ehen von katholischen Gläubigen zu bestärken und zu schützen. Die Öffentlichkeit der Eheschließung kann deshalb nur die Legitimation der Kirche zur kirchenrechtlichen Ausgestaltung der Ehe begründen, nicht jedoch in Zusammenhang mit deren Sakramentalität gebracht werden.

Der gültige Ehevertrag ist selbst als das sakramentale Zeichen aufzufassen und das Sakrament wird existent durch den Vertragsabschluss. Deshalb können Sakramentalität und Vertragscharakter auf die gleiche Weise vereinbart werden wie die Charaktere der Ehe als Bund und Vertrag. Das Wissen um und das Wollen der Sakramentalität der Ehe können als konstituierende Elemente jener Willen verstanden werden, durch deren Übereinstimmung im Ehekonsens die Eheschließung zustandekommt. Wenn nach katholischer Lehre ohne Sakramentalität keine Ehe unter katholisch getauften Gläubigen zustandekommt, so ist dieses Willenselement zur inhaltlichen Bestimmung der Willen zu rechnen, die den Ehevertrag als *contractus sui generis* auszeichnet.

Wenn die Verwirklichung des katholischen Glaubens eine Durchformung aller Lebensbereiche fordert - also auch in der interpersonalen Dimension - so kann von einer solchen Realisierung in der geschlechtlichen Beziehung nur dann gesprochen werden, wenn die fundamentalen Lehren der Glaubensgemeinschaft auch in die Gestaltung der ehelichen Beziehung eingehen. Dass das Rechtsinstitut des Vertrages kirchenrechtlich gleichzeitig Sakrament sein soll, bedeutete demnach nichts anderes, als dass für katholische Gläubige zum Zustandekommen einer nach katholischer Lehre gültigen Ehe die Aufnahme des Bewusstseins von der Sakramentalität in die Bestimmtheit der zum Ehekonsens führenden Willen erforderlich ist. Mit dieser Bestimmtheit haben sie in ihren übereinstimmenden Willen aufgenommen, dass ihre Ehe mehr ist als eine auf Zeit angelegte und ihrer Disposition unterliegende Beziehung.[40]

---

[40] Vgl. c. 1056: „Essentiales matrimonii proprietates sunt unitas et indissolubilitas, quae in matrimonio christiano ratione sacramenti peculiarem obtinent firmitatem" sowie c. 1141: „Matrimonium ratum et

Der Ehekonsens unter katholischen Gläubigen enthält also den Bezug auf den Bund zwischen Gott und den Menschen und damit die Ableitung der Wesenselemente der Ehe aus der göttlichen Gesetzgebung selbst. Der Vertrag kann demnach Sakrament sein, weil in die durch ihre Übereinstimmung vertragskonstituierenden Willen der Sakramentencharakter der Ehe als Element eingeht. Umgekehrt kann das Sakrament der Vertrag sein, weil nach katholischer Lehre Inhalt des Konsenses gerade das ist, was die Sakramentalität der Ehe ausmacht.

---

consummatum nulla humana potestate nullaque causa, praeterquam morte, dissolvi potest."

Abkürzungsverzeichnis

AAS	Acta Apostolicae Sedes
AfkKR	Archiv für katholisches Kirchenrecht
EvStL	Evangelisches Staatslexikon
HbdKathKR	Handbuch des katholischen Kirchenrechts
KSL	Katholisches Soziallexikon
LG	Vaticanum II: Dogmatische Konstitution „Lumen gentium" in: AAS 57/1965, 5-71
LThK	Lexikon für Theologie und Kirche
MonEccl	Monitor Ecclesiasticus
MünstKomm	Münsterischer Kommentar zum CIC, hrsg. v. K. Lüdicke
MySal	Mysterium Salutis. Grundriß heilsgeschichtlicher Dogmatik
NRTh	Nouvelle Revue Théologique
ÖAKR	Österreichisches Archiv für Kirchenrecht
ÖR	Ökumenische Rundschau
PerRMCL	Periodica de re morali canonica liturgica
PrOrChr	Le Proche-Orient chrétien
RDC	Revue de droit canonique
RevEspDerCan	Revista Espanola de derecho canonico
RSPhTh	Revue des sciences philosophiques et théologiques
RThL	Revue Théologique de Louvain
SKZ	Schweizerische Kirchenzeitung
SM	Sacramentum mundi. Theologisches Lexikon für die Praxis
StdZ	Stimmen der Zeit
StL	Staatslexikon der Görres-Gesellschaft
ThGl	Theologie und Glaube
ThPh	Theologie und Philosophie

TThZ	Trierer Theologische Studien
Vat II AA	Zweites Vatikanisches Konzil: Dekret *Apostolicam Actuositatem* in: AAS 58/1966, 837-864
Vat II DH	Zweites Vatikanisches Konzil: Erklärung *Dignitatis Humanae* in: AAS 58/1966, 929-946
Vat II GE	Zweites Vatikanisches Konzil: Erklärung *Gravissimum Educationis* in: ASS 58/1966, 728-739
Vat II GS	Zweites Vatikanisches Konzil: Pastorale Konstitution *Gaudium et Spes* in: AAS 58/1966, 1025-1120
Vat II SC	Zweites Vatikanisches Konzil: Konstitution *Sacrosanctum Concilium* in: AAS 58/1964; 97-138
ZevKR	Zeitschrift für evangelisches Kirchenrecht
ZKTh	Zeitschrift für Katholische Theologie

Literaturverzeichnis

Adnès, P., Le mariage, Tournai 1963

Ahlers, R., Bund oder Vertrag? Zur Diskussion um den Ehebegriff, in: Iustitia in caritate, hrsg. v. R. Puza.; A. Weiß, Frankfurt/Main u.a. 1997, S. 193-207.

Alberigo, G., Wahl-Konsens-Rezeption im christlichen Leben, in: Concilium 8/1972.

Alfs, R., Die außerordentlichen Formen der kanonischen Eheschließung im Licht der Lehre von der Sakramentalität der Ehe, Würzburg 1993.

Aquin, Th. v., Summa Theologica. Edito altera Romana, Vol. I-VI, Rom 1894.

Arenhold, W., Kurze Darstellung des katholischen Eherechts nach dem neuen Codex Iuris Canonici für die praktischen Seelsorger, Fulda 1918

Die Masken des Begehrens und die Metamorphose der Sinnlichkeit. Zur Geschichte der Sexualität im Abendland, hrsg. v. Ph. Ariès, Frankfurt 1984.

Armbruster, H. Der Ehewille evangelischer Christen im Lichte des kanonischen Prinzips der Unauflöslichkeit der Ehe, München 1959.

Auer, J., Die Kirche - Das allgemeine Heilssakrament, Regensburg 1983.

Aymans, W., Lex canonica. Erwägungen zum kanonischen Gesetzesbegriff, in: AfkKR 153/1984, 337-353.

Aymans, W., Communio. Theologische Reflexionen über die Grundgestalt der Kirchenverfassung, in: Miscelánea en honor de Juan Becerril y Antón-Miralles, hrsg. v. H. S. Otero, Madrid 1974, Bd. II, S. 71-86.

Aymans, W., Die Communio Ecclesiarum als Gestaltgesetz der einen Kirche, in: AfkKR 139/1970, 69-90.

Aymans, W., Vom Grundstatut zum Gemeinstatut aller Gläubigen. Ein Beitrag zur kirchlichen Rechtssprache, in: Iuri Canonico Promovendo, Festschrift für H. Schmitz, hrsg. v. W. Aymans, K.-Th. Geringer, Regensburg 1994, S. 3-22.

Aymans, W., 'Volk Gottes' und 'Leib Christi' in der Communio-Struktur der Kirche, in: TThZ 81/1972, 321-334.

Baltensweiler, H., Zur aktuellen Entwicklung der Ehetheologie in den Kirchen der Reformation, in: Concilium 6/1970.

Baltensweiler, H., Die Ehe im Neuen Testamtent. Exegetische Untersuchungen über Ehe, Ehelosigkeit und Ehescheidung, Zürich 1967.

Bardenhewer, O., Geschichte der altchristlichen Literatur, Bd. II, Freiburg 1913.

Barion, H., Die gegenwärtige Lage der Wissenschaft vom katholischen Kirchenrecht, in: Barion, H., Kirche und Kirchenrecht. Gesammelte Aufsätze, Paderborn 1984, S. 341-403.

Baumann, U., Die Ehe - ein Sakrament? Zürich 1988.

Becker, U., Jesus und die Ehebrecherin. Untersuchungen zur Text- und Überlieferungsgeschichte von Joh. 7, 53-8, 11, Berlin 1963.

Berger, K., Zu den sogenannten Sätzen Heiligen Rechts, in: New Testament Studies 17/1970, 10-40.

Bertolino, R., Sensus fidei, Charismen und Recht im Volk Gottes, in: AfkKR 163/1994, 28-73.

Bertrams, W., Vom Sinn des Kirchenrechts, in: Quaestiones fundamentales iuris canonici, Rom 1969, S. 47-60.

Bertrams, W., Vom Ethos, in: ders., Quaestiones fundamentales iuris canonici, Rom 1969, S. 61-79.

Bertrams, W., De origine Ecclesiae, in: Quaestiones fundamentales iuris canonici, Rom 1969, S. 35-46.

Bertrams, W., Das Subsidiaritätsprinzip in der Kirche, in: Quaestiones fundamentales iuris canonici, Rom 1969, S. 608-626.

Bertrams, W., Die personale Struktur des Kirchenrechts, in: StdZ 164/1959, 121-136.

Bertrams, W., Die Bedeutung des 2. Vatikanischen Konzils für das Kirchenrecht, in: ÖAKR 23/1972, 125-162.

Bertrams, W., Das Privatrecht der Kirche, in: Quaestiones fundamentales iuris canonici, Rom 1969, S. 83-112.

Bertrams, W., De natura iuris Ecclesiae proprii notanda, in: PerRMCL 66/1977, 567-582.

Beumer, J., Art. Extra Ecclesiam nulla salus, in: LThK Bd. 3, 1320-1321.

Beykirch, U., Von der konfessionsverschiedenen zur konfessionsverbindenden Ehe?, Würzburg 1987.

Blau, L., Die jüdische Ehescheidung und der jüdische Scheidebrief. Eine historische Untersuchung, Bd. I, Straßburg 1911.

Bliemetzrieder, F. P., Paul Fournier und das literarische Werk Ivos von Chartres, in: AfkKR 115/1935, 53-91.

Böckenförde, E. W., Staat - Gesellschaft - Kirche, Christlicher Glaube in moderner Gesellschaft, Bd. 15, Freiburg 1982.

Böckle, F., Heutige Legitimität einer theologischen Materialethik, in: Natur und Naturrecht, hrsg. v. A. Müller u.a., Köln 1972, S. 309ff.

Böckle, F., Pastoraltheologie der Ehe, in: Handbuch der Pastoraltheologie, Bd. IV, Freiburg u.a. 1969, S. 17-44.

Böhm, P., Zur Interpretationstheorie der Reinen Rechtslehre im Lichte ihrer gegenwärtigen Vertreter, in: JBl 97/1975.

Bosch, F. W., Staatliches und kirchliches Eherecht - in Harmonie oder im Konflikt?, Bielefeld 1988.

Bosch, F.W. u.a., Ziviltrauung vor religiöser Trauung - sinnvoll oder überholt? Zum Verhältnis Staat - Kirche im Bereich der Eheschließung, in: FamRZ 44/1997, 1313-1322.

Brauß, E., Quellenstudium zum Mischehenrecht unter besonderer Berücksichtigung der spanischen und deutschen Naturrechtsdoktrin, Freiburg 1964.

Buchholz, St., Eherecht zwischen Staat und Kirche. Preußische Reformversuche in den Jahren 1854 bis 1861, Frankfurt/Main 1981.

Buchholz, St., Recht, Religion und Ehe: Orientierungswandel und gelehrte Kontroversen im Übergang vom 17. zum 18. Jh., Frankfurt/Main 1988.

Buchholz, St., Savignys Stellungnahme zum Ehe- und Familienrecht, eine Skizze seiner rechtssystematischen und rechtspolitischen Überlegungen, in: Ius Commune 8/1979, 148-191.

Buchholz, St., Beiträge zum Ehe- und Familienrecht des 19. Jahrhunderts, 1. Abschnitt: Gerlach, Bismarck und die Zivilehe, Stationen eines parlamentarischen Konflikts, 2. Abschnitt: Das Reichsgesetz vom 6.2.1875 und die Zivilehe, in: Ius Commune 9/1980, 229-313.

Buchholz, St., Preußische Eherechtsreform im Vormärz (1830-1844), ein Überblick, in: Ius Commune, Sonderheft Krakau, 1981, S. 150-188.

Buchholz, St., Standesungleichheit als Ehehindernis im 19. Jahrhundert, in: Aspekte europäischer Rechtsgeschichte, FS f. Helmut Coing, Frankfurt/Main 1982, S. 29-64.

Buchholz, St., Populäre Eheliteratur und partikulare Rechtsreform: Nürnberg anno 1803, in: Ius Commune 12/1984, 165-205.

Buchholz, St., Bibel und Pandekten, in: Rechtshistorisches Journal 4/1985, 144-154.

Buchholz, St., Liebesglück und Liebesleid in Sachsen, in: Rechtshistorisches Journal 5/1986, 119-137.

Buchholz, St., Erunt tres aut quattuor in carne una, in: H. Mohnhaupt, Hrsg., Zur Geschichte des Familien- und Erbrechts, Frankfurt/Main 1987, S. 71-91.

Bühler, W., Katholisch-evangelische Mischehen in der Bundesrepublik nach dem geltenden katholischen und evangelischen Kirchenrecht, Heidelberg 1963.

Burke, C., Die Zwecke der Ehe: institutionelle oder personalistische Sicht? in: Monitor Ecclesiasticus 120/1995, 449-478.

Canaris, C.-W., Die Feststellung von Lücken im Gesetz, Berlin 1964.

Catoir, J. T., Was ist ein Ehekontrakt?, in: Wie unauflöslich ist die Ehe? hrsg. v. J. David, F. Schmalz, Aschaffenburg 1969.

Cohen, B., Concerning Divorce in Jewish and Roman Law, in: Proceedings of the American Academy of Jewish Research 21/1952, 1-18.

Colagiovanni; E., Le 'Bonum Coniugum' (c. 1055 § 1). Les antécédents philosophiques et ecclésio-sociologique du personnalisme canonique, in: Monitor Ecclesiasticus 120/1995, 432-448.

Composta, D., La 'salus animarum' scopo del diritto della Chiesa, in: La nuova legislazione canonica, S. 243-260.

Composta, D., Finalita del diritto nella Chiesa, in: Apollinaris 48/1975, 376-401.

Congar, Y., Die Rezeption als ekklesiologische Realität, in: Concilium 8/1972, 500-514.

Congar, Y., Erneuerung des Geistes und Reform der Institution, in: Concilium 8/1972.

Conrad, H., Das tridentinische Konzil und die Entwicklung des kirchlichen und weltlichen Eherechtes, in: Das Weltkonzil von Trient, hrsg. v. G. Schreiber, Bd. I, Freiburg 1951, S. 297-324

Conrad, M., Zum Verhältnis von Kirchenrecht und Moral unter besonderer Berücksichtigung der kirchlichen Ehegerichtsbarkeit, in: AfkKR 166/1997, 353-400.

Corecco, E., Theologie des Kirchenrechts. Methodologische Ansätze, Trier 1980.

Corecco, E., Theologie des Kirchenrechts, in: HbdKathKR, S. 12-24.

Corecco, E., Die Lehre der Untrennbarkeit des Ehevertrages vom Sakrament im Lichte des scholastischen Prinzips 'Gratia perficit, non destruit naturam', in: AfkKR 143/1974, 379-442.

Corecco, E., Das Sakrament der Ehe: Eckstein der Kirchenverfassung, in: AfkKR 148/1979, 353-379.

Corecco, E., Der Priester als Spender des Ehesakramentes im Lichte der Lehre über die Untrennbarkeit von Ehevertrag und Ehesakrament, in: Ius Sacrum. Festschrift für K. Mörsdorf zum 60. Geburtstag, hrsg. von A. Scheuermann u. G. May, München 1969, S. 521-557.

Coulson, J., Das Lehramt der einen Kirche und sein Verhältnis zum sensus fidelium, in: Concilium 11/1975, 568ff.

Cremer, H., Die kirchliche Trauung, Berlin 1975.

Crouzel, H., Virginité et mariage selon Origène, Paris 1963.

De Naurois, L., Crise du droit canonique?, in: NRTh 97/1975.

Demel, S., Das persönliche Heil und die Gesetze der Kirche, in: AfkKR 164/1995, 3-15.

Demel, S., Zwischen Verdammung und Verherrlichung. Das Ehebild der alten Kirche und seine theologische Vertiefung durch Augustinus, in: Bilderstreit um die Ehe. Theologische und kanonistische Erblasten eines aktuellen Konflikts, hrsg v. A. P. Kustermann, R. Puza, Fribourg 1997, S. 15-34.

Demmer, K., Katholische Rechtstheologie - ein Desiderat, in: Der Mensch ist der Weg der Kirche. Festschrift für J. Schasching, hrsg. v. H. Schambeck, R. Weiler, Berlin 1992, S. 139-150.

Denzinger, H.; Schönmetzer, A., Enchiridion Symbolorum Definitionum et Declarationum de rebus fidei et morum, Freiburg 1976.

Dieterich, H., Das protestantische Eherecht in Deutschland bis zur Mitte des 17. Jahrhunderts, München 1970.

Dombois, H., Das Recht der Gnade, Witten 1969, 828.

Dombois, H., Neuere eherechtliche Literatur, in: ZevKR 12/1967, 339ff.

Dombois, H., Unscheidbarkeit und Ehescheidung in den Traditionen der Kirche, München 1976.

Doms, H., Vom Sinn und Zweck der Ehe, Breslau 1935.

Dordett, A., Kirche zwischen Hierarchie und Demokratie, Wien 1974.

Dullaart, L., Kirche und Ekklesiologie. Die Institutionenlehre Arnold Gehlens als Frage an den Kirchenbegriff in der gegenwärtigen systematischen Theologie, München-Mainz 1975.

Duss - von Werdt, J., Theologie der Ehe - Der sakramentale Charakter, in: Mysterium Salutis. Grundriß heilsgeschichtlicher Dogmatik, Bd. 4/2, Einsiedeln 1973.

Echternach, H., Gemeinsamkeiten und Unterschiede im evangelischen und römisch-katholischen Eheverständnis, in: ÖR 34/1985, 155-170.

Eichmann, E., Lehrbuch des Kirchenrechts aufgrund des Codex Iuris Canonici, Bd. I, Paderborn 1934.

Engelhardt, H., Ehe, Eheschließung, Ehescheidung und Wiedertrauung in der Evangelischen Kirche in Deutschland, in: ders., Hrsg., Die Kirchen und die Ehe, Frankfurt/Main 1984, S. 30ff.

Engisch, K., Die Idee der Konkretisierung in Recht und Rechtswissenschaft unserer Zeit, Heidelberg 1953.

Esser, J., Vorverständnis und Methodenwahl in der Rechtsfindung, Frankfurt/Main 1970.

Exner, A., The Amplexus Reservatus seen in the History of Catholic Doctrine on the Use of Marriage, Ottawa 1963.

Falk, F., Die Ehe am Ausgange des Mittelalters. Eine kirchen- und kulturhistorische Studie, Freiburg 1908.

Fedele, P., Lo spirito del diritto canonico, Padua 1962.

Flatten, H., Irrtum und Täuschung bei der Eheschließung nach kanonischem Recht, Paderborn 1957.

Flatten, H., Die Koppelung der Klagegründe metus und simulatio im Ehenichtigkeitsurteil, in: ÖAKR 10/1959.

Flatten, H., Das Ärgernis der kirchlichen Eheprozesse, Paderborn 1965.

Ford, J. C.; Kelly, G., Contemporary Moral Theology, vol. 2, Westminster 1964.

Ford, J.C., Adnotationes, in: PerRMCL 33/1944, 218-228.

Fournier, P., Yves de Chartres et le droit canonique, in: Revue des questions historiques, 32/1898, 51-98 u. 384-405.

Fransen, P., Ehescheidung bei Ehebruch. Die endgültige Fassung des 7. Kanons auf der 24. Sitzung des Trienter Konzils in ihren theologischen und geschichtlichen Hintergründen (August bis November 1563), in: Scholastik 30/1955, 33-49.

Fransen, G., La formation du lien matrimonial au moyen âge, in: Revue de droit canonique 21/1971, 106-126.

Friedberg, E., Das Recht der Eheschließung, Leipzig 1865.

Friedberg, E., Quinque Compilationes Antiquae, Leipzig 1882.

Friedberg, E., Lehrbuch des katholischen und evangelischen Kirchenrechts, Leipzig 1863.

Fuchs, J., Gibt es eine spezifisch christliche Moral? In: StdZ 185/1970, 101ff.

Fürst, C. G., Vom Wesen des Kirchenrechts, in: SKZ 6/1977, 496-506.

Gadamer, H.-G., Wahrheit und Methode. Grundzüge einer philosophischen Hermeneutik, Tübingen 1972.

Gall, R., Fragwürdige Unauflöslichkeit der Ehe? Würzburg 1970.

Gallagher, J. F., Marriage and the Family in the Revised Code, in: Studia Canonica 17/1983, 149-170.

Ganoczy, A., Einführung in die katholische Sakramentenlehre, Darmstadt 1984.

Gasparri, P., Tractatus Canonicus de matrimonio, Rom 1932.

Gasparri, P., Tractatus Canonicus de matrimonio, Paris 1892.

Gehr, J., Die rechtliche Qualifikation der Beschlüsse des Zweiten Vatikanischen Konzils, St. Ottilien 1997.

Gerhartz, J. G., Unauflöslichkeit der Ehe und kirchliche Ehescheidung in heutiger Problematik, in: Die Ehe - Band oder Bund?, hrsg. v. R. Metz, J. Schlick, Aschaffenburg 1971, 142-177.

Geringer, K. Th., Die konfessionsverschiedene Ehe im kanonischen Recht, in: Die konfessionsverschiedene Ehe, hrsg. v. F. Böckle u.a., Regensburg 1988, 67-82.

Gerosa, L., Das Recht der Kirche, Paderborn 1995.

Gerosa, L., Heiligkeit und Kirchenrecht. Das Heiligsprechungsverfahren als Ansatzpunkt für die Wiederentdeckung der theologischen Grundlagen des kanonischen Prozeßrechts, in: ThGl 87/1997, 177-191.

Gerosa, L., Die kanonistische Methode, in: AfkKR 163/1994, 11-27.

Gietl, F. A., Die Sentenzen Rolands, Freiburg 1891.

Glässer, A., Theologie des Kirchenrechts - Stand und Hoffnung, in: ders., Kirche kontra Gesellschaft. Beiträge zur Theologie und Soziologie der Kirche, Kevelaer 1976, S. 113-166.

Gollor, M., Theologie des Kirchenrechts, Gedanken zum Sinn einer theologischen Grundlagenforschung, in: Ius et historia. Festgabe für R. Weigand, hrsg. v. N. Höhl, Würzburg 1989, 332-341.

Goody, J., Die Entwicklung von Ehe und Familie in Europa, Berlin 1986.

Gottlob, Th., Der Ehebruch und seine Rechtsfolgen in den vorgratianischen Quellen und bei Gratian selbst (C 31 q 1), in: Studia Gratiana 2/1954, 335-348.

Grillmeier, A., Die altkirchliche Christologie und die moderne Hermeneutik, in: Theologische Berichte 1/1972, Zürich u.a. 1972.

Grillmeier, A., Konzil und Rezeption. Methodische Bemerkungen zu einem Thema der ökumenischen Diskussion, in: ThPh 45/1970.

Grote, H., Sakramentalität der Ehe, in: Materialdienst des konfessionskundlichen Instituts Bensheim 39/1988, 26-29.

Grundmann, S., Das Gesetz als kirchenrechtliches Problem, in: ZevKR 8/1961/62, 327ff.

Habermas, J., Vorbereitende Bemerkungen zu einer Theorie der kommunikativen Kompetenz, in: ders.; Luhmann, N., Theorie der Gesellschaft oder Sozialtechnologie - Was leistet die Systemforschung?, Frankfurt/Main 1971.

Habermas, J., Erkenntnis und Interesse, Frankfurt/Main 1969.

Hallermann, H., Die Funktion des Rechts in der Communio, in: AfkKR 166/1997, 453-467.

Hanstein, H., Kanonisches Eherecht, Paderborn 1965.

Haring, J.-B., Grundzüge des katholischen Kirchenrechts, Bd. 2, Graz 1924.

Häring, B., Frei in Christus. Moraltheologie für die Praxis des christlichen Lebens, Band II, Freiburg u.a. 1981.

Häring, B., Krise um Humanae vitae, in: Theologische Brennpunkte Bd. 17, hrsg. v. V. Schurr; B. Häring, Frankfurt/Main 1968, S. 38-40.

Heckel, J., Lex Charitatis. Eine juristische Untersuchung über das Recht in der Theologie Martin Luthers, Köln 1973.

Heimerl, H.; Pree, H., Kirchenrecht. Allgemeine Normen und Eherecht, Wien u. New York 1983.

Heimerl, H., Für und wider den Sinn kirchlicher Eheprozesse, in: ÖAKR 41/1992, 141-162.

Heinemann, H., Die sakramentale Würde der Ehe. Überlegungen zu einer bedenklichen Entwicklung, in: AfkKR 155/1986, 377-399.

Henseler, R., Das Ärgernis der kirchlichen Eheprozesse? in: Theologie der Gegenwart 34/1991, 211-223.

Hertling, L, Communio und Primat. Kirche und Papsttum in der christlichen Antike, in: Una Sancta 17/1962, 91-125.

Hierold, A. E., Neue Normen und Perspektiven im Eherecht des reformierten CIC, in: Katholisches Militärbischofsamt, Hrsg., 27. und 28. Gesamtkonferenz der hauptamtlichen katholischen Militärgeistlichen in Kloster Reute, Bonn 1984, S. 105-125.

Hilberath, B. J., Communio hierarchica. Historischer Kompromiß oder hölzernes Eisen? in: ThQ 177/1997, 202-219.

Hilberath, B. J., Sakramentalität und Unauflöslichkeit der Ehe aus dogmatischer Sicht, in: ThQ 175/1995, 124-135.

Hildebrand, D. v., Die Ehe, München 1929.

Hinschius, P., Decretales Pseudo-Isidorianae, Leipzig, 1836.

Hofmann, M., Die Stellung des Königs von Sizilien nach den Assisen von Ariano (1140), Diss. Münster 1915.

Hollerbach, A., Neuere Entwicklungen des katholischen Kirchenrechts, Heft 18 der Schriftenreihe der Juristischen Studiengesellschaft, Karlsruhe 1974.

Hörmann, B. v., Desponsatio Inpuberum, Innsbruck 1891.

Hruschka, J., Das Verstehen von Rechtstexten, München 1972.

Hurter, H., Nomenclator litterarius Theologiae Catholicae, Vol. III, Oeniponte 1907.

Jedin, H., Krisis und Abschluß des Trienter Konzils, Freiburg 1964.

Jedin, H., Die Unauflöslichkeit der Ehe nach dem Konzil von Trient, in: Reinhardt, K.; Jedin, H., Ehe - Sakrament in der Kirche des Herrn, Berlin 1971, S. 61-109.

Jedin, H., Das Konzil von Trient und die Anfänge der Kirchenmatrikeln, in: Zeitschrift für Rechtsgeschichte, Kan. Abt., 63/1943, 419ff.

Jonas, H., Gnosis und spätantiker Geist, Göttingen 1954.

Jorissen, H., Die Entscheidung des Konzils von Trient zu Ehescheidung und Wiederheirat und ihr Hintergrund, in: Geschieden, wiederverheiratet, abgewiesen? Antworten der Theologie, hrsg. v. Th. Schneider, Freiburg u.a. 1995, S. 112-126.

Joyce, G. H., Die christliche Ehe. Eine geschichtliche und dogmatische Studie, Leipzig 1934.

Kahl, W. v., Lehrsystem des Kirchenrechts und der Kirchenpolitik, Freiburg/Br. u. Leipzig 1894.

Kaiser, M., Wiederverheiratete Geschiedene. Ein kirchenrechtlich-theologisches Problem, in: Recht im Dienste des Menschen. Festschrift für Hugo Schwendenwein, hrsg. v. K. Lüdicke u.a., Graz 1986, S. 363-376.

Kaiser, M., Grundfragen des kirchlichen Eherechts, in: Handbuch des katholischen Kirchenrechts, hrsg. v. J. Listl u.a., Regensburg 1983.

Kant, I., Metaphysik der Sitten, Ausgabe der Preußischen Akademie der Wissenschaften, Bd. VI.

Kant, I., Grundlegung zur Metaphysik der Sitten, Ausgabe der Preußischen Akademie der Wissenschaften, Bd. IV.

Kasper, W., Die Verwirklichung der Kirche in Ehe und Familie, in: Die neue Gemeinde. Festschrift für Th. Filthaut, hrsg. v. A. Exeler, Mainz 1967.

Kasper, W., Zur Theologie der christlichen Ehe, Mainz 1977.

Kasper, W., Gerechtigkeit und Barmherzigkeit. Überlegungen zu einer Applikationstheorie kirchenrechtlicher Normen, in: Iustitia in caritate, hrsg. v. R. Puza, A. Weiß, Frankfurt/Main u.a. 1997, S. 59-66.

Keller, A., Über Mitteilbarkeit von Wahrheit - Zum philosophiegeschichtlichen Kontext eines erkenntnistheoretischen Problems, in: ZKTh 99/1977, 417ff.

Kerber, W., Art. Gemeinwohl I. Sozialphilosophische Grundlagen, in: StL Bd. 2, S. 857-859.

Kern, W., Art. Finis operis-finis operantis, in: LThK Bd. 4, 139f.

Klein, J., Grundlegung und Grenzen des kanonischen Rechts, Tübingen 1947.

Klein, J., Skandalon. Um das Wesen des Katholizismus, Tübingen 1958.

Knecht, A., Handbuch des katholischen Eherechts, Freiburg 1928.

Knoll, A. M., Art. Individualismus, in: LThK Bd. 5, S. 653-654.

Köstler, R., Die väterliche Ehebewilligung. Eine kirchenrechtliche Untersuchung auf rechtsvergleichender Grundlage, Stuttgart 1908.

Kramer, H., Behutsamkeit im Umgang mit Normen in der Kirche, in: Theologia et ius canonicum. Festschrift für H. Heinemann, hrsg. v. H. J. F. Reinhardt, Essen 1995, S. 151-166.

Krämer, P., Kirchenrecht I, Stuttgart 1992.

Krämer, P., Kirche der freien Gefolgschaft. Kirchenrechtliche Überlegungen zu einem umstrittenen Kirchenmodell, München 1981.

Krämer, P., Theologische Grundlegung des kirchlichen Rechts, Trier 1977.

Krempel, B., Die Zweckfrage der Ehe, Einsiedeln u.a. 1941.

Krikorian, M., Die Rezeption der Konzilien, in: Die Kirche in der Sicht der Christenheit des Ostens und des Westens, hrsg. v. J. Madey, Paderborn 1974.

Krüger, P.; Mommsen, Th., Corpus Iuris Civilis, Bd. I, Berlin 1903.

Kühn, O.; Weier, J., Kirchenrecht, Heidelberg 1986.

Küng, H., Die Kirche, München 1977.

Lachner, G., Die Kirchen und die Wiederheirat Geschiedener, Paderborn 1991.

Landau, P., Reflexionen über Grundrechte der Person in der Geschichte des kanonischen Rechts, in: Theologia et ius canonicum. Festschrift für H. Heinemann, hrsg. v. H. J. F. Reinhardt, Essen 1995, S. 517-532

Landau, P., Kanonisches Recht und römisches Recht. Rechtsprinzipien im ältesten römischen Kirchenrecht, in: Der Staat 1993, 553/568.

Landau, P., Ius Patronatus. Studien zur Entwicklung des Patronats im Dekretalenrecht und der Kanonistik des 12. und 13. Jahrhunderts, Köln/Wien 1975.

Larenz, K., Methodenlehre der Rechtswissenschaft, Berlin u.a. 1975.

Leisching, P., Vertrag - Frauenraub - Partnerschaft, Ehe: gestern, heute, morgen, München 1971.

Lengsfeld, P., Das Problem Mischehe, Münster 1970.

Lesage, G., La nature du droit canonique, Ottawa 1960.

Lettmann, R., Die Diskussion über die klandestinen Ehen und die Einführung einer zur Gültigkeit verpflichtenden Eheschließungsform auf dem Konzil von Trient, Münster 1967.

Lilla, S., Clement of Alexandria, Oxford 1971.

Linneborn, J., Grundriß des Eherechts nach dem Codex Iuris Canonici, Paderborn 1933.

Listl, J., Art. Staat. Zweiter Teil. Theologisch II. Katholisch, in: EvStL Bd. 2, 3367-3376.

Löffler, J., Die Störungen des geschlechtlichen Vermögens in der Literatur der autoritativen Theologie des Mittelalters, Mainz, Akademie der Wissenschaften und Literatur, Wiesbaden 1958.

Lohmann, W., Der innere Vorbehalt gegen Wesensbestandteile der Ehe nach katholischem Kirchenrecht, Dortmund 1935.

Lohmeyer, E., Das Evangelium des Matthäus, Göttingen 1967.

Lombardia, P., Die Grundrechte des Gläubigen, in: Concilium 5/1969.

Lombardia, P., Sobre las caracteristicas peculiares del ordenamiento canonico, in: ders., Escritos Bd. I, Pamplona 1973, S. 173-222.

Lubac, H. de, Glauben aus der Liebe, Einsiedeln 1970.

Lüdecke, N., Eheschließung als Bund, 1. Teilband, Würzburg 1989.

Lüdecke, N., Eheschließung als Bund, 2. Teilband, Würzburg 1989.

Lüdecke, K., Matrimonium ordinatum ad prolem. Ehe und Nachkommenschaft nach dem Recht des CIC 1983, in: RDC 43/1993, 99-117.

Lüdicke, K., Zur Rezeption der Konzilslehre über die Ehe im kanonischen Recht, in: Theologische Revue 90/1994, 199-206.

Lüdicke, K., Zur Systematik der Konsensmängel im CIC 1983, in: Neue Positionen des Kirchenrechts, hrsg. v. K. Lüdicke u.a., Graz 1994, 29-48.

Lüdicke, K., Familienplanung und Ehewillen. Der Ausschluß der Nachkommenschaft im nachkonziliaren kanonischen Eherecht, Münster 1983.

Lüdicke, K., Eherecht, Essen 1983.

Lüdicke, K., Eine Wiedergeburt der Ehezwecke? in: Theologische Revue 92/1996, 450-460.

Luf, G., Grundrechte und kirchlicher Rechtsschutz - Erwägungen zu einer hermeneutischen Rechtstheologie, in: ÖAKR 26/1975, 37ff.

Marcic, R., Rechtsphilosophie, Freiburg 1969.

Marmy, E., Mensch und Gemeinschaft in christlicher Schau - Dokumente, Fribourg 1945.

Maurer, A., Ehe als Prozeß. Zur Sozio- und Psychodynamik der Paarbeziehung im Kontext des gesellschaftlichen Wandels, in: Bilderstreit um die Ehe. Theologische und Kanonistische Erblasten eines aktuellen Konflikts, hrsg. v. A. P. Kustermann, R. Puza, Fribourg 1997, S. 103-127.

May, G.; Egler, A., Einführung in die kirchenrechtliche Methode, Regensburg 1986.

May, G., Normative Kraft des faktischen Glaubens als Weg zur Einheitskirche der Zukunft? Bemerkungen zu einer Vision Karl Rahners, in: AkKR 142/1973, 3-16.

May, G., Das Verhältnis von Gesetz und Gewissen angesichts der kanonischen Rechtsordnung, in: Neue Positionen des Kirchenrechts, hrsg. v. K. Lüdicke u.a., Graz 1994, S. 49-79.

Mennicken, A., Das Ziel der Gesetzesauslegung, Bad Homburg v. d. H. u.a. 1970.

Meyer, H., Ehe und Eheauffassung der Germanen, in: Festschrift für Ernst Heymann, Bd. I, Weimar 1940, S. 1-51.

Michiels, G., Normae generales iuris canonici. Commentarius Libri I Codicis Iuris Canonici. Vol. I-II, Paris u.a. 1949.

Mikat, P., Zur rechtlichen Bedeutung religiöser Interessen, in: ders., Religionsrechtliche Schriften. Abhandlungen zum Staatskirchenrecht und Eherecht, hrsg. v. J. Listl, 1. Halbband, Berlin 1974, S. 303-329.

Mikat, P., Ehe, in: ders., Religionsrechtliche Schriften. Abhandlungen zum Staatskirchenrecht und Eherecht, hrsg. v. J. Listl, 2. Halbband, Berlin 1974, S. 847-868.

Mikat, P., Kirche und Staat in nachkonziliarer Sicht, in: ders., Mikat, P., Religionsrechtliche Schriften. Abhandlungen zum Staatskirchenrecht und Eherecht, hrsg. v. J. Listl, 1. Halbband, S. 217-235.

Mikat, P., Zu den Voraussetzungen der Begegnung von fränkischer und kirchlicher Eheauffassung in Gallien, in: ders., Religionsrechtliche Schriften. Abhandlungen zum Staatskirchenrecht und Eherecht, hrsg. v. J. Listl, 2. Halbband, Berlin 1974, S. 889-913.

Mikat, P., Grundelemente katholischer Staatsauffassung, in: ders., Religionsrechtliche Schriften. Abhandlungen zum Staatskirchenrecht und Eherecht, hrsg. v. J. Listl, 2. Halbband, Berlin 1974, S. 627-647.

Mikat, P., Zur theologischen Ortsbestimmung des Kirchenrechts, in: ders., Religionsrechtliche Schriften. Abhandlungen zum Staatskirchenrecht und Eherecht, hrsg. v. J. Listl, 2. Halbband, Berlin 1974, S. 705-717.

Mikat, P., Das Verhältnis von Staat und Kirche nach der Lehre der katholischen Kirche, in: ders., Religionsrechtliche Schriften. Abhandlungen zum Staatskirchenrecht und Eherecht, hrsg. v. J. Listl, 1. Halbband, Berlin 1974, S. 331-376.

Mikat, P., Kirche und Staat, in: ders., Religionsrechtliche Schriften. Abhandlungen zum Staatskirchenrecht und Eherecht, hrsg. v. J. Listl, 1. Halbband, Berlin 1974, S. 265-301.

Mikat, P., Möglichkeiten und Grenzen einer Leitbildfunktion des bürgerlichen Ehescheidungsrechts, in: ders., Religionsrechtliche Schriften. Abhandlungen zum Staatskirchenrecht und Eherecht, hrsg. v. J. Listl, 2. Halbband, Berlin 1974, S. 1057-1985.

Molinski, W., Artikel „Ehe", in: SM Bd. I, Sp. 977.

Mörsdorf, K., Schriften zum kanonischen Recht, Paderborn 1989.

Mörsdorf, K., Das konziliare Verständnis vom Wesen der Kirche in der nachkonziliaren Gestaltung der kirchlichen Rechtsordnung, in: AfkKR 144/1975.

Mörsdorf, K., Wort und Sakrament als Bauelemente der Kirchenverfassung, in: AfkKR 134/1965, 72-79.

Mörsdorf, K., Zur Grundlegung des Rechtes der Kirche, in: Mörsdorf, K., Schriften zum Kanonischen Recht, Paderborn 1989, S. 21-45.

Mörsdorf, K., Lehrbuch des Kirchenrechts auf Grund des CIC, Bd. II, München 1967.

Mörsdorf, K., Lehrbuch des Kirchenrechts auf Grund des Codex Iuris Canonici, Bd. I, München u.a. 1979.

Mörsdorf, K., Kanonisches Recht als theologiche Disziplin, in: AfkKR 145/1976, 45-58.

Mörsdorf, K., Die Instruktion über die Mischehen, in: FamRZ 1966, 479ff.

Mosiek, U., Kirchliches Eherecht unter Berücksichtigung der nachkonziliaren Rechtslage, Freiburg i.Br. 1971.

Müller, F., Normstruktur und Normativität. Zum Verständnis von Recht und Verbindlichkeit in der juristischen Hermeneutik, entwickelt an Fragen der Verfassungsinterpretation, Berlin 1966.

Müller, L., Authentische Interpretation - Auslegung kirchlicher Gesetze oder Rechtsfortbildung? in: AfkKR 164/1995, 353-375.

Müller, H., Rezeption und Konsens in der Kirche - Eine Anfrage an die Kanonistik, in: ÖAKR 27/1976.

Müller, L., Der Rechtscharakter der kirchlichen Rechtsordnung. Überlegungen zur These vom analogen Wesen des Kirchenrechts, in: AfkKR 159/1990, 3-18.

Müller, L., Streben nach Heiligkeit - eine Rechtspflicht? Über Möglichkeiten und Grenzen rechtlicher Ordnung in der Kirche, in: AfkKR 166/1997, 468-480.

Müller, L., Ordo Ecclesiae. Theologische Grundlegung und Theologie des kanonischen Rechts nach Eugenio Corecco, in: AfkKR 163/1994, 96-120.

Müller, H., Barmherzigkeit in der Rechtsordnung der Kirche? in: AfkKR 159/1990, 355-367.

Munier, Ch., Ehe und Ehelosigkeit in der Alten Kirche, Bern u.a. 1987.

Müssener, H., Das katholische Eherecht in der Seelsorgspraxis, Düsseldorf 1950.

Mussinghoff, H., Familienrecht im Codex Iuris Canonici, in: ÖAKR 34/1983, 96-130.

Nell-Breuning, O. v., Kommentar zum vierten Kapitel der Pastoralkonstitution über die Kirche in der Welt von heute, in: LThK-Konzilskommentar Bd. III, S. 517-532.

Nell-Breuning, O. v., Art. Katholische Soziallehre, in: StL Bd. 3, S. 354f..

Neumann, J., Grundriß des katholischen Kirchenrechts, Darmstadt 1981.

Neumann, J., Das Kirchenrecht - Chance und Versuchung, Graz 1972.

Neumann, J., Die Rechtsprinzipien des zweiten Vatikanischen Konzils als Kritik an der traditionellen Kanonistik, in: ThQ 147/1967.

Neumann, U., Wissenschaftstheorie der Rechtswissenschaft, in: Einführung in Rechtsphilosophie und Rechtstheorie der Gegenwart, hrsg. v. A. Kaufmann, W. Hassemer, Heidelberg, Karlsruhe 1977.

Neumann, J., Vom „Gesetz" zur Ordnung in der Freiheit des Glaubens, in: Abschied von Trient. Theologie am Ende des kirchlichen Mittelalters, hrsg. v. J. Bielmeier, Regensburg 1969.

Niebergall, A., Tertullians Auffassung von Ehe und Eheschließung, in: Festschrift für W. Zeller, Marburg 1976.

Niederwimmer, K., Askese und Mysterium. Über Ehe, Ehescheidung und Eheverzicht in den Anfängen des christlichen Glaubens, Göttingen 1975.

Nörr, K. W., Der Apparat des Laurentius zur Compilatio III, in: Traditio 17/1961, 542-543.

Nörr, K. W., Die Entwicklung des Corpus Iuris Canonici, in: Handbuch der Quellen und Literatur der neueren europäischen Privatrechtsgeschichte I: Mittelalter, hrsg. v. H. Coing, München 1973, S. 835-846.

Oehler, K., Der consensus omnium als Kriterium der Wahrheit in der antiken Philosophie und der Patristik, in: ders., Antike Philosophie und byzantinisches Mittelalter - Aufsätze zur Geschichte des griechischen Denkens, München 1969, S. 234ff.

Oehmen-Vieregge, R., Die Mindestintention zum Empfang des Ehesakramentes und das Recht auf Ehe, in: Iustitia in caritate, hrsg. v. R. Puza, A. Weiß, Frankfurt/Main u.a. 1997, S. 265-281.

Oeing-Hanhoff, L., Art. Zweck, in: LThK Bd. 10, 1425f.

O'Callaghan, D., Die Sakramentalität der Ehe, in: Concilium 6/1970.

Pesch, O. H., Ehe im Blick des Glaubens, in: Christlicher Glaube in moderner Gesellschaft, Teilband 7, Freiburg 1981, S. 8-43.

Peter, H., Römische Eheverträge, in: Festschrift für Cyril Hegnauer, Bern 1986, S. 325-348.

Peters, J., Die Ehe nach der Lehre des hl. Augustinus, Paderborn 1918.

Peukert, H., Wissenschaftstheorie – Handlungstheorie - Fundamentale Theologie. Analysen zu Ansatz und Status theologischer Theoriebildung, Düsseldorf 1978.

Pirson, D., Das Auseinandertreten von kirchlichem und staatlichem Eheverständnis, in: Beginn und Ende der Ehe. Aktuelle Tendenzen in Kirchen- und Zivilrecht, hrsg. v. R. Puza, A. P. Kustermann, Heidelberg 1994, S. 99-110.

Plöchl, W. M., Das Eherecht des Magisters Gratianus, Leipzig 1935.

Plöchl, W. M., Geschichte des Kirchenrechts, Bd. V, Wien 1969.

Plöchl, W. M., Geschichte des Kirchenrechts, Bd. IV, Wien 1966.
Plöchl, W. M., Geschichte des Kirchenrechts, Bd. III, Wien 1959.

Pollock, F.; Maitland, F. W., The History of English Law before the time of Edward I., Vol. II, Cambridge 1895.

Portmann, H., Wesen und Unauflöslichkeit der Ehe in der kirchlichen Wissenschaft und Gesetzgebung des 11. und 12. Jahrhunderts, Emsdetten 1938.

Potz, R., Die Geltung kirchenrechtlicher Normen. Prolegomena zu einer kritisch-hermeneutischen Theorie des Kirchenrechts, Wien 1978.

Pree, H., Forum Kirchenrecht - „Unio Irregularis", in: Anzeiger für die Seelsorge 103/1994, 145-158.

Pree, H., Die Ehe als Bezugswirklichkeit. Bemerkungen zur Individual- und Sozialdimension des kanonischen Eherechts, in: ÖAKR 3/1982, 339-396.

Primetshofer, B., Der Ehekonsens, in: HbdKathKR, S. 765-782.

Primetshofer, B., Impotenz, trennendes Ehehindernis aufgrund des Naturrechts? in: RDC 35/1985, 139-155.

Primetshofer, B., Die Fähigkeit zum Ehekonsens nach kanonischem Recht, in: Il Diritto Ecclesiastico 106/1995, 706-731.

Puza, R., Katholisches Kirchenrecht, Heidelberg 1986.

Puza, R., Der Abschluß des Ehebunde"Spenden" oder „proklamieren" des Ehesakramentes, in: ThQ 173/1993, 81-98.

Puza, R., Die Ehe als Sakrament und Vertrag, in: Theologische Quartalsschrift 167/1987, 128-136.

Puza, R., Die gescheiterte Ehe. Eine Anfrage an die kanonistische Lehre und Praxis, in: ThQ 175/1995, 97-108.

Radbruch, G., Rechtsphilosophie, Stuttgart 1973.

Rahner, K., Die Gliedschaft in der Kirche nach der Lehre der Enzyklika Pius' XII. 'Mystici Corporis', in: Schriften zur Theologie Bd. II, Einsiedeln u.a. 1962, S. 7-94.

Rahner, K., Die Ehe als Sakrament, in: ders., Schriften zur Theologie, Bd. 8, Einsiedeln 1967, S. 519-540.

Rahner, K., Art. Heiligkeit des Menschen II. Dogmatisch, in: LThK Bd. 5, S. 130-131.
Rahner, K., Die Ehe als Sakrament, in: ders., Schriften zur Theologie, Bd. 8, Einsiedeln 1967, S. 519-540.

Rahner, K., Ist Kircheneinigung dogmatisch möglich? in: ThQ 153/1973, 103-118.

Ratzinger, J., Kommentar zum ersten Kapitel des ersten Teils von 'Gaudium et Spes', in: LThK-Konzilskommentar, Freiburg 1966-1968, S. 313-354.

Ratzinger, J., Zur Theologie der Ehe, in: Theologie der Ehe, Regensburg, hrsg. v. H. Greeven u.a., Göttingen 1969.

Ratzinger, J., Die Ekklesiologie des Zweiten Vatikanischen Konzils, in: ders., Kirche, Ökumene und Politik. Neue Versuche zur Ekklesiologie, Einsiedeln 1987, S. 13-27.

Ratzinger, J., Zur Theologie der Ehe, in: ThQ 149/1969, 53-74.

Ratzinger, J., Das neue Volk Gottes, Entwürfe zur Ekklesiologie, Düsseldorf 1972, S. 152-177.

Ratzinger, J., Zum Personverständnis der Dogmatik, in: Das Personverständnis in der Pädagogik und ihren Nachbarwissenschaften, hrsg. v. J. Speck, Münster 1966, S. 157-171.

Rauscher, A., Art. Pesch, in: StL Bd. 4, Sp. 362f.

Rauscher, A., Art. Gundlach, StL Bd. 2, Sp. 1150f.

Rauscher, A., Art. Solidarität, in: StL Bd. 4, Sp. 1191-1194.

Rees, W., Bestrafung ohne Strafgesetz. Die strafrechtliche Generalklausel des c. 1399 CIC, in: Iuri Canonico Promovendo. Festschrift für H. Schmitz, hrsg. v. W. Aymans, K.-Th. Geringer, Regensburg 1994, 373-394.

Reicke, S., Geschichtliche Grundlagen des deutschen Eheschließungsrechtes, in: Weltliche und kirchliche Eheschließung, hrsg. v. H. Dombois; F. Schumann, Gladbeck 1953, 27-62.

Reinhardt, K., Sakramentalität und Unauflöslichkeit der Ehe in dogmati-her Sicht, in: Reinhardt, K.; Jedin, H., Ehe - Sakrament in der Kirche des n, Berlin 1971, S. 7-59.

Reinhardt, H. J. F., Die Ehelehre der Schule des Anselm von Laon, Münster 1974.

Ritzer, K., Formen, Riten und religiöses Brauchtum der Eheschließung in den christlichen Kirchen des ersten Jahrtausends, Münster 1962.

Robleda, O., Matrimonium est contractus, in: PerRMCL 53/1964, 399ff.

Rokahr, E.-G., Die Wesenseigenschaft der ehelichen Einheit in der Rechtsprechung der Römischen Rota, in: AfkKR 162/1993, 396-426.

Rossi, H., Die Kirche als personale Gemeinschaft. Der kommunitäre Charakter der Kirche nach den Dokumenten und Akten des Zweiten Vatikanischen Konzils, Köln 1976.

Rouco Varela, A., Die katholische Rechtstheologie heute. Versuch eines analytischen Überblicks, in: AfkKR 145/1976, 3-21.

Ruf, N., Das Recht der katholischen Kirche nach dem neuen Codex Iuris Canonici für die Praxis erläutert, Freiburg 1983.

Ryffel, H., Grundprobleme der Rechts- und Staatsphilosophie, Neuwied, Berlin 1969.

Sägmüller, J. B., Ein Dispens päpstlicher Legaten zur Verehelichung eines Siebenjährigen mit einer Dreijährigen im Jahre 1160, in: ThQ 86/1904.

Saier, O., 'Communio' in der Lehre des Zweiten Vatikanischen Konzil - Eine rechtsbegriffliche Untersuchung, München 1973.

Scheftelowitz, E. E., Das religiöse Eherecht im Staat, Köln 1970.

Scherer, R. v., Handbuch des Kirchenrechts, Bd. 2, Graz 1898.

Scheuermann, A., Der Ehewille der Nichtkatholiken und der nicht praktizierenden Katholiken, in: ÖAKR 9/1958.

Schillebeeckx, E., Glaubensinterpretation - Beiträge zu einer hermeneutischen und kritischen Theologie, Mainz 1971.

Schlier, H., Der Brief an die Epheser, Düsseldorf 1957.

Schmaus, M., Der Glaube der Kirche, Bd. 2, München 1970.

Schmidlin, B., Die Einheit der Rechtsquellen und der Rechtsanwendung im Privatrecht, Verhandlungen des fünften österreichischen Juristentages, Wien 1973.

Schmidt, K., Kardinal Pietro Gasparris Einfluß auf die Spruchpraxis der S. R. Rota in Ehesachen, Freiburg 1963.

Schmidt-Wiegand, R., Hochzeit, Vertragsehe und Ehevertrag in Mitteleuropa, in: Geliebt, verkauft, getauscht, geraubt. Zur Rolle der Frau im Kulturvergleich, hrsg. v. G. Völger, K. v. Welck, Köln 1985, S. 264-273.

Schmitz, H., Der CIC und das konziliare und nachkonziliare Kirchenrecht, in: Grundriß des nachkonziliaren Kirchenrechts, Regensburg 1980, S. 22-30.

Schnackenburg, R., Die Ehe nach dem Neuen Testament, in: Theologie der Ehe, hrsg. v. G. Krems, R. Mumm, Regensburg/Göttingen 1969, S. 40-55

Schneemelcher, W., Neutestamentliche Apokryphen in deutscher Übersetzung, Bd. II, Tübingen 1971.

Schneider, C. M., Die katholische Wahrheit oder die theologische Summe des heiligen Thomas von Aquin, Bd. 10, Regensburg 1886-1892.

Schneider, B., Hochzeitsbräuche in römischer Zeit, in: Geliebt, verkauft, getauscht, geraubt. Zur Rolle der Frau im Kulturvergleich, hrsg. v. G. Völger, K. v. Welck, Köln 1985, S. 238-245.

Schnyder, S., Das Objekt des Ehewillens. Zur Lehre der Tradition im Mittelalter und zu ihrer Entwicklung bis zur Fragestellung in der neuesten Diskussion, Diss. Brig 1982.

Schöpsdau, W., Konfessionsverschiedene Ehe. Ein Handbuch, Göttingen 1987.

Schulte, F. v.; Richter, E. L., Canones et Decreta Conc. Trid., Leipzig 1853.

Schulz, R., Die kirchliche Trauung aus evangelischer Sicht, in: Geliebt, verkauft, getauscht, geraubt. Zur Rolle der Frau im Kulturvergleich, hrsg. v. G. Völger, K. v. Welck. Köln 1985, S. 150-155.

Schwab, D., Grundlagen und Gestalt der staatlichen Ehegesetzgebung in der Neuzeit bis zum Beginn des 19. Jahrhunderts, Bielefeld 1967.

Schwab, D., Zum geschichtlichen Verhältnis von Verlöbnis und Eheschließung, in: Zeitschrift für das gesamte Familienrecht 15/1968, 637-640.

Schwab, D., Familienrecht im Umbruch, in: FamRZ 42/1995, 513-518.

warz, R., Vom Geist des Kirchenrechts, in: ÖAKR 31/1980, 223-240.

Schwarz, R., Grundrechtsstrukturen im Bereich von Weihe- und Hirtengewalt, in: Die Grundrechte des Christen in Kirche und Gesellschaft. Akten des IV. Internationalen Kongresses für Kirchenrecht, hrsg. v. E. Corecco u.a., Fribourg u.a. 1981, S. 351-361.

Schwarz, R., Die eigenberechtigte Gewalt der Kirche, Rom 1947.

Schwendenwein, H., Das neue Kirchenrecht. Gesamtdarstellung, Frankfurt/Main 1983.

Schwendinger, F., Um die Erlaubtheit der periodischen Enthaltung, in: ThGl 25/1933, 724-735.

Sdralek, M., Hinkmars von Reims kanonistisches Gutachten über die Ehescheidung des Königs Lothar II. Ein Beitrag zur Kirchen-, Staats- und Rechtsgeschichte des IX. Jahrhunderts, Freiburg 1881.

Sebott, R., Das neue kirchliche Eherecht, Frankfurt/Main 1983.

Seckler, M., Glaubenssinn, in: LThK Bd. 4, S. 946.

Semmelroth, O., Die Kirche als Sakrament des Heils, in: MySal Bd. IV/1, S. 309-356.

Setién, J. M., Spannungen in der Kirche, in: Concilium 5/1969.

Siebert, R., Herrschaftsfreie Kommunikation, in: Concilium 14/1978, 53ff.

Sobanski, R., 'Communio' als Formalprinzip des kirchlichen Rechts, in: ThGl 72/1982, 175-188.

Sobanski, R., Grundlagenproblematik des katholischen Kirchenrechts, Wien, Köln 1987.

Sobanski, R., Recht und Freiheit des in der Taufe wiedergeborenen Menschen, in: Universidad de Navarra, Hrsg., La Norma en el Derecho Canónico. Actas del III Cogreso internacional de Derecho Canónico, Pamplona 1979, S. 877-896.

Sobanski, R., Kanonistik als theologische Wissenschaft, in: AfkKR 148/1979, 447-457.

Sohm, R., Kirchenrecht, Bd. I, Berlin 1970.

Sohm, R., Kirchenrecht, Bd. II, München, Leipzig 1923.

Sohm, R., Das altkatholische Kirchenrecht und das Dekret Gratians, München, Leipzig 1918.

Söhngen, G., Grundfragen der Rechtstheologie, München 1962.

Stein, A., Evangelisches Kirchenrecht, Darmstadt 1985.

Steinmüller, W., Evangelische Rechtstheologie, Graz 1968.

Stickler, A.M., Das Mysterium der Kirche im Kirchenrecht, in: Holböck, F.; Sartory, Th., Hrsg., Mysterium der Kirche, Bd. 2, Salzburg 1962, S. 570-647.

Stoffel, O., Die Theologie der Ehe und das Problem der Mischehe, in: Schweizerische Kirchenzeitung 147/1979.

Strack, H. L.; Billerbeck, P., Kommentar zum Neuen Testament aus Talmud und Midrasch, Bd. I, München 1961.

Strätz, H.-W., Die rechtsgeschichtliche Entwicklung des staatlichen Eherechts in Deutschland: Eheschließung und Eheauflösung vom Reichspersonenstandsgesetz 1875 bis zum 1. Eherechtsreformgesetz, in: Beginn und Ende der Ehe. Aktuelle Tendenzen in Kirchen- und Zivilrecht, hrsg. v. R. Puza, A. P. Kustermann, Heidelberg 1994, 9-40.

Suppan, K., Die Ehelehre Martin Luthers, Salzburg 1971.

Szentirmai, A., Matrimonium non est contractus, in: RevEspDerCan 20/1965, 156ff.

Szentirmai, A., Ist die Eheschließung ein Vertrag?, in: TThZ 71/1962, 302-315.

Telch, C., Epitome Theologiae Moralis, Innsbruck 1924.

Tenbrock, R. H., Eherecht und Ehepolitik bei Innocenz III., Diss. Münster 1933.

Theobald, M., Jesu Wort von der Ehescheidung. Gesetz oder Evange
in: ThQ 75/1995, 109-124.

Tillard, J.M.R., A propos du sensus fidelium, in: PrOrChr 25/1975, 113-134.

Triebs, F., Praktisches Handbuch des kanonischen Eherechts, Breslau 1933.

'hlar, K.V., Art. Heiligkeit, in: SM Bd. II, 627-634.

Ulitzka, C., Lumen de caelo, Ratibor 1934.

Urrutia, F.J., De natura legis ecclesiasticae, in: MonEccl 100/1975, 400-419.

Utz, A.F., Kommentar, in: Thomas von Aquin: Recht und Gerechtigkeit. Theologische Summe II-II, Fragen 57-79, Nachfolgefassung von Band 18 der Deutschen Thomasausgabe, Bonn 1987.

Vermeersch, A.; Creusen, I., Epitome Iuris Canonici cum commentariis ad scholas et ad usum privatum, Mechelen u. Rom 1949, Tom. I.

Voeltzel, R., Das eheliche Band im protestantischen Raum, in: Die Ehe - Band oder Bund? hrsg. v. R. Metz, J. Schlick, Aschaffenburg 1971, S. 101-141.

Vorgrimler, H., Art. Heilsindividualismus, in: LThK Bd. 5, S. 160-161.

Vorgrimmler, H., Sakramententheologie, Düsseldorf 1987.

Wacke, A., Aus dem bevölkerungspolitischen Reformprogramm des Kaisers Augustus. Die Heirat freigelassener Frauen nach römischem Recht, in: Geliebt, verkauft, getauscht, geraubt. Zur Rolle der Frau im Kulturvergleich, hrsg. v. G. Völger, K. v. Welck, Köln 1985.

Wagnon, H., Le droit canonique dans l' Eglise d'aujourd'hui, in: RThL 1/1970.

Walf, K., Kirchenrecht, Düsseldorf 1984.

Walf, K., Regulierung und Deregulierung im kirchlichen Recht, in: Iustitia in caritate, hrsg. v. R. Puza, A. Weiß, Frankfurt/Main u.a. 1997, S. 67-75.

Wegan, M., La distinction 'ius et uses iuris' dans la jurisprudence recente du tribunal de la Rote, in: RDC 29/1979, 97-113.

Wehrhahn, H., Der Stand des Methodenproblems in der evangelischen Kirchenrechtslehre, in: ZevKR 1/1951, 59ff.

Weigand, R., Wechselwirkung zwischen Theologie und Kanonistik im 12. Jahrhundert bei der Klärung von Grundfragen des Eherechts, in: Theologia et ius canonicum, Festschrift für H. Heinemann, hrsg. v. H. J. F. Reinhardt, Essen 1995, S. 501-516.

Weigand, R., Die bedingte Eheschließung im kanonischen Recht, Teil I: Die Entwicklung der bedingten Eheschließung im kanonischen Recht. Ein Beitrag zur Geschichte der Kanonistik von Gratian bis Gregor IX., München 1963.

Werckmeister, J., Wer war eigentlich Gratian? in: Iustitia in caritate, hrsg. v. R. Puza, A. Weiß, Frankfurt/Main u.a. 1997, S. 183-192.

Willsch, A., Das Verständnis der Ehe im 'Enchiridion' des Johannes Gropper, St. Ottilien 1991.

Zapp, H., Das kanonische Eherecht, Freiburg 1988.

Zeimentz, H., Ehe nach der Lehre der Frühscholastik, Diss. Mainz 1972.

Ziegler, J. G., Die Ehelehre der Poenitentialsummen von 1200 bis 1350, Regensburg 1956.

Zirkel, A., Ist die kirchliche Ehegerichtsbarkeit auf dem rechten Weg? Zur Praxis der Nichterklärung von Ehen, in: Zirkel, A.; Limbeck, M., Kirchliche Ehegerichtsbarkeit und biblisches Rechtsverständnis, Mainz 1981, 7-130.